第四届 全国普通话培训测试学术研讨会 论文集

国家语言文字工作委员会普通话培训测试中心 **编**

PSC

语文出版社

·北京·

图书在版编目(CIP)数据

第四届全国普通话培训测试学术研讨会论文集/国家语言文字工作委员会普通话培训测试中心编.—北京:语文出版社,2010
ISBN 978-7-80241-382-5

Ⅰ.①第… Ⅱ.①国… Ⅲ.①普通话—水平考试—学术会议—文集 Ⅳ.①H102-53

中国版本图书馆 CIP 数据核字(2010)第 247879 号

DISIJIE QUANGUO PUTONGHUA PEIXUN CESHI
第四届全国普通话培训测试
XUESHU YANTAOHUI LUNWENJI
学术研讨会论文集
国家语言文字工作委员会普通话培训测试中心 编
*
语文出版社出版
100010 北京朝阳门南小街 51 号
E-mail:ywp@ywcbs.com
新华书店经销 北京市联华印刷厂印刷
*
890 毫米×1240 毫米 16 开本 22 印张 598 千字
2010 年 12 月第 1 版 2010 年 12 月第 1 次印刷
印数:1-3,000 定价:55.00 元

贺　　信

欣闻第四届全国普通话培训测试学术研讨会在京举办，并以此纪念普通话水平测试开展15周年，我谨代表教育部、国家语委表示热烈的祝贺！向各位代表以及全国普通话推广战线的同志们表示真诚的慰问和衷心的感谢！

推广普通话是国家语言文字工作的首要任务。普通话水平测试作为推广普通话的重要措施之一，自1994年开展以来取得了显著成绩。15年来，参加测试的人数超过3000万人次，测试管理体制机制逐步完善，测试质量和水平稳步提升，测试技术手段不断创新，培训测试的信息化建设成效明显，有力地促进了国家通用语言的普及与提高，为经济社会发展做出了重要贡献。

进入新时期新阶段，普通话推广工作面临着新的形势和任务。我们要抓住机遇，总结经验，创新举措，完善机制，服务国家、社会和群众的需求，努力开创普通话推广工作的新局面。要深入研究、积极稳妥推进民族地区普通话推广工作，增进各民族之间的交流交往，促进各民族和睦相处、和衷共济、和谐发展；要进一步增强对普通话培训测试公益性质的认识，从应试培训服务向为全民学习服务拓展，突出加强普通话的师资培训、教法研究和教材建设；要大力推进普通话教学与测试的信息化建设，提升教学与测试的质量和效率，建设满足不同民族地区、不同方言区和海内外广大普通话学习者需求的远程学习平台；要进一步加强普通话推广政策、方略的研究，加强实用学习技术、学习产品的研究开发，不断提高普通话推广的社会效益；要充分发挥普通话教学、测试和科研工作在两岸四地教育文化交流中的特殊优势，为促进中国大陆与香港、澳门和台湾的教育文化交流与合作奠定良好基础。

推广普通话、推行规范汉字，是事关国家统一和民族团结、事关经济社会发展和历史文化传承的基础性工程，是涉及亿万人民群众的切身利益、涉及国家核心利益的战略任务。语言文字工作者要以高度的责任感和使命感，全面了解社会、群众对语言文字工作的需求和期盼，积极争取政府、社会和群众对语言文字工作的重视和支持，促进社会语言生活的和谐发展，为构建社会主义和谐社会、实现全面建设小康社会和中华民族伟大复兴做出新的更大贡献！

祝第四届全国普通话培训测试学术研讨会圆满成功！

教育部副部长、国家语委主任　郝　平

2009 年 11 月 27 日

目　　录

国家普通话水平测试回顾与展望

——纪念开展普通话水平测试15周年

韩其洲
教育部语言文字应用研究所（国家语委普通话培训测试中心　北京　100001）

国家普通话水平测试工作，以1994年10月国家语言文字工作委员会、国家教育委员会、国家广播电影电视部（以下简称“三部委”）联合发出的《关于开展普通话水平测试工作的决定》为标志正式启动，至今已走过了15年的历程。回顾和总结这15年来普通话水平测试工作，展望它的未来发展，是很有必要、很有意义的。本文拟就普通话水平测试课题研究、组织实施、主要成绩、作用意义和前景展望几个方面，介绍有关情况并谈谈个人认识，谨以此文纪念国家普通话水平测试开展15周年。

一、普通话水平测试的课题研究

推广普通话是我国的基本国策，党和国家高度重视这项工作，党和国家领导人曾作过许多重要指示。1956年2月，国务院发出《关于推广普通话的指示》，对在全国各条战线推广普通话提出明确要求。1957年，国家确定“大力提倡，重点推行，逐步普及”的推普工作方针。普通话的大力推行，在巩固新中国政权、促进各民族团结、恢复和发展经济、繁荣文化教育事业等方面，发挥了无可替代的重要作用。

改革开放以来，我国的经济和社会飞速发展，更加突显了普通话作为全国通用语言的重要作用，对如何量化评定各类从业人员的普通话水平提出了迫切需要。在这样的大背景下，普通话水平测试的提出和研制随之提上了日程。

从1982年起，一些语言文字工作者开始探讨普通话的等级标准和水平测试问题。1983年9月，时任国家语委副主任的陈章太先生在美国举行的学术会议上宣读论文，对新中国国家通用语言普通话的规范与水平，提出了分三级要求的设想。1986年1月召开的全国语言文字工作会议上，时任国家语委主任刘导生所作的《新时期的语言文字工作》主题报告中，对陈章太先生上述设想明确认同。随后，云南、辽宁等地在中等师范学校开始了普通话水平测试的探索和试验。

1988年底，教育部推广普通话办公室和国家语委语言文字应用研究所的有关人员，在孙修章、于根元的主持下组成“普通话水平测试标准研究”课题组，研究拟订了普通话“三级六等”的等级标准，并提出了与等级标准相对应的每个等级的量化评分办法。1991年，课题组研制的《普通话水平测试等级标准》通过了国家语委组织的专家鉴定，由国家语委普通话推广司印发各地试用。

可以说，陈章太提出的普通话分三级要求的创意和设想，以及孙修章先生主持的“普通话水平测试标准研究”成果，对普通话水平测试的理论建设起到了奠基作用。

1992年，国务院批转国家语委《关于当前语言文字工作的请示》，随后国家推广普通话方针由50年代提出的“大力提倡，重点推行，逐步普及”，调整为“大力推行，积极普及，逐步提高”。为了贯彻国务院关于推普工作的最新指示和新时期的推普方针，尽快实施全国统一、科学规范的普通话水平测试，1992年底国家语委组织以国家语委原副主任王均为主任的专门学术委员会，并建立以国家语委普通话推广司司长刘照雄为负责人的课题组，研究编写《普通话水平测试大纲》（以下简称《大纲》）。1994年11月《大纲》正式出版，为普通话水平测试的大规模实施创造了必要条件，在全国测试工作开展的前10年中发挥了重要作用。

以上情况表明，普通话水平测试的提出、研制和《大纲》的编写，是适应时代需求、深入贯彻国家推普方针的结果，是老一辈语言学家和语言文字工作者开拓创新的结晶，他们的历史性贡献后人将永远铭记。

二、普通话水平测试的组织实施

1994年10月30日，国家语委等“三部委”联合发出《关于开展普通话水平测试的决定》（国语［1994］43号，以下简称《决定》），标志着普通话水平测试由学术和科研层面进入到国家行政和应用推广层面，标志着国家普通话水平测试工作在全国范围内正式启动。当时，国家教委副主任兼国家语委主任柳斌、国家语委常务副主任仲哲明、广播电影电视部部长孙家正等，对《决定》的发布作出了重要贡献。《决定》是当时指导全国开展测试工作的纲领性文件，在我国推广普通话的历史上具有里程碑的意义。

《决定》指出，有必要在一定范围内对某些岗位的人员进行普通话水平测试，并逐步实行普通话等级证书制度。《决定》强调：“普通话水平测试是推广普通话工作的重要组成部分，是使推广普通话工作逐步走向科学化、规范化、制度化的重要举措。”《决定》同时发布《普通话水平测试实施办法（试行）》和《普通话水平测试等级标准（试行）》，要求各地各有关部门切实把这项工作做好。随后，在国家语委主任许嘉璐领导下，在国家语委副主任孟吉平、傅永和的具体指导下，普通话水平测试工作在全国教育系统和广播电视系统迅速展开，取得可喜成效。

1997年6月，国家语委在总结各地开展测试工作经验的基础上，及时印发了《关于普通话水平测试管理工作的若干规定（试行）》，有力地促进了各地测试工作沿着科学化、规范化、制度化的方向健康发展。

2000年10月，第九届全国人大常委会第十八次会议通过了《中华人民共和国国家通用语言文字法》。这是我国历史上第一部关于语言文字方面的专项法律。这部法律规定“以普通话作为工作语言的播音员、节目主持人和影视话剧演员、教师、国家机关工作人员的普通话水平，应当分别达到国家规定的等级标准；对尚未达到国家规定的普通话等级标准的，分别情况进行培训”；“国家语言文字工作部门颁布普通话水平测试等级标准”。把一种考试在国家的法律中予以规定，这在我国历史上还是第一次。普通话水平测试写入国家法律，充分表明国家对于推广普通话和普通话水平测试事业的高度重视，对于普通话水平测试事业的发展具有特别重大的意义。

《国家通用语言文字法》颁布后，各省、自治区、直辖市的立法机构结合本地实际，先后制定贯彻《国家通用语言文字法》实施办法，其中大多把普通话水平测试对象的范围，扩大到高等院校和中等职业学校毕业生。这些地方法规的制定与实施，使《国家通用语言文字法》得到了顺利执行，参加测试的人数明显增加，特别是公务员和高校学生参加测试的人数大幅度上升。

为了深入贯彻《国家通用语言文字法》，教育部于2003年5月颁布了《普通话水平测试管理规定》（以下简称《规定》），进一步明确了国家和省级语言文字工作部门、测试机构的职责，严格规定了对测试证书和测试收费的管理。为了配合《规定》的贯彻，教育部语用司及时印发了《普通话水平测试规程》和《普通话水平测试工作评估指导标准》。

2003年10月，教育部和国家语委颁布了重新研制的《普通话水平测试大纲》（教语用［2003］2号，以下简称新《大纲》）。新《大纲》规定了测试的名称、性质、方式、内容和范围，特别是对各测试项的评分办法作了必要调整和修订，使之更具科学性和可操作性。新《大纲》的成功修订与颁布，对于进一步规范评分标准、提高测试质量具有重要意义。

2004年1月，根据新《大纲》和测试工作需要，由国家语委普通话培训测试中心（以下简称“国家测试中心”）研制、教育部语用司审定的《普通话水平测试实施纲要》（以下简称《纲要》）出版发行。研制《纲要》是在刘照雄、姚喜双指导下完成的，成为普通话水平测试国家指导用书。各省、自治区、直辖市测试机构依据新《大纲》和《纲要》，结合当地情况，先后制订新的《普通话水平测试评分细则》，编写出版新的测试用培训教材，在测试工作中发挥了重要作用。

2004年7月，国家语委在太原召开全国普通话水平测试管理工作会议。时任教育部副部长兼国家语委主任的袁贵仁在会上作了题为《再接再厉，团结奋进，开创普通话水平测试工作新局面》的主题报告，科学总结了开展测试近10年的成绩和经验，对全国测试工作的科学发展提出了新的目标和要求。

2004年10月，国家语委在人民大会堂隆重举行“纪念普通话水平测试十周年”大会，许嘉璐副委员长和袁贵仁副部长到会讲话，祝贺10年来测试工作所取得的显著成绩，充分肯定各级领导和测试战线同志们对国家推普事业作出的宝贵贡献。

1998年以来，在教育部领导下，在先后兼任国家语委主任的王湛、袁贵仁、赵沁平、郝平等副部长直接关心下，全国测试工作继续沿着科学化、规范化、制度化方向健康发展，特别是在测试科研工作、测试管理信息化和测试手段现代化等方面，开拓创新，不断取得新的成绩和经验。

三、普通话水平测试工作的主要成绩

15年来，普通话水平测试工作发展迅速，健康运行，取得了非常显著的成绩，概括起来主要体现在以下几个方面：

1. 逐步建立各级测试实施机构，为普通话水平测试工作提供组织保证。

1994年7月，国家语委报经中央机构编制委员会办公室批准，作为国家测试实施机构的国家语委普通话培训测试中心率先成立。至今，全国已有15个省、自治区、直辖市建立了相对独立的测试机构，其余省市区一般都与语委办实行“一个机构、两块牌子”，即测试机构与语委办合署办公，或语委办同时担负测试机构的职能。

随着测试工作深入发展，许多地（市）级和高校测试站也相继建立。另外，各地还建立了广播电视等行业测试站。全国已建立地（市）级、高校和行业测试站达1200多个。我国已基本建立了由国家、省级和地（市）级（高校、行业）测试站组成的三级测试机构体系。各级测试机构在同级语言文字工作部门指导下开展工作，从组织上保证了测试工作正常运行。

2. 建立了一支素质优良的普通话水平测试员队伍。

15年来普通话水平测试员队伍不断发展壮大，业务素质日益提高。由国家测试中心培训考核取得国家级测试员资格的有4400多名，由各省级测试机构培训考核取得省级测试员资格的有44000

多名。这48000多名的测试员队伍承担着推普宣传、培训、测试和科研任务；各地还聘任测试视导员750多名，承担着对测试工作的业务指导和质量监督职能。这支近5万人的测试业务工作队伍长期战斗在工作第一线，爱岗敬业、团结奉献、精益求精，表现出令人钦佩的高尚品德和良好的业务水平，是我国推普工作战线的骨干和精英，为推普和测试事业作出了巨大贡献。

3. 测试范围不断扩大，测试人数持续增加。

测试工作开展初期，测试对象主要是教育系统的教师和广播电视系统的播音员、节目主持人。《国家通用语言文字法》颁布后，公务员、高校和中等职业学校学生参加测试的人数大幅度上升。仅2008年度，全国各类学生参加测试的人数已达258万余人，占当年全国测试总数的77.5%，成为未来测试的主要群体。另外，通讯、旅游、商业、交通、卫生等社会服务行业以及军队系统参加测试的人数也在不断增加。至今，全国参加测试人数累计已达3000余万人次。

4. 测试管理日益规范，测试质量不断提高。

各级测试机构根据国家法律和国家主管部门的有关规定，都制订了包括考务、考纪、质量监督、成绩复审、队伍建设、学术研究、证书发放、规范收费等一系列测试工作管理制度并严格执行，使测试工作的管理日益规范，测试质量不断提高。特别是对一级水平的成绩，严格实行复审制度。近年来，国家测试中心每年复审各地报送的一级甲等成绩人数在1500人左右，合格率逐年上升。在各级测试机构和广大测试员的努力下，我们的测试工作既坚持标准、保证质量，又面向基层、热情服务，形成了严肃纪律、严格把关、清正廉明的优良风气，在全社会享有良好信誉，赢得了广大考生和各界人士好评。

5. 测试科研工作取得显著成果。

除完成修订《大纲》和研制出版《纲要》等重大科研项目外，还完成了国家语委“十五”科研规划总课题“普通话水平测试研究”项目中的40多个子课题。国家测试中心从2002年起，成功主办三届全国普通话水平测试学术研讨会，今天是举行第四届。各地也陆续举办多种形式的普通话水平测试研讨会，编辑出版一批普通话水平测试学术论文集。

2009年1月，国家测试中心印发了《科研管理办法（试行）》和《2009年度研究课题申报指南》，指导测试科研工作再上新台阶。2009年7月，中国语文现代化学会普通话水平测试研究分会在天津成立，为推动普通话水平测试科研工作搭建了一个新的宽广平台。

6. 测试管理信息化和测试手段现代化迈出可喜步伐。

为了尽快运用现代科技成果，大力提高测试管理效率和管理水平，上海等地率先研制并应用普通话水平测试信息管理系统，受到教育部主管部门和有关专家的肯定。随后，国家测试中心联合湖南省测试中心承担国家语委“十五”科研规划项目“国家普通话水平测试信息管理系统”的研制，并通过教育部主管部门组织的专家鉴定。该系统在湖南全省率先投入使用，收到很好效果。2009年5月，国家测试中心与安徽省教育厅在合肥联合建立“国家普通话水平测试信息管理资源中心”，旨在研究完善国家测试管理系统，并将建立全国统一的信息化管理平台，免费提供各地使用。

在教育部主管部门积极支持下，国家测试中心和安徽、上海等地积极参与，科大讯飞公司研制的“计算机辅助普通话水平测试系统”（以下简称“机辅测试”）取得突破性成果。经教育部主管部门批准，从2007年起，先后在安徽、上海等15个省（市、区）开展试点。

国家测试中心以“科学、规范、积极、稳妥”为原则，大力帮助该系统完善，并进行调查研究，指导各地试点工作顺利开展。2008年12月，国家测试中心主持召开有13个试点省（市区）参加的“机辅测试”业务研讨和质量分析会。2009年5月，国家测试中心与科大讯飞公司组建联合实验室，大力推进“机辅测试”科研工作。

实践证明，“机辅测试”是现代高新科技在测试中的应用，是测试手段的革命与创新，对提高测试质量和工作效率、节约人力资源，提高测试的公平性和公正性，都具有重要意义。到2008年年底，全国参加“机辅测试”人数已近50万人，占当年测试总人数的15%。我们将继续通过科研和试验解决存在的问题，把这项工作快速推向前进。

7. 开展境外合作测试取得良好效果。

自1996年起，国家测试中心应对方请求并报经国家主管部门批准，至今已与香港大学等12所港澳地区高校签订合作开展普通话培训测试协议。13年来，国家测试中心与港澳地区高校相互尊重、密切合作，取得了可喜的合作成果。至今，国家测试中心为港澳地区培训普通话教师达1000多名，培训测试员120多名，港澳地区参加测试人数已达5万余人次。普通话水平测试在港澳地区具有较高知名度，享有很好声誉，赢得港澳地区社会各界人士好评。此外，国家测试中心还为台湾地区举办了4次普通话教师进修班，与台湾地区合作测试也在洽谈中。

2006年，我中心与新加坡有关教育机构签订业务合作协议，已举行3次合作普通话培训与测试。天津市测试机构受教育部主管部门委托，在马来西亚举行了首次测试。此外，国家测试中心正在与加拿大等有关教育机构联络，积极扩大与海外的普通话培训测试业务合作。

四、普通话水平测试的重要意义

15年来，普通话水平测试工作取得了重大成绩，积累了宝贵经验，对我国内地和港澳地区社会语言生活和经济文化发展产生了很大影响。今天，有必要对它的功能、作用和意义进行深入研究与探讨。个人认为主要有以下几点：

1. 普通话水平测试是新时期推普工作的开拓创新和重要举措。

从新中国建立初期到90年代初，我国推普工作主要靠宣传和培训，但是没有制订具体标准，不能量化评定，普通话的普及与提高缺乏有效机制。普通话水平测试手段的运用，使普通话能够量化评测，使对从业人员普通话水平提出不同要求成为可能，这是创造性地贯彻了新时期推普方针，为促进语言文字规范化注入了推力与活力。在新时期经济社会发展对普通话普及和提高提出更高要求的背景下，普通话水平测试顺应潮流应运而生，从而很快成为国家推广普通话的重要措施之一，并得到国家法律的支持，受到广大用人单位和应试者的拥护和欢迎。这一措施的长期坚持与推行，必将在我国推广普通话事业中发挥更大作用。

2. 普通话水平测试促进了应试人员普通话水平的提高。

普通话水平测试推出后，国家广电部门和教育部门对从业人员普通话水平提出明确要求，并逐步实行持普通话等级证书上岗制度。包括中央电视台明星主持人在内都认真参加测试，并较早获得普通话一级甲等证书。这项制度建立后，全国广电系统播音员、节目主持人普通话规范意识大为增强，普通话应用水平明显提高。

2000年9月教育部发布《<教师资格条例>实施办法》规定，教师资格认定条件包括普通话水平应当达到二级乙等以上标准。全国教育系统认真执行这一规定，参加培训测试的绝大多数教师普通话水平达到了教育部要求。10多年来，普通话作为校园语言在全国各地形成制度，学校阵地普通话应用水平显著提升。

此外，一些地方的旅游、通讯等部门对导游员、接线员等社会窗口服务行业人员的普通话水平也作出相应规定，开始实行持普通话等级证书上岗制度，有效地促进了从业人员普通话水平的提高，从而促进了服务质量的提高。

3. 普通话水平测试促进了全社会语言规范意识的提高。

普通话水平测试在广电系统开展，使当今时代对社会语言生活影响巨大的新闻媒体，在亿万听众、观众面前更好地发挥了推广普通话的示范作用和榜样作用。教师普通话水平的提高和“达标”，有效地影响和帮助亿万学生普通话水平的提高，从而有力地提升了全国城乡校园的普通话应用水平。一批批普通话达标的学生走向社会，对全社会的普通话普及与提高产生深远影响，发挥着特别巨大的促进作用。

推广普通话，党政机关是龙头，领导干部要带头。《国家通用语言文字法》颁布后，各地依法对公务员开展测试，各级领导干部认真参加培训，带头报名测试。广大公务员带头应用、率先垂范，有效地促进了普通话在全社会的普及和全社会语言规范意识的提高。

4. 普通话水平测试进入港澳地区，促进了与内地的交往和港澳同胞对祖国的认同感和亲切感，具有重要政治意义。

港澳回归祖国后，特区政府推行“两文三语”的语文政策，港澳地区很快掀起了“普通话热”。这是港澳社会各界适应新形势、积极应对与内地交流、合作日益剧增的积极选择。面对港澳高校与我们合作开展普通话培训与测试的强烈要求，我们必须给予热情支持和帮助。

港澳人士学习普通话并参加普通话水平测试，其热情之高令人感动。这是他们热爱祖国语言文字、热爱中华文化的具体表现，也是顺应时代潮流、实现自我发展的正确选择。不仅许多教师、大学生、政府公务员积极要求接受培训和测试，越来越多的企业对员工普通话水平也提出要求。香港特区政府采取积极措施，鼓励社会人士参加普通话水平测试。港澳地区普通话应用水平逐年提高，与回归前相比已经发生巨大变化，普通话水平测试发挥了强大的促进和推动作用。越来越多的港澳人士可以用普通话交流了，同时加深了他们对中华文化的热爱，增强了他们对祖国的认同感和亲切感，其政治意义重大而深远。

5. 普通话水平测试是语言文字研究成果在全社会的大规模应用，对未来语言文字研究有重要启示。

普通话水平测试开展15年来，测试范围之广，开展规模之大，取得成绩之辉煌，产生影响之巨大，是当年参加研制工作的老一辈语言学家和同行们没有预料到的。普通话水平测试是语言文字研究成果转化为“产品”，直接为国家推广普通话事业服务、为发展社会主义市场经济和文化大繁荣服务、为广大从业人员乃至广大人民群众服务的又一范例。其根本原因在于，这项研究课题的选定适应了我国社会发展的需要，适应了新时期推广普通话工作的需要。它充分展现了新时期语言文字研究成就，具有强大的社会生命力和巨大的社会应用价值，语言文字应用研究天地广阔、大有可为。我们应更好地坚持语言文字研究与社会需求紧密结合的正确方向，在选择社会急需重大研究课题上多下工夫。

五、普通话水平测试前景展望

普通话水平测试已经走过15年光辉历程，它的重要贡献将永远记录在共和国推广普通话事业史册上。在隆重纪念新中国诞生60周年的日子里，工作在推广普通话和普通话水平测试战线的同志们，深为我们从事的工作而自豪，深为我们的事业蓬勃发展而高兴，也为我们作出的成绩而欣慰。展望普通话水平测试工作发展前景，个人提出如下几点看法：

1. 推广普通话是一项长期的任务，作为推普的重要措施之一，普通话水平测试也必将在一定时期内深入持续进行。

新中国建立以来，推广普通话取得了巨大成就，但是离实现推普的目标还有较大差距。几年前进行的社会语言文字情况调查显示，会使用普通话的人只占总人口的53%。尽管几年来这个数字会有所上升，但离85%的目标要求还是相差较远，可见推广普通话的任务还相当艰巨。实践证明，普通话水平测试是推广普通话的有效手段和重要措施，发挥了非常显著的作用。那么，在未来的推普工作中，我们必将继续坚定地采用普通话水平测试这一国家法律规定的有效手段，大力促进推广普通话事业更好更快地发展。

2. 普通话水平测试具有科学性、规范性、权威性，适应语言发展的客观趋势和需要，将会持续健康地发展。

普通话水平测试主要是对母语为汉语人士的口语考试，在推出前经过有关专家的精心研究和较大范围的实验，推出后经过15年大规模的实际应用，从国家主管部门决定推行到国家法律规定执行，操作规范，管理科学，坚持标准，保证质量。因此，普通话水平测试具有科学性、规范性、权威性，受到各级立法机构和政府主管部门的高度重视，受到境内外社会各界人士的一致好评。它符合社会发展的要求，符合人民的利益和愿望，定会持续健康地发展，并不断开创工作的新局面。

3. 随着国家各项事业的发展，普通话水平测试的需求将不断增加，测试范围和规模将不断扩大。

国家各项事业都朝着现代化的方向快速发展，对于从业人员语言规范程度的要求将会不断提高，特别是面向大众的社会服务行业。因而，教育、广电以外的国家有关部门，将可能对相关从业人员的普通话水平提出要求，并也会逐步实行持普通话等级证书上岗制度。多数省级立法机构已经制定地方法规，要求大学毕业生和中等职业学校毕业生必须参加普通话水平测试。现在，全国高校每年计划招生600多万人，中等职业学校计划招生800多万人，以后还会逐年增加。这些大专和中职毕业生参加测试人数的比例将会逐年增加。对此，各省级、高校和地（市）级测试机构要有充分准备，以满足发展需求。

4. 将尽快全面实现测试管理信息化，不断提高测试手段现代化水平。

国家普通话水平测试信息资源中心建成后，将于2至3年内在全国全面实现测试管理信息化，这将大幅度降低测试管理成本，提高测试管理效率和水平，并为应试人在咨询、报名、信息查询和网上培训等方面提供方便快捷的服务。

“机辅测试”的试点工作取得较好成效，通过建立全国较大规模的“普通话水平测试标准样本库”，以及国家测试中心与科大讯飞公司联合实验室的深入研究，将不断提高“机辅测试”的信度，从而进一步提高它的总体测试质量。随着试点省市的不断增加和“机辅测试”质量的不断提高，参加“机辅测试”的人数将逐年上升，3年后预计可达到测试总量的50%以上。

5. 参考现有普通话水平测试的经验，有可能研制和开发其他类型的普通话口语考试，以满足不同类型人员对测试的需要。

现行的普通话水平测试，经过15年实践证明是很成功的，在今后仍然是测量应试人普通话水平的最主要考试。这种考试原来的设计主要是以教师和播音员、节目主持人以及影视、话剧演员为测试对象，后来扩大到公务员乃至社会服务行业，应试人文化程度应为高中毕业及以上。

随着形势发展，普通话水平测试也遇到了新的问题。比如，港澳地区正在学习普通话的少年儿童，国内外正在学习汉语的外国朋友，他们也想参加普通话水平测试，但由于他们的汉字识字量尚未达到《纲要》中出现的字量（3876个），他们的普通话可能说得比较好，但会因为念错字而大量失分，因而不宜参加我们的普通话水平测试。

如何评定上述人员的普通话水平，是我们应该研究的新课题。我们可以借鉴已有经验，研制和开发适应不同类型人员普通话口语考试，以满足人们学习普通话和评定普通话水平的要求。

6. 普通话水平测试将会较快地走向世界，为汉语的国际传播作出应有贡献。

当今世界，随着中国经济的迅速发展和外交政策的巨大成功，中国的国际地位空前提高，各国学习汉语的人数急剧增加，“汉语热”正在全球飞快兴起，对外汉语教师数量严重不足，他们的业务水平也亟待提高。这样的大背景，为普通话培训测试走向世界提供了前所未有的大好机遇。

首先，各国现有汉语教师普通话水平需要进一步提高，包括已经建立的200多所孔子学院，以及各国高校汉语系，还有许多民间汉语学校，他们对汉语教师普通话水平的要求将会逐步提高，并可能对新的汉语教师提出普通话等级要求。这样，开展普通话水平测试将有可能逐步成为各国汉语教学机构的愿望。

其次，随着各国汉语学习者汉语水平逐步提高，他们中有兴趣、有条件、有需要参加普通话水平测试的人数将会越来越多，我们应该满足他们的要求，为他们学习汉语标准语——普通话提供良好服务。

我们要立足现实需求和长远发展，在培训对外汉语师资、开发对外汉语教材和利用现代化教学手段等方面积极开拓，以满足国际社会日益增长的需求。在此过程中，普通话水平测试将会发挥重要的促进作用，在汉语国际传播中作出积极贡献。

回顾过去15年来，普通话水平测试工作成绩巨大，贡献卓著；展望未来，普通话水平测试任重道远，前程美好。让我们高举科学发展观的旗帜，再接再厉，再创辉煌！

[2009年10月21日定稿。本文承蒙陈章太、傅永和、刘照雄、王晖等同志提出宝贵意见，谨以致谢！]

创建国家普通话水平测试（PSC）的理论体系

——纪念普通话水平测试（PSC）开展15周年

宋欣桥
教育部语用所（国家语委普通话培训测试中心）
香港中文大学普通话教育研究及发展中心

［摘　要］　普通话水平测试（PSC）必须创建完整的普通话水平测试（PSC）理论基础和理论体系。普通话水平测试的性质特点是专家学者关注的焦点，他们曾有过中肯的论述。普通话水平测试（PSC）是以汉语为第一语言的测试，这是普通话水平测试（PSC）的根本属性。本文探讨构建普通话水平测试基础理论的几个问题，包括普通话水平测试的实质，语音评定在普通话水平测试中占有的重要地位以及普通话水平测试中隐性标准等。另外，建立科学管理的理论也是普通话水平测试（PSC）基础理论建设的重要组成部分，尤其是计算机辅助普通话测试的理论建设迫在眉睫，研制发布《国家普通话水平测试（PSC）管理标准》势在必行。

［关键词］　普通话水平测试；第一语言；等级标准；理论体系

普通话水平测试（PSC）是中华人民共和国国家通用语言的测试，在推动我国全社会普通话普及与提高上功不可没。从1994年至今，普通话水平测试（PSC）作为一项口语测试参加人数已经达到3000万人次，规模之大，堪称语言测试历史上的伟大创举。

普通话水平测试（PSC）作为一个系统工程，经过将近30年的探索、定型，进入了一个重要的时期，它将逐步成熟完善，稳步发展。普通话水平测试（PSC）处在这个重要的发展时期，既面临挑战和危机，也充满着机遇和希望。我们要不失时机地抓住两个“建设”，一是普通话水平测试的理论建设，二是普通话水平测试的队伍建设。

普通话水平测试（PSC）的性质和特点，决定了它的理论建设尤为重要。我们必须构建，应该说是创建完整的普通话水平测试（PSC）的理论基础和理论体系，同时在测试理论的指导下建立和完善全国的普通话水平测试的科学管理体系。

一、普通话水平测试（PSC）是以汉语为第一语言的测试，这是普通话水平测试（PSC）的根本属性

普通话水平测试（PSC）是以汉语为第一语言的测试，是普通话水平测试的设计者在该课题研究之初就十分明确的。较早系统论述普通话水平测试性质与特点的是厉兵先生发表于1988年的《普通话测试可行性分析》一文。此后，孙修章先生代表课题组在1992年发表的《“普通话水平测

试标准”的研制和实践》的专题报告中申明，作为全国标准，“以汉语为第一语言”的人士参加普通话测试，而“第一语言非汉语的人员参加汉语水平考试”。

以汉语为第一语言的测试，作为普通话水平测试（PSC）的根本属性，我们可以分解为几句话表述：普通话水平测试（PSC）是以汉语为母语的测试；普通话水平测试（PSC）是以汉语为第一语言的测试；普通话水平测试（PSC）是以普通话为国家通用语言的测试；普通话水平测试（PSC）也是一种海内外华人以汉语为沟通语言的测试。

普通话是规范的现代汉民族共同语，是现代汉语的标准语。首先，普通话水平测试（PSC）是以汉语为母语的测试，即对汉语地区的人士掌握汉语标准语——普通话的规范标准程度的一种检测。在此，我们有必要区分“母语”和“母言”两个概念。我们应该明确，汉语是汉族人的母语，而汉语方言则是汉族人的“母言”。对此，李宇明先生在2003年发表的《论母语》一文作了全面论述。他说：“‘语’是语种的意思，指的是民族共有的语言，是在民族这一层面上对语言的表述；‘言’指方言，是语种的地域变体，是在民族之下的亚文化社团的层面上对语言的表述。语与言的关系，是民族的语言与民族内部的地域方言间的关系。”“母语是个民族领域的概念，反映的是个人或民族成员对民族语言和民族文化的认同，或者说是民族忠诚。”“母语既是个人的，也是民族的。”“母语直接指向民族共同语，但不指向共同语的地域变体。方言只能成为母言，不应视为母语。”“母语涵盖母言，代表母言。”这个论述不是在概念上钻牛角尖，对普通话水平测试（PSC）性质的认识非常重要。那种把一种汉语方言作为一种语言或语种看待，把普通话等同于第二语言，甚至等同于外语的观点，对探讨普通话水平测试（PSC）性质来说从根本上是背道而驰的，也难于用正确分析的尺度总体评价普通话水平测试（PSC）。

普通话水平测试（PSC）以汉语为母语的测试不同于以汉语为第二语言的测试，刘照雄先生对此曾有过中肯的论述。他在1994年发表的《推广普通话的重要举措——普通话水平测试简论》中论述普通话水平测试的性质时，明确阐述该测试的设计包含三个前提条件：“（一）应试人的母语（第一语言）为汉语；（二）应试人一般通晓汉语书面语；（三）应试人不仅能听、会说普通话，而且他们所从事的职业要求他们必须能说标准的或比较标准的普通话。因此这种测试跟学习和掌握第二语言的测试有明显的不同。”仲哲明先生发表于1997年的《普通话水平测试若干问题的讨论》中，用专门章节讨论“普通话水平测试的性质”，明确“普通话水平测试是应试人的母语标准语水平测试，不是外语测试”。刘照雄先生2008年发表的《再论普通话水平的性质与特点》进一步阐述了“母语标准语训练和测评的特点”。这些学者的论述为普通话水平测试（PSC）奠定了重要的理论基础。

归结起来，说汉语方言的人接受普通话测试，是在应试者习得汉语之后，其中大多是习得汉语方言之后，用来检测应试者掌握汉语标准语即母语标准语情况。汉语方言和汉语标准语，两者是一种语言，内部大同小异，不存在两种语言（语种）之间的鸿沟，也不存在真正意义上的零起点。这是探讨普通话水平测试理论问题的出发点。把普通话水平测试看成或等同于第二语言的测试，实际上套用现成的第二语言的测试理论分析，就难于接受或理解普通话水平测试（PSC）中的测试内容、试卷及评分设计等。

当然，“第一语言”和“母语”不是完全等同的概念。简单地说，“母语”不是单纯的语言学概念，是属于民族领域的概念，而“第一语言”则是指获得语言的顺序。（李宇明，2003）绝大多数母语是汉语的人，第一语言是汉语。而一部分非汉族人士生活在汉族地区或民族杂居地区，他获得的第一语言有可能是汉语，或者说是汉语的某种方言。另外，也可能出现由双语家庭产生的“双母语”现象。普通话水平测试（PSC）是以汉语为第一语言的测试，不仅包括以汉语为母语的人士，也包括以汉语为第一语言的其他民族的人士，他们同样符合参加普通话水平测试条件。

普通话是我国国家通用语言。因此，普通话水平测试（PSC）也是以普通话为国家通用语言的测试。《中华人民共和国国家通用语言文字法》规定“凡以普通话作为工作语言的岗位，其工作人员应具备说普通话的能力”。我国公民凡是“以普通话作为工作语言的播音员、节目主持人和影视话剧演员、教师、国家机关工作人员的普通话水平应当分别达到国家规定的等级标准”。

从1996年开始，香港的大专院校逐步引入普通话水平测试，目前香港几乎所有大学都成立了普通话培训测试中心，与国家测试机构签约合作测试。据悉，台湾地区一些人士也通过各种渠道参加普通话水平测试。从2006年开始，普通话水平测试走出国门，在新加坡、马来西亚举行。这标志着普通话水平测试（PSC）已经逐步成为海内外华人以汉语为沟通语言的一种测试。

需要补充的是，普通话水平测试（PSC）在海内外华人社区开展测试，不是搞适应不同华人地区的所谓“华语”水平测试。我们研究新情况的同时，要清醒地认识到，坚持国家的统一标准是基础是根本。离开这个基础和根本，这个测试就失去了它代表国家的权威性，也就失去了它存在的基本价值。在香港的普通话水平测试曾一度做过一些调整，而从2004年《普通话水平测试实施纲要》公布后，香港的测试便采用同内地完全相同的测试内容和标准。开展其他地区的境外测试无须再走这个弯路了。

（一）有关普通话水平测试（PSC）的等级标准描述。

普通话水平测试等级标准的诞生经历了将近十年的时间。1982年，我国宪法载入“国家推广全国通用的普通话”条款之时，我国不少语言研究工作者开始专门探讨普通话等级标准问题，草拟方案，发表论文。1982年，北京市语言学会研究小组草拟了《普通话等级标准条例草案》和陈章太先生在《略论汉语口语规范》中提出的三级标准。最早以国家正式文件提出三级标准的是1986年《新时期的语言文字工作》的报告。国家语委的科研小组，1988年底至1991年用了将近三年的时间，最终提出“三级六等”的等级标准。又经过15年的测试实践，我们对这个等级标准的划分有了更加明确的认识，我们可以自信地说，这个标准是可行的。

1. 一级标准是衡量普通话水平中的纯正程度。

一级标准是代表普通话水平的最高级别。获得一级水平的应试人，在测试过程中，不出现词汇语法的错误，仅仅出现不系统的零星的偶尔闪现的语音语调的失误或缺陷。

一级甲等是普通话水平中的最高等级，所代表的是最为纯正的普通话。在非专业人士的判断中，获得一级甲等的应试者他们的普通话水平已经达到炉火纯青、完美无瑕的程度。获得一级甲等的应试人一般具备相当强的语言功力，大多是从事播音主持或语文教学等工作的人士。中央人民广播电台和中央电视台播音主持的总体水平就是普通话一级甲等水平的典型代表。

当然，获得一级甲等的应试者，在测试中也会出现失误，如口误，偶尔出现不顺畅等现象。在此，我们需要澄清的是，曾有从事播音主持研究的人士认为“一级甲等”“97分以上意味着允许出现30个0.1分扣除率，即30个小错误”的说法，完全是一种误解。如朗读项的评分，一级甲等通常只允许出现3个字音左右的失误（宋欣桥，2000），而且3个字音左右失误并非一定是语音错误，可能是添字、漏字或口误。如果应试者朗读400字的短文中出现三处字音错误属于“硬伤”，取得一级甲等的可能性会很渺茫。而说话项也只允许偶然出现口误或零星失误。如果应试者测试过程中真的累积出现了30个小错误，进入一级甲等只是梦想，争取二级甲等已经不容易了。

2. 二级标准是衡量普通话水平中的标准规范程度。

二级是衡量应试者普通话是否标准规范。获得二级水平的应试人，词汇语法上较少有误，没有明显的方言语调，语音达到基本标准的程度。凡是语言上带有示范作用的职业，都需要达到二级或二级以上的标准规范的程度。在内地，教师的职业语言是普通话。全国教师资格认定所规定的要求之一是普通话水平达到二级乙等。这就意味着除少数方言复杂地区或少数民族地区外，在职教师和未来教师要达到普通话二级水平的要求，否则就不能取得教师资格。

我们需要再次强调的是，达到一级的纯正程度和二级的标准规范程度是从事语言有示范作用的某些职业需要具备的基本条件之一，但不是从事某些职业的充分条件，更不是从事某些职业唯一的专业条件。例如，普通话水平达到二级水平是获得内地教师资格的必备条件，但不是获得教师资格的充分条件，更不是各科老师唯一的专业条件。那种认为“普通话水平测试”不适用于某个专业的说法也是一种误解。

3. 三级标准是衡量普通话水平中的熟练程度。

达到三级水平的人，用普通话交际，总体上已经没有明显的障碍，尽管带有方言语调，甚至带有明显的方言语调，但毫无疑问他们说的是“通达的普通话”，甚至可以说是“流畅通达的普通话”。普通话作为工作语言，达到三级水平是最起码的要求。其中三级甲等水平尽管存在语音不标准和个别词汇语法不规范的情况，但表达上可以达到流畅，甚至相当流畅，相互沟通没有障碍。国家政府部门对国家公务员要求达到三级甲等水平，即普通话测试成绩达到70分以上，这是完全正确的。

口语表达“流畅”“流利”是运用普通话的熟练程度的标志，但它并不代表母语标准语的高水平，道理很简单，“流畅不等于正确；流畅不等于标准和纯正”。因此，普通话的熟练程度是三级六等标准中相对较低的水平。

4. 不入级是代表学习和掌握普通话的起始阶段。

“不入级”的普通话水平还可以细分为三个层次：

第一个层次，方音浓重的普通话。大致取得59.9分~40.0分之间的成绩。“不入级”的应试者绝大多数是属于这个层次的。这个层次的应试人，听懂普通话没有困难，甚至完全没有困难。应试者会说普通话，但方音浓重，别人听得吃力或很吃力，甚至出现一些听不懂的地方，其中最大的障碍是没有掌握普通话的语音系统。

第二个层次，学习普通话的起步阶段，大致取得39.9分~0.1分（其中取得29.9分以下的应试者，笔者至今尚未获知）。这个层次的应试人，听懂普通话没有什么困难，但听懂语速较快普通话可能会产生困难。这的确证明，对于汉语是第一语言的应试人，“由于语言环境和社会心理等多方面因素的作用，听懂普通话比说‘通’普通话要容易得多。这一点与说汉语的人学习外国语（特别是故土学习外语）不一样。因此，普通话可以不列‘听’的专项测试”。（厉兵，1988）而在说普通话方面，有明显差距，只能用普通话作日常的简单的交流。不过，他们所处的汉语方言与普通话之间的隔阂，尽管“在语音、词汇、语法几个方面与普通话都存在一定程度的差异，但毕竟是同一种语言的不同方言，它们之间的共同点是主要的”。（刘照雄，1997）据刘照雄先生在编制《普通话水平测试大纲》过程中的研究分析，普通话与汉语方言“在说法上不同的常用词语最多不超过29.6%”。而且语法上尽管可以列出若干种差异，但总体上讲是基本相同的。因此，这个起始阶段并非表现为应试者的“零起点”。

第三个层次，学习普通话的零起点，应试者取得0分。

这个层次，应试者不能开口讲普通话，一个字也不会说。对以汉语是第一语言的人来说实际上并不存在，是虚拟的。而对外国人或非汉族人参加普通话水平测试来说，才有可能出现。

（二）与第二语言等级标准描述的比较。

我们注意到，普通话水平测试等级标准与第二语言/外语在语言能力等级标准描述上有明显不同。第二语言——外语的等级标准有一个共同点，通常会在最高级别的描述里以本族语——母语的语言水平作为参照。我们可以从“听”和“说”两个方面比较一下。

先从“听”的方面比较一下。美国外语教学协会《关于外语能力标准的暂行规定》把“听”分为“初级”“中级”“高级”并细分为九个等次，其中“高级”又分为“高级”“高级+”“最高级”三个等次。在“最高级”中表述为“达到几乎不必要对方解释的程度，能够准确地理解受过教育的以该外语为本族语的人之间的谈话要点，声音清晰的电话、广播、标准新闻节目、口头报告和非技术性公开演讲。当本族人语速很快，或使用某些俚语和不熟悉的方言时，则可能听不懂”。这种语言听力水平在普通话水平测试中在“不入级”的第二个层次就可以基本上达到了。

如果从“说”的角度，该标准的“最高级”里表述为“有明显的外国腔调，所出现的错误从不影响对方理解，几乎不出现以该外语为本族语的人听不懂的情况”。这种语言口语表达水平在普通话水平测试中在“不入级”的第一个层次就可以达到了。另外，在汉语作为第二语言的测试——中国汉语水平考试大纲（高级）所列出的《口语考试五级标准》的最高级别——5 级当中则表述为“口语表达接近以汉语为母语者”。

相对普通话水平测试等级标准来说，以汉语为第二语言的测试主要是考查应试者运用目的语的熟练程度。应试者大多仅仅相当于“不入级”的水平，其中获得的最高级“口语表达接近以汉语为母语者”是他们当中的佼佼者，大体相当于“三级乙等”以下的水平。其中部分人士日常汉语口语语音可能比较标准，我们会误以为他们的水平较高，实际用普通话水平测试的尺度来衡量，不难发现他们的实际水平并非像我们想象的那样高。我们判断上出现的这种偏差，需要利用“容错度”的理论来解释。当然，非汉语（华语）人士出生在汉语（华语）地区，第一语言为汉语（华语）者，普通话口语水平则会达到较高程度。

（三）借用“中介语”理论阐述的困惑。

20 世纪 80 年代以后“中介语”理论被引入普通话研究，随之又引入到普通话水平测试研究。“中介语”理论阐述语言迁移过程中的动态性产生渐变的连续体，以及它的顽固性产生的僵化现象等特征，的确对普通话教学与测试理论阐释有借鉴作用。不过，“中介语”理论是指研究第一语言（母语）向第二语言（目的语）过渡之间的语言现象，应该是研究可以独立于母语和目的语之间的语言系统。因此，“中介语”也称为“过渡语”“中间语”“语际语”等，而且“中介语”的“中介”已经显示了它的本意。借用“中介语”理论，试图阐释汉语地域方言向汉语标准语——普通话的过渡现象，我们不免会产生许多困惑。

首先，把三级六等所代表的普通话水平都解释为“中介语”现象，那么，谁在说普通话呢？如果把获得满分的应试者才算作目的语——普通话，目前全国几千万应试者尚未发现取得 100 分和 99 分的考生，这似乎意味着地球上没有一个人在使用目的语普通话，这是不是实际上否定了目的语“普通话”的存在，把目的语“普通话”虚化了。

既然我们把获得普通话一级水平的成绩描述为“纯正的普通话”，把获得普通话二级水平以上的成绩描述为“标准或比较标准的普通话”，难道“纯正的普通话”和“标准或比较标准的普通话”不代表目的语“普通话”吗？另外，获得普通话三级水平的成绩属于流畅或比较流畅的普通话，难道不代表目的语“普通话”吗？

我们能否这样说，获得60分以上即三级乙等以上的普通话水平就是进入目的语“普通话”，并非所谓“中介语”，而是属于目的语“普通话”的研究范畴。即便人们加上“中介语”的标签，它也不是实际意义上的或者说典型意义上的“中介语”，并不适于整体上套用“中介语”理论阐述。普通话教学和测试研究当然要借鉴“中介语”的研究成果，我们如此强调，是使自己清醒一点儿，我们应该花更多力气研究这种以汉语为第一语言的普通话测试自身的特点和性质。

二、构建普通话水平测试（PSC）理论基础的几个问题

世界语言测试理论是我们构建普通话水平测试（PSC）理论基础和体系需要认真借鉴的。首先我们的任务是学习，要装备自己，要更多地掌握语言测试的自身规律，吸收各种语言测试的成功经验。不过，目前“语言测试”的理论研究，主要对象是第二语言的语言测试，而且主要是在“客观性测试”方面积累的经验和理论探讨，而对口语这种“主观性测试”尚缺乏深入研究。国内从事英语口语测试方法研究的学者，对我国普通话水平测试（PSC）曾有过高度评价，认为“从语言测试的实践上看，我国普通话水平测试对于推广普通话和标准语的教学方面为我们树立了典范。在国家语委的领导下，刘照雄先生主编的《普通话水平测试大纲》和宋欣桥先生执笔编写的《普通话语音评定标准》，以及近年来其他研究成果都是宝贵的典范资料。特别是测试活动在全国甚至港澳地区全面地开展，为语言测试，特别是口语测试积累了丰富的经验”。（蔡圣勤，《英语口语测试方法研究》，2004）

我们需要继续保持谦虚谨慎、不骄不躁的作风，同时我们也没有必要妄自菲薄。的确，普通话水平测试（PSC）的理论建设，既无法完全套用现成的语言测试理论，也不是汉语本体理论研究可以完全取代的。我们要构建的是以长期的测试实践为基础，根据普通话水平测试（PSC）的性质和特点形成的一整套测试理论体系。

以下是有关普通话水平测试基础理论的几点思考：

（一）对普通话水平测试实质的认识。

应该如何认识普通话水平测试的实质呢？笔者在2003年实施新大纲的师资培训班上，对我国语言测试专家李筱菊教授所著的《语言测试科学与艺术》（湖南教育出版社，1997），谈了自己的读书心得。

首先，我们探讨普通话水平测试能否直接测试到应试者的普通话口语水平，即能否直接测试到应试者普通话口语的规范程度？如果能，就要满足两个前提条件：第一，掌握应试者全部的语言行为（此处指言语活动，下同）。第二，不仅要掌握应试者过去和现在的语言行为，还要预测将来应视者的语言行为的状况，甚至对应试者未来的语言行为负责。这两条我们都无法做到。

任何测试，包括普通话水平测试在内，都是在有限的时间内测试有限的内容。“水平测试”的性质决定，它并不过问应试者过去的语言状况，也不预测应试者未来语言行为的状况，只对应试者当下达到的语言水平进行测试，更确切地说，是对应试者在有限的测试时间内所表现的语言水平的表征进行分析判断。普通话水平测试的依凭是应试者普通话水平的语言表征。语言表征，即应试者语言上表露的征象。我们是通过测试应试者普通话口语表征，推论应试者的普通话口语能力和规范程度。而且，我们也无法测试到应试者的全部语言表征。我们只是对一组普通话语言行为进行测

试，这只是全部语言表征的一个抽样，我们通过测试结果对应试人普通话水平作出推论。

普通话水平测试不是通过一个字、一个词、一句话来判定应试者的普通话水平，也不是通过一个语言表征或一个测试项就准确判断一个应试者的普通话测试等级。普通话水平测试是通过五项（或四项）内容的测试，综合评定应试者的普通话水平。评定应试者普通话水平是通过全部测试内容的考查，主试人分析应试人所有可供判断的语言表征得出的测试结果。

总之，要全面认识测试实质。首先，在有限的测试时间里，应当尽量捕捉应试者可供判断的语言表征，从这个意义上说，测试员应该反应迅速，分析入微。测试员全面入微地掌握应试者普通话水平的语言表征，是正确判定应试者普通话水平（等级）的基础。因此，对应试者普通话水平（等级）的评定是语言表征综合分析的结果。既然测试中语言表征是一组语言行为的抽样，那么，测试中的语言表征对测试结果来说就是相对的，不是绝对的。语言表征的综合分析大多表现为相对的参考量，很难成为绝对的确定量。

（二）语音评定在普通话水平测试中占有重要地位。

汉语标准语的学习，语音学习占有重要的地位。刘照雄先生曾有过深透中肯的论述，他说："母语标准语的学习，由于母语（方言）与标准语属于同一语言，除了语音结构存在不同程度的差异外，语法和词汇的基础是共同的，共同成分是主要的，由'读'到'说'不需要很多陌生的词语和语句的积累，也不需要从大量的语句里体验和抽取语法规则的漫长过程。只要读准了，就可以拉动说准。学习者使用方言的能力，可以顺利地转移为说标准语的能力。这种能力不是天生的，而是在方言习得的过程中已经掌握了的。这些同一语言的共同基础得以保证原来使用方言的人在突破标准音的难关（培养了标准音的发音习惯）之后，能够顺利地使用标准语。这是母语标准语训练同第二语言学习的根本区别所在。"（刘照雄，2008）因此，我们应该不难理解，在1955年举行的全国语言文字工作会议上，当时的教育部部长张奚若所作的大会主题报告，题目是"大力推广以北京语音为标准音的普通话"。语言学家鲍明炜先生也在当时发表的《略论汉族共同语的形成和发展》一文中，专门论述了"标准语问题实际上只是标准音问题"。

在谈及普通话水平测试时，我们会发现某些人士对普通话水平测试表现出不以为然，其中认为测试中语音要素所占比例"过重"是原因之一。

诚然，语言是用来交际的，是用来表情达意的，不是靠语音正确就可以完成表达的。语言表达不仅要正确、流畅，还要得体，一般意义上来说，这个道理我们不仅接受而且完全同意。但是，普通话测试的对象是母语、第一语言是汉语的群体，尽管最初设计是"具有小学六年级以上文化程度"（孙修章，1992），但实际上测试对象一般具有中等以上文化水平，而且内地测试初期主要测试对象是播音员、主持人和教师，他们大多已经大学毕业，他们是语言上有示范作用的人群，他们是给全社会在普通话运用上作典范的人群，换句话说，他们是以母语为汉语的人群中，以普通话作为工作语言时，国家和社会要求他们的普通话说得最标准、最纯正的人群，而且他们的确也是普通话说得最标准、最纯正的人群。他们当中在普通话运用程度上的出类拔萃者，甚至比我们语言学家、语言测试专家的语言表达还精彩，他们是真正的语言家。

对他们来说，语言表达上语汇正确，流畅得体，是最起码的要求，是最低要求。假定他们中间有人普通话仅达到三级水平甚至不入级水平的话，他们的中国语文程度也至少是合格水平了吧。一个教师在讲台上，讲课生动有趣，口若悬河，我们不能说他的课本身讲得不好，假定他的普通话带有浓重的方音，我们能因为他表达上生动有趣、流畅得体就说他的普通话说得好吧?!他们普通话水平不高，并不表现在语汇正确、表达流畅得体上，而是表现在语音上。语言学大师王力先生曾在《广东人怎样学习普通话》（北京大学出版社，1997）中深入浅出地论述过这个问题，他说，学习语言，“语言三大要素哪一个要素最难呢？这很难说，假定你学的是外国语，应该说是语法最难；但是汉人学汉语，情形就不同了”。“严格地说，语音是比词汇更难。为什么呢？假定一个人在某一个地方住上二十年，差不多那一个地方的全部词汇都给他掌握住了，然而语音说出来还是可能不像得很。例如，有一个教授，他在广州住了十几年，广东话全能听懂，可见全部词汇已经熟习了，但是他至今还不会说广州话，甚至于开不得口。这是个极端的例子。另有一位教授，在北京住了二十几年，他的普通话在词汇上可以给四分，但是他在语音上至今仍不满三分，恐怕他这一辈子永远不会及格了。为什么呢？因为词汇的不同是容易察觉的；语音的不同是不容易察觉的”。

王力先生的话浅显而深刻，的确，语音学习的难度不容忽视，特别是超过青春期再学习另一种语音，就会带上原有语言或方言的某种口音，绝大多数人难于达到标准的程度。的确，无论学习哪种语言，语音标准程度、纯正程度都是语言水平的重要标志，而且通常还是首要的标志。作为新加坡内阁资政的李光耀先生，学习华语极其认真，颇有心得，他说：“我们应该讲标准的华语，而不是带有南洋腔的普通话。”他总结自己最初请一位潮州人教他华语的“错误”，他说：“如果我要学习，我是很认真的，我一定要学准确的发音，而不是带有方言腔调的发音。因此，我就没有再向他学习。”他还特别提醒家长：“千万不要把目标定得太低。如果你为你的孩子定目标太低的话，你可能会后悔莫及。”

有个值得深思的现象，相比一些学者对学习普通话语音的宽容态度来说，香港人对英语学习中语音标准程度的要求真是毫不含糊。不仅有的机构针对港人英语学习中使用国际音标不熟悉的现实，开办培训课程，而且从幼稚园开始，为了英语发音纯正，学校还聘请金发碧眼的英文外教，以她们的母语是英语作为卖点。就连港人把广州话作为粤方言标准语来学习的时候也不例外。香港设立的“粤音水平测试”就是以“粤音”作为衡量港人粤语水平的尺度。不仅如此，粤语正音节目还上了广播电视，还有专门的组织推动此事。的确，语音的纯正程度是人们掌握一种语言（或方言）达到高级水平的重要标志。

说到普通话语音标准和纯正，某些人士就会发表言论表示不满，似乎是要求全国每一个人都达到一级甲等似的，这纯粹是一种误解，是把确立“测试等级标准”和对不同行业人提出不同的“测试等级要求”混为一谈（宋欣桥，2003）。没有判定语音是否标准的尺度就无法确定普通话测试等级的划分，就不能进行普通话测试。如果没有确立严格的普通话语音标准，岂不人人皆是一级水平了吗？普通话水平测试就没有存在的必要了。北京大学王福堂先生关心普通话测试的发展，撰文《普通话应该有一个严格的语音标准》（语言文字应用，1998），认为普通话测试中“普通话语音标准还有不够严格的问题。而这可能会在一定程度上影响普通话测试等级标准的准确和完整”。王先生的话十分中肯，值得我们在测试研究中思考。

就其整体上来说，语言测试中对语音正误判定相对词汇、语法结构的正误判定来说，要困难得多，而且普通话水平测试的语音评定还要面对复杂的汉语方言，测试员必须经过严格的专门训练，才可以胜任。测试员的语音评定过程要高度精神集中，是个高强度的脑力和体力的艰苦工作。

笔者最初认为，判断语音正误是一件简单的事情——只不过是借用音位学理论就可以解释清楚的，认为语音“错误”就是“把一个音（音位）误读为另一个音（音位）”而已。很快我们就发现这一句话不能解决问题，而且，我们不仅要判定“错误”，还要判定“缺陷”。笔者在国家级测试员培训班上先列出一个普通话水平测试《语音评定参照细则框架》，包括“语音错误”“语音缺陷”

在内，含有 79 条。后来不断补充，不仅包括“语音错误”“语音缺陷”的类型，还包括“不作为‘语音错误’和‘语音缺陷’的类型”，共列出 130 条。“对语音错误和语音缺陷的认定，必须依靠这样具体的工作，而不能拿音位的界限来一刀切。其实，《语音评定参照细则框架》就是对‘音位说’的否定——如果‘音位说’能解决问题的话，何必还要做如此大量细致的工作来制定参照细则呢?”（毛世桢、叶军，《对外汉语教学语音测试研究》，2002）

（三）普通话水平测试中隐性标准的探讨。

语言测试评分过程中存在显性标准和隐性标准。客观性测试的测评结果是固定的，是明确的，例如多项选择题，因此，客观性测试的评分系统通常体现为显性标准。而主观性测试的测评过程，既存在显性标准，又存在隐性标准。主观性测试中的开放式试题，答案的多样性和不确定性，使主观性测试的隐性标准发挥着主导作用。主观性测试存在隐性标准是主观性测试有别于客观性测试的本质特点之一。

口语测试属于主观性测试的范畴，其中命题说话是典型的代表。《普通话水平测试大纲》的命题说话项中所列的评分标准是显性标准，而测试员在评分过程中会发现，尽管已经有明确条文的评分标准，但实际操作起来，还是存在不少如何理解和把握这些评分标准的困惑。于是就会听到呼吁——把评分标准制定得更详细一些，甚至出现了把说话项中的语音评定按字音定量化的评分方案。这种测试评分方案看起来很“精确”很“科学”而且便于操作，但实施起来却是难于测试出应试者的实际语言水平。应试者同样是出现 10 个字以内的语音错误，但实际测试中的语音整体面貌可能并不完全一样，其中有常用字错误与非常用字错误的区别；有方言性错误与非方言性的错误的区别；有语音系统性错误与非语音系统性错误的区别；有的是异读词的读音错误；有的还可能由于紧张出现口误，这种种情况不是靠数数语音错误的字数就可以机械判定的。而且在综合评定中，字音错误只是参照条件之一，不是唯一的条件。“我们在强调‘可操作性’时，很容易出现以‘定量’代替‘定性’的情况。”（宋欣桥，1999）的确，“语言表征的综合分析大多表现为相对的参考量，很难成为绝对的确定量”（宋欣桥，2003）。

主观性测试的隐性标准表现为测试过程中的定性分析，而且是表现为定性分析中的模糊判断。“精确”似乎成为人们对测试质量的公认标准和对主试人基本素质的考察标准。这种认识原本无可厚非，既然测试就是在进行“测量”，当然是越精确越好。“其实，‘精确’这个概念本身就是模糊的，也就是说‘精确’这个概念本身就是模糊概念。‘精确’实际是相对的。”（宋欣桥，1999）因此，主观性测试的所谓评分上的“准确”，反映为相对的精确，评分结果最终反映为模糊判断。模糊判断是人们定性分析的结果，“模糊”与“精确”同属于人类精神活动的高级状态，犹如“遗忘”与“记忆”同是人类精神活动的高级状态一样。我们可以这样说，主观性测试的模糊判断是主试人对应试人语言表征综合判断中的高级形式。因此，隐性标准是口语测试中主试人在评分过程中尚未表述出来或难于表述出来的潜在的判断正误标准，隐含于主试者的语感判断之中。隐性标准在口语测试中属于主试人的语感标准，不含贬义色彩。隐性标准有一个特性，即可以表现于直觉判断，就是赵元任先生所说的“土人感”，是可以不必讲道理的。当然，我们可以由学术理论去证明和验证的时候，这个隐性的语感标准就成为既有语感基础，又具备理论分析的产物。

显性标准和隐性标准两者是可以相互转换的。隐性标准经过一段测试实践，可以调整为显性标准，使测试评分标准更加明确清晰。而显性标准经过一段测试实践，可以调整为隐性标准，便于做出定性分析，使难于表述或不便表述的标准隐现于显性标准之中或显性标准之后。

显性标准和隐性标准不仅存在于测试评分标准，而且体现于水平测试的等级描述当中。水平测试中对应试者语言能力和语言水平的等级描述，集中体现了模糊语言的运用。需要澄清的是，表述的模糊性不等于“不准确”。一个成熟的主观性测试，表现为显性标准的恰当表述和主试人隐性标准的恰当运用。

正确运用隐性标准的关键取决于主试人自身该种语言水平达到的熟练纯正程度。笔者在国家级测试员班曾反复强调，普通话水平测试员自身普通话水平应该达到95分以上的理想成绩，只有这种纯正标准程度才能驾驭整个测试的隐性标准。而具备这种隐性标准的合格测试员是要经过数十年普通话语感积累，千锤百炼，才能达到炉火纯青的程度。我们全国的测试员，无论是国家级还是省级测试员都应该追求这个普通话水平的目标。

我们面临一个研究题目——“命题说话项的口语语体研究”，这是口语测试中隐性标准研究的集中体现。命题说话这种单向说话的形式不同于一般日常口语的会话体，它“既吸收会话体多变、灵活、简洁的特点，又剔除其中的随意性、易变性、不规范性，同时又吸收书面语体规范、严密、完整的特点”（张静，2009）。对于这种口语语体和书面语体相互交融的语体风格和特点，词汇语法规范程度检测方面的隐形标准如何把握？如果我们完全用书面语的标准来衡量，也就是说，用写下来仔细斟酌的方式来判断，就忽视了口语即兴产生的“句式短，不够严密”的特性。相反，如果过于强调所谓“口语化”，似乎只能说“爸爸、妈妈”，不能说“父亲、母亲”；似乎只能说“小孩儿”不能说“小朋友”，这显然是不正确的。我们更不能把北京话或北方话中“土得掉渣”方言俚语认为是“地道的普通话”，甚至把“自然”理解为“随意”，走上了“口语至上”的歧途。在测试过程中，我们在词汇语法是否规范的判断上，隐性标准宜采用有弹性的柔性处理方式，显性标准则采用“宜宽不宜严”的尺度。

三、建立普通话水平测试（PSC）科学管理的理论基础

普通话水平测试管理的科学性、政策性和专业性很强。普通话水平测试（PSC）作为口语测试，它在测试管理上是一种耗费大量人力物力而且难于控制的测试形式。为了达到规范标准、公平公正、有序高效的测试预期目标，必须要有完备的测试基础理论加以指导。不过，目前我们测试管理基础理论的研究还十分缺乏，尚未建立普通话水平测试的管理理论框架。我们这样大的一个国家，这样多的人口，面对如此规模宏大的测试，我们必须加强测试科学管理，建立一整套符合普通话水平测试自身特点的科学管理体系（宋欣桥，2006）。建立科学管理的理论基础是普通话水平测试（PSC）基础理论建设的重要组成部分。

（一）建立国家普通话水平测试管理体系的基本框架。

2006年笔者曾提出国家普通话水平测试管理体系基本框架的构想。

测试科学管理集中体现于测试控制方面。科学严密的测试控制是普通话水平测试协调运作的重要条件，也是实现普通话水平测试目的的客观需求。普通话水平测试的管理工作流程，同其他考试一样，是一个具有目的性、序次性、控制性的运行过程（廖平胜，2003）。普通话水平测试流程的确犹如一条多环节的连续链条，环环相扣，各环节相互独立又密切关联、互为依存又相互制约，整个流程是在控制条件下为实现测试目的而运行的。我们的测试管理基础理论就是要论述清楚测试链条中各环节独立运行时的规律，同时要阐述各环节之间的相互关系，而阐述它们的目的性、序次性、控制性则是核心问题。

针对普通话水平测试的性质、目的，测试控制主要有三个方面构成：管理权限控制、专业测试质量控制、测试环境控制（廖平胜，2003）。管理权限控制主要指法规、行政、监督等手段，对管理者行使职权的规范，也包括测试技术设计权限等，这对国家级普通话测试来说是至关重要的。专业测试质量控制实际属于测试技术性控制，是测试运行的主体控制部分。测试环境控制属于综合性控制的范畴，又分内部控制和外部控制。内部控制主要是通过权限控制和专业测试质量控制实现，而外部控制主要是指社会环境控制，目的是要为测试的顺利进行创造和谐的社会环境，核心是为测试建立良好的社会秩序规范。

笔者提出的国家普通话水平测试管理体系的基本框架，大致由三个子系统构成：专业测试系统、组织管理系统、咨询服务系统。其中，专业测试系统是测试科学管理系统中的核心部分，包括：试卷编制与管理；测试质量控制；测试员培训与资格认定；考场设置；证书管理；考生成绩认定；测试科学化进程等。组织管理系统是国家测试管理系统中较为完备的组织形式。测试管理机构是国家测试管理规定早已明确的。国家测试原则上采取属地管理，行业测试机构是在各省语言文字工作部门组织实施。咨询服务系统也是普通话水平测试（PSC）科学管理体系中的一个子系统，包括国家咨询服务系统、省级咨询服务系统、专业咨询服务系统。建立咨询服务系统是充分体现人本精神、树立为考生服务的理念的具体措施。

（二）研制发布《国家测试管理标准》势在必行。

2006 年笔者曾提出《国家测试管理标准》的构想。

国家对普通话水平测试坚持“四统一”原则，即“统一标准、统一大纲、统一规程、统一证书”和“五个严”要求，即“严密组织、严明纪律、严格监督、严肃管理、严防不正之风”（袁贵仁，2004）。国家已经制订发布了测试管理规定，包括一系列管理措施和管理办法，也具体体现在《测试工作评估指导标准》和《测试规程》两个文件里，这些文件条文对保证测试工作顺利进行发挥了积极的指导作用。不过，国家宏观指导文件尚有不便细化作为标准的条款，同时又存在某些条文似乎过于具体的现象，没有为各级机构具体实施留下空间。

测试工作种种问题得不到清晰的规范标准，因人而异，因地而异，我们的测试工作就会陷入缺乏章法的混乱局面。有人撰文形容这种局面是“测试时，应试人茫然；测试员随意；测试情景不一致”，并提出“施测过程标准化”的意见（蒋朝晖，2004）。有些问题似乎并非什么大问题，但是做测试工作的行政及考务人员、测试员、视导员都不应忽视，因为从测试专业角度来谈管理——细节决定成败，即“成也细节，败也细节”（孙德金，2005）。

我们研制发布《国家测试管理标准》已经势在必行。从测试专业来说，这个标准是测试运行的控制标准（廖平胜，2003）。它是普通话水平测试（PSC）运行过程各环节的工作及相关事务的数量和质量的要求，也是衡量测试运行实际成效是否符合既定要求的各项指标。因此，它是按照国家有关规定具体实施管理工作的执行标准或操作标准 。该标准大体应该包括“测试质量控制”“测试中的公平性”“测试结果认定”“测试的应用”“测试组织权限”等内容。（内容细目举例略）

这个标准的全称可以构拟为《国家普通话水平测试（PSC）管理标准》。这个标准是全国普通话水平测试（PSC）管理工作的质量标准；这个标准将成为测试机构及工作人员的工作规范和参照依据。计算机辅助普通话水平测试的管理标准就是其中非常重要的组成部分。

笔者建议尽快作为科研项目立项，组织全国科研力量完成这个标准的研究编制工作。

（三）计算机辅助普通话测试的理论建设迫在眉睫。

世界语言测试引入计算机以后，开创了语言测试的新纪元，成为划分语言测试新时代的标志。

语言测试进入计算机时代后在技术上迅速发展，威力巨大。计算机辅助普通话水平测试（PSC）的发展也表现突出，由计算机录音测试达到计算机对字词语音正误的辅助化识别评分。笔者为此兴奋不已。

在兴奋之余，我们有必要深入思考。我国语言测试专家李筱菊教授曾对计算机科技发展在语言测试的新应用提出一个值得深思问题——“谁为谁服务的问题”。她告诫我们：“如果没有从教育的根本利益出发的认识为它掌握方向，在一段时期内很容易会拖语言教学和测试向盲目的方向前进，或者甚至是倒退。科学技术的应用应是实现认识的手段，这时却成为了障碍、抵消、毁坏新认识的实现的反作用因素。”笔者1999年曾在《对普通话水平测试走向科学的思考》一文中强调“利用科学手段，发挥人的主导作用”。“作为语言科学的普通话水平测试，属于社会科学的范畴。计算机这个准确高效的现代化工具，毕竟是人脑延伸的工具，程序的编制和最终结果的检验，必须由人把握”。

如果我们不是在做商业广告，就不要轻易地简单地说“计算机比人评分准确”。对计算机完成“客观性测试”来说，可能如此。而对口语这种“主观性测试”来说，就要具体分析了。计算机的优势是忠实执行我们的指令，不会轻易疲劳，效率高，评分上前后尺度一致，因而测试信度高。在普通话水平测试的第一项单音节字词和第二项多音节词语两个部分，试卷是可以事先输入的固定材料，因此，评分的准确性可能较高。

为什么在计算机和测试员评分对比结果有数据显示时还用“可能”二字呢？因为，计算机自动评分准确性取决于两个先决条件：第一，需要足够的标注样本作为支撑。足够的标注样本，并不仅仅表现为样本数量，还表现为样本对不同等级的覆盖面，表现为样本对不同地区、不同方言区的覆盖面。第二，需要对样本作精细准确的分析标注。这意味着人要先做出准确的分析判断，训练计算机识别各个等级和不同方言的繁复的语音现象。而能够承当这个分析判断任务的人士，不能简单地认为普通话说得好就可以胜任，而应该是由具有语音学常识的专业人士完成。这是一个目前尚难实现的艰巨任务。

普通话水平测试中“朗读短文”“命题说话”两个部分是对应试人普通话水平的综合测试项。测试员对这两个部分的评分需要凭借测试员自身的普通话语感判断。“朗读短文”项把短文音声化的过程集中表现了应试者较为全面的普通话语言水平，而且在五个测试项中反映应试者高层面的语言综合素质。人们认为“朗读短文”似乎只是应试者把短文逐字逐句念出来而已，仅仅把“朗读短文”这一项等同于第一项单音节字词和第二项多音节词语来分析和判断，是一种极大的误解。“朗读短文”“命题说话”两项的评分，测试员更需要调动隐性标准即语感标准发挥判断作用，并非显性的评分标准可以涵盖的。我们有必要提醒自己，还有许多问题未得到妥善解决，尚待深入研究。

在计算机面前似乎人人平等，公平公正。我认为，说得更全面一点儿，计算机评分必须加上测试员的判断才可以真正测试出应试者的普通话水平，对所有应试者来说才是公平公正的。因此，把计算机在普通话水平测试中的作用定位为“辅助”是十分正确的。今后相当一段时间内，计算机的“辅助”作用不会改变。测试员的任务因计算机的辅助而工作负担可能有所减轻，但责任绝对没有减少。

我们一定不要陷入“宁信计算机，不信测试员”的泥潭——不可“削足适履”。测试员将肩负起一个十分重要的使命，那就是监控计算机辅助测试的评分结果的有效性和保障应试者取得的测试结果公平公正。因此，对测试员队伍的基本素质要求不是降低了，而是要求更高了。“兵贵精不贵多”。今后，测试员队伍将由自身普通话标准纯正、有丰富测试实践经验、具备语言测试基础知识、具有创造性科研能力的一批深深热爱普通话水平测试事业的中坚分子组成。

普通话水平测试（PSC）是我国语言文字工作中的一项伟大事业。我国普通话水平测试工作将进一步发展成为一个庞大的成熟的包括科学理论体系在内的系统工程。普通话水平测试（PSC）这个系统工程的创建过程不是靠一个机构，更无法靠“我辈数人，定则定矣”。国家测试科研机构需要展现博大的胸怀，广纳全国有关学科的优秀人才，施展雄才大略，真正肩负起领导组织国家普通话水平测试（PSC）这项伟大事业的重任。

参考文献：

[1] 国家语言文字工作委员会．普通话水平测试管理规定［S］.2003.

[2] 国家语言文字工作委员会．普通话水平测试工作评估标准［S］.2003.

[3] 国家语言文字工作委员会．普通话水平测试规程［S］.2003

[4] 国家语言文字工作委员会普通话培训测试中心．首届全国普通话水平测试学术研讨会论文集［C］．北京：语文出版社，2003.

[5] 国家语言文字工作委员会普通话培训测试中心．普通话水平测试实施纲要［S］．北京：商务印书馆，2004.

[6] 国家语言文字工作委员会普通话培训测试中心．普通话水平测试的理论与实践［S］．北京：商务印书馆，1998.

[7] 国家语言文字工作委员会普通话培训测试中心．第二届全国普通话水平测试学术研讨会论文集［C］．北京：商务印书馆，2006.

[8] 蔡志礼．学语致用——李光耀华语学习心得．［M］．新加坡：世界科技出版公司，2005.

[9] 蒋朝晖．关于普通话水平测试施测过程标准化的设想［J］．贵阳师范高等专科学校（社会科学版），2004，(2) 53-55.

[10] 李筱菊．语言测试科学与艺术．［M］．湖南：湖南教育出版社，1997.

[11] 李宇明．论母语．［J］．中国语言规划论［C］．长春：东北师范大学出版社，2005.

[12] 廖平胜．考试学原理［M］．武汉：华中师范大学出版社，2003.

[13] 刘照雄．再论普通话水平测试的性质与特点．［J］．语言文字应用，2008，(1)

[14] 毛世桢，叶　军．对外汉语教学语音测试研究［M］．北京：中国社会科学出版社，2002.

[15] 盛　炎．语言教学原理［M］．重庆：重庆出版社，1989.

[16] 宋欣桥．试论普通话水平测试［A］．国家语言文字工作委员会普通话培训测试中心．首届全国普通话水平测试学术研讨会论文集［C］．北京：语文出版社，2003，1-18.

[17] 宋欣桥．香港普通话水平测试研究与发展［C］．香港：商务印书馆，2007.

[18] 宋欣桥．普通话水平测试员实用手册（修订本）［C］．北京：商务印书馆，2004.

[19] 宋欣桥．普通话水平测试在香港的基本属性及未来发展．［J］．语言文字应用，2008，(1).

[20] 王福堂．普通话应该有一个严格的语音标准．［J］．语言文字应用，2008.

[21] 王　力．广东人怎样学习普通话［M］．北京：北京大学出版社，1989.

[22] 孙德金．成也细节，败也细节——汉语水平测试管理工作琐议［J］．中国考试，2005，(1).

[23] 袁贵仁．再接再厉，团结奋进，开创普通话水平测试工作新局面——在全国普通话水平测试管理工作会议上的讲话［A］．国家语言文字工作委员会普通话培训测试中心．全国普通话水平测试管理工作会议资料汇编［C］．北京：语文出版社，2004，1-10.

[24] 北京语言大学汉语水平考试中心．中国汉语水平考试大纲［Z］．北京：现代出版社，2004.

[25] 张　静．规范口语与普通话测试中的语体表现［J］．浙江师范大学学报，2009.

浅析《计算机辅助普通话水平测试评分试行办法》

孙海娜
教育部语言文字应用研究所（国家语委普通话培训测试中心　北京　100010）

［摘　要］　本文阐述了制定《计算机辅助普通话水平测试评分试行办法》遵循的主要原则，认为该试行办法以《普通话水平测试大纲》作为评分实践的根本准则，科学总结和吸收各试点地区机辅测试评分实践的成功经验，保证了机辅测试与人工测试在评分标准把握上的稳定性和连续性，有利于促进各试点地区机辅测试评分实践的规范和统一。同时针对如何在评分实践中理解和把握该试行办法，以及该试行办法在施行中应注意的问题进行了探讨。

［关键词］　计算机辅助普通话水平测试；评分试行办法

运用计算机技术辅助普通话水平测试，是普通话水平测试操作模式的重大改变，是测试手段现代化的一次跨越性发展。开展计算机辅助普通话水平测试（以下称“机辅测试”）试点，是积累机辅测试实践经验，进一步完善机辅测试系统，推进测试管理规范化、科学化的有效措施，是在更大范围推广应用机辅测试的重要基础。

自2007年12月31日教育部语言文字应用管理司批复同意安徽、上海和天津3省市开展机辅测试试点以来，全国已有15个省（区、市）相继展开了试点工作，其中安徽、上海、江苏、辽宁4省市全面推广了机辅测试试点，全国约150万人次参加了这一新的模式操作下的测试。

为在全国范围内统一机辅测试的评分办法，规范新的测试操作模式下的评分实践，国家语委普通话培训测试中心在充分调研和收集、梳理各试点地区评分实践经验的基础上，研究起草了《计算机辅助普通话水平测试评分试行办法》（以下称《评分试行办法》），随后提交2008年12月召开的机辅测试业务研讨和质量分析会进行研讨，根据各试点地区意见和建议认真进行了修订。2009年1月9日，教育部语言文字应用管理司正式将《评分试行办法》印发试行（教语用司函［2009］5号）。

一、制定《评分试行办法》遵循的主要原则

（一）维护《普通话水平测试大纲》的权威性和完整性。

《评分试行办法》规定：“根据《普通话水平测试大纲》……制定本试行办法（第一条）。”质量是测试的生命线，机辅测试试点成功与否的关键，首先在于能否切实保证测试质量；保证测试质量的核心和前提，是无论测试操作模式如何改变，都必须坚持以《普通话水平测试大纲》（以下称

《大纲》）作为评分实践的根本依据，维护《大纲》在测试实践中的权威性和完整性。这是《评分试行办法》必须遵循的基本原则，也是保证机辅测试质量，维护考生权益和测试信誉，确保试点规范、有序、健康发展并取得实际效果的基础。

（二）保证机辅测试与人工测试在评分标准把握上的稳定性和连续性。

机辅测试和人工测试的操作模式，一个重要不同就是评测形式发生重大改变：人工测试由两至三名测试员面对应试人现场评分，通常情况下测试员可以沟通或协商，评分差异在四个测试项都可能出现；机辅测试则通过测试信息管理系统，将应试人前三项的语音分配至计算机评测系统评定分数，将第四项①分配至两至三名测试员进行评测，测试员均独立完成评分，不能进行沟通和协商，评分差异仅出现在第四项。

评测形式的改变，打破了测试员在人工测试操作模式下形成的评分习惯，测试员要适应独立且单独评测第四项。不因评测形式不同而影响测试员对评分标准的把握，这在目前机辅测试与人工测试并存的状况下，尤其应予以高度重视。《评分试行办法》既遵行《大纲》所有的评分要素，又根据机辅测试的实际增加了新的评分要素，保证了机辅测试与人工测试在评分标准把握上的稳定性和连续性，对科学指导测试实践、维护测试公平公正具有现实意义。

（三）科学总结和吸收各试点地区机辅测试评分实践的成功经验。

机辅测试和人工测试的操作模式，另一个重要不同就是受测形式的重大改变：人工测试时，应试人面对测试员完成全部四个测试项，必要时主试人可给予提示或引导②；而机辅测试时，应试人面对计算机完成语音采集过程，没有测试员的现场提示或引导。

受测形式的改变，使不少在人工测试模式下并不突出或未曾出现的情况和问题相继显现出来，有些甚至较为严重。这些新的情况和问题比较集中表现在第四项“命题说话”上，如：在无现场提示或引导的情况下，“明显背稿、离题、说话难以继续”等现象显著增多；人工测试模式下很少出现的“内容雷同”、基本没有出现过的“无效话语”等现象时有发生。针对这些新的情况和问题，各试点地区一方面通过认真探索、逐步完善测前培训的内容和形式加以应对，同时在机辅测试的评分实践中认真研究和制定了具体的应对措施，并在更大范围的评分实践中不断加以改进和完善，为《评分试行办法》的制定提供了重要依据。《评分试行办法》是在认真收集、梳理和研究各种新的情况和问题，科学总结和吸收各地在评分实践中的成功经验的基础上研究制定的，因而对全国各试点地区的机辅测试实践具有普遍指导意义。

（四）促进各试点地区机辅测试评分实践的规范和统一。

首先，《评分试行办法》明确了机辅测试的评测形式，即“读单音节字词、读多音节词语、朗读短文项，由国家语言文字工作部门认定的计算机辅助普通话水平测试系统评定分数（第二条）”，“命题说话项由测试员评定分数（第三条）”，这是在国家测试主管部门文件中首次对机辅测试的评测形式进行的具体描述。

其次，鉴于计算机评测系统只要系统运转正常、采集到的语音数据正常，一般情况下不会出现前三项评测失败，因此《评分试行办法》重点对第四项的评分做出了基本的规范和统一。前文提及，由于评测形式发生了重大改变，测试员在第四项的评测上遇到了很多新的问题和情况，各地在试点过程中也进行了富有成效的探索和尝试，先后研究制订了相应的应对措施，但不同地区对相同问题的处理不尽一致或存在较大差异，客观上对评测标准和评测结果造成了一定的影响。《评分试行办法》旨在针对第四项评测中遇到的共性问题提出共同遵循的处理意见，有利于促进全国各试点地区机辅测试评分实践的规范和统一。

当然，《评分试行办法》不可能全部解决机辅测试的所有问题和不足。各试点地区应在结合本地实际认真执行《评分试行办法》的同时，严格按照《计算机辅助普通话水平测试操作规程（试行）》（教语用司函［2008］23号）和《计算机辅助普通话水平测试试点业务指导意见（试行）》（教语用司函［2009］XX号，待发）推进机辅测试试点，不断总结和积累新的经验和做法，才能最大程度地规范机辅测试操作的全过程。

二、对《评分试行办法》的理解和把握

由于机辅测试的评分差异仅出现在第四项，因此测试员对评分标准的把握，关键体现在对第四项的评测上。下面谈谈笔者对第四项评分的理解和体会。

（一）《评分试行办法》遵行了《大纲》评分要素。

1. 语音标准程度。

语音标准程度的评测应是定量与定性兼顾。不宜过于机械看待关于错误数量的表述，还应从定性方面总体把握，方音性质的错误、声韵缺陷、字调语调偏误的类型是多还是少，程度是深还是浅，均要放入“方音程度”中来评价，看其属于“不明显”“比较明显”“明显”还是“重”。

归档时，错误量和方音的程度是一并考虑的；确定具体扣分时，在错误数量相当的情况下，方音性质的字调、语调失误比例高的扣分会多一些。

2. 词汇语法规范程度。

词汇、语法评定的主要视点是，是否出现典型方言性质的词汇和语法现象。带有方言性质的失误必定要在评分中有所体现，而一般性口误可从宽处理，视情况扣分。

另外，在人工测试时，如果失误性质难以确定，评判应当适度从宽；在机辅测试时，条件上允许测试员查阅相关工具书，更有利于准确评分。

3. 自然流畅程度。

不够自然，主要指口头言谈语体的语感差；是否流畅，主要观察应试人运用语言的熟练连贯程度。自然流畅程度应从以上两个维度来综合评价。

4. 说话不足3分钟。

原则上为累计“语音空白”的时长，视程度扣分。

小规模试验显示，应试人说话项出现语音空白接近5秒钟时，测试员感知明显：停顿过长，思维和言语的连贯性就不存在了。建议在5秒以内（含5秒）的语音空白，仍划归到“自然流畅程度”扣分，5秒以上的语音空白累计时长扣分。

目前计算机评测系统有统计缺时时长的功能，但这一功能尚不十分完善。建议把计算机评测系统统计的数据作为参考，以测试员的裁定为准。

（二）《评分试行办法》新增加了两个评分要素。

这两个评分要素主要针对受测形式和评测形式的改变所导致的一些新的问题而增加的。主要考虑：一是尽量保证人工测试和机辅测试评分一致。在机辅测试操作模式下，测试员无法完成的提示或引导工作，通过《评分试行办法》对规则的调整，可以借事前警示和提醒的方式来加以弥补。应试人通过学习和了解《评分试行办法》，应该清楚哪些做法是不当的，如果出现了会产生哪些负面

影响；同时也可以避免相关人员对应试人在应试技巧上的不恰当或不正确的导引。二是针对评测形式改变后，实际评测中遇到的具体问题，给出评分上的统一意见。

应试人可以通过参加相关培训，了解和掌握规则，避免在这两项上无谓的失分：

1. 离题、内容雷同。

离题，指命题说话的内容完全脱离指定的主题和范围。内容雷同，指把别人的作品或语句作为自己的说话内容，如说话内容与在媒体上公开发表的文章内容相同或差异极小，不同考生说话的内容相同或差异极小。二者同属说话内容失当，因此在此项中一并考虑。

一种意见认为，这一评分要素起扣分数偏高，坡度过陡。单从评分角度来看，这种意见是有一定道理的。之所以对这一评分要素要求比较严格，是希望能够杜绝恶意离题（例如只准备一道题目，以不变应万变）及背诵现成文章（例如名家名篇等）等投机行为。从前期试点的情况看，这类情况出现太多，在测试现场很难给予提示、进行监督约束，有必要借惩戒措施阻止其恶意的尝试，引导考生正确对待测试。实际上《评分试行办法》对此的处理意见，也是综合了各试点地区的不同应对措施。

至于离题和内容雷同达到多深程度开始扣分，仍可以从这一要素的导向性出发，做更多的探索和研究。

另外，如判定“内容雷同”，测试员需举证。“离题”与“内容雷同”同时出现，不重复扣分。

2. 无效话语。

无效话语，指应试人的话语与要测查的语言特征无关，无评判效度。这种现象在人工测试中基本没有出现过，试点中却时有发现，并以不同形式表现出来，如语句不断重复、读秒、数数、唱歌等。

三、《评分试行办法》施行中应注意的问题

（一）重视和加强对应试人的测前培训。

测前培训应根据机辅测试的实际增加包括测试流程、机器操作、评分规则等方面的内容。目的在于使应试人掌握测试流程，熟悉操作方法，了解评分规则。上述内容的培训，可以通过举办培训班、发放应试指南、在网站刊登应试守则等各种方式完成。

（二）加强对测试员的适应性培训。

机辅测试操作模式下，对测试员的适应性培训十分必要。没有前三项的语音情况参照和评分参考，对应试人语音情况作判断，让测试员感觉缺少延续性，无法从整体上予以把握。测试员在独立评分时，不能相互印证，也无法协商，会感觉“心里没底”。这都需要对测试员进行有针对性的培训，以帮助其尽快适应。

（三）进一步改进和完善计算机评测系统。

试点发现，目前计算机评测系统对前三项的评定，在二级甲等到三级甲等区间是比较准确的，可以说对大部分应试对象的评价是比较公正的。但对高等级和较低等级的评定尚不稳定，主要原因是采集的高等级的语音样本较少，较低等级的语音样本的地区覆盖程度也不够，造成同一系统在部分地区的测试效果较好、信度较高，而在另外一部分地区评分不够精确，问题比较突出。

因此，在机辅测试试点过程中，各试点地区应与计算机评测系统研发单位加强协作、共同努

力，重视对试点的跟踪研究和质量监控，同时充分利用各试点地区的资源，不断充实各地区不同等级的样本，进一步改进和完善计算机评测系统。据悉，国家语委普通话培训测试中心也已将普通话水平测试标准样本库的建设纳入工作规划，这一样本库建成并应用于此，可使计算机评测系统的整体水平有较大幅度的提升。

（四）在实践中逐步完善机辅测试的评分办法。

《评分试行办法》是各试点地区实践经验的阶段性总结，还需要在更多具体实践中得到检验和完善。随着试点范围的扩大和试点工作的深入，还可能出现一些目前尚未遇到的问题需要解决，针对现有问题也还可以进一步探索和总结更科学有效的应对办法。在实践中继续深入探索、研究和完善机辅测试的评分办法，应当成为试点工作的最主要内容之一，是机辅测试试点和推广应用过程中永恒的课题，也是推动机辅测试科学发展的必然要求。

注释：

①《大纲》规定的五项测试可根据情况调整为四项测试，机辅测试采用四项测试。

②《大纲》规定“如发现应试人有明显背稿、离题、说话难以继续等表现时，主试人应及时提示或引导”。

参考文献：

［1］陈章太．论普通话水平测试等级标准［J］．语言文字应用，1997（3）．

［2］单　虹，王颐嘉，乔丽华．普通话水平测试评分细则研究［A］第三届全国普通话水平测试学术研讨会论文集［C］．北京：语文出版社，2009.

［3］国家语言文字工作委员会普通话培训测试中心编．普通话水平测试实施纲要［S］．北京：商务印书馆，2005.

［4］宋欣桥．普通话水平测试员实用手册［M］．北京：商务印书馆，2004.

［5］宋欣桥．试论普通话水平测试（PSC）［A］．首届全国普通话水平测试学术研讨会论文集［C］．北京：语文出版社，2002.

［6］孙修章．“普通话水平测试标准”的研制与实践［J］．语言文字应用，1992（1）．

［7］王　晖．《普通话水平测试大纲》修订的若干问题［J］．澳门语言学刊，2004（28）．

［8］王　晖．略论普通话水平测试的评分系统［J］．语言文字应用，2004（3）．

［9］姚喜双．《大纲》的修订和《纲要》研制的思考［J］．语言文字应用，2004（3）．

计算机辅助普通话水平测试应用研究

叶　军　周鸣之（华东师范大学　上海　200062）
栾印华　朱青春　王颐嘉　乔丽华（上海市语言文字水平测试中心　上海　200041）
单　明　周　梅（安徽省普通话水平测试中心　安徽合肥　230061）
汪张龙　易中华（中国科技大学讯飞信息技术有限公司　安徽合肥　230088）

[摘　要]　为及时总结计算机辅助普通水平测试系统试点经验，2007 年 1 月，上海市普通话测试中心联合安徽省普通话培训测试中心、科大讯飞公司，共同成立课题组，进行计算机辅助普通话水平测试应用研究。本研究主要包括计算机辅助普通话水平测试系统原理、场地及硬件要求与规范，还包括有关 PSC 说话项评分的相关问题。

[关键词]　计算机辅助；普通话水平测试；应用

一、计算机辅助普通话水平测试的背景及意义

（一）普通话水平测试的基本情况。

普通话水平测试（PSC）开展十五年来，不断发展，成绩卓著，已逐步走上制度化、规范化、科学化的轨道。PSC 对普通话的推广、普及与提高发挥了积极的作用。随着《国家通用语言文字法》的颁布和相关法律、法规的制订和落实，参加测试的人数正在迅速增加，目前全国每年的测试规模接近 300 万；然而，现在 PSC 的组织、信息采集、评测工作等基本都是人工进行，这种传统的测试员现场评分的人工测试方法已越来越不能满足 PSC 发展的需要，原因有三：

（1）一场千人左右的测试通常需要在短时间内组织几十位测试员集中工作，整个测试工作量大，成本很高；

（2）测试员长时间高负荷地进行听辨测评，工作强度很大，由于身体和精神等多方面的原因，很难保证测试员能始终处于良好的工作状态，势必影响评测的准确性，从而降低测试的信度；

（3）尽管测试员都经过严格的训练，但是人工测试很难避免测试员之间的差异，很难完全避免各种人为因素的干扰。

（二）计算机辅助 PSC 的意义。

开发、推广计算机辅助 PSC，将会有效地解决上述问题，其现实意义体现在以下几个方面。

（1）计算机辅助普通话水平测试系统和相应的管理系统，可以大幅度地提高 PSC 的信息化水平，使其科学性、准确性和规范性得以进一步提高，更加适应信息化社会的需要。

（2）传统的人工测试需要安排大量的考场、测试员和工作人员，采用计算机测试，只需安排一间计算机测试机房，2–3 名工作人员即可以完成一次测试。现场无须安排测试员。因此，计算机测试对于节省 PSC 的人力、成本，降低组织工作的难度，提高测试效率，都具有重大的意义。

（3）采用计算机辅助测试，将最大限度地减少目前测试工作中由于测试员个人差异以及其他各种人为因素可能产生的干扰，更好地保证 PSC 的信度与公正性。

（4）利用计算机辅助测试技术，可以开展目前较难开展的考前模拟测试。计算机能自动指出考生目前普通话存在的主要发音问题。考生可以根据模拟测试的结果，进行有针对性的学习和训练，从而提高学习的效果。计算机辅助 PSC 更有利于考前培训，更能体现以测促训的原则。

（5）计算机辅助测试技术和语言学习相结合，可以开发出具有实时反馈功能的口语智能学习系统，实现网络远程教学，计算机可以实时的对学习者的发音进行分析和诊断，并可以充分发挥计算机多媒体的优势，演示正确发音的过程，真正实现点对点互动式的普通话口语教学。

可见，通过现代计算机技术的应用，可以提高普通话水平测试的工作效率，保证测试的公正性，降低测试成本，节约人力、物力和财力，提高语委系统对普通话测试工作的组织和管理能力。计算机辅助普通话水平测试系统的研制和应用，顺应了形势的发展，不仅符合大范围、大规模测试的需求，而且还能促使普通话水平测试实现管理的信息化、规范化。计算机辅助普通话水平测试的实施，是普通话水平测试模式的根本性改革，是测试手段发展进程中的历史性跨越。

二、计算机辅助普通话水平测试系统

（一）系统简介。

计算机辅助普通话水平测试系统包括计算机辅助语音评测系统和计算机普通话测试管理系统。评测工作分为计算机辅助评测和人工评测两部分。PSC 的“读单字”“读词语”“朗读”部分采用计算机辅助评测系统进行评测；“说话”部分仍采用测试员人工评分的方式。具体操作程序如下：

（1）应试者在“人–机”环境中面对计算机朗读试卷所提供的朗读材料（单字、词语和短文）。计算机采集应试者朗读的音频资料并利用计算机辅助评测系统进行评测；

（2）应试者在“人–机”环境中面对计算机完成“说话”项目。计算机采集应试者朗读的音频资料并利用计算机普通话水平测试管理系统将音频资料分派给测试员，由测试员分别评分；

（3）计算机普通话水平测试管理系统完成每一位应试者各项目成绩的汇总和总体评价；

（4）为了实现对计算机测评的有效监控，计算机普通话水平测试管理系统随机抽取一定比例的测试样本分派给审听员进行审听，并向计算机辅助评测系统反馈审听结果。

（二）计算机辅助语音评测系统。

1. 智能语音技术的发展。

随着现代通信技术的发展和社会信息化程度的不断提高，人们对信息获取的手段和方式提出了更为个性化和多样化的要求。语音和语言技术作为人们获取和沟通信息最方便、最有效的手段之一，其应用可以深入到社会生活的方方面面。智能语音技术简单来说就是使计算机、手机等信息终端具备能听会说的能力，能够通过对语言进行分析、理解和生成，使得智能机器可以像人一样自如的使用人类语言。主要包括语音合成、语音识别、语音评测和语音编码等技术。

（1）语音合成：能将任意文字信息实时用语音朗读出来，相当于给智能设备装上了人工嘴巴；

（2）语音识别：将语音转换为相应的文本或者机器可接受的命令，相当于给智能设备装上了人工耳朵；

（3）语音评测：让计算机代替人工进行口语评价和错误检测；

（4）语音编码：在更小的空间和更高的音质下进行语音存储和传输，包括语音和音乐编码，如Mp3、CDA等。

我国于20世纪80年代开始介入中文语音领域的研究，清华大学、中国科大、中科院声学所等单位都在这一领域取得了较好的成绩。尤其近年来，在国家“十五”语音高技术产业化示范工程和国家863计划项目支持下，以安徽中科大讯飞信息科技有限公司和中国科技大学为代表，我国语音及语言技术研究和产业发展取得了令人瞩目的进展。2003年2月，科大讯飞获得中文语音研究领域迄今唯一的“国家科技进步奖”。2004年10月，在国家863专家组组织的最近一次语音合成技术国际评比中，科大讯飞以大比分优势囊括所有指标第一名。2005年，科大讯飞荣获中国信息产业最高奖“信息产业重大技术发明”奖。科大讯飞的中文语音技术代表了世界最高水平。

2. 计算机测评原理。

计算机辅助评测系统以《普通话水平测试实施纲要》为准则，以数十位一级甲等播音员的发音为标尺，以数千份由多位国家级测试员进行打分的实际普通话水平测试样本为范本，建立起计算机普通话水平测试的算法策略、标准发音模型以及综合评价模块，从而实现使用计算机对普通话水平测试应试人的发音水平进行评价和诊断。

《普通话水平测试实施纲要》作为普通话水平测试的权威规范，对普通话水平测试的各个环节都做出了科学合理的规定。计算机辅助评测系统的算法策略即是以《纲要》中的评分标准为准则，设计出与《纲要》相一致的算法策略，以保证计算机测试的科学性。

测试员在实施评分的过程中都是与自身所掌握的“标准”发音为标尺来对评分对象（声母、韵母、声调等等）进行发音准确度的判断的，但事实上“标准”发音并不是指某个人的发音，而是存在多种可能性，包括不同的音色、风格等，那么计算机要建立这样一种标准的尺度，就需要考虑尽可能多的“标准”发音。计算机辅助评测系统的标准发音模型是在搜集的近50位一级甲等播音员近250小时的发音数据上通过先进的数学建模技术而构建的，它囊括了大多数“标准”发音人的发音特性，能应对几乎所有应试者，对其发音元素的标准程度做出客观的评价。另外，通过对应试人的发音进行语音信号分析以消除应试者的年龄、音色以及录音环境等无关因素对评测结果的影响，从而保证计算评测的尺度一致性和评测结果的公正性。

在获得对每个发音元素的评价之后需要给出对应试者整体普通话水平的评分和等级评定，在发音元素的评价参数和总体评分上存在一种映射关系。在通过对数千份由多位国家级测试员进行打分的实际普通话水平测试样本的统计和分析之上得出了这一映射关系，使得计算机的评分和测试员的评分之间存在高度的一致性。我们对大量计算机实测数据进行统计分析，得出计算机评分与测试员之间的平均评分差异在1.5分左右，要略小于不同测试员之间的平均打分误差，可认为计算机辅助评测系统的评价映射模型已经达到了测试员的水平。

关键技术点：

（1）对错漏增的处理：

评测引擎在实施评测的过程中，首先需要对考生的发音进行定位，将文字（拼音）和发音单元对应起来（声母、韵母），这一步骤是至关重要的，只有定位准确了，才能准确地进行评测。大多数情况下，计算机能很好地处理定位问题，但由于计算机没有像人类一样的长时记忆功能，因此不能处理所有的不正常情况，比如读完一题或一行后回头再补读漏读的音节以及跳着行朗读的情况，由于朗读的顺序和给定的试卷严重不匹配，计算机很难处理，这种情况下一般会被计算机识别为非正常考试数据而不会进行计算机评测；但对于漏读个别字、词，小范围内的回读，以及非语音的噪声，计算机都能正确识别，而不会导致整体错位，这些情况下是可以保证评测结果的准确性的。

（2）对不同发音人的处理：

由于考生的年龄、性别、发音器官、发音习惯等都存在差异，使得每个考生都具有独特的发音音色和口音特征，而评测的结果不应受到音色的影响。计算机评测采用了发音声道规整技术和声学模型自适应技术来消除这种影响，发音声道规整技术将不同发音人的语音频谱特征规整到统一的尺度上，使得从频谱特征上看，每个发音人都具备相同的“音色”；声学模型自适应技术根据发音人的发音特征来对标准模型进行局部修正，使得模型的分布更加接近特定发音的音色特性。通过以上两种主要技术即可保证具备不同发音音色和发音口音的每个考生都能够平等竞争，使得计算机评测对不同考生的评测具备公平性。

（3）对不同方言区的处理：

不同方言区的考生在发音上存在普遍性的差异，在系统性发音错误上存在明显偏向。在对10多个省采集的数据进行分析之后得到各方言区的系统性错误配对情况，根据严重程度综合为能广泛适用的系统性错误配对表，则可识别出绝大多数系统性发音问题，从而使机测系统对不同方言背景考生也具有公平性。

（4）对不同测试环境和录音设备的处理：

评测引擎在实施评测的过程中，测试的环境和录音设备不尽相同，使得同一个考生在不同的环境和设备上录制的声音音质不一致，比如环境嘈杂的噪声、计算机内部的电流声，这些噪音一般都是人耳可感知的，在一定程度上也会影响测试员对考生的打分。计算机评测引擎采用信道规整、噪音消除等手段减小环境噪声和录音设备的不同带来的影响，使得在噪音环境不是很恶劣以及使用一般质量的录音设备情况下不会对考生的考试成绩造成明显的影响。

综上所述，计算机辅助评测系统的核心评测引擎所依赖的准则、标尺和范本均具备科学性和权威性，其中所使用的技术在方法上科学、在过程上严谨，最大限度地发挥了计算机在普通话测试中的作用，使得计算机辅助评测系统的评测结果客观、准确、公正、合理。

3. 国家语委“十五”重点科研项目研究成果。

2004年11月，上海市普通话测试中心开始协同科大讯飞公司开展国家语委“十五”重点科研项目——国家普通话水平计算机辅助测评系统的研发。完成了标准语料库的建立，并采集和标注了全国南北各主要方言区的大量普通话测试数据，形成了规模大、覆盖面广、信息完整的普通话水平测试数据库。同时，以大规模语料库为基础并结合标准发音数据库和PSC规范，完成了针对PSC特点语音错、漏、增和回读的语音处理模型。针对不同录音环境和设备的信道匹配和音色自适应算法，形成了可实用化的计算机辅助普通话水平测试系统。

2006年1月18日，在北京召开的国家语委“十五”重点科研攻关项目“智能语音技术在普通话辅助学习中的应用研究”成果鉴定会上，鉴定委员会16位专家一致同意该项目通过鉴定。鉴定委员会认为：

该项目主要研发目标为推动智能语音技术在普通话学习、测试中的应用。项目研究取得了突破性进展，核心技术已经达到国内和国际的领先水平。项目主要成果可以减轻人工测试和培训的工作量，提高效率，促进普通话学习和测试手段的现代化，是我国推广普通话历史上一次重大的技术创新。建议尽快投入使用，使其在普通话学习和测试中发挥作用。

4. 计算机测评的信度。

2005 年 6 到 12 月期间，科大讯飞在安徽、上海以及其他省份分别进行了多次的现场人机对比测试，测试结果表明：计算机评测结果与高水平测试员专家评测结果在总分和等级两个方面均取得了高度一致。为了检验计算机测评的信度，2007 年，上海市普通话测试中心与安徽省普通话测试中心组织 20 名测试员对 100 测试份样本进行测评，并与计算机测评的结果进行比照①。根据评分者信度比照结果，计算机在各对照组中表现均非常出色。与一般测试员相比，计算机评分误差最小，与一般对照组评分均值的吻合度排名第一；与包括一般测试员和优秀测试员的全部对照组相比，计算机评分误差极小，与均值的吻合度名列前茅（排名第二）；与优秀测试员相比，计算机评分误差很小，与标准对照组评分均值的吻合度排名第四，高于优秀测试员的平均水平。可见，计算机评分至少可以达到一名优秀测试员的评分水平，评分准确、稳定，完全可以信赖。

5. 计算机测评的不同方式。

为满足不同的测试环境和使用条件，计算机辅助评测系统提供了网络版和单机版两种测试方式：

（1）单机版测试方式。

评测系统安装在任意一台计算机上，考生在计算机语音提示下完成考试，考生测试语音保存在计算机中。测试结束，工作人员将考生测试语音录音导入到评测系统中，进行自动评测。单机版的优势是只要有计算机即可以开展测试，方便测试组织单位进行移动测试。

（2）网络版测试方式。

测试组织单位利用小型局域网，如学校语音室、微机房或组建一个专门网络，指定一台计算机作为监考机，设置若干台考生机。考生在考生机上进行测试，测试结束，考生测试录音自动通过局域网上传到监考机，监考机自动进行评测。测试时，监考老师可以方便地通过监考机对整个测试过程进行监控和管理，如了解某一台考生机的考生情况和测试进度等等。在整个测试过程中，网络版的自动化程度较高，无须工作人员的干涉，计算机即可以按照事先设定好的流程给出考生的评测结果。网络版的缺点是，使用环境相对固定，移动性不强。

（三）计算机普通话测试管理系统。

计算机普通话测试管理系统和辅助评测系统配合使用，实现了全流程的网络化测试管理方案，最大限度地降低测试站测试组织工作量，规范管理，保证测试质量。该测试方案实现的是考生通过辅助评测系统进行测试，测试结束，由工作人员将考生信息、试卷（包括试题和考生的录音）以及前三题评分结果通过互联网传送到测试中心端服务器，并保存在数据库中。测试中心管理员将按照登记的测试员和试卷的情况，将考生第四题语音分配给各个测试员。测试员通过网络登录测试中心网页，对考生第四题语音进行在线评测。评测结束，评分结果自动保存在测试中心服务器中，管理系统自动将计算机评测的前三题分数和测试员评测的第四题分数汇总，计算出考生的测试总成绩，并指出相应等级。

（四）机测环境下说话项的新问题。

普通话水平测试的四个测试项目中，前三个项目都有文本依托，即应试者的任务是朗读试卷规定的文本；而第四项“说话”只提供话题，没有固定的文本，内容由应试者自行组织。在人测的环境中，现场的测试员可以通过提醒等方法干预应试者出现的不规范行为，也可以通过提问、对话等形式帮助应试者满足说话数量的要求；但是在机测的环境下，应试者面对计算机，计算机无法进行提醒、提问等干预，因此导致不规范应试现象增多的情况。

1. 机测环境考生说话项不规范应试现象分析。

机测环境下考生在说话项测试中表现的不规范现象有四类。

第一类是背稿或读稿，具体表现有：（1）背稿；（2）复述作品；（3）读稿。

第二类是偏离话题，具体表现有：（1）文不对题；（2）转换话题；（3）说话内容包含多个话题。

第三类是缺时，有三种表现：（1）说话项计时开始后未能及时开口说话；（2）无话可说时，轻易放弃考试；（3）说话过程中出现大段的空白。

第四类是用无效语料填充说话时间，主要表现为：（1）简单重复；（2）反复纠错。

产生上述种种不规范应试现象的原因，除了测试时常见的准备不充分、讷于言表、心理紧张、态度消极等原因外，还在于：（1）对机测操作流程和操作不熟悉；（2）对评分规定的错误解读；（3）对机测评分机制不了解产生的投机心理；（4）缺少主试人的监管和干预，缺少必要的交流和提示；（5）老师在辅导应试者时的错误引导。

2. 对策。

针对机测中种种不规范应试现象，我们提出以下对策：

（1）制定说话项评分补充细则。本课题组在对各种情况进行分析概括的基础上提出了说话项的评分补充细则。补充细则制定的原则是：符合国家《普通话水平测试大纲》原则，严格执行国家新大纲的评分系统，在此前提下，针对说话项出现的新问题，结合测试实际情况，作具体的细化表述。

（2）加强培训人员管理，加强应试人员机测应试培训。针对个别辅导员为满足应试人的“需要”，对应试人作一些“上有政策、下有对策”的误导的情况，要加强辅导员队伍的素质修养建设；针对应试人员不熟悉机测程序、不适应机测环境的情况，要加强试前培训。如有条件，可利用讯飞公司提供的网上学习平台进行试测，在十分真实的模拟机测环境中进行实际操作。

三、计算机辅助普通话水平测试的场地及硬件要求与规范

（一）场地设计规范。

1. 允许噪声级。

考试场地的允许噪声级，应符合表 1 的规定。

表 1　室内允许噪声级

房间名称	允许噪声级（A 声级，dB）
考场	≤40
评测室	≤45
候考室	≤50

2. 隔声标准。

不同房间围护结构的空气声隔声标准，应符合表2的规定。

表2　空气声隔声标准

围护结构部位	计权隔声量（dB）
考场的隔墙与楼板	≥50
评测室的隔墙与楼板	≥45
候考室的隔墙与楼板	≥40

3. 场地选择和减噪设计规范。

（1）测试场地尽量避免选择位于交通干道、产生噪声的工厂、运动场、闹市区等附近的建筑。

（2）建筑楼内如无足够保证的减噪措施，不得设置发出强烈噪声和振动的机械设备。

（3）建筑楼内的封闭走廊、门厅及楼梯间的顶棚，条件许可时宜设置吸声系数不小于0.50（中频500~1000Hz）的吸声材料或在走廊的顶棚和墙裙以上墙面设置吸声系数不小于0.30的吸声材料。吸声材料的选用，应符合防火的要求。

（4）各类考试场地的混响时间，应符合表3的规定。

表3　各类场地混响时间

房间名称	房间体积（m^3）	500Hz 混响时间（使用状况）（s）
考场	100–300	0.5–0.7
评测室	–	–
候考室	–	–

（5）产生噪声的房间（音乐教室、舞蹈教室、琴房、健身房）如与其他考试场地设于同一建筑楼内，应分区布置，并应采取隔声措施。

（6）若为每个考生隔离单独的测试室，测试室大小以1.5米乘1.5米至3米乘3米为宜，并采取措施避免混响。

（二）考场布置规范和使用规范。

1. 考场布置规范。

（1）同一场地内，机位与机位的距离不小于3.5米，机位与墙体的距离不小于1米，若带窗墙体面对马路或其他噪声源，则距离该墙体不小于1.5米。

（2）同一场地内，总机位数以不大于8个为宜。

（3）同一场地内，若条件允许，机位（考生）尽量面向墙体，机位（考生）之间尽量背向设置，以减小考生之间的互相影响。

（4）场地内墙体颜色以单纯、简朴为宜；室内应保持通风，调节至合适的温度以及提供适当的光源。

（5）为每个机位单独设立考场的，不受（1）–（3）条款限制。

2. 考场使用规范。

（1）考场使用期间，禁止无关人员在考场内外走动、观看、议论等。

（2）考场工作人员尽量避免频繁走动，尽量不要穿高跟鞋等易发出较大声响的鞋子。

（3）考试期间，禁用室内外的电铃、广播等发声设备，室内风扇应使用慢速挡，禁用其他能发出较大噪音的室内设备。

（4）考试期间，关闭面向马路、运动场或其他嘈杂区的窗户；若户外存在视觉干扰，则需关闭窗帘等遮光物。

注释：

①计算机辅助普通话水平测试的信度评估有另文详述。

关于计算机辅助 PSC 评分现状的几点思考

曹　昭
（河北省语言文字培训测试中心　河北石家庄　050051）

［摘　要］　计算机辅助普通话水平测试关于应试人“说话题项”评测的方式有待进一步合理化；计算机辅助普通话水平测试手段的实施对测试信度有一定程度影响，为确保普通话水平测试信度应加强测试员测评能力的培训与提高；随着计算机辅助普通话水平测试的全面实施，相应的评分标准也应作合理调整。

［关键词］　评测方式；测试信度；评分标准

计算机辅助普通话水平测试的实施，使普通话水平测试工作实现了网络信息化管理，完成了由传统人工测试手段向现代化科技手段的初步过渡。计算机自动完成对应试人“单音节字词”“多音节词语”和“朗读”题项成绩的评测，在一定程度上降低了测试员的劳动强度，大大提高了工作效率。在计算机辅助普通话水平测试的初级阶段，为确保普通话水平测试的信度，笔者对计算机辅助普通话水平测试的评分情况进行了分析，提出以下几点思考，供大家商榷。

一、关于成绩确定方式的思考

传统的普通话水平测试是纯主观性测试，由于“受到试卷的编制、评分标准的确定与把握、主试人（测试员）测试能力的高低等诸多因素的影响，测试过程中普遍存在评分差异”，“如应试者错误率较高，特别是错误过于密集，或语音缺陷较多，测试员会出现少量‘漏判’甚至是‘误判’的情况，自然评分便会出现差异。加之测试员对语音缺陷的评分宽严把握以及定性分析上的主观不稳定性等因素，产生评分差异就是不可避免的”①。大量实践数据表明，即便是同一名测试员，在不同的时间，不同的环境，以不同的精神状态对同一名应试人的语音数据进行测评，其测评结果也同样存在评分差异。为了尽量避免主观性因素的影响，使应试者的成绩更客观和真实，换而言之，就是为尽量减小主观性测试过程中不可避免的评分差异对应试者成绩的影响，传统测试方式采用由两名或两名以上测试员在考场同时打分，与应试人面对面完成测评，现场给出其成绩等级。从理论上讲，如果评分差异不可避免地存在，那么，在对应试人成绩等级认定阶段，两名测试员给出的成绩中总有一个更接近应试人实际具有的普通话水平，尤其对应试人的成绩分歧比较大时，则需要测试员之间进行沟通，必要时由第三名测试员介入测评，三人当中取成绩相近两人的测评结果作为评定应试人最后成绩的参考。在以上测评过程中，我们不赞同取两名测试员的平均分作为应试人最后成绩，尤其是对存在较大分歧的测评成绩，采取平均分定等级是对测试工作的不负责任和对应试人的不公。

计算机辅助普通话水平测试实现了前三题项测评的自动化，“说话”题项仍属主观性测试，即由两名测试员通过互联网独立完成对某一应试人“说话”题项的评测，再由计算机自动将两测试员的测评分数进行平均，作为应试人“说话”题项的成绩。据统计数据显示，由于测试环境的改变，测试员通过互联网独立打分，彼此之间没有了沟通的机会，出现评分差异的程度和数量要大于和多于人工现场测试。尽管在计算机辅助测试过程当中有“偏差复审”环节，但对什么范围的分差进行复审以及复审后的成绩确定方式值得我们思考。过多的复审无疑会增加测试工作量，而不经过复审的成绩认定方式仍是取测试员测评结果的平均值。基于上述分析，笔者认为，随着科技信息技术的高度发展，计算机辅助普通话水平测试技术也会齐头并进，使测试更近人性化、智能化，以测试员测评结果平均值定应试人“说话”题项成绩的方式也需要变革得更科学更合理，使机测成绩更接近甚至超过测试员人工测评结果的准确度。

二、关于测试信度的思考

计算机辅助普通话水平测试改变了测试员的评分环境。首先，测试员失去了现场测评、及时沟通的机会，各自独立评测，在从传统人工测试手段向计算机辅助测试手段转变过程中，出现了心理上的不自信。测试手段的变革过程可以说是对现有测试员测试信度的一次考验，测试员通过互联网接收评测任务，不知道应试人的任何信息，不知道自己和另外哪一位测试员一起同时完成此批次的测评任务，部分习惯了传统人工测试模式的测试员，尤其是测试经验不甚丰富、对老测试员有较强依赖心理的测试员，开始对自己给出的测评结果产生怀疑，对自己失去自信，致使测评结果偏离应试人的客观水平，降低了测试员的测试信度。其次，测试员从以前评测应试人所有测试内容向单一评测“说话”题项的转变过程中，出现了因应试人部分测试内容缺失而失去整体参照的不适应。对一些测试员来说，评测应试人前三题项的过程，就是对应试人普通话水平从音节到词语、从语句到文章、从部分到整体的认知过程，有了前三题项的测评过程作为铺垫，最终通过“说话”题项的测评完成对应试人的整体测试。而采用计算机辅助测试方式测评时，测试员只能通过应试人的录音评测“说话”题项，缺少了前三题项测评过程的铺垫，致使对应试人“说话”题项的评测结果偏离客观实际，降低了测试信度。第三、计算机辅助普通话水平测试彻底改变了测试员的评测时间，测试员不必再像过去那样通过现场评测马上确定应试人的成绩，可以根据自己的实际在规定的时间范围内完成测评，而且对同一个应试人的录音可以多次复评，最后确定评测结果。测试员有机会反复评测应试人在“说话”题项存在的问题，相对于人工测试模式而言，在一定程度上影响了测试员的测试信度。

根据以上分析，笔者认为确保计算机辅助普通话水平测试信度的关键除了计算机评测系统本身的精准度外，就是强化对测试员测评能力的培训和提高。从理论上讲，一个成熟的普通话水平测试员，不论评测的是所有测试题项还是某一题项，都能够按照评分标准准确客观地给出应试人的成绩，不应受测试环境和测试手段的影响，但测试员是一支特殊的队伍群体，他们绝大多数是利用业余时间从事普通话测试工作，每个测试员对语音的敏感程度不同，自身普通话水平、工作环境、所学专业、学历层次、心理素质等也不尽相同，所以其评测水平势必存在差异。笔者认为，对测试员开展定期的测试水平提高培训是确保测试质量、提高测试信度的有效举措。培训内容除了评测练习外，语音理论知识也必不可少，同时要遵循优胜劣汰的原则，以确保测试员队伍的整体素质提高。目前正在全国推行的国家普通话水平测试信息管理系统为管理者提供了一个很好的平台，它使管理者摆脱了地域的束缚，可以在全省甚至全国范围内将测试任务任意分配给任何一位测试员，使每位测试员都能够经常性地参与测试，摆脱因地域偏远或交通不便造成的无法参加测试的困境。我们可以进一步开发和完善这一系统，将其作为全国测试员之间进行评测交流和练习的平台，管理者可通过网络组织经常性的评测练习与分析，使测试员的测评能力得到巩固和提高。计算机辅助普通话测试系统还应增加新测试员评测练习的功能，即管理者在分配打分任务时，可以将语音数据同时分配给新测试员，但新测试员的评测结果不作为计算应试人成绩的基数，同时可以看到自己和优秀测试员打分的异同，学习评测经验。

三、关于计算机辅助普通话水平测试“说话”题项评分标准的思考

日前国家语委颁布的《计算机辅助普通话水平测试评分试行办法》第五条规定“离题、内容雷同，视程度扣4分、5分、6分”。笔者认为，关于雷同问题的评判，在实际测评过程中存在着对应试人评测不公平的可能。按照评分标准规定，只要是发现了能够举证的雷同问题，那么至少要扣4分，而测试员知识面宽窄和兴趣爱好不尽相同，对应试人“说话”过程中出现的雷同内容，不一定都能发现，如果不同应试人用同一雷同内容应对测试，又分别被对雷同内容知晓和不知晓的测试员评测，就会出现扣分标准的客观不一致，势必产生更大的评分差异，影响测试信度。同时，测试员在评测顺序靠后的应试人语音数据时，发现其所说内容与前面某一应试人所说内容雷同，想纠正前面的评测结果已经不可能（评测结果已经上传），这时如果不扣后者雷同问题分，等于未执行评分标准，如果扣雷同分，则必然造成评分标准前后不一致。如何使关于雷同问题的评分标准更科学、更合理和实用，值得我们思考。

华中师大赵伟国先生在2004年第二届届全国普通话水平测试学术研讨会提出PSC计算机辅助测试模式的构想，仅限于让计算机充当管理者的助手，应试人的测评还要全部由测试员来完成，现在计算机辅助普通话水平测试使测试工作实现了信息化管理，计算机自动完成应试人前三题项的测评，相信在不久的将来，计算机辅助普通话水平测试的科技化程度和测试信度将会有更新的质的飞跃。

注释：

①宋欣桥．普通话水平测试员实用手册［M］．北京：商务印书馆，2000.

参考文献：

［1］宋欣桥．普通话水平测试员实用手册［M］．北京：商务印书馆，2000.

［2］冯志伟．应用语言学综述［M］．广州：广州教育出版社，1999.

［3］陈　原．社会语言学［M］．北京：商务印书馆，2000.

［4］苏　丹，赵宏弢．影响普通话水平测试的心理因素及分析［A］．首届全国普通话水平测试学术研讨会论文集［C］．北京：语文出版社，2003.

［5］赵伟国．PSC计算机辅助测试模式初探［A］．第二届届全国普通话水平测试学术研讨会论文集［C］．北京：商务印书馆，2006.

浅析提高计算机辅助普通话水平测试质量的策略*

韦素玲　黄　令　杨树喆
（广西师范大学教务处　广西桂林　541004）

［摘　要］　计算机辅助普通话水平测试作为一种全新的测试模式，分析影响其信度、效度的因素，加强质量监管，提高测试质量，具有重要的理论和现实意义。本文从分析影响计算机辅助普通话水平测试信度、效度的主客观因素出发，从健全“机测”管理组织结构、优化操作流程以及完善规章制度三方面论述了提高计算机辅助普通话水平测试质量的策略。

［关键词］　计算机辅助；普通话水平测试；信度；效度；测试质量；策略

普通话水平测试是我国现阶段普及普通话工作的一项重大举措，自 1994 年普通话水平测试（PSC）正式开展以来，经过多年的实践，推广普通话的工作已取得实质性的进步。但是，作为一项新型和复杂的语言测试工程，无论在理论研究、规范标准还是施测手段上相对于国内外其他的一些著名的语言测试而言都显得不够成熟，尤其在测试手段上，普通话水平测试一直以来的主观评测方法使测试的信度和效度都受到了一定的局限。2004 年 12 月，教育部语用司正式发函，同意上海市和安徽省从 2007 年 1 月 1 日起进行计算机辅助普通话水平测试（以下简称“机测”），这标志着我国普通话水平测试手段向现代化跨出了实质性的一步。截止 2008 年，“机测”试点扩大到全国的 13 个省、市、区。与传统的普通话水平人工测试（以下简称“人测”）相比，“机测”优化了测试手段，规范了测试程序，统一了测试标准，降低了测试成本，提高了测试效率，体现了国家级测试的客观公正性。但是，十多年的“人测”已为广大考生接受，相比之下，“机测”作为一种全新的测试模式，在测试手段、测试环境、测试程序、测试人员及测试管理等方面都有其自身的特点，它能否为广大考务人员和应试者尽快认知和接受，是否会带来影响测试质量水平即信度和效度的新因素，以及怎样尽快建立提高“机测”质量的质量监控体系都是当前推广“机测”需要研究和解决的问题。

一、描述测试质量水平的定量指标——信度和效度

测试的定量分析法是利用测量学和统计学的理论，统计计算各种统计量数和检测有关的统计图表，进而对试卷的统计特征进行描述。信度和效度是描述测试质量水平的重要定量指标，作为测试

* 基金项目：本文为新世纪广西高等教育教学改革工程“十一五”重点资助立项项目《广西高校计算机辅助普通话水平测试运行模式的研究与实践》（项目编号：2009A006）的阶段性成果之一。

的基本特征，两者都十分重要。

信度指的是测试结果的稳定性或可靠的程度，亦即测试的结果是否客观地反映了考生的实际水平和一贯的学业成就和表现。效度则指测试结果准确性和有效性的程度，亦即测试是否达到了预期的目标和反映特定的测试目的和所要考察的内容。两者都有多种定量评测方式，实际中可以根据目的选择相关的信度系数和效度系数。信度是效度的必要条件，但并非充分条件，也就是说效度高的测试其信度一定高，但信度高的测试其效度却不一定高。一般来讲，测试的最终目的是获得较高的效度，因此，在测试中要合理处理两者的关系，在保证效度、尽量提高信度和效度系数的情况下，保持两者的平衡。

二、“机测”中影响测试信度和效度的因素分析

测试结果的准确性是效度和信度的统一。效度的高低取决于测试指标的意义、内涵和调查设计；信度的高低则取决于测试的过程。保证效度是通过科学的设计和选择正确的测量指标来减少系统误差，而保证信度是通过选择测试方法（工具）、提高测试技术来减少随机测量误差。“机测”克服了“人测”的主观评测方式的很多缺陷，其测试技术的信息化和规范化大大提高了普通话水平测试的信度、效度，尤其对提高信度方面作用很大。但是，由于“机测”技术还处于试点推广阶段，客观上“机测”自身测试系统的不完善和主观上考务人员和应试人员对这种测试技术的认知不够，都会引发新的影响“机测”信度、效度的种种因素出现。2008 年 11 月，笔者所在的大学首次成功举行了“机测”，在总结实际工作经验中，发现“机测”中还存在以下影响信度和效度的因素有待改善：

（一）应试者主观状态方面的影响。

在“机测”系统中已能实现由计算机进行“读单音节字词”“读多音节字词”“朗读短文”和“命题说话”四项内容的测试，并完成前三项有文字凭借内容的评分功能。这样，在标准化施测和记分程序下，避免了以往“人测”由于主观的不稳定性因素导致的评分标准的主观性，客观上极大地提高了测试的信度。然而，由于应试者本身存在的不一致性，尤其面对“机测”这种新的测试模式，在某些方面反而加剧了这种不一致性，某种程度上也降低了测试的信度和效度。这些影响主观不一致性的因素包括：应试者的心理状态；测试经验、培训和学习的影响；自控能力、个体动机强度等等。

1. 应试者的心理状态。

“机测”作为一种新型普通话测试方式，应试者可能会因为对测试程序、操作技巧不熟悉而产生恐惧、焦躁的情绪。有些应试者认为“机测”会使他们更紧张，从而影响测试的正常发挥。在“机测”中我们发现，因为应试者的紧张心理容易出现以下几方面问题：①有些应试者没有恰当使用话筒，说话声音太大或太小导致话筒无法录音，影响测试成绩；②测试时前三题存在漏读、误读现象，如：把“唱”读为“歌”，把“女儿”读为“儿女”，眼里看的是“加把劲”，嘴里念的是“加把油”等；③说话项内容本来准备得很充分，但报完说话题目后，脑子一片空白，出现语塞、结巴、停顿等现象。

2. 测试经验、培训和学习的影响。

由于应试者缺乏测试经验或者没有经过一定的教学培训和学习，导致对测试内容组成不了解，操作技巧不熟练，影响考生成绩。主要表现在：①由于不习惯前两题计算机视频显示的蓝黑相间字

体，导致应试者漏字、漏行现象存在；②有些应试者错误按动其他按钮或运行其他程序导致测试系统运行错误，从而被要求重考；③有些应试者在第四项说话题时，不知作何反应或反应过慢，导致出现大段空白音影响了成绩。

3. 自控能力、个体动机强度。

在“人测”中，由于有测试员以适当的对话或问话方式提醒，应试者均能把握测试时间和说话内容，然而在“机测”中，正常说话环境和人为约束力量的缺失使应试者的主观状态对测试质量的影响程度加大，应试者面对的是没有生气的计算机，不能立即发现自己的错误和正确把握测试时间，应试者出现注意力不集中、兴奋程度降低、考试纪律松弛等现象。具体实施过程中，主要表现在以下几个方面：①在最后的说话项目中离题现象严重，无效材料较多；②很多应试者把握不好时间，语速过快或过慢；③有些学生态度极不严肃，想说就说，测试中出现不严肃的非考试说话内容，表现出考试态度极不认真；④“机测”时，应试者被安排到独立且封闭的语音测试室内，不受外界干扰，由此有些应试者存在侥幸心理，认为较少人为监督，在测试中夹带，甚至在测试说话项部分对着偷带入场的朗读材料进行朗读，违反考试纪律，不仅被取消了成绩，还受到了处分。

（二）实施“机测”过程中的影响。

在测试实施过程中，测试环境和测试设施的好坏对测试的信度和效度也有影响，尤其在“机测”中，应试者要在相对密闭的环境中进行测试，测试环境中光线的过暗或过明、独立测试空间狭小和通风不畅（或抽风机过响）、计算机硬件的操作不便利、在测试中电脑或电源突然中断都会使考试质量水平降低，影响到测试的信度、效度。

另一方面，在测试中，测试实施流程是否通畅也会影响测试的信度、效度。比如，是否在考试前对考试流程做好了恰当的设计；人、财、物等考试要素是否到位；是否做好了应急预案准备；实测中是否按照之前培训及各项规定进行标准化的施测等。

（三）评分者方面的影响。

“机测”的前三题由测试系统自动评分，最后一项即第四题由测试员进行人工评分，考试工作安排不当或者测试员评测时存在的主观性均会给测试的信度、效度造成较大的影响。因测试流程或者测试环境安排不当，比如在大的非专用机房中安排过多的考生等情况，会使考生上传的语音资料中存在较强的背景音，影响到前三题的测评成绩；而主观评分部分评分标准不够明确、测试员把握标准宽严的不一致性都会影响到测试的信度、效度。

（四）测试内容组成方面的影响。

“机测”虽然在测试手段上做了较大的改进，但是在测试内容的组成方面仍然存在和“人测”一样的缺陷。普通话水平测试是对语言能力的一种测试，应该反映一个人真实的语言面貌，包括朗读标准度、语言的流畅度和表达的自由度。而现在普通话测试内容过多地强调更为正式和规范的方面，即朗读语音标准度，而忽视了对其他更为全面和真实反映应试者普通话水平内容的测量，这使普通话水平测试没有很好地达到其测试的目的，效度降低。另一方面，语言的主要功能在于交际，“机测”在提高测试信度的同时，减少了说话的语言自然度，缺少了交流的氛围，应试者在测试中真实的自然语言度降低，这无疑也是“机测”的缺点之一。

在普通话水平测试中，要处理好测试信度和测试效度的关系。不能因为改进测试手段、提高测试信度的同时降低了效度，也不能一味地强调效度而忽视信度。我们在推广“机测”的同时，更应关注其影响信度和效度的种种因素，并通过各种方法改进，使测试的信度和效度达到完美的统一，从而提高测试的质量水平。

三、“机测”质量监控体系架构设计

“机测”是对应试人掌握和运用普通话所达到的规范程度的检测和评定，如何最大程度地确保测试的信度、效度，使测试工作进一步走上科学化、规范化、制度化的轨道，是亟待探索和解决的问题。根据考试管理工作的规律，结合“机测”实践中反映出来的问题，我们考虑可以从以下三方面着手，切实提高“机测”测试质量。

（一）“机测”管理的组织结构设计。

人、财、物三要素是考试管理最基本的要素，其中，在财、物得到有效保障的前提下，人是最重要的要素。在考试管理活动中，对人的活动的设计是通过对考试管理机构、考试管理结构的规划体现出来的，这些统称为考试管理的组织结构设计。开展普通话水平测试虽然已有十几年的时间，但其点多、面广，尤其是实行“机测”后对考务管理工作要求很高，需要我们不断地在管理实践中加以尝试和探索。我们在多年的“人测”和成功实施“机测”的实践中，已形成了一套有效的考试管理组织系统（如图一）：

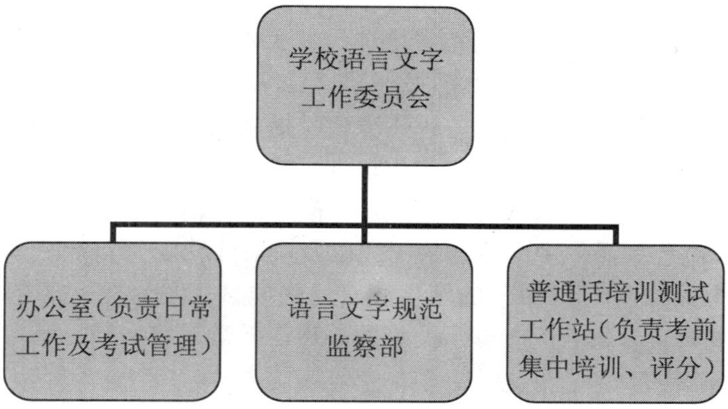

图一　机测考试管理组织结构

其中学校语言文字工作委员会是考点普通话测试工作的最高权力机构，负责对整个测试工作进行监督、指导，学校语言文字工作委员会下设办公室、语言文字规范监察部、普通话培训测试工作站。其中，办公室负责日常管理及组织实施考试工作；语言文字规范监察部监察整个考点的运行；普通话培训测试工作站负责对应试人进行考前集中培训以及组织测试员对说话项进行人工评分。严密的组织结构使人员各负其责，决策、执行、监测三位一体，有力地保障了测试工作的顺畅运转。

（二）“机测”管理工作的流程设计。

考试管理是一个由多环节构成的连续链条，任何一个环节出现问题必将影响整个考试的管理效果。因此，以工作时间的先后为主线，设计切合实际的、操作性强的考试管理流程，并且通过深入、细致的过程管理确保考试的顺利进行。一般来讲，“机测”考试管理工作流程设计包括以下几个阶段（如图二）：

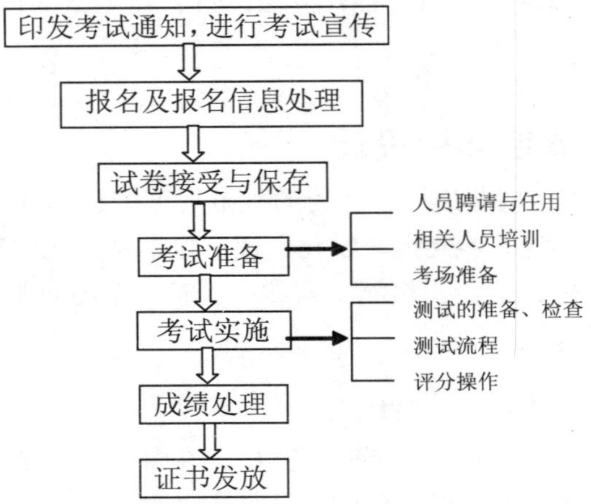

图二　机测考试管理工作流程

在具体实施中，应特别注意以下阶段的设计：

1. 准备阶段。

首先，开展“机测”应该配备熟悉计算机操作的考务人员，同时要配备“机测”实施过程中负责考生资格审查、引导考生入场退场等工作的相关考务人员。

其次，要做好考务人员和应试人员的相关培训。首先作为“机测”考务负责人员和技术人员，必须通过培训了解“机测”基本原理，熟悉操作步骤，掌握排除“机测”中常见故障的方法；另一方面，加强对应试者的测前培训是消除心理不稳定、提高“机测”信度和效度的重要措施。培训应做好以下几点：①加强考前对应试人员的集中培训。在培训中，应详细介绍“机测”模式和讲解操作程序，包括“机测”的基本测试原理、“机测”推广实施情况、“机测”相对“人测”的不同特点、“机测”的操作流程和操作中应注意的问题以及应对或化解“机测”可能遇到的问题的技巧等，使应试人在心理上减少对“机测”的陌生感，增强应试人员对测试的适应性；②创新培训模式。要尽快投入人员和资金开发、完善基于网络的普通话教学系统和辅助学习、练习的软件，以实现网络的智能化教学和培训。

再次，要做好考场准备。在考场硬件建设方面，“机测”必须拥有一定数量的符合技术标准的计算机软硬件配套设施；在考试环境方面，必须从测试室的实际情况以及每天的最佳测试人数来确定机位数，同时要考虑到技术人员、考务工作人员的劳动强度以及持续工作时间，以最大限度降低他们过于疲惫后不规范操作所造成的考试质量降低。

2. 实施阶段。

首先，要做好设备检测。技术人员应在测试前检查计算机、麦克风、机房网络等相关设备的正常运行情况。设备检测要做到全面彻底、调试到位、建立预案。

再次，做好测试现场流程设计。从考生在入口处验证进入预备处开始，配备专人负责考生资格审查以及引导考生入场和退场；考生进入备测室时，以抽签方式决定实考时的机位号，考务员向考生宣布考试注意事项，预备 10 分钟试卷内容后进入测试室开始正式测试。测试现场流程设计必须规范、合理、紧凑，以最大限度地提高工作效率和测试的信度、效度。

（三）完善“机测”相关规章制度，推进普通话考务工作规范化、制度化。

建立、健全“机测”相关规章制度对加强普通话测试考务管理尤其重要。针对“机测”这种新的测试模式，各测试点应加快对已有普通话水平测试考务管理规章制度进行修订，形成新的、规范的制度体系，使考务管理工作做到有章可循。不仅要制定候测室、备测室、测试室规则和考务工作人员职责，还要按照现场测试流程分别制定入口处、预备处、备测室考务工作人员职责与工作流程以及监控台技术员的工作职责与工作流程，做到职责分明，环环相扣，使考务工作规范化、制度化。

参考文献：

［1］王　君，杜　伟，王爱国．大学考试管理研究［M］．青岛：中国海洋大学出版社，2007：41.

［2］杨素娟．机测形式对应试人普通话说话项测试的影响分析［J］．科学教育创新，2007（16）．

［3］陈　忠．影响普通话水平测试信度的主观因素与客观因素探析［J］．重庆工学院学报，2006（7）．

［4］康乃美．考试管理技术［M］．武汉：华中师范大学出版社，2008：47.

［5］宋学峰，曹　玉．从普通话水平测试信度看普通话水平测试的考务管理［J］．科教文汇，2007（6）．

计算机辅助普通话水平测试的有关问题及对策

雷　峻
（武汉理工大学宣传部　湖北武汉　430070）

[**摘　要**]　计算机辅助普通话水平测试作为一种利用现代信息技术的新型普通话水平测试手段，近几年已在全国多个省市试点推广，引起了各方的极大关注。本文就该项技术的优点以及所遇到的问题进行充分的阐述，并就如何解决这些问题以更好地推动这项技术的广泛应用提出建设性的思路和对策。

[**关键词**]　计算机辅助；普通话水平测试；语音识别技术

近十几年来，全国各地普通话测试培训工作得到了迅猛发展，已形成了一整套行之有效的测试培训体系。同时信息技术也发生了日新月异的变化，尤其是网络技术，语音识别技术有了很大的提高，因此进一步完善普通话水平测试的手段成为了可能。目前全国已经有 13 个省市地区开展了计算机辅助普通话水平测试工作，对 55 万人次进行了计算机辅助普通话水平测试，使普通话水平测试工作得到了跨越式的发展。

一、计算机辅助普通话水平测试系统的框架

计算机辅助普通话水平测试系统的实现是通过测试站利用计算机来辅助进行测试，计算机自动完成前三题的评测，第四题分配给测试员进行评测。该测试系统和信息管理系统对接，实现了全程网络化的测试管理方式。系统构成如图 1 所示。

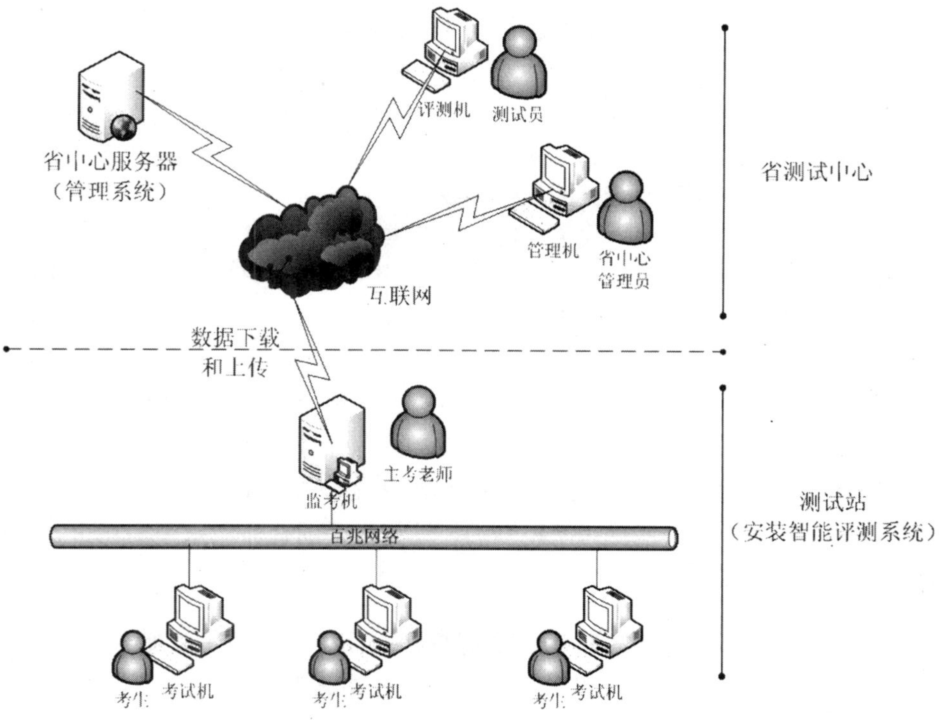

图1　系统框架

二、计算机辅助普通话水平测试的优点

虽然到目前为止，利用计算机辅助进行普通话水平测试的历史、测试人数规模等，和之前进行的人工测试还不可同日而语，但它是一项革命性突破，是进一步科学化、规范化开展普通话水平测试的必然趋势，它的优点是显而易见的：

（一）机器进行的评判更加准确客观稳定。

1. 该测试系统软件，从试题库的选择到评价体系都是按照大纲要求来实施的，在全国所有地区推广，评分尺度的把握真正做到全国统一。

2. 由于机器的特点，无论测试多少人次，都不会出现人工测试时测试员因为体力、心理等因素产生的波动而出现较大误差。

3. 杜绝了人工打分时可能出现的人情分，使得测试信度进一步得到保证。

（二）长远来看，将大大降低测试成本，提高工作效率和灵活程度。

1. 计算机辅助测试基本属于无纸测试，测前准备工作相对减少。

2. 人工测试时聘请测试员、安排考场、落实工作人员等一系列考务管理工作也很庞杂，准备周期比较长，交通、就餐、测试劳务费都是不小的开支。实行机器测试后，现场只需少量工作人员，节约了人力和物力。

（三）充分利用现代化技术推广普通话，符合国家把普通话水平测试工作打造成鲜亮的国家品牌的发展要求。

1. 普通话水平测试，专业性强，牵涉面广，社会意义重大。国家语委设立了语言文字应用研究“十五”科研规划重点项目“汉语普通话水平测试研究”，提出要充分注意“手段现代化”问题。也就是说，要利用计算机、互联网及相关的现代化设备，使普通话培训测试工作从管理、测试、培训到研究都实现现代化、科学化，使之成为与国际上著名的语言考试比肩的国家品牌。

2. 从最近几年的发展情况来看，普通话培训测试工作中的管理环节，如对应试者的管理，对测试员的管理，对下属测试站的管理以及对中心内部的管理，都已经充分地利用了计算机技术。而其中一个很重要的环节“测试”，因为语音分析处理技术的难度，暂时还难以全部自动化阅卷。而现在正在实施推广的计算机辅助普通话水平测试则是对这一薄弱环节的很好弥补。

三、近几年计算机辅助测试中遇到的一些问题及分析

任何事物在发展过程中都不可能是一帆风顺的，计算机辅助普通话水平测试也是如此。下面就机器辅助测试中遇到的一些问题作简要分析。

（一）计算机对语音评判的技术还应抓紧攻关，争取有质的突破。

目前之所以叫“计算机辅助普通话水平测试”而没有直接叫“计算机智能普通话水平测试”，就是因为目前的语音评判技术还无法对考生在没有文字凭借的情况下的第四题说话项目上的普通话水平进行评判。因此还需要把录音文件截取下来交给人工进行打分，这样一来，在工作效率上还存在瓶颈，增加了测试评判周期。

（二）该系统对评判高分考生和低分段考生的准确度有待大力改善。

系统使用几年来，从各省市地区反应的情况看，该系统对二级甲等到三级甲等成绩的判定和人工测试的结果比对一致度非常高，而大部分考生的成绩也集中在这一范围之内，这说明该系统有很好的适应性。但是不容忽视的一个问题是，该系统对高分段如一级甲等，以及低分段如三级乙等甚至以下的成绩判定，和人工测试的误差较大。特别是对一级甲等的成绩认定，机器极少能作出评价。笔者从2008年11月到2009年2月期间对该系统做过多次试验：请不同时期、不同年龄段以及不同性别的已经获得过国家语委普通话培训测试中心认定的一级甲等成绩人员来进行试验测试。测试环境完全和实际测试一致，同时为了减少其他因素的影响，试验人员事先全部都对测试试卷前三题的正确读音进行过正音。结果前三题测试完之后，机器打出的分数（没有考虑第四题，前三题满分为60分）最高的为57.2分，最低的为53.8分。按照这样的结果，即使应试人最后一题只扣1分，最终成绩都达不到一级甲等。同时，又重新使用该系统的模拟测试模块进行试验，目的一是为了再次检验测试结果，二是看机器对试验人员的测试所生成的语音问题分析报告是否客观。结果，同样的样卷，请了一位省电台新闻播音员做试验，该试验者的普通话成绩已被国家语委普通话培训测试中心认定为一级甲等（成绩为97.9分）。试验结果机器模拟打出的成绩是二级甲等的高分，而所生成的语音问题报告中几乎把所有的声韵问题评价项目认定为良好，而不是优秀。这是不正常的现象。因此目前各地区在送审一甲样本时，仍旧采用人工测试。

笔者认为，从长远来看，计算机智能测试普通话水平应该是未来的发展方向。但是从技术攻关的一些重点方向上讲，对高分段的准确评定是一个非常重要的环节。试想，如果一套系统连标准的

普通话成绩都评判不准确，其权威性将受到极大的质疑。因此，完善该系统，使之能对高分成绩作出准确的评价，将是一个迫在眉睫的任务。

（三）测试软件系统对硬件的适应性应加强，测试成本应实质性降低。

尽管目前使用的计算机辅助测试系统经历了多次的修改和完善，设计界面越来越简单友好，稳定性在提高。但是，笔者仍然发现有很多地方需要完善和加强。

首先，该软件对硬件的依赖过于苛刻，不利于推广。各地普通话测试站的经费一般都比较紧张，建立一个标准的机器测试机房，如果所有设备都需要配置比较高档的新设备，成本较高，主管部门建站的积极性会受到影响。尤其是像计算机类的电子设备的保值率非常低，更新换代快，相关决策部门都希望能充分利用一些现有的计算机设备来组建机房。而目前开发使用的测试软件对声卡、耳麦等语音采样设备的兼容性不够，经常出现语音识别异常、测评失败情况，从而影响测试的正常进行。其次，人工复审时，系统的交互界面不友好，极大地增加了复审员的工作强度，降低了工作效率。

（四）计算机辅助测试中对语音的评判模式有待改进，测完后对考生语音问题的分析报告的客观性应加强。

当前全国各地在进行普通话水平测试时，都有一个统一的参照标准：《普通话水平测试大纲》。《大纲》科学详尽地制定了一整套完整的评分标准。无论考生还是学术研讨机构，都可以根据评分细则来检验考生各项测试的完成情况，总结出语音问题，并且以此来了解测试员评分的详细情况。而目前交付给各地使用的测试软件，理论上是根据《大纲》要求来设计，但是实际评分过程中并没有根据评分细则来实现。比如第一、二题对读错但没有读出下一个字词前，以第二次读音为准的规则，字词读音缺陷和错误的扣分规则，第三题朗读中根据回读次数扣分，增、漏、错读字音每一个音节 0.1 分的扣分要求，朗读中自然流畅，语调偏误等重点考查项目上的评分细则，测试软件完全不能详细反映出来。尤其经过若干试点地区的问题汇总，发现计算机辅助测试中对第三题的评分与评分标准有很大偏差，比如过分强调对作品中每个字词的完整清晰，忽略了整体的停连、轻重、节奏把握，甚至一个字一个词的蹦读机器都认为正确，不会扣分。

我们曾经做过这样的试验：请同一个考生对同一份试卷连续测试两次，先用正常的朗读技巧进行，第二遍则放慢语速，刻意以字词为单位保证发音准确清晰，但完全不考虑全篇的统一性，停连、重音、节奏等均不做考虑，基本上是以蹦读方式进行。结果两次测试后，得分基本一致。这样一来，一方面，在测前对考生进行培训时，很多根据大纲要求而介绍的应试技巧就完全不能适用了。另一方面，计算机辅助测试前三题的每道题目的评分成绩和明细没有单独显示，不利于指导考生今后应注意在哪些方面训练提高，也和真正说好标准的自然规范的普通话的目标相去甚远。

四、应对策略及思路

（一）多方组织合作，大力开展科研攻关。

针对目前普通话水平测试的社会影响力以及几年来各科研机构的技术研发效果看，计算机辅助测试系统的适用面广，技术难度高。这么一个庞大的项目，光靠招标方式委托一家信息技术公司的力量是远远不够的。同时，一般计算机辅助测试系统的研发人员都不是普通话水平测试的一线测试员以及语言教学、理论研究专家，对普通话水平测试的用户的各种需求会有很大的差异，所开发出来的软件自然就会出现这样那样的不合理之处。因此，对这么重要的一项科技攻关项目，应该以国家权威部门牵头，在全国范围内组织在语音处理技术上顶尖的专家和研究机构，协同语言语音问题专家，包括各地长期从事普通话教学和测试的骨干联合攻关，尤其应该吸纳一些既懂计算机技术，又十分熟悉普通话理论以及测试的复合型人才参与到其中。使普通话培训测试工作从管理、测试、培训到研究都实现现代化，使之真正成为与国际上著名的语言考试比肩的国家品牌。

（二）在目前的计算机辅助普通话水平测试的评价模式中，笔者提出，应该对高分段和普通分数段采用不同的程序模式来处理。

前面所述，目前的测评系统主要是基于大量的录音样本进行分析处理后产生的模型，再和被测者的测试样本进行比对评判的。尽管系统研发人员已经从全国各地搜集整理了很多的样本，但目前高分段（一级甲等）的录音样本采集地数量还远远不够，主要是从安徽地区的50个一级甲等样本中获取；同样，对普通话水平比较低的各方言地区的样本采集也不够，以至于机器对低分段的考生评判误差过大。如果目前使用的算法对这些大量的样本进行快速分析有难度，可以考虑专门为高分段和低分段的样本设计一个预处理模块，对被测样本进行分析，判断出属于高分段时，马上转入高分段处理模块进行处理，再根据不同层面的权重比例的调整来进行优化。评分系统修改示意结构如图2.

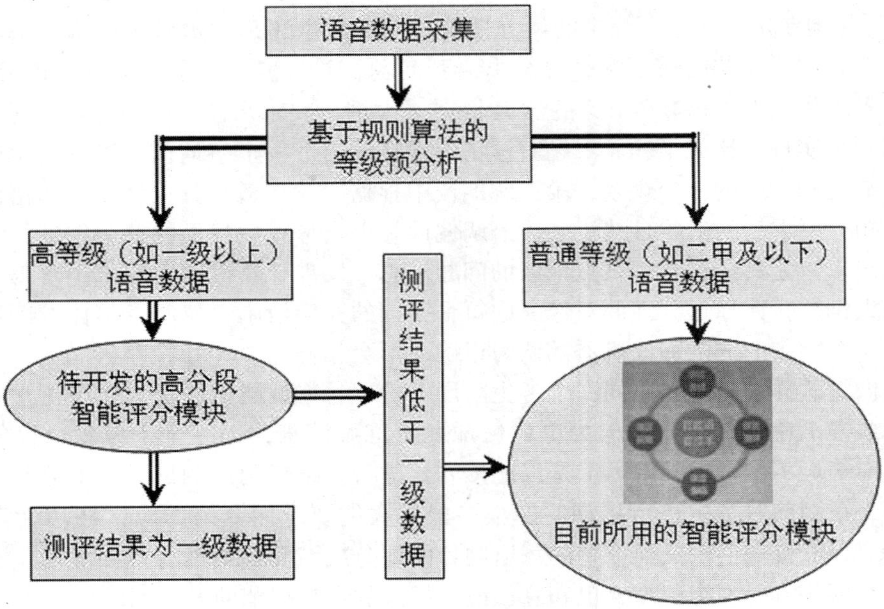

图2　评分系统修改结构框图

该设想的一个重要的步骤是要进一步扩充丰富全国各地的录音样本，尤其是对高分段（一级甲等样本）的搜集。比如将国家级的广播电视媒体以及影视话剧等单位中普通话水平被公认的、很标准的，在社会上有很大影响力的播音员主持人、演员等人员的录音样本大量地采集到系统语音库中，这样计算机在对比考生的语音面貌时，将更加客观。这种策略本身也符合大多数人学习提高普通话水平的规律。因为普通话学习者往往是通过模仿这些典型的具有示范效应的名人的发音来提高自己的语言应用水平。

（三）在采用计算机辅助普通话水平测试的同时，应继续保持测试员业务交流探讨的平台，避免测试工作机械化单一化。

国家开展普通话水平测试工作以来，培养了大批的国家级、省级普通话水平测试员，他们不仅参与普通话水平的测试工作，同时也担负着普通话的推广、学术研究的任务。现在逐步推广计算机辅助测试工作后，对一般测试员的需求量将大幅减少，但不能因此而减少对语言文字应用的研究力度。除了定期对测试员队伍进行考核，并且增加学术研讨机会外，在组织测试员进行第四题听评过程中，也应该适当保持一定的交流空间和机会。目前，有的地区为了保证独立听评、公平打分的效果，要求各测试员通过网络下载听评任务，对一个录音样本的评判完全独立，不知道也不可能和另一位听同样样本的测试员交流。有的地区则是集中测试员对第四题进行听评，在听评过程中可以相互交流讨论，事后还可以及时对所出现的问题进行总结反馈。笔者以为，采用后一种模式利大于弊。通过每次集中完成听评第四题的机会，大家可以在任务完成后，现场进行情况总结和分析。这样就保证了在测试中同时有进行学术研讨的机会。

（四）对于计算机辅助测试的运行成本的降低，应使用国家行政手段来保证。

普通话水平测试是一项国家级考试，本身也是一种政府行为。在《国家通用语言文字法》中明确说明，不能把普通话水平测试当成一种商业化的市场行为来发展，否则将严重背离推广普通话的发展方针。由于目前开发测试系统软件的单位是具有商业行为的信息技术公司，那么对于公司来说，研制开发产品，必然有成本的付出和最大限度拓展市场获取利润的希望。而作为各使用单位，购买这项技术是自己掏钱来解决，省市测试中心以及国家语委没有经费拨付。国家希望各地能大力采用新技术来开展普通话水平测试，但各测试单位各自的经费情况也不一样，推广起来，既要自行开辟测试的场地，又要添置相关计算机设备，还要购买指定的系统，并且在测试时，每测一个人还要给开发公司上交使用费，这么大的前期和长期的经费投入，对各单位来说，难度不小。鉴于在人工测试阶段，像上海等经济发达地区以政府的行为每年对普通话测试工作给予行政拨款，所有参与测试的广大考生都是免费报名的模式，国家能否以同样的方式来鼓励要求各个计算机辅助测试地区的政府部门也给予适当的扶持，或者设立专项经费来保证这项工作能顺利推广，这必将对推普工作产生举足轻重的作用。

五、结　语

虽然目前的计算机辅助普通话水平测试的推广力度和发展势头没有想象中的那么迅猛，在试点过程中，各地都遇到了这样或者那样的一些问题，但它们一定会在试行的过程中集各方之力，逐步摸索寻找出解决的方案。作为时代发展的趋势，这项具有划时代意义的测试手段一定会有更加美好广阔的未来。

参考文献：

［1］李宇明．论普通话培训测试手段的现代化［C］第二届全国普通话水平测试学术研讨会论文集．北京：商务印书馆，2006.

［2］宋欣桥．普通话水平测试员实用手册［M］．北京：商务印书馆，2005.

［3］《中华人民共和国国家通用语言文字法》［S］2000.

［4］计算机辅助普通话水平测试系统技术手册［M］．安徽：科大迅飞信息科技有限公司，2008.

试论语音的模糊性对计算机辅助普通话测试的影响及对策

李春喜

（福建省永春师范学校　福建泉州　362600）

[摘　要]　计算机辅助普通话水平测试已经成为PSC的重要趋势。计算机辅助普通话水平测试的基础技术是模式识别，核心是从庞大的语音信息中提取特征构建标准发音模型。普通话语音的精确性使计算机辅助普通话水平测试成为现实，甚至在识别范围和识别精度方面超过人测的能力，但是语音的模糊性却成了制约PSC准确性的瓶颈。本文从单字、自然语音等方面入手着重探讨语音的模糊性对计算机辅助普通话测试的影响，提出了语调、协同发音、音节韵律等语音现象给计算机辅助普通话水平测试带来难题，成了制约机测准确性的瓶颈，提出了今后提高计算机辅助普通话水平测试能力的方向和对策，以期最大限度地发挥计算机在普通话测试中的作用，使得普通话水平智能测试系统的评测结果客观、准确、公正、合理。

[关键词]　计算机辅助普通话水平测试；语音模糊性；模式识别

现代信息技术的迅猛发展，为普通话水平测试的现代化进程提供了良好的契机，可以说，计算机辅助普通话水平测试已经成为PSC的重要趋势。

计算机辅助普通话水平测试应用于国家普通话水平测试当中，可准确地对考生命题说话之外的所有测试题型进行自动评测，不仅可以提高普通话水平测试效率，降低测试成本和组织难度，也可以开展目前无法开展的考前模拟测试，为考生提供针对性的考前指导。应用于普通话教学当中，可以自动检测发音者存在的语音错误和缺陷，对使用者高效提升普通话口语水平具有积极的指导意义。看得更远一点，实施测试手段的现代化，这些被保存下的语音资料，也同时为现代汉语和方言的研究，提供丰富的材料。

2006年12月，教育部语用司正式发函，同意上海市和安徽省从2007年1月1日起进行计算机辅助普通话水平测试试点，这标志着计算机辅助普通话水平测试工作跨出了实质性的一步。两年来，试点范围不断扩大，从最初的2个省、市发展到目前的13个省、区、市，参加计算机辅助测试的人数已达55.6万余人次，实践证明，计算机辅助普通话水平测试已经成为PSC的重要趋势。

随着计算机辅助普通话水平测试的正式展开，我想，这个时刻更需要我们广泛深入地开展计算机辅助普通话水平测试研究，为计算机辅助测试系统的不断改进和完善提供可靠的数据和意见，不断提高计算机辅助测试的质量和水平。更为重要的是不掩盖和回避计算机辅助普通话水平测试中存在的问题与不足，深入研究，积极寻求对策，不断探索、不断完善、不断提高。本文正是在这一背景下，结合计算机辅助普通话水平测试在笔者教学中的实践，对存在问题加以分析、探究，旨在供相关职能部门参考，供测试员同行参考，以便让智能系统更好地服务于国家普通话水平测试工作，真正提高国家普通话水平测试信度。

与传统的人工测试（简称“人测”）相比，计算机辅助普通话水平测试（简称“机测”）系统基于国家普通话水平测试大纲，但该系统从传统的方式向智能方式的转变必然要引起很多方面的转变，这种方式的转变所引起的变化涉及面是很广的，如考生考试心理和测试员评分心理的变化，测试管理者行为方式的改变等等。其中，最重要的变化莫过于评测手段的变化了。当然，评测手段的准确与否更是决定机测准确公平与否的关键。

时下有人传言机测要比人测严，这并不夸张，在我们运用计算机辅助普通话教学的实践中，我们发现，在语音缺陷这一环节中机测更严一些；在词语和朗读中，字化现象明显；带有明显感情色彩的发音更容易造成缺陷失分。那么这是否意味机测的不科学呢?

为了更清楚理解这一问题，我们不妨深入探究一下机测的过程。

计算机辅助测试系统以《普通话水平测试实施纲要》为准则，以数十位一级甲等播音员的发音为标尺，以数千份由多位国家级测试员进行打分的实际普通话水平测试样本为范本，建立起计算机普通话水平测试的算法策略、标准发音模型以及综合评价模块，从而实现使用计算机对普通话水平测试应试人的发音水平进行评价和诊断。

计算机辅助测试系统的标准发音模型是在搜集的近 50 位一级甲等播音员近 250 小时的发音数据上通过先进的数学建模技术而构建的，它囊括了大多数“标准”发音人的发音特性，能应对几乎所有应试者，对其发音元素的标准程度作出客观的评价。换句话说，我们把计算机辅助测试软件作为认识的主体，把计算机本身作为认识系统的媒介，把测试对象输入的测试信息看作是认识的客体，在认识系统内部，既保存着非常规范的普通话语音音档，又保存着千差万别的方言语音音档，还有各类档次的评分标准。认识主体通过中介对认识客体进行测试信息的验码、较码和严格的比对，从而获得非组织化的信息，然后再经过信息处理、转换、思维加工，形成判断后的结论系统，转变为组织信息，最后输出测评结果——成绩系统。很显然，机测采用的是模式识别方式。模式识别的全过程可用下图表示：

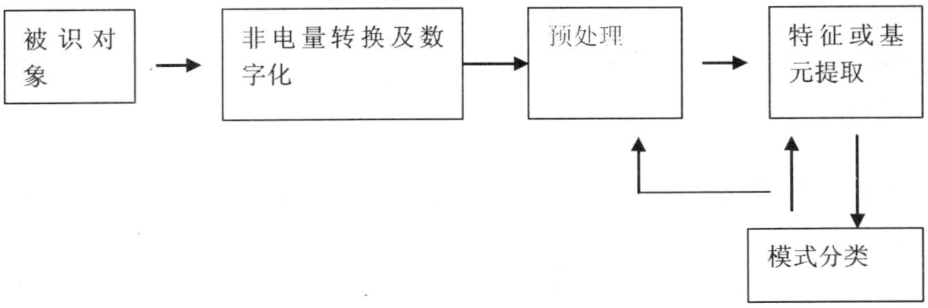

用语言表述就是，机测的第一步就要将应试者的读音转变为电信号，然后经 A/D 转换，将它们转换为能由计算机处理的数字量。如音高，语图。接着，通过对应试人的发音进行语音信号分析以消除应试者的年龄、音色以及录音环境等无关因素对评测结果的影响，从而保证计算评测的尺度一致性和评测结果的公正性。经改善后的有用的语音信号，还要作普通话语音的特征抽取或基元抽取，才能对其分类。模式分类就是在前几步准备工作的基础上，把被识别对象即应试者的语音归并分类，确认其为何种模式的过程。这是模式识别“出成果”的阶段，直接以其分类结果即普通话等级表明本次识别的结束。

显然，整个过程中又以第三步普通话语音的特征抽取或基元抽取最为重要，它决定着机测识别结果的准确与否。那么语音的特征或基元能精确地被人工智能所抽取吗？答案是肯定的。语言学理论告诉我们，语音具有生理属性、物理属性、社会属性，语音具有精确性，普通话语音的精确性使计算机辅助普通话水平测试成为现实，甚至识别范围和识别精度方面超过人测的能力。（因篇幅关系，本内容另文阐述）

毋庸置疑，机测更科学，更准确。但问题的关键是，语音是绝对的吗？语音的各项参数是一成不变的吗？

现代研究表明语音都具有一个共同特点：模糊性。

首先，从语音的点即单字看，语音具有模糊性。以音素为切入点分析，语言学家已发现语音输出是声腔中各部位相互动作和极其精密配合的综合效果，根据声腔的开放和封闭基本可以把元音和辅音分清楚，但由于声腔的开放大小没有明确的界限，实际上所获得的是近似的模糊音，显然单凭声学分析是不可能完整而精确地描绘、研究并揭示语音现象的。以声调为切入点分析，正如林焘所指出的："对不同的人单独说普通话四声时的不同基频加以测量，转换成五度制标音，就会发现调值有种种变化，阴平可以是［55］［44］，阳平可以是［35］［25］［325］［425］，上声可以是［214］［213］［212］，去声则一般都是［51］，因人和语言环境的不同而变化。目前一般把普通话的阴平定为［55］，阳平定为［35］，上声定为［214］，去声定为［51］，因为这种调值之间的对立在单独发音时最常见，也最能表现调值之间的区别。"[①]因而有人提议，对单字朗读中的上声，如"海"，发成［214］［213］［212］［2112］都可认为"正确"，而［21］则为"缺陷"。这样评判，看起来有"失之宽泛"之嫌，但却恰恰符合上声调值的实际，应该可以在一定程度上提高测试的信度。

在单字中尚且如此，从自然语音入手，语音的模糊性则显得更为突出也更加复杂。

尽管汉语普通话是由一个一个音节连接而成，但在连续语流中，如在词语、朗读、说话项目中，音节的声学表现与孤立音节的情形十分不同，它受到左右音段的影响，偏离了它孤立存在时的位置。语音实验学表明，在普通话这样的音节语言里，不是发完一个音，发音器官先回复到原始静止的位置，然后再转发第二个音，而是在发前一个音时，后一个音的发音准备动作就开始了，这种动作叠加在前一个音的发音动作上，同时由于惯性的作用，前一个音的发音态势要遭后一个音正式开始以后一段时间才逐渐停止，这种撤离动作就叠加在后一个音的发音动作上。这样语音就产生了偏离。这种偏离是错综复杂的，难以用声学数据描绘。当然近几年语音学研究的发展为我们的研究提供了可能。

最早引起人们重视的是语调问题。有一个现象大家有目共睹，当我们掌握了语音的发音方法，用这种严格的发音方式来读词语、朗读或说话的时候，却是非常别扭。这是因为汉语声调的调值是相对的，但汉语的语调不是简单的音节声调的相加。因而在普通话的研究中，重视音高的同时，对于其他在感知上具有重要作用的因素，如停顿、音强、音长的研究也不能忽视，如石佩雯先生就曾提到"除了句调的高低和句尾的升调以外，说话时音域的宽窄，音量的强弱，音长的增减都是形成各种复杂语调的重要因素"。语调所涉及的研究因素很多，在声学上，它与音高、音长、音强有关，在不同类型的句子中，起显著作用的因素又会有所不同，更重要的是，很多语调是为了区别语用意义的，也就是说，应试者当时的题旨和语境千变万化，就引起语调的复杂多样，由于这种变化与音质本身无关，因此，描写和分析都是无望的，这势必影响到普通话语音的特征抽取或基元抽取即机测识别模式的准确性。对于计算机测试评分模式来说，语调研究在层次性上的深入有利于评分的准确性。

第二个引起我们注意的是协同发音现象。在语音环境中的音素受到其前后不同语音的影响，其声学参数及生理参数要产生扰动，这就是语音的协同发音。也就是说，在语流中的语音是两音连读时相互适应的结果，使它在两个不同语音间服从生理惯性并照顾到表达信息的一种对立的统一。如研究用正常重音念的普通话四音节词和短语的声调协同发音问题实验看到，声调协同发音对各音节声调起点和终点所引起的 F_ 0 扰动，一般地说，要大于音节中这些点处不同元音内在 F_ 0 的差异。语音实验结果还表明，声调协同发音引起的 F_ 0 扰动具有一定模式，即声调协同发音受词重音模式所制约，声调协同发音还跟念词和短语的速度有关。从初步的研究结果看，协同发音不仅发生在音节间，而且发生在词间。当然这两者的声学模型又是不同的。可以说协同发音现象不仅仅是两音连读之间的相互作用，也可以是三个音之间的相互作用，当然这种现象就更复杂了。充分研究协同发音现象，对普通话的音节内部、音节之间的协同发音和音节在词、句中的位置效应，乃至韵律对协同发音的影响等进行深入的研究，寻找生理层次的成因，也为语音识别等提供协同发音方面切实有效的理论依据。

普通话韵律特征现象也应引起我们的重视。普通话是声调语言，韵律特征明显。这种超音质特征，表现在语流中是音高、音长、音强的变化，描写和分析韵律特征要比元音、辅音困难得多，连续语音中存在着不同的韵律结构，它们对于进行语音识别系统的处理是十分重要的。随着计算机辅助普通话水平测试的不断深入，人们越来越需要了解自然话语的韵律结构，而且需找到预测韵律结构的方法，以便更加有效地提高语音识别的准确率。

综上所述，普通话语音具有模糊性。这种模糊性给计算机辅助普通话水平测试带来难题，成了制约机测准确性的瓶颈。因为对模糊信息的处理，人脑比电脑要强得多。人脑对语音似乎有一种自适应的能力，既能区分不同性别、不同年龄的语音差异，又能调整为能够理解的音素，从而听懂各色人说出的话语。采用模板匹配方式的电脑不可能具备这种本领，它通常只能接受输入的近 50 位一级甲等播音员近 250 小时的发音数据，直到它把这些字词的声音频谱特征“记住”，存放在参考样本库作为识别这个字词的模板。由于语音的模糊性，每个人说话的音色和音调都有一定的差异，发声频率各不相同，当换了另一个人说话，特别是说话习惯不同的人，电脑的正确识别率可能就会下降。对模糊信息的处理，人脑比电脑要强得多的原因还在于模糊识别是在大量复杂的信息中识别出有用的部分，即对接收的信息与以往的记忆和经验进行关联认识，剔除无关的信息，人脑约有一百多亿个脑细胞（被称为神经元），更在于每个神经元约有 103 ~ 104 个突触，即一个神经元可通过突触与 8000 个其他神经元交换信息，当生物电流通过某一突触时，神经元就将信息传送到下一神经元。所以人脑有极丰富的联想能力。可以超越时空，任意跳跃。由于电脑不能实现关联记忆，所以它在模糊识别方面难以有突破性进展。因此计算机的联想、判别与推理能力远不如人脑，特别是在对外界信息的感知能力方面，更远不如人脑。所以自然语音中的普通话，如单字朗读中的上声，“海”，发成［214］［213］［212］［2112］人脑都会根据情境自动都可认为“正确”，而机测则可能判为“缺陷”。所以字化现象并不会被机测严重扣分，而语音自然、语调自然、讲究音节韵律的普通话并不会被电脑测试加分。所以，机测广泛的运用是好事，但机测的路还长。

通过对普通话语音特性的探讨和对计算机辅助普通话水平测试的识别模块的分析，我们也理清了今后提高计算机辅助普通话水平测试能力的研究方向。第一，提高计算机辅助普通话水平测试中人工智能模式识别的能力，提高计算机的自适应性。目前人工智能模式识别的进展，已经在一定程度上使电脑具备了“听”“说”“读”的能力，但距离理想的目标还有较长的路程。第二，从普通话语音本身入手，加强语音的特征本质研究，并把研究成果运用到计算机辅助普通话水平测试实践中。近几年语音学研究的发展为我们的研究提供了可能，为普通话教学方法和计算机测试模式的建立提供了行之有效的理论指导。只有将语音学研究成果与计算机辅助普通话水平测试因素建立了联系，才具有系统性，测试的评分模式才能建立起来。当语音学的理论越丰富，语音的特征描述越清晰，机测对语音特征的提取的精确度就越高，越接近语音的本质就越准确，机测误差就越小。第三，广泛深入地开展人、机测试对比实验，积累更多宝贵的计算机辅助测试的实践经验。第四，计算机辅助测试关键问题在软件的编程，而软件的成功是建立在大量语音采样而形成的各种语音识别库的集合上，因而要加大语音语料库的建设。机测积累的经验越丰富，碰到的语音样式越多，其测评能力就越高。特别是要把被测试过的语音加入到语音库中，能够使认识主体在每一项复杂的语音环境中，准确地验码、较码、判断和归类，输出组织信息及结论系统。我们坚信，随着人们对普通话计算机辅助测试研究的不断深入，将最大限度地发挥了计算机在普通话测试中的作用，使得计算机辅助测试系统的评测结果客观、准确、公正、合理。

注释：

①林　焘，王理嘉．语音学教程［M］．北京：北京大学出版社，1992.

②杨万兵，赵　燕．PSC评分体系的原型理论阐释［A］．第二届普通话水平测试学术论文集［C］．北京：商务印书馆．

参考文献：

［1］林　焘，王理嘉．语音学教程［M］．北京：北京大学出版社，1992.
［2］宋欣桥编著．普通话水平测试实用手册［M］．北京：语文出版社，1997.
［3］吴宗济．实验语音学知识讲话［J］．中国语文．1979（1，2，3，4，5，6）．
［4］吴宗济，孙国华．普通话清擦音协同发音的声学模式［M］．北京：商务印书馆．
［5］吴宗济，林茂灿．实验语音学教程［M］．北京：高等教育出版社，1989.

计算机辅助 PSC 命题说话评分细则的修订和实施

彭云帆（广西师范学院　广西南宁　530001）
隋　雯（广西幼儿师范高等专科学校　广西南宁　530022）

［摘　要］　计算机辅助普通话水平测试后，测试员对应试人命题说话项的评分由前台转为后台的背对背评分，加之机测后有不少应试人的说话中出现了大段缺时、离题、无效话语等在无人监控状态下产生的新情况，致使两位测试员之间的评分差异凸显。语言能力及语言应用能力是语言学习的先后过程和不同层面，测试员评分的根本目的是考查应试人普通话的语言应用能力，命题说话项评分细则的修订应以此目的为原则，进一步明确具体的实施操作规则，以缩小测试员之间评分差异，使说话项评分更具科学性、操作性和公平性。

［关键词］　机测；命题说话；细则；评分

计算机辅助普通话水平测试（PSC）中，应试人说话项的测试录音出现了不少与面对测试员人工测试不同的现象。例如机测命题说话中不时出现应试人看错了话题或说错了话题，以及背稿或离题等情况，这些情况在人工测试时有测试员及时提醒而能尽量避免，现在机测评分应当如何处理？再如机辅测试的前三项即单音节、多音节和朗读短文改由计算机评分，命题说话由两位测试员背对背独立评分，若两位测试员的评分差异超过规定的分数，则评分不合格，需要请第三位测试员复听；有的测试员对没有前三项的评判印象而只给命题说话评分能否准确存有疑虑。如何在评分细则上准确全面地反映机测命题说话项录音出现的情况？如何将测试员之间的评分差异控制在最低的、合理的程度？这些都需要我们对计算机辅助普通话水平测试及其评分细则作新的较全面的调查及研讨，要求我们在充分理解《普通话水平测试实施纲要》及《试行办法》的基础上，对测试中的系列问题进行理论思考和阐释，以检测应试人应用普通话能力这一普通话水平测试的目的为原则，对评分细则作出客观科学的修订。广西语委办多次组织不同层面的测试员，对机测说话项细则反复进行测试评分实验、研讨及修改，制定出 2009 年的评分细则（修订稿），我们参与了广西细则的评分实验和研讨修订，现把广西实施细则中易出现评分差异的评分操作难点做进一步说明，期望机辅测试命题说话评分细则的修订和实施能具有科学性、操作性和公平性。

一、语音标准程度的定量累计和方音微调

语音标准程度评分项包括音节的准确度和方音的表现程度。对说话中失误音节的定量累计，是取得评判准确性、缩小评分差异的重要保证。这里的定量包含着定性，是在定性的基础上形成的量化记录。说话中出现了什么性质的失误，什么错误，什么缺陷，测试员都要在瞬间作出判断，这就

是定性；及时把错误和缺陷分类累计下来，这就是定量。同时评判过程中还应当对说话中非音质的表现作出判断。这样有确凿依据地对语音程度作出的归档，是可以由任何一位合格的测试员得出相同结果的，因此是科学的、可控的，也是准确的。科学的一个重要特点就是它的实验是可以重复的。

对说话中失误音节的定量累计是测试员评分的基本功，也是基本工作方式。过去PSC四项或五项的人工测试评分，有的测试员凭着前三项的印象，在应试人开始说话不久就对整个说话项作出判分。这样的不完整判分不能说都不准确，确实有不少人在说话人一开口就能大致猜测出普通话水平等级，不过从科学的角度来看，猜测只是科学研究的起步阶段，还需要用确凿的证据来证实猜测的准确性，普通话水平测试需要用确凿的定量记录来保证测试的严肃性和公平性，不能用猜测和“大致”来代替准确。当判分的准确与否带着较大的偶然性时，也会使测试员之间的评分差异难以控制，而且这样的不完整判分，会对有的应试人形成不够公正的评判，也使我们的普通话水平测试工作的信度有所降低。也因此当机测需要测试员脱离前三项评分而对说话进行独立评分，就会出现单判说话不好判的顾虑。国测班上曾反复强调若没有经过测试评判，谁也不能确定应试人的等级。因此机测中测试员对说话项的评判，首先要坚持语音标准程度定量累计的工作方式，语音标准程度的准确定量是说话项准确评分及缩小评分差距不可或缺的重要依据。

对“方音”的理解，在普通话水平测试说话评分项中与一般普通话教学中略有不同，广西细则对“方音”的解释是包括声母韵母缺陷和语调偏误。这一评分项中的语调与“自然流畅程度”评分项中的语调有个需要区别和把握的问题。我们认为，这里的“方音”评判设置，主要是在语音标准程度定量累计的基础上归档后对分数进行微调的依据。例如《实施纲要》中“语音标准程度”中二档、三档的设置，当错误数量相同时，方音表现程度的不同就是分数高低的依据。将“方音”评分的主要作用定于在“错误”量化之后的“微调”，可以使“语音标准程度”的测试员评分更便于操作及更趋于一致。

二、词汇、语法规范程度的语言成分和言语成分

对词汇、语法规范程度评分项一直存在不同的理解。这次的细则修订将其明确为仅指不符合普通话规范的方言词语和语法，不包括偶尔出现的口误。原则上看，应当主要考察应试人对普通话词汇、语法语言成分的应用水平，至于言语成分应当从宽评判。语言成分指已经进入普通话语言的静态系统中的成分，一般来说，好的词典收录的应当是词的语言成分，语法教材中正面讲解的是普通话语法规范。就人的语感来看，对方言词语的评判主要指区别意义有障碍的，或者普通话从来没有这么说的或者习惯上不这么说的。例如桂林话词语“把爷”，典型的非西南方言区人乍一听是不会理解其词义的。又如粤方言搭配方式“吃茶、吃烟、那个人很肥”，普通话就不这么说。区分什么是静态的语言成分，什么是动态的言语成分，是测试员应当继续学习的内容，也是普通话水平测试需要继续研究的范畴。关于词汇语法的规范与地方方言词语句式的对比材料，应当在测试培训教材中作较详细的收集、整理。

三、自然流畅程度的语调自然和言语流畅

自然流畅程度评分项主要包括语调自然程度和言语流畅程度两方面。命题说话是一个话语整体，语流中的各项要素例如语调在各项评分中必然会有犬牙交错的地方，细则和细则的实施应让各评分项各司其职，分工合作。“自然流畅程度”与“语音标准程度”在语调上有交叉，与“缺时”

在言语流畅程度上有交叉，但是都各有分工。自然流畅程度评分项里对语调的考查，是对三分钟说话语流态势的整体考查，是在“语音标准程度”之外对语流偏误的扣分；而“语音标准程度”中的“方音”只是音节量化后对归档和分数进行微调的辅助性要素，“方音”几乎不独立占分值。自然流畅程度中的语调与方音中的语调评分着眼点不同，所占分值也不同。

对说话自然流畅程度的考查，首先是对语言能力的考查，对语言能力的考查也体现在朗读以及多音节、单音节测试项。我们知道语言学习的目标可分为语言能力的获得及语言应用能力的获得，这两种能力是语言学习的前后过程和不同层面。语言能力是语言学习过程中的基础能力和前一阶段的学习目标，是对语音、词汇、语法各语言要素掌握的能力，就是能否发音、念词和组成正确的句式。假如说话中语流形式不顺畅，磕磕绊绊，反复出现纠正字音或方音甚至纠正方言句式等现象，说明普通话语言能力还不很过关，评分时即使不在“语音标准程度”量化为语音错误，也应在“自然流畅程度”中加以考虑。

自然流畅程度评分项还包含对语言应用能力的考察。普通话语言应用能力是应用普通话自如生动地表达思想感情的能力，是普通话学习的高级目标，也是普通话水平测试的根本目的。《实施纲要》“自然流畅程度”的二档中“有类似背稿子的表现”，三档中有“语调生硬”的描写，这里的“表现”，我们解释为语调或腔调，即语音形式上的表现。“语调生硬”是“背稿子的表现”的程度加深。我们知道，语调主要包括声调、句调、重音和停连等非音质节律特征。背稿子的语调表现用汉语拼音无法记录，用文字只能做大致的描写：停连机械，高低无据，轻重不当或没有轻重之分，语音形式与语言内容的变化不沾边。这样的表现，语言形式对内容的表达是空乏苍白的，空有语音形式的“顺溜”，而无言语形式与言语内容的谐调通畅，徒有其表。形式不为内容服务，因此语调生硬。说话过程如果全是背稿子的腔调或语调生硬，说明应试人只掌握了普通话语言形式，具备了普通话语言能力，只达到普通话学习的前一个层面，还未能用标准普通话流畅生动地表达丰富的思想感情，还没到达掌握鲜活的普通话应用能力的终极目标。有些学生的普通话语流学习只来自课堂，课堂的齐读唱读的训练方式对普通话语流学习起了误导作用，当这些学生用普通话说话时，自觉不自觉地也是那生硬的腔调。对背诵语调、念书腔调的误解和习惯，禁锢了说话人语言应用能力的学习和发展。对背诵语调、语调生硬等现象的评判，是普通话水平测试根本目的在评分上的显现，我们在命题说话的评分工作中不可忽略。

四、缺时的时间长度和起扣分数

缺时指说话中出现持续性的空白，是人工测试和机测共有的现象。《实施纲要》规定每分钟缺时之内有3个分数，广西细则细化为“录音开头空白10秒不扣分，以后每出现空白持续10秒扣0.5分。说话不满30秒，本测试项扣40分”。以10秒的时间长度的计量细化来扣分，便于缩小测试员之间的评分差异，也可跟“自然流畅程度”的评判相区分。

录音开头空白10秒不扣分，是出于对机测录音常见情况的考虑。应试人朗读结束后接着点击下一题进入说话题，但一时又无从开头，给10秒以内的调整思路的时间应该是合适的。还有的应试人操作计算机时会因不熟练而耽搁时间，有这10秒时间也应当是合理的。细则缺时的10秒起扣设置，以及把网络评分页面的可以开始评分的时间设置为2分51秒，也是提示测试员对说话的听判时间不应随意减少，以保证对每一位应试人的评分都是真实可信的而不是虚拟的，同时也是减少测试员评分误差的一个保证。

缺时与自然流畅程度的评分区别在于，缺时评分项是出现持续性空白，自然流畅程度评分项考查的是言语是否磕巴、不流利、反复纠错，而不包括空白，细则将两者划界在空白持续 10 秒起扣分。如果有一两次出现持续不到 10 秒钟的空白，不必累计扣缺时分，而在自然流畅程度给予评判。这样的细化区分，便于两项评分各司其职，操作起来比较明确，减少评分的不确定因素以及测试员间的评分差异。

五、无效话语与普通话应用能力

无效话语的提出是安徽、上海的成果。我们享用这个成果并根据广西的情况作些调整。广西细则中，无效话语包括“与测试话题毫不相关的话语，多次简单重复相同的语句，以背诵他人文本代替说话”。这几条都是从内容来考查应试人普通话应用能力，性质相同，因此归为一个评分项。例如应试人在说话时间内长时间数数字，又如反复叨唠“怎么时间还没到”，都应属于无效话语。

如何看待及评判机测录音中的无效话语？出现无效话语的原因很多，或所准备的内容说完了就不知说什么，或一时心理紧张造成思维短路，或担心无话可说干脆背诵别人的东西，总的来看是说话人思维凝固、思想缺位。所谓无效话语，实质上是徒有其表的声音空壳子，普通话未能起到表达应试人真实思想的作用，或者说，在测试时，应试人未能表现出普通话应用能力。例如背诵他人作品，达不到测查应试人无文字凭借说普通话的能力和水平，因此在测试中是无效的话语表现。

广西细则无效话语评分项以累计占时扣分，每 10 秒加扣 0.5 分。计时细化为的是便于评分准确和操作。算下来，无效话语持续 1 分钟加扣 3 分，与国家语委的《试行办法》“累计占时 1 分钟以内（含 1 分钟），扣 1 分、2 分、3 分”所扣分值基本一致。所谓加扣，是在“语音标准程度”扣分之外的再扣分，既对应试人普通话语言能力进行了考量，也对应试人普通话语言应用能力进行评判。

六、离题与无效话语的内涵和评分

怎样看待离题在普通话水平测试中的性质和分量？普通话水平测试中的离题评判与高考作文的离题评判不一样，可以从测试方式和测试目的的不同来考察。作文测查考生的写作水平，包括思维水平和语言表达水平，而语言表达水平从作文评分看所占比例大约是六分之一。普通话水平测试无文字凭借的命题说话水平固然与思维水平密切相关，但口头说话与大脑思维毕竟是性质不同的两项活动。普通话水平测试测查的是普通话口头应用能力，主要看应试人的思想能否用普通话说出来，说得是否流畅，而不重在评判考生思维水平和对世界认识水平的高低。

既然普通话水平测试不重在评判考生的思维水平，并且离题在三分钟说话中不容易准确判断，因此离题的分值应当从宽。我们的细则修订为“说话内容与话题多少有些联系的一般不扣离题分。离题持续 1 分钟扣 2 分，2 分钟扣 4 分，全程离题扣 6 分”。例如：把话题“我喜欢的节日”错说成“我喜欢的节目”，在语音标准程度、词汇语法规范程度、自然流畅程度等评分项照常扣分的基础上，再在离题项扣 6 分，而不是将命题说话的 40 分全扣掉，测试中他毕竟在用普通话表达自己的思想。测试中出现过应试人以事先准备的内容来应对拿到的话题，“以不变应（话题）多变”的现象，这是刻意离题。一个应试人如果刻意离题，被扣了离题分 6 分后必然达不到欲借离题提高普通话等级的目的，因此这样的分数设置，既使刻意离题达不到取巧的目的，又能反映应试人真实水平，缓解测试员的评分压力，缓解应试人的临场心理压力，将各种因素综合控制在一个适当的范围。在扣分上与“说话内容与话题多少有些联系而不扣分”的评判差距不必太大，渐降的坡度不要太陡，这也符合普通话水平测试重在考察应试人普通话应用水平这一目的。

离题与无效话语从内容上看都是对命题的偏离，原本都属于无效的，为何分两项扣分？细则设定无效话语起扣时间是 10 秒钟，离题起扣时间和分值是 1 分钟扣 2 分，以后每 30 秒扣 1 分。从测试录音材料中我们听到，无效话语语言形式明显，是短时间可以判定的，离题则更多的是内容的偏离，有时在短时间内不好判断是否离题，起扣时间需要比无效话语的长，因此这两项不能合并。两项不重复不累计扣分，使两项扣分更便于操作也更趋合理。

命题说话评分项目共有以上六条，这六条相互配合，期待能形成一个尽量客观完整的普通话命题说话评价系统，供测试员独立评分使用。在细则的实施中，测试员独立评分可增加评分的可信度，评分时没有前三项的评分参考和印象，也摒弃了两名或三名测试员相互参考的干扰，完全凭借测试员的个人听判力独立评分，若两位测试员评分结果的差异又在规定的分数以内，则增加了评分的真实性和可信度。

普通话水平测试是一项建设性和普及性的工作，有那么多的人对语音等语言要素进行那么细致的关注和分析，使语言学理论发挥了前所未有的实践作用，促使语言学理论对普通话的认识更细致更深刻，也为应用语言学的发展积累了大量的资料。普通话水平测试评分细则是对语言能力和语言应用能力进行测评的技术性操作规则，应当具有严谨的科学性。科学的实验结果是可以重现的，测试员依据细则在相同条件下的评分操作应当能得到相同的评分结果，这才能达到公平性。科学与操作技术之间有着复杂的互动关系，细则的修订让语言学理论观念变成为可操作的科学方法，以使普通话水平测试的评分达到我们所期待的科学性、操作性和公平性。

参考文献：

[1] 国家语委. 普通话水平测试实施纲要 [S]. 北京：商务印书馆，2004.
[2] 国家语委. 计算机辅助普通话水平测试评分试行办法 [S]. 内部颁发，2009.
[3] 广西语委. 广西普通话水平测试评分细则（修订稿）[S]. 内部颁发，2009.

浅谈计算机辅助普通话水平测试试点过程中不可忽视的几个问题

单 明
（安徽省普通话培训测试中心 安徽合肥 230061）

[摘 要] 计算机辅助普通话水平测试手段的根本性改变，是普通话水平测试工作进程中的重要里程碑。但是，计算机辅助测试毕竟是刚刚诞生的新生事物，还有许多问题需要探讨和解决：实施计算机辅助测试需要具备哪些必要条件；规范操作前提下的普通话水平测试应该注意哪些重要环节；针对实际测试过程中说话项测试出现大量的特殊语料如何评分；评测分离、测试员在线评分状况下测试员队伍如何建设和管理；如何通过对更大数量、更均衡等级分布的测试数据进行人机对比验证，以不断提高机辅测试的精确度和等级适应性；等等。各地在试点应用过程中，要充分认识和妥善解决好这些问题，以保证这项工作健康有序的持续发展。

[关键词] 计算机；辅助；普通话；测试

计算机辅助普通话水平测试是测试手段的根本性改变，是普通话水平测试工作进程中的重要里程碑。智能语音技术在普通话培训测试中的应用研究，是计算机技术应用于普通话培训测试中的重大突破。从2004年11月课题确立，到2006年1月课题结题，前期研究工作进展顺利。研究成果表明：智能语音在普通话评测中的应用技术已经达到了实用水平，计算机辅助测试的结果已经达到了优秀测试员评测水平。2006年课题组在不断优化评测引擎和不断提高评测精度的基础上，完成了这项科研成果的产品化，实现了科研成果在测试实践中的具体应用。2007年1月，国家语委在充分论证的基础上，同意安徽省、上海市率先开展计算机辅助测试试点工作。随后，天津、吉林、辽宁、山东、江苏等10多个省市也相继加入到试点行列。目前，试点范围逐步扩展，试点规模逐步增大，试点成果逐步显现。与传统的测试手段和管理模式相比，在现代科学技术强大支撑下，计算机辅助测试和测试管理网络化具有明显的优越性：优化了测试手段，规范了程序，降低了测试成本，提高了测试效率，统一了测试标准，体现了这项国家级考试的客观公正性。

应该说，计算机辅助测试及测试全程网络化管理为测试工作健康有序、和谐持续的发展带来了前所未有的优越条件。同时，新的测试手段和管理模式也对我们的工作提出了许多新的要求，还有许多问题值得我们去认真思考：实施计算机辅助测试需要具备哪些必要条件；规范操作前提下的普通话水平测试应该注意哪些重要环节；针对实际测试过程中说话项测试出现大量的特殊语料如何评分；评测分离、测试员在线评分状况下测试员队伍如何建设和管理；如何通过对更大数量、更均衡等级分布的测试数据进行人机对比验证，以不断提高机辅测试的精确度和等级适应性；等等。这些都是摆在我们面前亟待解决的问题。

一、实施计算机辅助测试，基础条件不容忽视

为什么要采用计算机辅助测试，为什么要对测试实行全程网络化管理，这是我们必须首先明确的问题。我们认为：计算机辅助测试是智能语音技术在普通话评测中的实际应用，是现代技术发展成果在普通话水平测试工作中的具体体现，它代表了普通话水平测试工作发展的必然趋势，是测试工作的一个巨大的进步。这种进步的具体表现就是：用计算机替代了部分人工劳动，降低了测试的劳动强度，提高了测试的工作效率，一定程度避免了人为因素对测试工作的干扰，使普通话水平测试从组织形式到评分模式都得到了优化，最大程度保证了测试的信度和效度。然而，我们发现，并不是在任何条件下都能体现这些科技成果给测试工作带来的优越性，要真正让科技成果在测试园地里落地生根、开花结果，还必须具备一定的条件。否则，从手工操作到信息化、网络化操作就会流于形式，甚至破坏了原本严谨的测试手段和管理模式。通过一年多的试点实践，我们认为，实施计算机辅助测试，应该具备以下几个方面的基础条件。一是畅通的网络设施，每年 20 万人次测试量，应有 10 兆以上的宽带作为信息传输通道；二是合理布局基层测试站点网络，以满足本省（市）、本地区计算机辅助测试的需要；三是要有一定数量的数据对比验证，以磨合本省测试员和计算机打分的相关度；四是要尽可能的创造良好的测试环境，避免或减少因背景噪音而导致的计算机辅助评分误差。

二、实现测试网络化管理，规范操作不容忽视

普通话水平测试实现全程网络化管理把管理者从繁杂的事务中解放出来，使测试管理环节简化，质量优化，能使测试管理的最新理念最便捷、最及时地得以体现。使测试管理各环节之间具有更合理的逻辑关系，以期达到最佳的管理效果。我们认为，作为一项国家级的考试，实现网络化管理的目的主要体现在以下几个方面：高度的统一性、高速的时效性、严格的规范性、开放的延展性。一直以来，由于全国没有统一的管理系统，所以很多省市根据各自管理的需求，研发了多种版本的管理系统，形成了一段时期以来测试管理百花齐放的局面。计算机辅助测试及测试全程网络化管理给测试管理的高度统一带来了一次极好的机会。我们应该积极主动地整合各省市管理系统的精华，优化组合，形成适应全国各省市需求的、高度统一的测试管理系统。特别是管理中的关键环节，如试卷的制作、发放、使用和处理；如测试数据的格式、字段、要素和储存方式；如实施考试的具体要求、操作规范和监督机制；如计算机辅助测试的评测引擎、成绩管理、证书发放和补办，等等。都需要在科学研究、仔细论证的基础上，做到最大程度的统一，这样才能体现出国家级考试的权威性、严肃性和统一性。

三、组织测试员在线评分，统一标准不容忽视

网络化管理模式给测试的组织形式带来巨大变革，计算机辅助测试使普通话水平测试评分方法发生很大变化。计算机辅助测试的评分方式是：计算机替代人工对测试内容的前三项进行智能评分；测试员通过管理系统，在线对说话项进行人工评分。这种评分方式的优点是：计算机辅助测试减轻了测试员的劳动强度，提高了评测效率；评测分离，避免了打分过程中人为因素的干扰，体现

了测试评分的客观公正性。同时，这种评分方式也对测试员和测试管理者提出了新的更高的要求。对于测试员来说，要有高度的责任感和认真的工作态度，要从更高层面认识普通话水平测试，熟知三级六等的语音表征和等级标准，熟练掌握说话项评分细则，具有独立思考、准确评分的业务素质，严肃对待每一份语音数据，做到仔细听测、认真记录、准确评分。对于管理者来说，要制定测试员在线评分相关规定，规范测试员在线评分行为，切实管理好测试员队伍，要基本了解测试员评分水平，优化组合，合理分配评测任务，及时跟踪评测结果，科学统计测试员工作量和打分精确度，从而实现对测试员进行分级管理。特别是说话项评分，要在遵循测试大纲评分标准的前提下，对当前测试中出现大量的特殊语料加以分析，研究制定一个针对性强、对特殊语料类型覆盖率高、便于操作的评分细则，让测试员在新的评分模式下有法可依。

四、保证测试可持续发展，加强科研不容忽视

计算机辅助普通话水平测试给测试手段和管理模式带来了巨大变化，也为普通话水平测试研究拓开了更广阔的领域。目前，计算机辅助普通话水平测试还处于试点阶段，随着计算机辅助测试的试点应用和推广普及，实施的过程中还会遇到许多新问题、新情况。我们要本着科学的态度正视这些问题，并在测试实践中研究问题、解决问题。特别是计算机辅助测试的规范流程和网络化管理的科学体系等一系列重要问题，要加大研究力度，加快研究步伐。近阶段，需要重点研究的问题主要有以下几个方面：（一）要进一步加强计算机辅助测试精确程度研究，通过对大量语音数据的精确标注和对等级分布更广的语音样本进行分析，不断提高计算机辅助评分的准确程度，提高计算机辅助测试的等级适应性；（二）要进一步加强计算机辅助测试规范操作研究，在《计算机辅助普通话水平测试操作规程（试行）》的指导下，把规范管理向更深程度、更深层次延展，使测试的每一个环节都具有规范性和可操作性；（三）要进一步加强测试员队伍建设，研制测试员在线评分训练网络平台，制定测试员在线评分制度体系，推动测试员队伍的优化建设，保证测试结果的客观公正；（四）要进一步加强普通话水平测试本体研究，运用应用语言学、语音学和教育测量学等相关理论，研究普通话水平测试框架结构的科学性，并结合现代信息技术，使普通话水平测试更加科学化；（五）要进一步加强数据库建设和分析研究，利用测试的网络化管理手段，积累和储存测试信息数据和语音数据，并结合实际进行基于多种需求的数据统计和分析研究。

总之，我们应该本着科学的态度和对测试工作负责的态度，认真谨慎地做好计算机辅助测试试点工作。加强对新形势下普通话水平测试工作进行深入研究，不断发现问题，科学地研究问题，及时解决问题，从而推进测试工作健康稳步地向前发展，为推广普通话工作作出应有的贡献。

普通话水平测试标准样本库采集方案初探*

韩玉华
教育部语言文字应用研究所（国家语委普通话培训测试中心　北京　100010）

［摘　要］　建立国家普通话水平测试等级标准样本库，是国家语委普通话培训测试中心2009年提出的工作要点之一。样本库计划包括三期。本文对第一期样本库的样本采集方案进行初步思考，提出两个采集方案进行对比，并对我们认为可行性强的方案进行了具体设计，供大家参考。

［关键词］　普通话水平测试；标准样本库；方言区；采集方案

一、引　言

《国家语委普通话培训测试中心2009年工作要点》提出了建设“国家普通话水平测试等级标准样本库”（以下简称为“样本库”）的设想，计划三年内完成第一期样本库建设。第一期样本库预计包括全国各方言区至少3000个普通话水平测试标准样本，涵盖普通话水平三级六等和不入级的样本。之后，还将建立以少数民族人群（母语为少数民族语言）为基础的第二期普通话水平测试样本库，以海外普通话水平测试推广地区为基础的第三期普通话水平测试样本库。样本库建成之后，不但从测试、教学培训和科研三个方面能够为全国各地的普通话事业提供丰富资料和有效帮助，也将为汉语本体研究与应用研究提供宝贵的数据，更为国家推广普通话和汉语国际推广提供翔实的研究资源与科学支持。第一期样本库将真实记录我国各方言区的普通话现状，保留具有典型特征的普通话语音数据，对我国语言资源的保护和研究具有极其重要的历史意义和现实意义，将会是一笔巨大的科学财富。

第一期样本库计划选取涵盖全国各方言区具有典型等级特征的应试人群语音样本，并为每个标准样本的语音进行标注，指出错误与缺陷等问题所在，总结样本的等级判定原因。样本库是一个复杂精细的工程，涉及建库原则与规划、样本采集方案、硬件设备与软件系统配套、样本处理及认定、数据管理等一系列问题。第一期样本库是开端，也是基础，可能需要多次论证、反复试点才可以建设成功。本文仅就第一期样本库的样本采集方案进行初步探讨。

* 本文是国家语委普通话培训测试中心样本库课题的一部分，在撰写过程中，韩其洲副主任及中心的其他同事都提出了有建设性的意见，谨致谢忱！

二、样本库采集方案

（一）方言区划分。

样本库以普通话水平等级分布和方言区分布分别作为横轴与纵轴，力争勾画出一个重点突出、标准清晰、真实客观的全国普通话水平测试等级面貌。普通话水平测试等级分布包括：一级甲等、一级乙等、二级甲等、二级乙等、三级甲等、三级乙等、不入级共七个水平的测试样本。

关于语言学界讨论已久的方言区划分问题，我们选取的是十大方言区（详见表1）理论，包括官话大区、晋语区、吴语区、徽语区、赣语区、湘语区、闽语区、粤语区、平话区、客家话区。其中，官话大区还可分出八个官话区，即东北官话区、北京官话区、冀鲁官话区、胶辽官话区、中原官话区、兰银官话区、西南官话区、江淮官话区。鉴于每个官话区的人口比例都比较大，我们将这八个官话区与其他九个方言区并列，共形成17个方言区域。根据每个方言区域的人口比例和实际测试等级分布情况，我们将在每个区域采集相应等级的样本数量。

表1　十大方言区

官话大区								晋语区	吴语区	徽语区	赣语区	湘语区	闽语区	粤语区	平话区	客家话区
东北官话区	北京官话区	冀鲁官话区	胶辽官话区	中原官话区	兰银官话区	西南官话区	江淮官话区									

（二）采集方案。

按照国家语委普通话培训测试中心（以下简称为“国测中心”）的规划，样本库建设由国测中心统一组织成立总课题组，并根据工作需求设立若干子课题组。采集原则由总课题组制定，统一要求、统一部署，子课题组在经过总课题组统一培训（视情况可多次、分阶段进行）后，在总课题组的领导下，独立完成样本采集、入库甄选、对样本的初加工和一级处理环节。各子课题组可以以各省级培训测试机构作为主要力量，也可根据需要邀请相关专业的专家带队，组建学者型的子课题组对样本库提供支持。

针对这一原则，我们提出两个采集方案，并对方案进行了对比分析，希望可以起到抛砖引玉的作用，对样本库建设作出贡献。

1. 方案一：按照方言区域成立子课题组

我们按照17个方言区域的划分，建立17个相应的子课题组，每组对应一个方言区。总课题组根据各组所属方言区的人口比例制定各组样本数量，并与子课题组负责人协商确定所属方言区内各方言片、各个等级的具体样本数量。之后，各子课题组在总课题组的统领下，经统一培训后，完成样本采集、存储、入库甄选、一级处理以及汇总上交等全套工作。由于方言区域的划分普遍面临着与行政区域划分不一致的问题（详见表2），各子课题组可由研究力量雄厚的一至两个省级培训测试机构牵头负责，或由所属方言区的方言学家或者其他语言学专家负责，以国测中心特聘测试员作为骨干力量，组织相关专业研究生参与课题，经统一培训后，进行跨省、区、市的科研工作，涉及该方言区的各省级培训测试机构需积极予以配合和支持。

表2　各方言区涉及的行政区域

方言区	行政区域
东北官话区	黑龙江、吉林、辽宁、*内蒙古（东部）*
北京官话区	北京、河北、新疆、辽宁、内蒙古、天津
冀鲁官话区	河北、山东、天津、*北京、山西*
胶辽官话区	山东、辽宁
中原官话区	河南、陕西（关中）、甘肃、新疆、安徽、山东、山西（临汾、运城）、青海、江苏、宁夏、*河北*
兰银官话区	甘肃、宁夏、新疆、*内蒙古*
西南官话区	四川、云南、贵州、广西（北部）、湖北、重庆、湖南、陕西（南部）、*江西、甘肃（南部）*
江淮官话区	江苏、安徽、湖北、江西、*浙江*
晋语区	山西、河北、内蒙古、河南、陕西
吴语区	浙江、江苏、安徽（南部）、上海、江西
徽语区	安徽、江西、浙江
赣语区	江西、湖南、湖北、安徽、*福建*
湘语区	湖南、广西
闽语区	福建、广东、海南、*浙江、广西、江苏*
粤语区	广东、广西、*海南*
平话区	广西
客家话区	广东、江西、福建、广西、*四川、重庆、湖南、海南、浙江（南部）*

注：表格中每行所列各省、市、自治区以使用该方言的人口数量进行排序，斜体字表示人数较少的地区或者是方言岛性质的地区。

优点：按照方言区进行划分，每个子课题组仅涉及一种方言，对象比较单一，工作目标明确，便于集中精力。而且，子课题组自由度较大，可以在不违背总课题组统一要求的情况下，根据方言片的实际情况进行灵活安排与设计。由方言学或其他语言学专家及国测中心特聘测试员带队参加，专业突出，学术性突出，不受行政权力牵制，样本质量比较有保障。

缺点：按照方言区划分，开展课题工作时还需要赶赴实地采集录音，或者依靠涉及的相关省级培训测试机构的配合，难度相对较大。整体工作运行时间较长，财力、物力、人力耗费比较大，配合力度可能不如由国测中心统一部署下发至各省级中心的工作力度。

2. 方案二：按照各省级培训测试机构成立子课题组

我们根据17个方言区域实际地理分布与行政区域分布情况（详见表2和表3），向涉及的省级培训测试机构（共计30个）具体分配相应方言区相应等级的样本数量需求。每个省级培训测试机构分别作为一个独立的子课题组，各省根据所属方言区的多少还可成立若干小课题组，参与样本库的实际建设。大陆地区除西藏外，各省级培训测试机构都将承担一定的采集任务。

表3 各省、市、自治区涉及的主要方言区

行政区域	涉及的主要方言
北京	北京官话（京师片、怀承片）、*冀鲁官话（保唐片）*
天津	冀鲁官话
河北	冀鲁官话（保唐片、沧惠片、石济片）、晋语（张呼片）、北京官话（怀承片）
山西	晋语（上党片、大包片、五台片、邯新片、并州片、吕梁片）、中原官话（汾河片）、*冀鲁官话*
内蒙古	东北官话（黑松片、哈阜片）、兰银官话（河西片）、晋语（五台片、大包片、张呼片）、北京官话（朝峰片）
辽宁	东北官话（吉沈片、哈阜片）、胶辽官话（登连片、盖桓片）、北京官话（朝峰片）
吉林	东北官话（哈阜片、吉沈片）
黑龙江	东北官话（黑松片、哈阜片）、*胶辽官话*
上海	吴语（太湖片）
江苏	吴语（太湖片）、江淮官话（洪巢片、泰如片）、中原官话（郑曹片、洛徐片）
浙江	吴语（太湖片、处衢片、婺州片、台州片、瓯江片）、徽语（严州片）、畲话、闽语
安徽	江淮官话（洪巢片）、吴语（宣州片）、徽语（休黟片、绩歙片、祁德片、旌占片）、赣语（怀岳片）、中原官话（郑曹片、信蚌片、洛徐片）
福建	闽语（闽东片、闽南片、闽北片、邵将片、莆仙片、闽中片）、客家话（汀州片）
江西	赣语（抚广片、吉茶片、宜浏片、鹰弋片、昌靖片）、客家话（宁龙片、于桂片、铜鼓片）、徽语（祁德片、休黟片）、江淮官话（黄孝片）、吴语（处衢片）
山东	冀鲁官话（沧惠片、石济片）、中原官话（郑曹片、洛徐片、蔡鲁片）、胶辽官话（登连片、青州片）
河南	中原官话（郑曹片、洛徐片、汾河片、信蚌片、蔡鲁片）、晋语（邯新片）
湖北	西南官话（成渝片、常鹤片、鄂北片、武天片）、江淮官话（黄孝片）、赣语（大通片）
湖南	湘语（长益片、娄邵片、吉溆片）、赣语（宜浏片、耒资片、洞绥片、大通片、昌靖片、吉茶片）、西南官话（常鹤片、湘南片、岑江片、黔北片、成渝片）、土话、客家话（于桂片）、乡话、平话（桂北片）
广东	粤语（广府片、四邑片、高阳片、勾漏片）、客家话（粤中片、粤台片、粤北片、惠州片）、闽语（闽南片）、土话（韶关）
广西	平话（桂北、桂南）、粤语（广府片、勾漏片、邕浔片、钦廉片）、客家话（粤台片）、西南官话（桂柳片）、土话、*闽语*、*湘语*
海南	闽语（琼文片）、儋州话
重庆	西南官话（成渝片、黔北片、灌赤片）
四川	西南官话（成渝片、灌赤片）
贵州	西南官话（昆贵片、黔北片、黔南片、岑江片、灌赤片）
云南	西南官话（滇西片、昆贵片、灌赤片）
陕西	中原官话（秦陇片、关中片）、西南官话（成渝片）、晋语（五台片、志延片、吕梁片）

续表

行政区域	涉及的主要方言
甘肃	兰银官话（河西片、金城片）、中原官话（陇中片、秦陇片）、*西南官话*
青海	中原官话（陇中片、秦陇片）
宁夏	兰银官话（银吴片）、中原官话（陇中片）
新疆	兰银官话（塔密片）、中原官话（南疆片）、北京官话（石克片）、*吴语*

优点：各省级培训测试机构都肩负着推普的重要职责，也都有各自的科研队伍，采集工作便于操作和展开，配合力度大，完成性较高。

缺点：每个省、直辖市、自治区方言分布情况不同，采集工作的复杂程度和难度不均衡。而且各省级培训测试机构工作力度不一致，现有工作难度不同，研究力量也不均衡，对于实际科研成果的监督工作困难较大。

3. 采集方案具体设计。

对于上述两个采集方案，我们认为第二个方案可操作性强，具有一定优势。如果总课题组制定好规划和实施步骤，各省级培训测试机构能够全力、认真配合的话，应该可以按照预期设想建成所需的样本库。下面我们简述一下对方案二的具体设计。

总课题组计划收入3000个真正入库的样本，以此估算，初期大概需采集30000个左右的样本，才能最终选出符合要求的对象。我们以李荣先生的《中国语言地图集》作为主要参考依据，将使用汉语的人口数据按照方言区进行梳理，并粗略计算了收录样本库的方言区样本数（详见表4）。

表4　各方言区人数估算及样本库收录人数

方言区	使用人数（共计97284万）		样本库收录人数	
	人数	百分比	初选30000人	实录3000人
东北官话区	8200万	8.42%	2526人	253人
北京官话区	1802万	1.85%	555人	56人
冀鲁官话区	8363万	8.59%	2577人	258人
胶辽官话区	2883万	2.96%	888人	89人
中原官话区	16941万	17.40%	5220人	522人
兰银官话区	1173万	1.20%	360人	36人
西南官话区	20000万	20.54%	6162人	616人
江淮官话区	6725万	6.91%	2073人	207人
晋语区	4570万	4.69%	1407人	141人
吴语区	6975万	7.16%	2148人	215人
徽语区	312万	0.32%	96人	10人
赣语区	3127万	3.21%	963人	96人
湘语区	3085万	3.17%	951人	95人
闽语区	5507万	5.65%	1695人	170人
粤语区	4021万	4.13%	1239人	124人
平话区	200万	0.21%	63人	6人
客家话区	3500万	3.59%	1077人	108人

此外，根据《中国语言地图集》和部分行政区域的资料，我们对每个方言区内使用该方言的市县数进行了统计，按照行政区域进行划分，根据使用该方言市县数的多少决定样本实际分配比例。因数据繁多，仅以冀鲁官话区为例（详见表5），其他方言区（详见表6）以此类推，不多作说明。

表5　冀鲁官话区对应行政区域的样本分配

	冀鲁官话区				
行政区域	河北	山东	天津	北京	山西
市县数（165个）	105个	53个	5个	1个	1个
分布比例	63.64%	32.12%	3.03%	0.61%	0.61%
样本数（2577人）	1640人	827人	78人	16人	16人

表6　各方言区对应行政区域的样本分配

方言区	初选人数	各行政区域分配人数
东北官话区	2526人	黑龙江842人（33.3%）、吉林842人（33.3%）、辽宁674人（26.6%）、内蒙古（东部）169人（6.8%）
北京官话区	555人	北京188人（33.96%）、河北136人（24.53%）、新疆115人（20.75%）、辽宁63人（11.32%）、内蒙古42人（7.55%）、*天津11人（1.89%）*
冀鲁官话区	2577人	河北1640人（63.64%）、山东827人（32.12%）、天津78人（3.03%）、*北京16人（0.61%）、山西16人（0.61%）*
胶辽官话区	888人	山东605人（68.18%）、辽宁283人（31.82%）
中原官话区	5220人	河南1311人（25.13%）、陕西（关中）964人（18.46%）、甘肃656人（12.56%）、新疆589人（11.28%）、安徽495人（9.49%）、山东415人（7.95%）、山西（临汾、运城）375人（7.18%）、青海174人（3.33%）、江苏134人（2.56%）、宁夏80人（1.54%）、*河北27人（0.51%）*
兰银官话区	360人	甘肃135人（37.50%）、宁夏84人（23.21%）、新疆141人（39.29%）、*内蒙古（未列）*
西南官话区	6162人	四川1726人（28.0%）、云南1394人（22.62%）、贵州918人（14.9%）、广西（北部）619人（10.05%）、湖北520人（8.44%）、重庆443人（7.18%）、湖南409人（6.64%）、陕西（南部）100人（1.62%）、*江西22人（0.36%）、甘肃（南部）11人（0.18%）*
江淮官话区	2073人	江苏848人（40.91%）、安徽829人（40%）、湖北301人（14.54%）、江西57人（2.73%）、*浙江38人（1.82%）*
晋语区	1407人	山西627人（44.57%）、河北281人（20%）、内蒙古225人（16%）、河南145人（10.29%）、陕西129人（9.14%）
吴语区	2148人	浙江1242人（57.81%）、江苏386人（17.97%）、安徽（南部）235人（10.94%）、上海201人（9.38%）、江西84人（3.91%）

续表

方言区	初选人数	各行政区域分配人数
徽语区	96 人	安徽 66 人（68.75%）、江西 18 人（18.75%）、*浙江 12 人（12.5%）*
赣语区	963 人	江西 610 人（63.37%）、湖南 162 人（16.83%）、湖北 86 人（8.91%）、安徽 86 人（8.91%）、*福建 19 人（1.98%）*
湘语区	951 人	湖南 888 人（93.33%）、广西 64 人（6.67%）
闽语区	1695 人	福建 1080 人（63.74%）、广东 354 人（20.88%）、海南 261 人（15.38%）、*浙江、广西、江苏*
粤语区	1239 人	广东 803 人（64.77%）、广西 436 人（35.23%）、*海南*
平话区	63 人	广西 63 人
客家话区	1077 人	广东 594 人（55.14%）、江西 332 人（30.84%）、福建 81 人（7.48%）、湖南 70 人（6.54%）

如表 6 所列，部分方言在某些行政区域内分布人口很少，有的我们能够估算出数字，有的未列明数字，这些均在表格中用斜体标出。对于这种情况，经权衡后，我们决定对分配样本数少于 50 人的、并且占该方言区人口比例低于 5% 的行政区域，暂且不收录这些方言人群的普通话样本。经过整理后，表 3 和表 6 中这些斜体标示部分可以略去。各行政区域实际需要采集的样本任务详见表 7。

表 7　各省、市、自治区的样本采集任务

行政区域	涉及的主要方言
北京 188 人	北京官话（京师片、怀承片）188 人
天津 78 人	冀鲁官话 78 人
河北 2057 人	冀鲁官话（保唐片、沧惠片、石济片）1640 人、晋语（张呼片）281 人、北京官话（怀承片）136 人
山西 1002 人	晋语（上党片、大包片、五台片、邯新片、并州片、吕梁片）627 人、中原官话（汾河片）375 人
内蒙古 436 人	晋语（五台片、大包片、张呼片）225 人、东北官话（黑松片、哈阜片）169 人、北京官话（朝峰片）42 人
辽宁 1020 人	东北官话（吉沈片、哈阜片）674 人、胶辽官话（登连片、盖桓片）283 人、北京官话（朝峰片）63 人
吉林 842 人	东北官话（哈阜片、吉沈片）842 人
黑龙江 842 人	东北官话（黑松片、哈阜片）842 人
上海 201 人	吴语（太湖片）201 人
江苏 1368 人	江淮官话（洪巢片、泰如片）848 人、吴语（太湖片）386 人、中原官话（郑曹片、洛徐片）134 人
浙江 1254 人	吴语（太湖片、处衢片、婺州片、台州片、瓯江片）1242 人、徽语（严州片）12 人

续表

行政区域	涉及的主要方言
安徽 1711 人	江淮官话（洪巢片）829 人、中原官话（郑曹片、信蚌片、洛徐片）495 人、吴语（宣州片）235 人、赣语（怀岳片）86 人、徽语（休黟片、绩歙片、祁德片、旌占片）66 人
福建 1161 人	闽语（闽东片、闽南片、闽北片、邵将片、莆仙片、闽中片）1080 人、客家话（汀州片）81 人
江西 1101 人	赣语（抚广片、吉茶片、宜浏片、鹰弋片、昌靖片）610 人、客家话（宁龙片、于桂片、铜鼓片）332 人、江淮官话（黄孝片）57 人、吴语（处衢片）84 人、徽语（祁德片、休黟片）18 人
山东 1847 人	冀鲁官话（沧惠片、石济片）827 人、胶辽官话（登连片、青州片）605 人、中原官话（郑曹片、洛徐片、蔡鲁片）415 人
河南 1456 人	中原官话（郑曹片、洛徐片、汾河片、信蚌片、蔡鲁片）1311 人、晋语（邯新片）145 人
湖北 907 人	西南官话（成渝片、常鹤片、鄂北片、武天片）520 人、江淮官话（黄孝片）301 人、赣语（大通片）86 人
湖南 2436 人	湘语（长益片、娄邵片、吉溆片）888 人、西南官话（常鹤片、湘南片、岑江片、黔北片、成渝片）409 人、赣语（宜浏片、耒资片、洞绥片、大通片、昌靖片、吉茶片）162 人、客家话（于桂片）70 人
广东 1751 人	粤语（广府片、四邑片、高阳片、勾漏片）803 人、客家话（粤中片、粤台片、粤北片、惠州片）594 人、闽语（闽南片）354 人
广西 1182 人	平话（桂北、桂南）63 人、粤语（广府片、勾漏片、邕浔片、钦廉片）436 人、西南官话（桂柳片）619 人、湘语 64 人
海南 261 人	闽语（琼文片）261 人
重庆 443 人	西南官话（成渝片、*黔北片*、*灌赤片*）443 人
四川 1726 人	西南官话（成渝片、灌赤片）1726 人
贵州 918 人	西南官话（昆贵片、黔北片、黔南片、岑江片、灌赤片）918 人
云南 1394 人	西南官话（滇西片、昆贵片、灌赤片）1394 人
陕西 1193 人	中原官话（秦陇片、关中片）964 人、晋语（五台片、志延片、吕梁片）129 人、西南官话（成渝片）100 人
甘肃 791 人	兰银官话（河西片、金城片）135 人、中原官话（陇中片、秦陇片）656 人
青海 174 人	中原官话（陇中片、秦陇片）174 人
宁夏 164 人	兰银官话（银吴片）84 人、中原官话（陇中片）80 人
新疆 845 人	中原官话（南疆片）589 人、兰银官话（塔密片）141 人、北京官话（石克片）115 人

注：斜体部分表明该方言片在该省、直辖市、自治区所占人口比例较少，可以省略。

此外，鉴于以下方言使用人口数量较少（都不足 100 万），初期样本库可暂不考虑收录这些方言人群的普通话样本。这些方言主要是：

（1）畲话：零散分布在福建、浙江、江西、广东、安徽等省。

（2）儋州话：海南省。

（3）韶关土话：分布在广东、江西、湖南等省。

（4）乡话：湖南。

从理论上计算，全国初选30000个样本，按照三级六等和不入级共七个部分来分配的话，每个等级需4285.7个样本。从全国实际测试数据来看，等级分布的情况大致为：二级乙等数量最多，二级甲等和三级甲等数量其次，一级乙等和三级乙等再次，一级甲等和不入级最少。我们设想，一级甲等主要由国测中心负责，采集2300个样本左右，其他等级按照17个方言区域划分，每个区域平均1630个左右（依据各方言区的人数比例，可进行调整）。一级乙等3280个样本（193个/每个方言区），二级甲等5280个（311个/每个方言区），二级乙等和三级甲等分别为6280个（369个/每个方言区），三级乙等4280个（252个/每个方言区），不入级2300个（135个/每个方言区）。全国不同等级的样本分配比例详见表8。

表8　全国不同等级的样本分配

等级	一甲	一乙	二甲	二乙	三甲	三乙	不入级	合计
人数	2300	3280	5280	6280	6280	4280	2300	30000（100%）
比例	7.67%	10.93%	17.6%	20.93%	20.93%	14.27%	7.67%	

各省、直辖市、自治区原则上按照表8等级分配比例与表7样本数量可计算出自己需要采集的不同等级样本数量。以安徽省（共需1711个样本）为例，详见表9。

表9　安徽省不同方言区、不同等级的样本分配

等级 方言	一甲	一乙	二甲	二乙	三甲	三乙	不入级	合计
江淮官话	63	91	146	174	174	118	63	829
中原官话	38	54	87	104	104	70	38	495
吴语	18	26	41	49	49	34	18	235
赣语	7	9	15	18	18	12	7	86
徽语	5	7	12	14	14	9	5	66
合计	131	187	301	359	359	243	131	1711

其中，一甲样本由国测中心负责，按不同方言区、不同行政区域采集，各省、直辖市、自治区只需采集从一乙到不入级的样本即可。

目前，我们是以《中国语言地图集》作为主要参考依据设计样本比例的。这本地图集成书年代较早，目前各方言区人口比例都发生了不同程度的变化，具体采集方案可依据地区实际情况进行调整。不过，各小组调整样本数目需要报经总课题组同意后方可进行，由总课题组负责全局规划。

三、余　论

无论是哪个采集方案，都涉及具体采集方式问题。我们对此也有几点建议：

（1）各子课题组赴方言区进行实地采样。

优点：定位准确、针对性强、录音装备统一；

缺点：麻烦、周期长、耗费多。

（2）部分子课题组在高校利用机辅测试对各方言区来的学生进行采样。

优点：方便、易集中；

缺点：录音工具不统一，音质效果不能保障；样本特征单一，录音人脱离方言环境，易发生语言变化。

（3）从某月某日起，国测中心向各省级培训测试机构发出通知，对所有应试人登记详细信息，包括对采集对象条件里面所涉及的问题。这一措施对总课题组掌握各方言区应试人的大致情况和样本库建设工作都有作用。

（4）综合多种采集方式，可从所有前期登记的应试人中选择一定比例、一定数量的样本，也可采取免费测试、付费等方式重新采集符合条件的应试人的语音；有条件的地区可通过动员和鼓励相关专业、相关工作领域（比如播音主持、艺术类、教师等）人士义务参加样本采录。

此外，每个方言区的样本采集对象在一定比例、一定等级的要求下，还应考虑以下几个条件：（1）家庭用语为当地方言；（2）性别比例分布合理；（3）年龄比例分布合理；（4）文化程度比例分布合理；（5）行业比例分布合理。

我们建议，第一期样本库可分几步完成。首先，总课题组在几个省、直辖市、自治区做些前期试点工作，进行少量样本采集方案的对比研究，包括讨论机测数据和实地采样的差别等，根据实际情况和结果确定最终采集方案。

参考文献：

［1］李　荣，熊正辉，张振兴，傅懋勣，王　均，道　布．中国语言地图集［M］．香港：朗文出版公司．1988.

［2］宋欣桥．普通话语音训练教程［M］．北京：商务印书馆．2004.

普通话水平测试一级甲等复审十年

齐　影
教育部语言文字应用研究所（国家语委普通话培训测试中心　北京　100010）

［摘　要］　本文通过对近十年“一级甲等”复审相关数据的对比、分析，从一个侧面反映出现阶段“一级甲等”复审的一些情况。同时，就当前“一级甲等”复审中的一些问题进行了探索和思考，提出一些建议。

［关键词］　普通话水平测试；一级甲等复审；十年；思考

普通话水平测试等级标准中“一级甲等”（以下简称“一甲”）是普通话水平测试“三级六等”中的最高等级，是我国纯正的国家通用语言的样本，国家语言文字工作主管机构对该等级的评定十分重视，明确规定必须要通过国家测试机构复审后方能认定。从1997年开展“一甲”复审工作至今，国家测试机构对全国各省、自治区、直辖市送审的“一甲”材料进行了认真复审，规范程序，严格把关，慎重处理。先后共复审了一万七千多人次，其中万人达到了“一甲”的水平，为全国树立了标准、典范的普通话的样本。

一、“一甲”复审的法律法规及相关规定

1997年6月国家语言文字工作委员会颁布了《国家语言文字工作委员会关于普通话水平测试管理工作的若干规定》（试行），其中第十六条提到了“一甲”复审问题。“一级甲等成绩须在认定前由国家语委普通话培训测试中心复审……。复审比例为：10名以内复审三分之一，11-50名复审五分之一，51名以上复审十分之一。”复审后，在国家语委普通话培训测试中心备案，各省（自治区、直辖市）培训测试中心注册。证书由国家语委普通话培训测试中心盖章后，由省（自治区、直辖市）培训测试中心颁发。从这个文件颁布之日起，国家语委普通话培训测试中心担负起“一甲”复审工作。2003年1月国家语委普通话培训测试中心又下发了《普通话水平测试一级甲等复审操作办法》（试行），规范了“一甲”复审的操作程序，完善了普通话水平测试“一甲”复审制度。2003年5月，教育部语言文字应用管理司颁布了《普通话水平测试规程》，再次强调：“测试的一级甲等成绩由国家测试机构复审。……复审应填写复审意见。复审意见应表述清楚、具体、规范，有复审签名。”保证了“一甲”复审工作在制度化、规范化、科学化轨道上健康发展。

二、“一甲”复审情况

从1997年河南省送审的第一批“一甲”复审录音开始，截止到2008年年底，全国共送审“一

甲”录音 17082 人次，经国家语委普通话培训测试中心审核，最终通过 11041 人次，通过率为 64.6%。

“一甲”复审工作最早是按比例以抽审的方式进行复审的。但这种复审方式在公平性和操作性上均存在缺陷，因此从 1998 年上半年开始，国家语委规定，每个省评定出的“一甲”考生的录音，都必须送到国家语委普通话培训测试中心进行复审。

为了使“一甲”复审工作更科学、更准确，2001 年开始，国家语委普通话培训测试中心又决定，每份送审的录音由原来一名国家级测试员审核改为两名国家级测试员审核。如出现不在同一等级的情况，第三名国家级测试员再审，取同一等级分数的平均成绩作为终审分数。力求做到公平、客观地评定考生的分数，保证普通话水平测试的信度和效度。

三、“一甲”复审相关数据统计

1. 送审人数及通过人数统计。

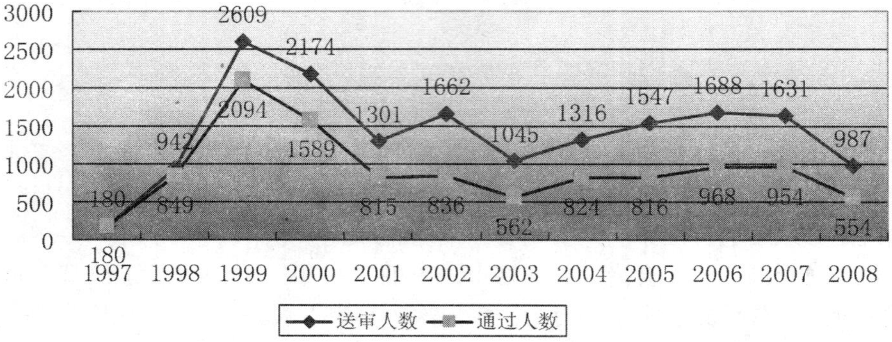

2. 通过率统计。

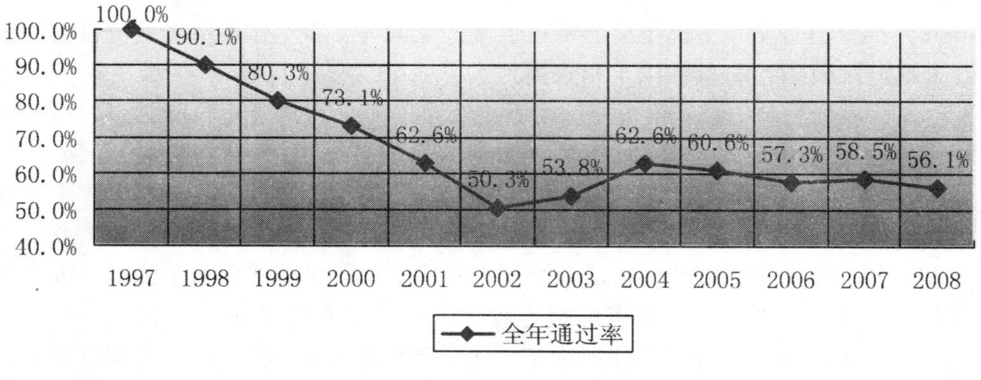

3. 参加复审的人员职业情况。

目前“一甲”复审人群的职业比例为：广播院校的学生占 25%，电视台、广播电台的主持人和播音员占 40.4%，编辑、记者占 4.8%，高校教师占 7.6%，非广播院校的在校学生 9%，其他职业的占 13.2%。

4. 复审成绩分布情况。

以 2008 年参加“一甲”复审的 987 人作为样本进行统计，复审后成绩分布如下：

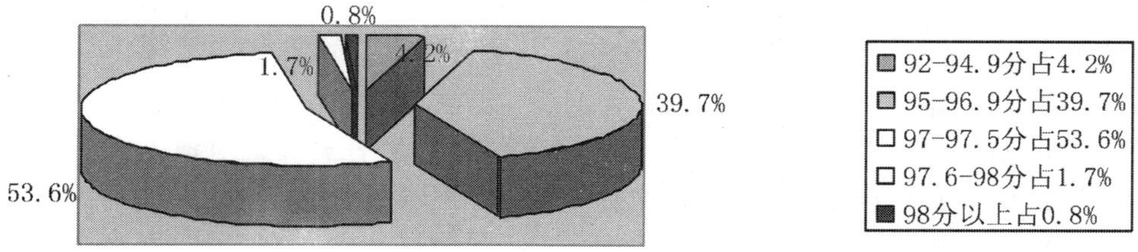

5. 未通过复审的应试人主要失分点（按失分率由多到少排列）。

①撮口呼韵母中的 ü 撮口度不够；（üe、üan、ün、iong）

②后鼻音韵母韵尾-ng 发音部位偏前；

③前鼻音韵母韵尾-n 发音部位偏后；

④声母 j、q、x 发音部位偏前；

⑤声母 zh、ch、sh、r 发音部位偏前；

⑥复韵母主要元音开口度偏大，舌位偏低；

⑦说话项语调带有方言色彩；

⑧轻重音格式不够准确；

⑨读错字、白字。

从以上数据可以看出：

（1）“一甲”送审人数在 1999 年是一个高峰，从 2001 年至今一直保持在 1500 人次上下，人数趋于平稳。实际上，全国绝大多数省份是从 1998 年才陆续开始“一甲”送审工作的。广播电影电视部也是从这一年才逐步落实播音员、主持人持证上岗的要求。越来越多的播音员、主持人开始面临持证上岗的压力。基于上述原因，在 1999 年，“一甲”复审人数达到了一个高峰。

（2）复审通过率从 2001 年以来多在 50%-60% 之间徘徊。

（3）由于 1997 年 6 月 26 日国家语言文字工作委员会颁布的《国家语言文字工作委员会关于普通话水平测试管理工作的若干规定》（试行）中对“一甲”的测试对象及其达标要求做了明确规定。所以，“一甲”复审人群的职业分布仍以电台、电视台的播音员和主持人以及广播院校的学生为主。

（4）经审核，普通话水平未达到“一甲”水平的应试人，复审后的分数集中在 95 -96.9 分一级乙等高分段上。说明在“一甲”评定中，容易出现偏差的是 95-96.9 分这一分数段。

（5）经审核，普通话等级未达到“一甲”水平的应试人最容易出现的各项失误集中表现在：1. 存在系统性语音缺陷。2. 部分词的轻重音格式不够准确。3. 朗读项或说话项还存在方言色彩。4. 读错字、白字。

（6）经审核，普通话等级达到“一甲”水平的应试人中，成绩多在 97 分-97.5 分这一分数段上，获得 97.5 分以上高分数的应试人较少。

四、十年来“一甲”复审的特殊使命

1. “一甲”复审确保了普通话标准程度，为标准的普通话提供了样本。

作为普通话水平测试的最高等级，普通话一级甲等是标准、典范的普通话样本。“一甲”复审工作开展以来，全国已有一万多人的普通话水平达到了这一最高的等级。他们的出现，确保了普通话的标准程度，为标准的普通话提供了样本。

2. “一甲”复审意见反馈制度，对广大考生和地方测试员有着重要的价值和意义。

国家语委普通话培训测试中心开展“一甲复审”工作以来，一直坚持实行“一甲”复审意见反馈制度。即将考生在本次复审中出现的语音、词汇、语法、语调、表达流畅程度等方面的问题写成书面意见，并将意见反馈回所在省份。这种做法不仅对考生有意义，对地方的测试员也很有意义。对考生来说，只有了解了自身的问题，才有可能改正问题。对地方测试员来说，测试员只有认识到评测中的差异，才能完善自身的评测水平。从实际的效果来看，“一甲”复审意见反馈制度也确实起到了上述作用。

3. 加强了广播电视语言传播的规范性。

广播电视是通过声音和图像进行宣传的，运用有声语言是它们的主要宣传手段。作为有声语言的使用者和传播者，播音员和主持人在大众心目中具有权威性，他们的读音被看作标准音，成为大众学习普通话规范读音的楷模，起着示范和引导的作用。国家规定播音员、节目主持人普通话水平必须达到一级以上水平，并实行了播音员、节目主持人持普通话等级证书上岗的制度。测试和上岗挂钩，使得播音员在参加测试的同时，提高了语言规范程度，在很大程度上保证了广播电视语言传播规范性的落实。

4. 推动了各广电院校的教学工作，提高了学生的语言基本功。

“以测促训”，是普通话水平测试的根本目的。从历年参加“一甲”复审人员比例看，广播院校的学生占了很大比例。仅从北京市2005–2007年这三年的送审情况看，广播院校在校学生的复审比例分别为14.4%、18.2%、42.5%。现在播音员、主持人行业竞争激烈，越来越多的广播院校的学生希望能在学校读书时就获得普通话“一甲”证书，为将来找到理想的工作做好准备。同时各广播院校在对学生进行语言教学时，也把普通话水平测试作为一个抓手，来督促学生提升自身的语言基本功。学生在考前通过对《纲要》的学习，提高了普通话的标准程度；经审核，反馈意见指出了学生测试中的问题，帮助学生及时纠正。可以说，从准备考试——参加考试——经复审拿到成绩，整个过程对学生普通话的标准、规范都具有促进、提高的作用。

五、几个问题的思考

1. 影响地方测试员评判的因素？

从统计数据分析来看，地方测试员在评判“一甲”时，整体评判水平是不错的，即便是未能通过复审的考生，成绩也多在95分以上。在“一甲”评审中，地方测试员在测试中容易出现的问题，主要集中在以下几个方面：

①个别音的语音缺陷未判定出来；如：前鼻音偏后、后鼻音偏前等；

②轻重音格式问题未判定出来；

③朗读项或说话项还存在方言色彩，未判定出来；

④说话项存在语法、流畅的问题，未判定出来。

造成上述问题的原因，可归纳为：

①测试员自身的语音分辨能力低于或等同于应试人的水平，难以听出应试人语音中的细微缺陷。

②测试员在实际测试中遇到的高分段的考生较少，缺乏经验，分数难以把握。

③“一甲”分数临界较多，较小的分差容易导致等级偏差。

④长期生活在方言区，对本方言区语音容易产生认同感，造成了对某些音敏感度下降。

2. 复审通过率。

近些年，“一甲”复审通过率多在50%–60%左右。有人认为通过率偏低，要求太严。我们知道，一级测试的重点在于“规范”。参加“一甲”复审的应试人中近70%是从事播音、主持工作，或即将从事播音主持工作的人员。他们的语言面貌直接影响着全国人民的语言面貌。所以，对他们的要求就应该是“精益求精”。

什么是“精益求精”？举个例子。将普通话未达到“一甲”水平的应试人失分情况进行分析，结果发现，除去部分应试人存在语音缺陷的问题外，读白字、错字也是造成失分的一个重要原因。播音员、主持人在播音、主持时对广大受众具有重要的引导作用。他们在播音、主持中出现的错读现象会直接造成普通受众的读音失误。四川汶川大地震时，形成了不少堰塞湖泊。当时，许多播音员在播报这条新闻时，有读“堰塞（sài）湖”的，也有读“堰塞（sè）湖”的，造成了受众的混乱，不知道应该怎么读。直到中央台明确了“塞（sè）”的读音，这场读音的混乱才得以平息。由此可见，播音员的读音对大众具有示范、引导作用。

3. 普通话水平测试对播音员、主持人的针对性？

目前，“一甲”复审的对象，主要是广电系统从事播音主持工作的播音员、主持人和即将从事播音主持工作的传媒大学的学生。有人提出：“普通话水平测试制度将过多的注意力放在了语音的标准程度上，而无法凭借对于语音的评测来断定言语发出者的语言能力水平。”认为普通话水平测试对播音员、主持人已经失去了针对性。我们认为，“普通话水平测试”主要是对应试人掌握普通话语言本体所达到的程度的评价，是语言运用能力的测试。即应试人按照普通话语音、语汇、语法规范读（包括阅读和理解）和说的能力。它将普通话的语音、词汇、语法分解为若干的测试点进行分项评测，通过定量、定性得到最终评定的。它不是语言知识测试，也不是表达技巧的测试，更不是我们通常所说的包括听说读写全部内容的语文能力的考试。它评判的是语言基本功，是母语标准语规范程度的测试。但即便如此，这个考试对播音员、主持人来说也是意义重大。“从上世纪90年代初开始，广播电视媒体主持人节目大量增加，而对主持人的语言基本功的要求却有下滑趋势，许多播音主持专业和广电媒体在选拔学生或主持人时，往往过于看重选拔对象的反应能力或者机灵劲儿，而一定程度上忽略或轻视他们的语言基础和人格素质。……无论社会如何发展，对于新闻工作者而言，语言基本功是绝对不能放松的，是永恒主题。”（姚喜双，2008年）至于这位主持人是否合适主持某一节目，他的表演能力如何，那还需要其他专业考试来综合评价。

4. “一级甲等”的复审周期。

目前各省送审的“一甲”录音都是各省测试站点零星测出后汇总上报的。由于“一甲”是普通话水平等级中的最高级，能够考到这个等级的人数本来就不多。各地、市通常会等到凑够一定的数量才上报省里。省里在汇总时也会等累计到了一定的量再上报国家语委测试中心。语委测试中心复审时间一般需要三个月。（依据国家语委普通话培训测试中心下发的《普通话水平测试一级甲等复审操作办法》规定，“自送审材料送达之日起，至复审结果回复之日止，一般不超过60天。”再加上往来邮寄的时间。）这样一来，从考生考试到拿到证书，一般最少也要半年的时间，有的甚至要等上一年的时间才能拿到证书。这给考生造成了很大的心理负担和不便，甚至直接影响到他们能否上岗、评职的问题。究其原因，主要是由于“一甲”复审工作的特殊性和各省考点过于分散造成的。针对这个问题，笔者建议，各省能否在本省设立几个固定的考点，凡是有志愿考取“一甲”证书的人员都集中到这几个考点报名、考试，这样就可以减少中间环节。

5. “一级甲等”的评测方式。

从2007年，安徽、上海正式开展计算机辅助普通话水平测试（以下简称“机测”）以来，截止到2008年，机测试点已经扩大到全国13个省、市、区。但是由于“机测”自身存在的局限，尚不能准确地评测出一级甲等这一高分数等级。因此，在很长的一段时间内，一级甲等的评测仍需以人工评测的方式来完成。

六、一点建议：

1. “一甲”复审工作在服务质量上还应继续提高。例如测试周期较长、效率较低，问题反馈信息尚不够详细，辅助学习服务不尽完善等，应当改善。

2. 进一步规范“一甲”复审的管理制度，坚持“统一标准，严明纪律，严格管理，杜绝不正之风”。

3. 探索“一甲单独申报、集中测试的可行性”，以提高测试效率，降低测试成本。

参考文献：

[1] 国家语言文字工作委员会普通话培训测试中心编．普通话水平测试实施纲要［S］．北京：商务印书馆，2004.

[2] 于根元等．新时期推广普通话方略研究［M］．北京：经济出版社，2005.

[3] 陈典红．浅谈普通话水平测试成绩的复审［J］．语言文字应用.2007（10）.

[4] 刘逸凡．广播电视媒体要做规范应用汉语言的主力军——与教育部语言文字应用研究所所长、博士生导师姚喜双教授的对话［J］．中国广播，2008（11）.

再论普通话测试对“语音缺陷”的评判

李竹屏　李超仁
（云南省普通话培测中心　云南昆明　650223）

［摘　要］　对于普通话水平测试“语音缺陷”的评判，尤其是对从“轻微”语音缺陷到“严重”语音缺陷这个过渡音区间值的划定上，是否一定需要依照一种刻板、固化的“标准”，测试员的认知和见解一直不尽相同。本文拟从语言测试原理、普通话水平测试实践以及计算机测评处理原则等方面进行一些探究。提出：对“语音缺陷”的判定，应遵循“高等级侧重语音的物理属性，低等级侧重语音的社会属性”的原则。

［关键词］　语音缺陷；评判；物理属性；社会属性；理论探析；实践探析

一、引　言

《普通话水平测试大纲》对“语音正确”“语音错误”和“语音缺陷”的界定和特征已作了明确的描述，但在具体评判中，对于从“轻微语音缺陷”到“严重语音缺陷”这个过渡区间的判定，是否应制定出固化的“标准”，测试员的认知和见解不尽相同，迄今为止全国还没能取得共识。有关这方面的文章不少，且不乏精辟见地，但仁者见仁、智者见智。笔者也曾在拙文《普通话水平测试等级标准的把握与评判原则》中谈过这个问题，并提出对“语音缺陷”评判的粗略看法，即遵循“高等级（一级）侧重语音的物理属性，低等级（二级以下）侧重语音的社会属性”的评判原则。

本文拟对该观点作进一步阐述，以就教于专家同仁。

二、普通话水平测试“语音缺陷”判定的理论探析

1. 从语言测试原理上看普通话测试“语音缺陷”的评判。

由语言测试原理可知，对活语言是无法进行全面测试的，所以语言测试通常都以样本测试的方式进行。既然是样本测试，就不可能面面俱到，只能考察有限的内容。从这个意义上讲，语言测试的本身是不精确的。由于语言的本质具有多变性和无限性，使得语言测试样本存在着两难问题：一方面可以说样本测试几乎是当前唯一的选择，因为任何（或大多数）科学实验或检测都是从大量的个体或个别现象中选择样本来进行的；另一方面又可以说样本测试是不尽恰当的，因为任何样本都无法穷尽语言现象，体现语言多变性和无限性的本质。因而语言测试必须在其确定性与不确定性之间寻求一种平衡。

普通话水平测试，通常只凭借四个部分的测试内容，在十多分钟的时间里，就要决定一个人的普通话口语水平，更有必要找到这种平衡。普通话水平测试大纲规定在对应试人的等级评定上采用

“定性与定量相结合”的方法，以确保普通话测试的信度和效度，就体现了这种平衡。在大纲中，普通话水平测试“三级六等”标准的界定和描述是明确的；对“语音正确”“语音错误”和“语音缺陷”特征的界定和描述也是明确的。但在实际测评的具体操作中，对处于各等级临界点上应试人等级的评定，以及对“语音正确”和“语音缺陷”、“语音缺陷”和“语音错误”的具体判定上，却存在着不确定性。尤其是在对“轻微语音缺陷”和“语音正确”、“严重语音缺陷”和“语音错误”进行具体划定时，这种不确定性就更为明显。具体反映在测试中，两名语音面貌相差不大、都处于临界等级线的应试人，其测试结果可能会出现等级上的悬殊。这种情况不能只单纯归结为测试员的“测评误差”（我们并不否认这种误差的存在），它与语言样本测试自身的不确定性或曰不完备性有着直接的关系。

所以，尽管大纲对“三级六等”规定了明确的分值界限，但同时专家们又在相关的评判细则中作出了这样一些补充规定：如在“读单音节字词”和“读多音节词语”时，“其中有一项或者两项分别失分在10%的，……即判定应试人的普通话水平不能进入一级乙等”；“应试人有较为明显的语音缺陷的，即使总分达到一级甲等级……也要降等”；“存在两类或三类以上系统性的语音缺陷，不能进入一级乙等”，等等。这些评判的细则要求，当是基于语言测试自身的不确定性可能会给普通话测试“语音缺陷”判定带来不确定因素，而给予的补充平衡。

2. *从实验语音学角度看普通话测试对“语音缺陷”的评判。*

从实验语音学的角度看，普通话测试“语音缺陷”的判定，涉及对音素诸多声学特征的认知和判定。

普通话的“语音缺陷”，有声母（辅音）方面的，也有韵母（元音）方面的，还有声调（音高）方面的。就声母（辅音）方面说，在语音感知时，辅音的差异最容易形成对立，也最容易识别。但辅音的声学特征远比元音复杂得多，每一个辅音都由许多声学特征组成，组成的模式不但多样化且不大稳定，而且出现在音节开头的辅音还会对后面的元音共振峰产生“音征”影响。再就韵母（元音）方面看，在语音感知时，元音的音色或声学特征主要由共振峰频率决定，其中以反映舌位高低的共振峰F1，和反映舌位前后、唇形圆展的共振峰F2最为重要。声调虽属于非音质方面的特征，但是对于汉语一类声调语言而言，其重要性自不容忽视。一般说来，由于不同发音个体在发元音时其基频和共振峰频率会存在较大变数，因而韵母具有相对较大的“容错度”。针对这种情况，对声母（辅音）的缺陷判定适当从严、对于韵母（元音）的缺陷判定适当从宽应是合理的。

语言是一种动态的系统，尤其在语流中，声、韵、调之间及相邻语音单位之间会相互影响，使得各自的发音与单发时不尽相同，出现“协同发音效应”。也就是说，某一部分声、韵、调的“语音缺陷”，一般都不是孤立存在的；而且，这种缺陷并不是一个固定的点，它是一个过渡音值区间。或者说，在一个音素的标准音值与错误音值之间存在着一个过渡音值区间。在这个过渡音值区间里，最接近标准音值的区间我们可能把它称为“轻微语音缺陷”，而远离标准音值的区间我们可能把它称为“严重语音缺陷”。而实际上“轻微语音缺陷”和“严重语音缺陷”同标准音值区间怎样进行明确划定，具体到什么程度和位置才算准确，这显然是个难题。这有如人的“手心”和“手背”的关系。虽然“手心”和“手背”都有各自的特征，人们感知并不困难。可是要从中画一条线将“手心”和“手背”明确分开，这就具有相当的难度，因为二者之间同样有着不确定性。要依据语音的极细微声学特征去进行“语音缺陷”判定及其细则拟制，就如同一定要在“手心”和“手背”之间划出一条标准分割线，客观上几乎是不可能的。

尽管各省针对自己的方言实际，制定出了各自的普通话语音评判细则，可在实际测试中测试员仍然会出现仁者见仁、智者见智的情况。笔者在这里完全没有要否定各省制定的评判细则的意思。毋庸置疑，评分细则在规范各省普通话测试工作中，起到了不可否认的积极作用，尤其对明显具有某一等级特征的应试人，完全可以起到“对号入座”的指导作用。云南省在评分细则的制定上，前前后后耗费了数年时间才基本定稿，足见其艰辛和不易。笔者在这里只是想说：在对处于等级临界线的具体判定中，评分细则是没有办法制定出详尽和绝对的“标准”的；要将“语音缺陷”描述到十分完善、十分精确的设想是好的，但实际上实在难以找到明确可行的“标准”。宋欣桥先生在其“语音评定参照框架”中列出了130条细则，可谓具体细致，集评定参照之大全，但面对全国各地方言语音音系千差万别的实际，其针对性和指导性仍显得十分有限。

可见，要想制定出详尽、细致的“语音缺陷”评定标准，与语言测试的特点、宗旨、原则和语言实际之间很难寻找到切合点。

3. 从社会语言学角度看普通话测试“语音缺陷”的评判。

社会语言学认为“语言是有声的社会现象”，任何“语言测试标准”的制定，不能够、也无法避开语言的根本属性和基本功能。我国民族众多，语言使用情况极其复杂。推广普通话、进行普通话水平测试的根本目的，是在于实现社会的“顺畅交流”。所以，早在新中国建国之初，周恩来总理就指出，推广普通话工作要有不同要求：对教育系统比其他行业要求高一些，对北方话地区比南方方言区要求高一些。

《普通话水平测试大纲》及其“三级六等”标准，是针对全国不同职业、不同领域制定的，具有普遍性。其中不同的等级要求有着不同的作用和目的，体现着社会人群使用普通话的实际状况。如“一级甲等”标准，是针对省级以上电台、电视台的播音员和节目主持人这样一些特殊岗位的人群而设定，因为这些人的普通话既是全社会人们学习的标准和榜样，同时也代表着国家通用语言的最高形象，完全有必要对其规范度和标准度作严格的要求。而“三级乙等”标准，国家虽然没有明确规定该等级的适用对象，但是一种最具大众性的等级标准，适用于全国各方言区（及少数民族地区）的广大人群。其目的在于实现社会基本的日常“沟通交际”，所以即便该等级的人还存在“声韵调发音失误多，方音特征突出”的不足，一般也不会给交际带来太大障碍，具有鼓励人们使用国家通用语的积极作用。

语言测试不能够以牺牲其中一方面的确定性或不确定性为代价，而夸大另一方面的确定性或不确定性。普通话水平测试大纲及“三级六等”标准的界定和描述，本身就体现了语音物理属性与语言社会属性的有机融合。如“语音标准”“声韵调发音基本标准”“送气音不送气”等，就属于语音物理属性方面的描述和界定；而“表达流畅”“外地人听其谈话有听不懂的情况”“词汇、语法失误较多”等，则属于语言社会属性方面的描述和界定。可以说，在普通话水平测试“定性与定量相结合评判方式”的内涵中，“定量评判”主要指从语音的物理属性来界定正误，“定性评判”则主要指从语音的社会属性来界定正误。

再从语言使用的社会功能表现看，人在言语交际中具中有“纠偏”或者说“自动调剂对码”的本能。即交际双方都能依据对方语言的标准、纯正程度，通过自动调整以理解对方语句所表达的意思。比如一个普通话不太标准的人，或者是一个学说汉语的外国人，无论他在交际中有多少语音缺陷，乃至错误，我们还是能够听懂他的意思。有时即便对方把普通话里的一个音（音位）读成普通话中并不存在的音（音位），也不一定就必然引起误解。所以宋欣桥先生在《普通话水平测试评分中的几个问题》一文中说道：“‘缺陷’还包括一些在语音学中可以区分描写而在普通话语音（音位）系统中不构成对立的语音现象”。陈章太先生在《论普通话水平测试等级标准》则这样说道："在实际执行中要看具体情况，从宏观上加以把握，适当进行处理"，"原则上一级要严，三级可稍宽……总体上有利于普通话的推广和普及"。两位专家的观点，都很好地体现出了语言测试应充分考虑到语言的社会属性。

三、"语音缺陷"判定的实践探析

1. 从普通话水平测试"三级六等"标准制定的有关情况看"语音缺陷"的评判。

普通话水平测试"三级六等"标准是一种"金字塔"式的结构关系（即60-69分为三级乙等、70-79分为三级甲等、80-86分为二级乙等、87-91分为二级甲等、92-96分为一级乙等、97-100分为一级甲等），不同等级反映出来的是不同"质"的普通话水平。而不同"质"的普通话水平，是由语音、词汇、语法、语调、流畅、自然等诸多要素体现出来的，绝不仅仅是音素或音节读音得分的简单相加。所以，对各等级段的分值设定，没有依照常规考试所采用的以"10"为分数段的均等递增的模式，即以"60—69""70—79""80—89""90—100"来对应"差、中、良、优"的模式。这意味着，平衡等级临界线最重要的依据，在于该应试人是否具备了相应等级要求的"质"。

其次，各等级、各测查项的量化得分，与普通话测试总分的"分差比"也不是正比关系。假使我们依照一级水平的标准来看待三级水平的应试人，那么该对象的每一个字词的发音可能都存在问题。具体到评判中，假使按照第一项"读单音节字词"和第二项"读多音节词语"的"语音缺陷"来扣分。那么，该应试人很可能就要被扣掉"5+10"=15分。也就是说，该两项的"语音缺陷"失分，会占到各自"项"分的50%。而"三级"标准的下限分占整个测试总分的60%，其上限分则占到测试总分的79%。这样，三级水平应试人因"语音缺陷"失分，其一、二项"得分"和该等级的测试总分，在比例上已经相差10%至29%，既不公平也不客观。

再次，在普通话语音系统里，不同的声、韵母在汉语拼音407个基本音节和3500常用字中出现的频率是存在高低悬殊的。如平、翘舌声母，在407个音节和3500常用字中出现的比例分别达29.73%和27.23%；而鼻、边音声母，仅分别占11.79%和10.63%；鼻辅音尾韵母an、ang，en、eng和in、ing则分别占9.34%和9.29%、8.85%和6.11%及4.91%和6.34%。即便是同一类声、韵母，在不同的朗读作品中所出现的频率和所占比例也不尽相同。以平、翘舌声母为例，该类声母在1号作品《白杨礼赞》中出现的字为105个，所占比例26.25%；在2号作品《差别》中出现的字为84个，所占比例21%；在3号作品《丑石》中出现的字为91个，占比例为22.75%，均不等同。

可见，无论是从"三级六等"标准的等级分值设定，还是不同类别的声、韵母在汉语拼音407音节和3500常用字中所占的比例，以及它们在不同作品中所出现的频率，都不能找到普通话等级划分与"语音缺陷"量化分可以成倍数、成正比的对应依据。所以，在普通话水平测试中，根本无法、也不需要制定明确、固化的"语音缺陷"评判标准。

2. 云南省普通话测试"语音缺陷"判定的实践历程。

当代著名语言学家戴维斯在《语言测试原理》一书中写道："测试评判问题也是一个实际问题。只有实际上可行，测试才会成为可能，记住这一点是非常重要的。"云南省对"语音缺陷"评判的摸索过程，印证了戴维斯的论述。

云南自1992年正式开展普通话水平测试以来，在对"语音缺陷"的判定上，进行了一系列探索。也有过许多教训。开始我们选取了云南方言不同片区的有"语音缺陷"的应试人的录音，制作成听辨音训练磁带，力图将它明晰为某一特定语音物理状态，从听感上牢固树立起测试员对普通话三级六等的“语音形象”，以之作为“语音缺陷”评判的标准。应该说，这些训练样本和训练方法，对培养测试员认知普通话“三级六等”形象是有积极作用的，但在对“语音缺陷”的评判上，追求所谓明晰、固化的语音物理状态，不可避免地导致形而上学的恶果出现。

当我们把这个“标准尺度”略微放宽一点时，就出现应试人“语感达不到一乙，量化分数却在92分以上”的现象。典型的例子有，某师范学校174名学生参加测试，初评有58人的量化分达到或超过92分，一级比例为33.3%。竟然比北方地区的一些学校还要高；当我们又将这个“标准尺度”规定得略微严格一点时，又出现应试人“语感不是很差，量化分数却在70甚至60分以下”的现象，以致某师范学校参加测试的98名学生，初评竟有14人没能达到60分，比例为14.3%。尽管云南方言和普通话存在一些差异，但云南方言总体上还属于“北方方言”。如果师范学校的学生经过2–3年的普通话学习，还有14.3%的人连60分都上不了，这在理论上是不能成立的。这不仅有悖于事物“正态分布”的普遍规律，也与实际情况不相符。

为此，云南普通话水平测试的开创人之一张茀教授，专门撰写了论文《宽严皆误——论普通话水平测试评分定级标准的把握》，应用音位理论和复合元音发音动程理论分析了对“语音缺陷”的评判，提出“我们只能在《普通话水平测试大纲》的原则指导下尽可能地掌握好评分标准，改进评分方法，尽可能地减少过宽和过严的失误，力求做到给应试者公正的，接近实际的评定普通话等级”。此后，云南对于不同等级的应试人的“语音缺陷”评判，不再机械依照某种恒定不变的标准，进行“一刀切”的绝对划定，而是依据该等级的整体特征，兼顾语音的物理属性和社会属性，进行实际可行的“语音缺陷”判定，并提出了普通话水平测试“高等级侧重语音的物理属性，低等级侧重语音的社会属性”的平衡原则。

这一原则的实施，有效遏制了原先机械评定现象的发生，使普通话测试等级评定结果逐渐呈现出“正态分布”状态。我们此后将这一评判原则纳入了云南省省级测试员培训班理论学习内容，取得了明显的效果。

3. 从计算机智能测试系统的语音识别和处理看“语音缺陷”评判。

国家当前推行普通话水平测试计算机智能评测系统，它是怎样进行语音识别和具体评判的呢？

首先，普通话水平测试计算机智能评测系统的核心评测引擎，是依据普通话水平“一级甲等”标准来建立语音测评标准模型。在建立语音测评标准模型时，并不以某个人的发音“标准”为据，而是经采取众多的标准发音数据，经摒弃不同音色、不同风格差异的干扰后进行提炼、归纳出的，故能普遍适用所有应试人的、囊括普通话每个发音元素“标准度”的评价标尺；在此基础上进一步建立起对应三级六等标准的“共性”模型。在具体评判方面，计算机智能评测系统以不同方言区的优秀测试员的实际评分为范本，建立起计算机智能评测系统对普通话水平测试的算法策略及综合评价模块。这一测评系统与测试员依据各自的“发音标尺”和“等级标准”来对应试人进行评定不可同日而语，因其具有不可比拟的客观性。

其次，评测引擎实施具体评测时，对应试人的普通话整体水平发音元素的评价参数和等级评定总体评分上，设有一种相互参照的客观映射关系。对于应试人因年龄、性别、音色、发音器官、发音习惯等方面出现的差异，以及录音环境等无关因素的影响，评测引擎采取了发音声道规整技术和声学模型自适应技术来消除这些差异带来的影响，使每个应试人都具有频谱特征相同的“音色”，以保证具有不同音色和发音习惯的应试人都能够平等竞争。对于不同方言区的应试人在语音中存在的普遍性差异以及明显的系统性发音错误，评测引擎储存有相应的系统性错误、偏向配对处理数据和处理功能，可根据系统性错误的严重程度，综合为能广泛应用的系统配对平衡处理机制，以解决不同方言背景应试人的公平性问题，从而有效地维系计算机评测尺度的一致性及评测结果的客观性、公正性和可比性。

也就是说，计算机智能评测系统评测引擎的语音标准模型识别的基础，是以共性的、提纯的"等级特征"为依据的。而具有不同等级特征的应试人的"语音缺陷"，与其语音整体面貌是互为表里、和谐相应的，亦即高等级口语水平的应试人表现出来的"语音缺陷"，与低等级口语水平的应试人所表现出来的"语音缺陷"，程度是不一样的。计算机智能评测系统不因为高等级的应试人所表现出来的"语音缺陷"程度轻，就忽略不计，也不因为低等级应试人所表现出来的"语音缺陷"程度重，就判定它是错误。这说明计算机评测引擎评判遵循的原则，也体现出"高等级侧重语音的物理属性，低等级侧重语音的社会属性"的特点。

四、结　语

普通话水平测试是一项崭新的事业，也是一个庞大复杂的系统工程。尽管全国已经开展了15年，但对于语言测试而言还很年轻，需要不断总结经验，不断加深测试理论和测试实践研究，才能最终奠定作为一门"学科"的坚实基础。这个研究既包括测试宗旨、测试性质这样的宏观研究，也包括像"语音缺陷"评判可行性和科学性这样的微观探究。只有这样，才能让普通话水平测试真正进入现代语言测试的范畴，取得不容置疑的效果。

具体就普通话水平测试"语音缺陷"的评判来说，实施"高等级侧重语音的物理属性，低等级侧重语音的社会属性"的平衡原则，能够有效遏制评定中畸轻畸重现象的出现，使普通话测试等级评定符合一般事物应该具有的"正态分布"规律。

参考文献：

[1] [英] 阿兰·戴维斯．语言测试原理 [M]．任福昌，吴平，任筱萌译．北京：经济科学出版社．1997.
[2] 刘照雄主编．普通话水平测试大纲 [K]．吉林：吉林人民出版社．1994。
[3] 国家语言文字工作委员会普通话培训测试中心编．普通话水平测试实施纲要 [S]．北京：商务印书馆，2004.
[4] 国家语言文字工作委员会普通话培训测试中心，《语言文字应用》编辑部．普通话水平测试的理论与实践 [C]．北京：商务印书馆，1998.
[5] 林　焘，王理嘉．语音学教程 [M]．北京：北京大学出版社，1992.
[6] 戴梅芳主编．普通话水平测试研究 [C]．北京：语文出版社，1997.
[7] 宋欣桥．普通话水平测试测试员实用手册 [M]．北京：商务印书馆，2000.

对太原方言区 PSC 中“二乙”语音特征的分析和思考

朱爱平
（太原大学教育学院　山西太原　030001）

［摘　要］　普通话水平测试中的“二级乙等”（简称“二乙”）是具有重要意义的等级。本文对太原方言区的“二乙”的典型状态和临界状态进行抽样分析，探究太原普通话中“二乙”等级的语音特征，发现应试人在测试总分、等级与普通话语音标准程度普遍存在的“失衡”或偏差情况，并分析其现象产生的主要原因，阐发对太原方言区“二乙”现象的思考。

［关键词］　太原方言；普通话水平测试（PSC）；“二乙”特征；“二乙”现象

一、课题的提出

太原市的普通话水平测试（普通话水平测试缩写为 PSC）从 1999 年底启动，据统计，目前全市接受普通话水平测试的人员已超过 20 万人次，其中在职教师和师范类专业的大中专院校学生占到受测人数的 50% 左右。根据 1994 年 10 月国家语委、国家教委、广电部三部委联合下发的《关于开展普通话水平测试工作的决定》中实行“普通话等级证书制度”的相关要求，所有学校的教师和师范类院校的毕业生应达到“二级”以上的普通话水平等级。因此，普通话水平等级测试中的“二级乙等”就成了教师和师范院校毕业生的及格分数线或从业底线。山西省本来就是一个方言大省，太原市地处晋中地带，方言独特、复杂，加之区县之间、城乡之间的方言差异，太原人说普通话明显有一种地方特色，属于不太标准的“地方普通话”，[①]我们称之为“太原普通话”。这就使得测试员在具体测试中对“二级乙等”标准的把握，显得尤为重要。因此，太原方言区的普通话水平测试员应对本方言区内普通话水平各等级的典型特征进行认真的分析和研讨，尤其是对涉及教师从业底线、关系到他们切身利益的“二级乙等”特征应有充分的认识，以便给予每一个受测人公平、公正的评判；进而探索一种有效的培训途径，帮助应试人克服“二乙”现象，提高太原方言区人们的普通话整体水平。

二、国家大纲中的“二乙”标准及对其特征的有关描述

1997 年 12 月国家语言文字工作委员会重新颁布了《普通话水平测试等级标准（试行）》，其中对“二级乙等”标准描述如下：

朗读和自由交谈时，个别调值不准，声韵母发音有不到位现象。难点音（平翘舌音、前后鼻尾

音、边鼻音、fu—hu、z—zh—j、送气不送气、i—ü 不分、保留浊塞音和浊塞擦音、丢介音、复韵母单音化等）失误较多。方言语调不明显。有使用方言词、方言语法的情况。测试总失分率在20%以内。[②]

《普通话水平测试等级标准》是“划分普通话等级的全国统一标准”，[③]是普通话水平测试的权威性文件，是对所有接受普通话水平测试人员（包括汉语方言区、少数民族地区、海外华人区等在内）的宏观上的标准。但是各个方言区的语言差异较大，各种地方普通话的特征也不同，各方言区的人在说普通话时的难点音也不尽相同，所形成的整体的普通话水平也参差不齐。除了“代表普通话标准级别的”“一级”[④]在语音面貌上的差异极小外，“二甲”以下（含“二甲”）就会呈现出各种各样的地方性语貌特征。因此，根据国家的“等级标准”，充分认识、把握各自所在方言区的普通话水平各等级的明显特征，是各地各级测试机构和测试员亟待解决的课题。

宋欣桥先生在《普通话水平测试评分中的几个问题》一文中这样描述“二级”的特征：

“二级”是相对标准或接近标准的级别，它介于“一级”和“三级”之间，也可以称为“中级”。

具体特征：（一）语音基本标准，即声母、韵母、声调遗留一类或两类中的部分语音错误或同时出现两类、三类中的部分语音缺陷；（二）词汇语法出现少量的失误；（三）带有方言语调，但不太明显；（四）失分率在8.1%-20%以内，即得分在91.9分以下，80分或80分以上。[⑤]

孙修章先生在《研制普通话水平测试标准的基本思路》一文中对“二级”特征作了如下描述：

二级是中级。存在不同范围、不同数量的方言性质失误，如z-zh、n-l、n-ng混淆等。失误范围较小，失误数量较少的是甲等；失误范围较大，失误数量较多的是乙等。在声调调值方面，“二甲”只能有个别的失误，“二乙”则存在系统性失误。[⑥]

这两位专家的解释不完全一致，但使我们对“二乙”特征有了进一步的认识，要具体明确某一方言区的“二乙”特征还需我们做更为深入、细致的努力和探索。

三、太原方言区的“二乙”语音特征

太原市地处晋中地区，是古晋阳、古并州所在地，建城已有2500多年，历史文化源远流长，方言比较复杂，保留着许多古音（包括入声），主体应隶属于晋中方言，但其内部又有城区方言、南郊方言、北郊方言（包括阳曲方言）、娄烦方言、古交方言、清徐方言等次方言。太原方言区的方言趋势强，相当数量的人习惯用方言交际，人们说普通话的意识还不够强、水平还不够高，说普通话时保留了明显的方音特征，有一种突出的“老醯儿”特征。

为了明确太原方言区普通话水平“二乙”的基本特征，笔者从近三年来的普通话水平测试资料存档中进行了抽样调查[⑦]。随机按不同区域共抽取了100份受测人的试卷和录音，其中“二乙”低分段（80-81.9分）34份，中分段（82-84.9分）34份，高分段（85-86.9分）33份，低、中、高分段大致是按各占1/3的比例抽取。

中分段（82-84.9分）的是典型的“二乙”状态；低分段（80-81.9分）的是介于“三甲”与“二乙”之间的临界状态，存在着相当的不稳定性，这些受测人的分数直接关系到他们从事教师职业的资质，因此也是很受关注的一个分数段，具有一定的研究价值；高分段（85-86.9分）的是“二乙”中的佼佼者，再经过努力很有可能进入“二甲”行列。

目前我们山西省实行的是四题测试制，第一题读单音节字词10分，第二题读多音节词语20分，第三题朗读30分，第四题说话40分（即去掉了国家大纲中的选择判断题，把命题说话题的分值由原来的30分调整为40分)。下面把太原方言区普通话水平测试中“二乙”高、中、低三个分数段典型样卷的得失分情况简要列表如下：

（一）太原方言区“二乙”高分段（85-86.9）的得失分情况：

序号	分数	一、读单字词 10分		二、读词语 20分		三、朗读短文 30分		四、命题说话40分			
									失分		
		得分	失分	得分	失分	得分	失分	得分	语音标准程度（25分）	词汇语法规范程度（10分）	自然流畅程度（5分）
1	85.0	9.4	0.6	18.2	1.8	25.4	4.6	32.0	8.0	0	0
2	85.3	8.2	1.8	18.3	1.7	25.8	4.2	33.0	6.0	0	1.0
3	85.5	7.7	2.3	17.2	2.8	25.6	4.4	35.0	5.0	0	0
4	86.0	8.5	1.5	17.5	2.5	27.0	3.0	33.0	6.0	0	1.0
5	86.7	9.5	0.5	18.5	1.5	26.2	3.8	32.5	7.0	0	0.5
均分	85.7	8.66	1.34	17.94	2.06	26.0	4.0	33.1	6.4	0	0.5

（二）太原方言区“二乙”中分段（82-84.9）的得失分情况：

序号	分数	一、读单字词 10分		二、读词语 20分		三、朗读短文 30分		四、命题说话40分			
									失分		
		得分	失分	得分	失分	得分	失分	得分	语音标准程度（25分）	词汇语法规范程度（10分）	自然流畅程度（5分）
1	82.0	8.0	2.0	15.9	4.1	26.1	3.9	32.0	7.0	0	1.0
2	82.5	7.8	2.2	17.8	2.2	25.9	4.1	31.0	7.0	0	2.0
3	83.0	8.0	2.0	16.0	4.0	26.5	3.5	32.5	7.0	0	0.5
4	83.5	7.9	2.1	16.9	3.1	26.2	3.8	32.5	7.0	0	0.5
5	84.8	9.3	0.7	18.0	2.0	25.5	4.5	32.0	7.0	0	1.0
均分	83.16	8.2	1.8	16.92	3.08	26.04	3.96	32.0	7.0	0	1.0

（三）太原方言区“二乙”低分段（80–81.9）的得失分情况：

序号	分数	一、读单字词 10分		二、读词语 20分		三、朗读短文 30分		四、命题说话40分			
		得分	失分	得分	失分	得分	失分	得分	失分		
									语音标准程度（25分）	词汇语法规范程度（10分）	自然流畅程度（5分）
1	80.0	8.7	1.3	17.0	3.0	24.8	5.2	29.5	10.0	0	0.5
2	80.2	8.5	1.5	16.3	3.7	24.4	5.6	31.0	9.0	0	0
3	80.5	8.2	1.8	16.1	3.9	23.7	6.3	32.5	7.0	0	0.5
4	81.2	8.1	1.9	15.8	4.2	24.3	5.7	33.0	7.0	0	0
5	81.7	8.0	2.0	16.8	3.2	25.4	4.6	31.5	8.0	0	0.5
均分	80.72	8.3	1.7	16.4	3.6	24.52	5.48	31.5	8.2	0	0.3

（四）太原方言区“二乙”各项失分的主要表现：

1. 读单字词	错误	前–后鼻音，平–翘舌音，声调（阴–阳），e–o，易误读字词，如：祛、秸、匹、癖、缉、穴等
	缺陷	前–后鼻音，翘舌音、上声不到位，阳平、去声不到位，ɑ的开口度
2. 读词语	错误	前–后鼻音，平–翘舌音，轻声，儿化，e–o，易误读词语，如:潜伏、兴奋、供给、召唤、晕车、压轴等
	缺陷	上声不到位，ɑ的开口度不够，前–后鼻音，翘舌音，齿间音，尖音
3. 朗读短文	错、漏、增	前后鼻音，平–翘舌音，声调，儿化，入声
	缺陷	ɑ的开口度，前–后鼻音，平–翘舌音
	语调偏误	声调，轻重音格式
	停连不当	字化、词化、短语化，割裂语义
	不流畅	回读，停顿
4. 命题说话	语音标准程度	声调，阴–阳平，去声，上声，平–翘舌音，前–后鼻音，ɑ的开口度
	词汇、语法规范程度	方言词语（语气词）及其用法很少在测试中表现
	自然流畅程度	背诵，思维中断，口语程度差

对以上各表进行分析，可得出以下特点：

1. 太原方言区的“二乙”高分段（85–86.9）的应试者，是高档次的临界状态，在各项上的失分都较少，值得肯定的是他们中有些人的语音标准程度实际上是“二甲”的水准（扣5-6分本应属“二甲”），但由于量化评分，前三项失分稍多一些，否则这些人是完全有能力进入“二甲”行列的。

2. 太原方言区“二乙”中分段（82-84.9）的应试者，在朗读项上与高分段相差无几，表现出色，在语音标准程度上也相差不远。说明这些应试人的语感好，普通话水平整体较稳定，没有声调方面的较大问题，他们是“二乙”的典型状态，但在调值、平翘舌音、前后鼻音、ɑ的开口度等方面需进一步改善。

3. 太原方言区“二乙”低分段（80-81.9）的应试者，是低档次的临界状态，他们中很多人的语音标准程度更像是“三甲”，扣分在9-10分的是错误在15-30次、方言明显的五档，应是一种低水平的普通话。但由于在前三项中应试者努力把失误控制在一定范围之内，所以勉强跨进了“二乙”行列，这些人如果不努力是很可能掉进“三甲”队伍的。

4. 太原方言区“二乙”的中分段（82-84.9）和低分段（80-81.9）的应试者，在较单纯的语音测试项目上失分相差无几，换言之得分较高；而在综合性的测试项目上得失分的差距就拉大了，且低分段比中分段失分明显增多，语音标准程度随分数的由低到高而逐渐转好。这说明：太原方言区的人学习说普通话，较为重视字、词的训练，单独掌握字音的能力较强；较忽视语流的训练，由于语流中的字、词都是不间断地连续出现，而且考查的语音难点加大，除了声、韵、调的标准外，还增加了连读变调（上声、“一”“不”等）、儿化、轻声、语气词“啊”的音变、语调等等，加之受方言影响，因此应试人在前两项中努力克服的错误及缺陷在后两项中就凸显出来。

5. 太原方言区“二乙”水平的受测人，不论是高分段、中分段还是低分段的，他们在实际的测试过程中，思想上高度重视，始终保持一种考试的戒备状态，因此在第四题说话中几乎没有方言词汇、语法的表露，测试员也很难在方言词汇、语法方面扣受测人的分数，但是通过我们的后期追踪和询问，就能发现他们的方言词汇、语法的自然表现，说明这些受测人在测试过程中的普通话水平要比现实生活中的普通话水平更标准。

四、对太原方言区“二乙”现象的思考

通过对太原方言区 PSC 中“二乙”典型状态和高、低临界状态的特征分析，我们可以综合得出以下看法：太原方言区 PSC 中的“二乙”特征，主要表现在各测试项失分的明显失衡：单一性较强的测试项（一、二题）的失分大大低于综合性较强项（三、四题）的失分，应试人所获得的普通话水平等级有可能正好符合其所具有的普通话标准程度典型状态，也有可能高于（低临界状态）或低于（高临界状态）其所具有的普通话标准程度，高于的听感上像“三甲”，低于的听感上像“二甲”。

太原方言区“二乙”特征尽管存在着低、中、高分数段的差异，但就各段应试人在失分上的主要表现来看，他们有着较强的一致性。如：前后鼻音不分，把翘舌音读成平舌音，元音的开口度不够（主要是［ɑ］音位不到位），e-o不分，阴平-阳平不分，阳平、上声、去声调值有偏差（上扬、下降时易形成曲折），儿化读不好，轻重音格式不对，残留“一”“不”等入声现象，等等，具有“二乙”特征的太原人一说普通话，就有一种浓郁的“老醯儿”味道。

我们姑且把各种带有明显“老醯儿”特征的“二乙”普通话，称之为“二乙”现象。针对这一现象，笔者进行了如下思考：

（一）太原方言区的人们尽管长期生活在方言和地方普通话的包围中，但毕竟属于北方方言区，

离北京并不遥远，加之媒体的强势，完全有可能学习、模仿标准的普通话。同时结合太原普通话中的难点音，说好普通话。

（二）太原方言区“二乙”的语音偏误及对策。

1. 声母方面。

太原人在声母方面最主要的问题是平翘舌音不分（太原方言中没有翘舌音系统，只有平舌音系统），要发好翘舌音必须找准发音部位（硬腭前部）。舌位太靠前（接近上齿龈），则听感上似乎没卷舌、翘舌度不够；舌位太靠后，则有矫枉过正之嫌，发音太吃力。所以，太原人发翘舌音时，要养成良好的习惯，用舌尖抵住硬腭前部来矫正以往的不良习惯，发准翘舌音。

2. 韵母方面。

太原人在韵母方面最主要的问题是前后鼻音不分和 ɑ 的开口度明显不够。太原普通话中前鼻音靠后，而后鼻音靠前，要控制好舌位，前鼻音的舌位归音靠近上齿龈、后鼻音的舌位归音靠近软腭，才能把前后鼻音发好；受太原方言的影响，太原人说普通话时容易丢掉鼻音韵尾，如“天明了”中的“明”听上去像 mí 或 mín，“精明”一词在太原普通话中就演变成了“机迷”（只是模拟音节而已）一词，实则是用普通话的语调在读方言词汇。此外，ɑ 的开口度明显不够圆润饱满，发带 ɑ 的韵母时要努力使口腔立起来；太原方言中只有 e 系统没有 o 系统，太原人发 o 时甚至有矫枉过正的现象，如把必读轻声词“什么” shén · me 发成 shénmó，发 bo、po、mo、fo 时要做到圆唇，但也不能矫枉过正。

3. 声调方面。

太原方言阴平、阳平不分，所以在说普通话时要分清阴平和阳平；太原普通话中的阳平、去声调值，有时甚至调型都与普通话相左，所以在读阳平和去声时切记上扬和下降时要保持一致，不要出现拐弯、曲折的现象。太原方言中保留了大量的古音，太原人说普通话时应注意克服“一”“不”“木”等入声的残留痕迹。

4. 轻声方面。

太原方言中一般不读轻声或轻声较少，太原人说普通话时容易把普通话中的必读轻声词按照那个词原来的声调去重读，如把“麻烦” mɑ́ · fɑn 误读为 mɑ́fɑ́n，把“窟窿” kū · long 误读为 kūlónɡ。

语调偏误主要是由声调失误和轻重音格式造成的，所以太原方言区的人说普通话要读准四声和轻声，某种程度上比读准声母、韵母还要重要。

5. 儿化。

太原方言基本没有儿化，太原方言区的儿化不是普通话当中的儿化，而是一个独立的“er”音节，当太原人说儿化时就会出现半儿化的现象，如“梨儿、桃儿、鸟儿、花儿、杏儿”等词当中的儿化听上去像一个短低阴平，调值类似 11 或 22，所以要努力把儿化读好。

6. 方言语气词在语音方面的表现。

太原人说普通话经常容易出现的句尾语气词是“嘞”和“唠” lɑo，尤其是表示疑问时爱说“是嘞”，此处的“嘞”听上去先降后升，调值类似 2131，这个“嘞”既有语音的问题，也有词汇与语法的问题，实际上是用普通话的语调在读方言句末语气词；在表示可以时太原人爱说“行唠” lɑo，这也是用普通话的语调在读方言语气词；太原人说普通话有一个“的”字，有时它相当于普通话当中的“着”（如：我拿的语法书呢，你看吧。），有时相当于“到”（我把书拿的学校，你看吧。），太原方言中的轻重音格式也与普通话不完全一致，因此还要读准必读轻声词语；……如此种种，不一一赘述。

以上分析和思考仅就普通话水平测试的样卷分析而得出，远不能囊括太原方言区“二乙”等级的人员在语音方面的全部特征。

总之，太原方言区普通话水平测试中的“二乙”特征是很明显的，想要改善也是完全有可能的。政策的强制督促，思想上的重视，规范的培训，自觉的习惯，刻苦的练习，都是克服“二乙”现象的有效途径。作为普通话水平测试员兼口语教师，我们有责任不断克服方言对说普通话的影响，进一步提高自身的普通话标准程度，研究和探讨方言与普通话的对应关系，寻找更为有效的普通话培训途径，提高受训人员的普通话水平等级，以科学、严谨、认真、进取的精神为太原市的普通话水平测试、培训工作和祖国普通话的纯正推广贡献自己的绵薄之力。

注释：

①蔡富有，郭龙生．语言文字学常用辞典［K］．北京：北京教育出版社，2001：52.

②国家语言文字工作委员会普通话培训测试中心．普通话水平测试实施纲要［S］．北京：商务印书馆，2004：457.

③国家语言文字工作委员会．国家语言文字工作委员会关于普通话水平测试管理工作的若干规定（试行）［S］．1997 年 6 月 26 日颁布．

④⑤⑥宋欣桥．普通话水平测试员实用手册［M］．北京：商务印书馆，2005：110，111，70.

⑦有关测试样卷来源于山西省语言文字培训测试中心，其测试对象覆盖了太原方言区的各次方言区。

从上声偏误引发的对PSC语音标准的思考*

英　君
（内蒙古警察职业学院　呼和浩特　010051）

［摘　要］　语音错误和语音缺陷是贯穿PSC始终的两个重要概念，研究PSC的语音标准问题对于促进语音规范化有积极的作用。本文以PSC中常见的上声语音错误和语音缺陷为研究对象，通过对强势语音缺陷的统计分析和理论论证，努力寻找这一现象的类型、成因，以图为普通话语言实践和语音教学实践，尤其是普通话水平测试提供理论与实践上的借鉴与参考。对PSC标准评分标准提出思考。

［关键词］　上声；PSC标准；思考

普通话水平测试（下简称PSC）是推普工作逐步走向科学化、规范化、制度化的重要举措。PSC体系诸方面的研究取得了一些成绩，但语音规范、测试标准等至今仍是人们不断改进和探讨的重要问题。本文中所谓的强势语音缺陷，是指出现频率高、分布范围广、具有典型代表性的语音缺陷。有别于“方言背景造成的语音错误”，地域特征不明显。我们从内蒙古PSC中统计出的强势语音错误和语音缺陷不仅在内蒙古一个地区有，在其他的方言区中也或多或少存在。日常生活的各大媒体主持人都存在类似的问题，这说明这些现象具有一定的普遍性，且有蔓延的趋势。在一定程度上反映了普通话存在的现状，它们是真实存在于音系中的，不容忽视。

语言变异与语言规范是矛盾的统一，既互相对立，又互相转化，互相促进。现有的语音标准应具体化、动态化、人性化。本文认为上述强势缺陷如此普遍地存在，是具有一定的合理性的，应该引起有关专家和学者的重视，加强调查研究，关注它的变化发展是非常必要的。有些应作为普通话语音的变体取得普通话音系中的合法地位。

一、PSC中的上声强势缺陷

随着普通话测试的逐渐深入，测试中的语音问题也逐渐增多，这些问题大致可以分为两大类，第一类是带有方言色彩的错误和缺陷问题；另一类是非方言性问题，这类问题比起第一类来对应试人普通话语音面貌的影响要小一些，但涉及的人群、地区十分广泛。

在普通话四个声调当中，上声的调值一直是引人关注和争议较多的一个。声调是普通话语音最

* 本文为笔者2008年度北京师范大学硕士论文一部分.

显著、最基本的特征，是语音中最敏感的部分。由于普通话每个音节都有特定的音高形式，所以 PSC 中声调的检测贯穿整个测试过程，在普通话水平测试中起着举足轻重的作用。

我们找出“强势语音错误和语音缺陷”的方法是进行统计。我们统计的样本总数是 200 名，从“三乙”到“一乙”各等级不少于 40 名（在统计学中，超过 30 的样本即为大样本，因此我们认为样本总数是足够的）。由于一级甲等中出现的语音错误大多是不成系统的。我们没有把一级甲等列为观察对象。由于在实际测试中存在同一位应试人同时存在多种变读现象，因此本文统计单位为人次。

在水平测试的一、二题中，声韵调的覆盖面较为平均，每个声、韵、调都会重复出现多次，声、韵、调如有失误，通常是规律性的。第一题共 10 分，100 个音节，从理论上讲，每个声调各有 25 个音节，上声成系统的失误，会造成 25% 的失分；第二题的多音节词语，如“偶尔”“美好”“墨水儿”等词语的第二个音节，调值 214 常被误读为 21 或 35，有的人甚至将此类词语无一例外全部读错，失分较多。因而造成普通话等级与整体语音面貌不相符。从内蒙古师范大学文学院 2007 年普通话水平测试的情况看，二级甲等中 90－91．9 分处在临界状态的应试者，他们对方言中的难点音，比如平翘舌音、前后鼻尾音等，基本能分辨清楚并准确朗读，这部分应试者不能进入一级乙等的主要原因是声调调值失误，尤其是上声失误而失去进入高一级的机会。

（一）上声音节在测试中的基本情况。

本文对 200 应试人测试中的上声音节读音情况作了粗略的统计。变读现象排除因个人文化修养或应试紧张造成的形近字、多音字的误读和异读词误读。如“矩”读成“距”，“蓊”读成“翁”，“舔”读成“添”。变读以超过音节总数的 10% 为统计对象。在普通话水平测试中，语音面貌较差的应试者，调形失误较多。语音面貌较好的应试者，制约其进入更高等级的瓶颈则是上声变读。在普通话的四个声调中，上声的失分明显高于其他的声调，尤其是上声调值的失分显得尤为突出。

表 1　PSC 中上声变读情况统计表（%）

变读类型	单双音节全读 214	单双音节全读 212	部分读 214 或 212 部分读 211	单双音节全读 211	其他
人数百分比	5	20	42	25	8

调查表明，单音节字词、多音节词语末尾音节全读上声 214 的只有 10 人，占 5%，单音节字词、多音节词语末尾音节全读半上声的有 50 人，占 20%；单音节字词、多音节词语部分读全上或者至少上声尾音音程有上扬趋势，部分读半上声的有 84 人，占 42%，其中以单音节字词读 214 或 212、双音节词语读 211 的居多。

（二）上声变读的类型及语感评价。

测试中反映出来的上声没有全程的变读有四种：

一是读单字或词语（末字）以及在朗读作品中，分句末和句末的上声字没有全程，调值为 21 或 211；

二是对普通话测试要求了解不充分，在训练中“矫枉过正”，致使上声曲折调形过于夸张，过分强调结尾致使上声的调形出现两个曲折，上声在上升到 4 后有一个下降的调值，比如说将 214 读成了 2142 或者更低；

三是过分强调上声上扬，读成 335；

四是读单字或词语（末字）以及在朗读作品中，分句末和句末的上声字没有达到214全程，调值为212或213；

200应试人中，有的应试人在朗读中会出现多种变读类型。调查统计对象以变读超过音节总数的10%为统计对象，统计数为变读人占各自等级人数的百分比。统计音节选自国家普通话水平测试试卷50号，单音节上声26个，多音节后字上声10个，共36个。

我们发现，在从三乙到一乙的人群中上声变读分布较为广泛，变读类型中，以Ⅰ型、Ⅳ型比较突出，占55.5%和45.9%。除一级人群比例稍低外，二级差异不大。有45.9%的人即使上声尾音音程有上扬趋势，调值也没有达到214，只达到212或213。Ⅱ型、Ⅲ型在与普通话差异较大的三甲至二乙低分段人群比例较高。这些人普通话水平不高，语感不够自然，因而在普通话水平测试中语速较慢，为发好上声，采用延长时长的方法，学生由于注意后半部的上升阶段，但没有掌握好分寸，刻意追求全上声导致出现调形变形。

表2 上声各种变读类型统计表（%）

变读类型 / PSC等级	21（Ⅰ型）	2142（Ⅱ型）	335（Ⅲ型）	212（Ⅳ型）
一乙（20人）	15	0	10	75.5
二甲（54人）	72.2	21	31	56.5
二乙（66人）	71.2	35	35	40.5
三甲（40人）	75	28.5	42.5	34
三乙（20人）	55	29	37	23
变读平均（%）	57.7	26.6	31.1	45.9

我们对上声变读类型进行了语感评价调查，调查方法同“舌面音变读语感评价调查”。

表3 上声变读类型语感评价表（%）

变读类型（调值） / 语感评价	212	21	2142	335
正常	98	95	23	17
有些别扭、做作	2	4	42	35
难听、不正常	0	1	35	48

95%以上的人对［212］和半上［21］的语感评价较高，95%的人认为半上与全上在普通话整体语感上基本没有差异。但对变形的Ⅱ型［2142］、Ⅲ型［335］缺陷认同感较低。42%的人表示读Ⅱ型［2142］“比较做作”，35%的人干脆认为不正常。35%的人表示读Ⅲ型［335］“比较做作”，48%的人认为这样读不正常。

（三）第一语言对变读的影响。

我们考察了应试人的第一语言对上声变读类型的影响。我们按第一语言类型（内蒙古各次方言区方言、普通话）将应试人分组，共设有5个组别。考察各组在单音节字词、多音节词语中上声变读情况。

表 4　不同第一语言应试人上声变读类型（%）

第一语言 调值	东北官话 44 人（呼伦贝尔、通辽、兴安盟）	北京官话 42 人（赤峰）	晋语区 58 人（乌兰察布、巴彦淖尔）	兰银官话 26 人（阿拉善）	普通话 30 人（呼和浩特、包头）
21	81.8	71.4	55.1	76.9	64
2142	23	28.5	31	34.6	18
335	17	23.8	34.5	38.4	15

经调查我们发现，上声变读的地区分布较为广泛，变读情况在内蒙古各次方言区普遍存在，没有显著的地区差异。但变读类型的分布有一定地域特点。在普通话水平较好的官话方言区，以半上声变读为主。东北官话和北京官话的上声调与普通话没有调类和调形差异，这部分人不存在由于方言背景产生变读的可能。这部分人普通话基础比较好，言语流畅，语速较快，出现半上的比例较高。在与普通话差异较大的晋语区其他类型变读比例较官话区偏高。这些地区的人普通话水平整体偏低，因而在普通话水平测试中语速较慢，刻意追求全上声导致出现变形，很容易发成只有上升阶段的声调或读成有两个曲拱的调形。

（四）语流、语境对变读的影响。

我们考察了不同语境中上声音节（单音节上声、多音节后字、朗读句末、说话停顿处）的变读情况。

表 5　不同语境上声变读人数统计（%）

语境 变读调值	单音节	双音节	朗读	说话	自然说话
21	46	59.5	71	85.5	89
2142	27	25.5	8.5	2	0
335	23.5	21	7	4.5	0

语言单位越小，要求也越严。单音节字词、多音节词语测试，是对语言的静态和个体单位单音节的独立考察，因此对语音各个要素的准确性要求极为严格，一个人掌握和运用普通话的规范程度也只有在动态的语流中才能真正地显示出来，对一个人普通话水平的全面考察最终必须在动态的语言环境中进行。应试人被扣缺陷分主要在单音节字词、多音节词语，这两个题型上声失分较多，与测试考查目标有一定关系。有的应试人唯恐自己发音不到位，发音时刻意追求圆满，有意放慢速度，使发音中出现一定程度的夸张，结果常常造成事与愿违的矫枉过正现象。图表 5 中的数据为 200 应试人在 PSC 各题型及非应试状态下自然说话时上声变读人数百分比（变读音节数达到相应语境上声音节数的 10%，就算作变读人数）。

调查显示，随着语流中音节数增多，全上声出现的频率下降，半上出现频率上升。念读单音节时半上出现频率最低。念读双音节时明显增加。二级以上人群语篇朗读时半上声占绝大多数，基本没有变形发音，全上声下降明显。在非应试状态的自然说话中，二级以上乃至一级普通话语音面貌较好的人群，半上声占绝对优势，变形发音基本消失，全上声音节比例大幅度降低，只是在表示强调、突出的句子中，才会出现全上声。而三级以下普通话较差的人群，在单音节题型中，变形读音较多，但在说话时变形读音完全消失。半上声与方言痕迹明显的声调特征同时并存。

二、非方言性上声偏误的原因探究

（一）上声偏误的发音学解释。

传统把上声调值描写为“214”，即“降升”，现代汉语著作一般都认为典型的上声是一个降升调，214是典型调值。上声调在语流中以完整调值出现的情况极少，只在句末和单念时出现。半上是全上的语流音变。

在普通话的四个声调中，上声调是唯一一个当人们在发音时声带紧张度有两个不同方向变化的调式。从物理学的角度说，相当于它是两个矢量的连接。因此，我们可以把它看成是相当于两个声音单位的连接，而在汉语语流中，一般说来，一个汉字是一个声音单位，反之，一个声音单位代表一个汉字，由此组汇成语流，这是汉语音节和口语表现的特征。上声调在普通话语流中变成半上或阳平正是由上述原因形成的，换言之，将上声调的两个矢量变为一个矢量，语流才能得以顺畅流动。

从调型上看，上声在语流中大部分是低降或低平调型。王力先生指出：北京话的上声，基本上是个低平调，调头的降，调尾的升，都是次要的。王理嘉先生认为上声是四声中唯一具有稳定低音特征的声调。

从理论上讲，上声是普通话里音程最长的声调。正是由于上声原调的曲、长性，使其很难在实际使用时保持原状，即使在词句末尾或单独使用时也不例外。美国学者沈晓楠通过实验语音学证实半上不仅发生在上声字前，也发生在停顿前和句尾，句尾读上声受时长限制，在语速加快时，低平部分的音长要短于243毫秒，在允许的时限范围内，上声是可以读21的。声调的变化靠喉头肌肉的运动，喉头肌肉的扩张收缩受到时间制约，在语速加快的条件下，发上声时，喉头肌没有足够的时间进行扩张和收缩，只好发出半上。一般说来，在普通话的自然语流中，由于时值的限度，任何单音节，一经下降，其上升的趋势自然会变得微弱，如：我们以自然语速和非强调语气说“啤酒”中的“酒 jiǔ”，按其214调来读，无疑没有将其念成21调感到自然。

上声最本质特点为“低降”，上声的升尾其实是在上声音节被强调时，无法用降来实现更低时（音高值再低的话要超出发音人的声调音域），只好用“升”这一手段来实现仅靠“低”却意犹未尽的强调。杜秦还、刘川平认为上声音节在句末读“214”值，“主要是放慢语速以增加表现力的结果”。童山东对表演语音和朗读语音的统计显示，句尾读半上比例有63%，读全上有30%。可见，上声在词句末尾或单独使用时，其实际调值很难达到214原调，而仍以21低降调居多，只有表示强调或语速较慢时才用原调。

有人担心因为上声的语音特征在其中段（即11时段）没有一定的时值，就容易与去声混淆。事实上，在自然语流中，上声在去声前面完全可以区分，这种低降和全降的读音是有区别性特征的两个不同音位，在交际中不会有混淆。

上声调的存在及我们对它的理论认定应更进一步作科学的论证，或者说，现在对上声调214调值的界定其价值和意义仍值得探究。

（二）上声偏误的音位学解释。

普通话上声调位可以有214、21、35三个调位变体，目前认定214是上声的一个典型变体。

从语言实际运用情况看，21或211调值才是上声读音最常见最高频的主要形式。据陈明远等人（1983）统计，语流中“本调214‘全上’只占上声音节总数的4.7%，而‘半上’却占上声音节总数的82.4%。”石佩雯、李明《全三声的使用情况和语调对第三声的影响》统计后置上声中，214

值上声音节的出现率在所辑语料中约占 58 %；而在所辑《新闻联播》语料中，因语速较快，限制了语调等原因，214 值上声出现率就只有 15 %。邢福义认为："上声在词语后、在降语调句末读21。"李丽明（2000）撰文赞同邢福义的观点，并同时指出，即便是单念的上声音节，也多有变读为 21 或 211。这些学者的研究说明，上声在语流中读音是复杂多变的，上声在单念或在句末词尾的时候，也并不全读 214 值。如祈使句表命令"走!""快救火!"然而，由于人们往往对上声本调 214 过分强调，很大程度上影响了上声发音的准确性。

从音位角度看，上声调位包含很多种声调实际读法，单念或在句末词尾的 214、212、213，在非上前的 21 、211，在上声前的 35 、24 等等，这些调值都能反映上声音高变化的实际情况。在音位学中，对于标准音值的确定，一般认为它能够比较集中地表现一个音位的典型发音特征，也是最常用的一个音值，确定上声本调调值的标准应该看该调值是否反映了该声调的本质特征而且使用频率最高。当然，确定声调的基本调值离不开其单念的调值表现。而我们认为单念调值只有在与该声调本质特征和使用的高频率相一致的条件下，才可以作为基本调值，否则即使将其规定为基本调值，也会因脱离语言实际而失去应有的作用。PSC 中，"单音节字词"的上声或"多音节词语"中后一音节上声调值读为 211 判为"语音缺陷"，是偏离语言实际的。上声在单念或在句末词尾时的 21、212、213 实际上应该是上声的自由变体，也是正常变异现象。而有些变体则是不符合语音规范的，是偏误。如上声在单念或在句末词尾时读 335、2124。

三、对普通话语音规范的思考

长时间里，我们现代汉语规范化的主导意识就是"规则本位"，将静态的规则作为规范的标准，根据制定出的已有规则来对待语言运用中出现的语言现象，尤其是新出现的、多样化的、不同层次的语言现象。规则本位容易将那些合理而不合乎现有规则的现象放在不规范之列。这就像美国语言学家菲尔摩（叶蜚声，1982）对形式主义语言学家的批评那样，把无法对付的重大事实（即"倔强的事实"）排除在语言之外。其实，那些"倔强的事实"正是我们规范化要慎重对待的。PSC 标志着我国的"推普"工作开始从倡导走向制度化、从形式走向规范化。加强对普通话语音现状及标准的科学研究，使标准音的推广更加科学化，对于确保普通话水平测试的信度和效度，有着非常重要的意义。

我们通过对内蒙古地区 PSC 语料的考察、分析和统计，得出句末上声音程不全是非方言因素导致的；普通话语音目前的状况与规定的标准音不完全相符。制定规范应考虑到语言的实际情况，才能使语言规范具有群众基础，能为言语社团的绝大多数成员接受。我们认为应当调查语言实际使用情况，根据计量统计的办法决定变异现象的取舍标准。我们希望通过 PSC 标准的变动更好地适应普通话发展形势，同时也依靠测试的力量规范普通话的读音。

PSC 是一种目标参照性测试，测试的直接目的是准确测查应试者的普通话口语表达水平，评定出应试者普通话水平等级，最终目的是推广普通话。因此，PSC 语音评定标准要与语言实际相符，才能更准确真实地检测出应试者普通话水平。语音识别和判断有不同的标准，一是音素标准，一是音位标准。从音素标准出发，不考虑区别意义方面的功能，只对音节中的元音、辅音的发音部位、发音方法、发音条件进行区分。而音位标准则从辨义功能出发，对某一特定的语音进行具体的分析甄别，对某些语音上的差别视而不见，而对另外的一些语音差别则锱铢必较。正如赵元任先生所说："音位论对语言研究最大的用处，是在能够把须得辨别的声音都辨别出来，不管它多么细微，而把无须辨别的声音故意混为一谈，不管它在声音上是差得多远。"由于教学和测试在绝大多数情况下，面对的都是线性的语流而非一个个音素，因此基本上必须采用音位标准，有些现象可以忽略，有些不能够忽略。

教学和测试可以忽略的情形主要是指在语流中产生的音位变体。这种音位变体既包括在一定的语音环境下必然产生的语境变体（条件变体），还应该包括一些自由变体。我们对上声进行正误界定的时候，要考虑到上声调位变体复杂的语音特征。对上声语音缺陷的判定不是看个体的发音与普通话上声的规范读音的音值差多少，其关键是将其发音放到整个语流当中去考察，看其语音是否整体协调，听觉上是否有不舒服甚至是刺耳的感觉。

上声在实际语流中变调频繁，读原调的机会很少，212、21 或 211 调值才是上声读音最常见最高频的主要形式，214 仅为理论上的调值，或理想调值。把第一部分“单音节字词”的上声或第二部分“多音节词语”后一上声读作 21 或 211 判为“语音缺陷”，这种“缺陷”并不会同时表现在第三部分朗读和第四部分说话中，它不会影响应试者在第三部分朗读和第四部分说话的语音规范程度，也无损应试者的总体语音面貌。这种“缺陷”和其他声调的“语音缺陷”有着本质的区别。我们没有必要一定要抱守固有观念，背离语言实际，以 214 调形作为上声唯一典型的标准读音，部分单念或在句末词尾也可以不读 214 。而且读 211 值已能在“单音节字词”部分承担声调区分意义作用，不会被误为其他声调，况且多音节词语在语流中大多数都读为半上，这种情况判为“语音缺陷”理据明显不足。朗读中上声作为句末音节也并不能全读成 214 调或 21 调，这要靠语意、语气的表达而定，一概判定为错误或缺陷，有违语言实际，其结果是不能真实准确评价应试者的普通话实际水平，偏离 PSC 目的。建议上声读 211 的情形与多音字评判类同，应试者在“单音节字词”部分读“降”为“jiàng”或“xiáng”，均不能判为错误，因为它确有这样的规范读音。21 调形应作为上声标准读音之一。至少在多音节词语末尾音节可以读半上。调值读作 212 和调值读作 2142，这两种读音和上声的正确调值 214 差度都很小，但是上声读作 212 调值的，因其发音和普通话的标准读音差度较小，在听觉上没有不舒服的感觉，应该是一种正常的变异现象，故应当忽略不计，算正确，和其他声调的“语音缺陷”有着本质的区别；读作 2142 的，其发音虽然和普通话的标准读音差度不是太大，并且在语流中不明显，只有在单音节字词发音时才能表现出来，因其后有拖腔，听觉上有不舒服的感觉，应属于语音偏误，上声开头略高，读作 312、412 或读作低平调 11、22 等，这部分语音缺陷均贯穿整个测试过程，影响总体语音面貌，可判定为语音缺陷。

参考文献：

［1］张　蕾．普通话语音标准的再认识［J］．江汉大学学报，2002（2）：13.

［2］国家语言文字工作委员会普通话培训测试中心．普通话水平测试实施纲要［S］．北京：商务印书馆，2004.

［3］宋欣桥．普通话水平测试评分中的几个问题［J］．语言文字应用，1997（3）：34-36.

［4］宋欣桥．普通话水平测试员实用手册（增订本）［M］．北京：商务印书馆，2004.

［5］马国凡，邢向东，马叔骏．内蒙古汉语方言志［M］．呼和浩特：内蒙古教育出版社，1997：8.

［6］石　锋．语音格局［M］．北京：商务印书馆，2008：80.

［7］刘川平．普通话上声本质的再认识［J］．外语与外语教学，1996（6）：60.

［8］沈晓南．汉语普通话声调的协同发音［J］．国外语言学，1992（2）：26-32.

［9］叶蜚声，徐通锵．语言学纲要［M］．北京：北京大学出版社，1997：78-79.

［10］赵元任．语言问题［M］．北京：商务印书馆，1980：28.

［11］王福堂．普通话应该有一个严格的语音标准［J］．语言文字应用，1998（3）：2-3.

[12] 汤幼梅. 汉语上声"语音缺陷"刍议 [J]. 广东技术师范学院学报, 2007 (8).
[13] 冷 瑾. 普通话教学和测试中声调问题及对策 [J]. 井冈山学院学报, 2005 (1).
[14] 米嘉瑗. 普通话水平测试中的声调错误分析 [J]. 云梦学刊, 2006 (2).
[15] 孟 晖. 从普通话水平测试谈新时期普通话的语音规范 [J]. 语言文字应用, 2000 (1).

粤方言为母语的学生 PSC 案例分析研究

甘春妍（北京师范大学珠海分校文学院　广东珠海　519085）
邱　月（北京师范大学珠海分校粤方言研究中心　广东珠海　519085）
阮明华（北京师范大学珠海分校普通话研究与发展中心　广东珠海　519085）

［摘　要］　本文以粤方言为母语的大学生为研究对象，随机抽取参加普通话水平测试的学生的测试样本，对其测试的总体情况以及测试中出现的语音错误及缺陷进行分析，归纳总结出粤方言为母语的学生在普通话测试中语音错误及缺陷的类型，以此寻找粤方言为母语的学习者普通话测试培训中的重点难点，为今后制定适用于粤方言区人们的普通话学习策略提供依据。
［关键词］　粤方言；母语；PSC；错误；缺陷

粤方言是汉语七大方言之一，粤方言区人们在说普通话的时候常常会受到来自母语粤方言的干扰，表现在语音、词汇、语法三个要素上。其中语音受到母语的干扰尤为严重，表现为在普通话水平测试中，语音面貌整体水平较低，某些音发不准。本文以粤方言为母语的大学生为研究对象，随机抽取参加普通话水平测试的学生的测试样本，对其测试中出现的语音错误进行分析，以此寻找粤方言为母语的学习者普通话测试培训中的重点难点，为今后制定适用于粤方言区人们的普通话学习策略提供依据。

一、引　论

普通话水平测试（以下简称 PSC）是以国家颁布的《普通话水平测试大纲》为依据，对应试人员运用普通话所达到的标准程度的检测和评定。我校普通话测试站自 2004 年成立以来，先后进行了 32 次普通话测试；共计 2882 人参加了测试，其中教师 382 人，学生 2500 人①。参加测试人员中，粤方言为母语的人数占了一半以上。

本文研究的材料，来源于参加 2008 年 3-6 月测试人员中粤方言为母语的测试者，共统计了 166 人。其中“二甲”57 人，占总数的 34.3%；“二乙”85 人，占总数的 51.2%；“三甲”23 人，占总数的 13.9%；“三乙”1 人，占总数的 0.6%。

二、测试总体情况分析

我们对 166 位测试者的成绩进行分析，统计表明，166 位测试者的平均成绩为 84.19。具体每道题目的扣分情况如下：

表 1

项目	平均扣分	小项	平均扣分
单音节	1. 19	缺陷	0. 51
		错误	0. 67
多音节	2. 12	缺陷	0. 89
		错误	1. 24
朗读	4. 36	错漏添音节	1. 86
		声韵系统缺陷	0. 80
		语调偏误	0. 96
		停连不当	0. 23
		不流畅	0. 55
说话	8. 14	语音标准	7. 03
		词汇语法	0. 29
		自然流畅	0. 80
		缺时	0. 01
合计	15. 81		

我们对测试者的每一题的扣分及成绩分布做了统计。

（一）第一、二题扣分统计。

表 2

	扣分段	人数（第一题）	人数（第二题）
缺陷	0 ~ 0. 5	97	67
	0. 5 ~ 1	54	50
	1 ~ 1. 5	13	14
	1. 5 ~ 2	2	1
错误	0 ~ 0. 5	82	42
	0. 5 ~ 1	48	48
	1 ~ 1. 5	20	21
	1. 5 ~ 2	12	23
	2 ~ 2. 5	2	11
	2. 5 ~ 3	1	9
	3 ~ 3. 5	1	7
	3. 5 ~ 4	0	3
	4 ~ 4. 5	0	0
	4. 5 ~ 5	0	0
	5 ~ 5. 5	0	1
	5. 5 ~ 6	0	1

（二）第三题扣分统计。

表3

	扣分段	人数
错漏添音节	0～1	39
	1～2	71
	2～3	34
	3～4	14
	4～5	4
	5～6	3
	6以上	1
声韵系统缺陷	0～0.5	31
	0.5～1	135
语调偏读	0～0.5	13
	0.5～1	115
	1～1.5	36
	1.5～2	2
停连不当	0～0.5	152
	0.5～1	14
不流畅	0～0.5	105
	0.5～1	53
	1～1.5	6
	1.5～2	2

（三）第四题扣分统计。

表4

	扣分段	人数
语音标准	0～4	1
	4～5	3
	5～6	30
	6～7	62
	7～8	51
	8～9	15
	9～10	4

续表

	扣分段	人数
词汇语法	0～0.5	132
	0.5～1	30
	1～1.5	3
	1.5～2	1
自然流畅	0～0.5	49
	0.5～1	87
	1～1.5	22
	1.5～2	8
缺时	0～0.5	164
	0.5～1	2

三、声、韵、调错误及缺陷分析

我们根据成绩的等级分布，在 166 人中抽查其中 50 人的录音进行了分析。对测试中的第一、二题中出现的声、韵、调的错误进行详细的分析。

（一）声母错误及缺陷分析。

我们对单音节、多音节两道题目中测试者出现的声母情况作了仔细的分析，两道题目中声母错误共有 338 个，其错误分布如下：

1. 舌尖前音（z、c、s）和舌尖后音（zh、ch、sh）的混读。

表 5

	舌尖前→舌尖后			舌尖后→舌尖前		
	z → zh	c → ch	s → sh	zh → z	ch → c	sh → s
错误数目	26	40	28	59	46	45
占总数百分比	7.7%	11.9%	8.3%	17.5%	13.6%	13.4%
错误数目	94			150		
占总数百分比	27.9%			44.5%		

2. 舌尖音（z、c、s 和 zh、ch、sh）与舌面音（j、q、x）的混读。

表 6

	舌尖音→舌面音	舌面音→舌尖音
错误数目	5	12
占总数百分比	1.5%	3.6%

3. 舌尖后浊擦音（r）与浊边音（l）、半元音（j）的混读。

表 7

	l →r	r →l	零声母［j］→r	r →零声母［j］
错误数目	1	4	2	26
占总数百分比	0.3%	1.2%	0.6%	7.7%

4. 鼻音 n 和边音 l 的混读。

表 8

	l→n	n →l
错误数目	16	10
占总数百分比	4.7%	3%

5. k、h 混读 。

表 9

	k→h	h→k
错误数目	1	6
占总数百分比	0.3%	1.8%

6. 送气不送气混读。

表 10

	送气→不送气	不送气 →送气
错误数目	6	5
占总数百分比	1.8%	1.5%

我们对单音节、多音节两道题目中测试者出现的声母情况作了仔细的分析，两道题目中被认定为声母缺陷的共有 202 个音节，具体分布如下：

表 11

	舌尖后		舌尖前	舌面前	n/l	零声母	h
	zh/ch/sh	r					
缺陷数目	119	13	25	17	17	6	5
占总数百分比	58.9%	6.4%	12.4%	8.4%	8.4%	3.0%	2.5%

声母的错误和缺陷主要表现为：

1. 舌尖后声母 zh/ch/sh 发音靠前，卷舌不到位；r 的发音则分成两大类：一类是介于 r 与 l 之间，一类是介于 r 与零声母［j］的之间。

2. 舌尖前声母发音缺陷表现为介于舌尖前声母与舌尖后声母之间，发音不够靠前。

3. 舌面声母发音缺陷表现为介于舌尖前声母与舌面前声母之间。

4. 出现 n/l 混读的情况。

5. 以 u 开头的零声母多发成唇齿音 ü。

6. h 发音时摩擦较重，带有唇齿音的倾向。

对于前三点错误和缺陷，对比普通话的声母系统和粤方言的声母系统，我们可以发现测试者在测试中的错误和缺陷，主要原因还是来自母语粤方言的底层干扰：

1. 粤方言的声母系统中只有一套塞擦音声母，学界一般认为是舌叶音，因此，对于普通话中的三套塞擦音声母 zh/ch/sh、z、c、s 和 j、q、x，粤方言为母语的学生普遍都掌握得不好，在测试中较为容易发生错误或缺陷。

2. 粤方言声母系统中没有舌尖后声母的发音部位，因此舌尖后的 zh/ch/sh 和 r，对于粤方言为母语的学生来说是学习的难点。但是两者表现的错误类型和缺陷并不一样：zh/ch/sh 的错误或缺陷表现为发音不到位或与其他塞擦音混读，因为粤方言中也有一套塞擦音，而普通话中的 zh/ch/sh 所辖的字基本上与粤方言中的舌叶塞擦音所辖的字是对应的。而 r 的错误和缺陷表现为发成 [l] 和 [j]，我们认为这有两个原因：第一，粤方言中并没有 r 的音位，而普通话中 r 所辖的字，在粤方言中对应的发音是零声母 [j] 或 [w]，受母语影响，粤方言为母语的学生很容易把 r 的发音发成是 [j]，例如“软、忍、柔、容、日”等；第二，是由于音素本身的相似性造成的错误和缺陷，普通话中 r 声母音质为舌尖后浊擦音 [ʐ]，但是对于这个音的具体音质，学界有不同的看法。声母 l 是一个舌尖中浊边音，比较两者的音素特征：

表 12

声母	舌尖音	擦音	边音	浊音
r	+	+	−	+
l	+	−	+	+

在“舌尖音”“浊音”这两项特征中，这两个音是一致的，只有发音方法有差异，因此我们认为这两个音在音质上具有一定的相似性。加上粤方言音系中并没有的发音，因此粤方言为母语的学习者容易以母语中近似的读音 [l] 去模仿代替 [ʐ] 的发音，造成发音上的错误和缺陷。

（二）韵母错误及缺陷分析。

我们对单音节、多音节两道题目中测试者出现的声调情况作了仔细的分析，两道题目中韵母错误共有 286 个，其错误分布如下：

表 13

	eng	en	ang	an	ing	in	儿化	其他
错误数目	64	14	51	30	34	26	35	31
占总数百分比	22.4%	4.9%	17.8%	10.5%	11.9%	9%	12.2%	10.8%
错误数目	219						——	——
占总数百分比	76.6%						——	——

我们对单音节、多音节两道题目中测试者出现的韵母情况作了仔细的分析，两道题目中被认定为韵母缺陷的共有 259 个音节，具体分布如下：

表 14

	ang	an	ing	in	eng	en	儿化	其他
错误数目	51	41	49	14	9	3	48	44
占总数百分比	19.7%	15.8%	18.9%	5.4%	3.5%	1.2%	18.5%	17.0%
错误数目	167						——	——
占总数百分比	64.5%						——	——

韵母错误和缺陷集中表现为以下几点：

1. 前后鼻音相混。受试者韵母错误中，前后鼻音的问题占了总错误的 82.3%，其中 ang—an 的错误率最高，其次为 eng—en，最少为 ing—in。对于这种情况，过去的研究者似乎并没有太多重视，因为在粤方言语音系统中前后鼻音也是严格区分的，只是音色上与普通话有稍微的差别，因此对于前后鼻音相混的情况还需要进一步研究。

2. 儿化韵是粤方言为母语的人学习普通话的难点，测试中也反映了这一点。

3. 介音问题。由于粤方言里没有介音，因此普通话中的介音在粤方言为母语的学生的测试中反映出介音发错或者不到位的情况。例如-i-介音（21 个）、u 介音（4 个）、ü 介音（8 个）。

（三）声调错误及缺陷分析。

我们对单音节、多音节两道题目中测试者出现的韵母情况作了仔细的分析，两道题目中声调错误共有 194 个（计算轻声），其错误分布如下：

表 15

声调	错误数目	占总数百分比
阴平	36	18.6%
阳平	26	13.4%
上声	37	19.1%
去声	34	17.5%
轻声	59	30.9%
变调	2	1.1%

如果不计算轻声及变调的话，在普通话四个声调里错误的比例如下：

表 16

	阴平	阳平	上声	去声
错误数目	36	26	37	34
占总数百分比	27.0%	19.6%	27.8%	25.6%

不计算轻声及变调，普通话四个声调的错误类型如下：

表 17

声调	错误类型	错误个数	百分比
阴平	阴平—去声	22	61.1%
	阴平—阳平	12	33.3%
	阴平—上声	2	5.6%
阳平	阳平—上声	13	54.2%
	阳平—阴平	6	25%
	阳平—去声	5	20.8%
上声	上声—阳平	20	54.1%
	上声—阴平	10	27%
	上声—去声	7	18.9%
去声	去声—阴平	26	76.4%
	去声—阳平	4	11.8%
	去声—上声	4	11.8%

从上表看，普通话四声中测试者最容易读错的是第三声，其次是第一声、第四声，第二声掌握得比较好。这一点我们可以从粤方言声调的调值与普通话调值的比较中找到原因：

表 18　普通话-粤方言声调对应表[②]

	阴平	阳平	阴上	阳上	阴去	阳去	上阴入	下阴入	阳入
普通话	55	35	214		51		55/35/214/51		
粤方言	55/53	21	35	13	33	22	5	3	2

粤方言是汉语七大方言之一，共有 20 个声母、53 个韵母、9 个声调[③]，其中声调保留了中古汉语的特点，平上去入各分阴阳，同时阴入根据元音长短再分，声调系统比普通话复杂。对于粤方言为母语的学习者，我们认为其声调错误主要有以下两个原因：

1. 对于与母语声调系统中调值调形相同的声调，学习者比较容易掌握，而对于母语声调系统中没有相同的调值、调形的声调，学习者较难掌握或者说掌握后也最容易发生错误。

对比普通话和粤方言的声调系统，我们发现，普通话阳平调的调形和调值都与粤方言的阴上调相同，因此，阳平调在测试者出现的错误中错误率是最低的；相反，由于普通话的上声是个曲折调，而粤方言的声调系统中并没有曲折调，因此上声是粤方言为母语的学习者学习的难点，测试中错误率最高也反映出这一点。

2. 母语声调系统与普通话声调系统对应造成的干扰。由于普通话和粤方言都是从古代汉语发展来的，因此两者声调存在着一定的对应关系。由于粤方言和普通话声调之间的对应关系，来自粤方言区的人在学习普通话的时候，常常受到母语的干扰。例如阴平字，在普通话中阴平调是一个高平调 55，在粤方言中虽然也是高平调 55，但是在实际的语流中，它常常发生语流音变，变成高降调 53，因此学习者容易受母语的干扰把阴平字发成一个高降调。我们在测试中统计到阴平-去声混读情况高达 61.1%，充分说明了这一点。而去声-阴平混读达 76.4%，也是由于这个原因。去声字在粤方言中读为平调（33 和 22），学习者容易受母语影响而把去声字读为平调，而普通话中只有一个平调 55，因此容易与读为平调 55 的阴平相混。

四、结　论

本研究主要通过166名粤方言为母语的测试者在PSC中的得分情况，并随机抽取其中50人详细分析了测试中的语音错误及缺陷，总结了粤方言为母语的学生在PSC中容易出现的语音错误及缺陷，主要表现为：

1. 三套塞擦音声母zh/ch/sh、z、c、s和j、q、x混读及发音不到位；
2. r声母容易发成零声母［j］和l；
3. n/l容易混读；
4. 前后鼻音韵母混读；
5. 儿化韵发音不到位；
6. 带介音韵母发音不到位，介音常常丢失；
7. 上声发音不到位，容易与阳平相混；
8. 阴平、去声发音不到位，而且出现相混的情况。

通过分析研究粤方言为母语的学生在PSC中的错误和缺陷，有助于我们了解粤方言为母语的学生普通话学习的难点和重点，对于今后进一步确定培训的内容及方法，有很大的帮助。

注释：

① 统计截至2008年6月。

② 此处广州话声调系统采用詹伯慧《广东粤方言概要》中的的系统。

③ 此处广州话音系采用詹伯慧《广东粤方言概要》的描述。

参考文献：

［1］李新魁，麦　耘，林伦伦．广州人学讲普通话［M］．北京：语文出版社，1988.
［2］刘　艺．粤方言区普通话字音的偏误类型及字音习得的量化分析［J］．语言文字应用，2008（2）．
［3］王　力．王力文集（广东人怎样学习普通话）［M］．济南：山东教育出版社，1990.
［4］王理嘉．粤港人学习普通话读本［M］．北京：语文出版社，1997.
［5］伍　魏．对穗港澳地区普通话教学的思考［J］．语文建设，1999（6）．
［6］詹伯慧．广东粤方言概要［M］．广州：暨南大学出版社，2002.

普通话零声母 w 音［v］读地域分布规律及形成原因

王　芬
（长沙民政职业技术学院文法系　湖南长沙　410004）

［摘　要］　普通话零声母 w 音［v］读现象普遍。通过调查得出结论：北方方言区已有 38% 左右的人 w 音［v］读，其他方言区为 10% 左右。可见，北方方言区 w 音［v］读现象比其他方言区普遍。分析其特征及形成原因，我们发现，［v］这种唇齿擦音其实是半元音 w 的一种变体。它的形成受前后音素不同音位上的口形变化的影响，也与个人的发音习惯及发音的不稳定性密不可分。北方方言区之所以［v］读现象普遍，与其发音时口腔与面部运动较强有关，而其他方言区口腔运动相对较弱则减少了［v］读现象的出现。

［关键词］　普通话；零声母；w 音；［v］读

凡是用普通话作为交际工具的人，都可能经常遇到这样一个发音问题——零声母 w 有两种读法，即元音 u 的读法和近似唇齿浊擦辅音［v］的读法。有人时而读成 u，时而读成［v］；有人全部读成 u 而没有［v］的读法，却几乎没有全部读成［v］的。关注中央电视台、中央广播电台等全国一流节目的著名播音员、主持人的发音，这两种读法也都普遍存在。有关学者曾对中央电视台的新闻节目和天气预报节目中的十五位男女播音员的读音情况进行了统计调查。“除一位男播音员外，其他六位男播音员和八位女播音员都有把 u 读成［v］的情况。”在这样一流播音员和一流标准语音中，读成［v］的比例也如此普遍就应该引起我们的关注。

笔者为此进行了较全面的调查统计。发现北方方言区（以下简称“北方区”）与其他方言区（包括湘方言区、吴方言区、客家方言区、赣方言区、闽方言区、粤方言区）（以下简称“其他区”）w 音［v］读的情况有一定的规律可循。详见表 1：

表 1：　调查对象的分布和 w 音［v］读的次数

分布	省或区	音节／地区	wo	wu	wa	wai	wei	wan	wen	wang	weng	合计	百分比
北方方言区	黑	哈尔滨 1	0	0	14	4	45	14	9	14	2	102	68.9
		哈尔滨 2	0	0	14	5	38	14	9	14	2	96	64.9
		哈尔滨 3	0	0	14	5	39	14	9	14	2	97	65.5
		哈尔滨 4	0	0	13	5	43	14	8	12	2	97	65.5

续表

分布	省或区	音节 地区	wo	wu	wa	wai	wei	wan	wen	wang	weng	合计	百分比
		哈尔滨5	0	1	14	5	47	14	9	14	2	106	71.6
		哈尔滨6	0	0	13	4	42	14	9	13	2	97	65.5
	吉	吉林市1	0	1	13	4	35	13	9	11	2	88	59.5
		吉林市2	0	0	11	3	45	12	9	12	2	94	63.5
		吉林市3	0	0	12	4	39	13	7	14	1	90	60.8
		吉林市4	0	1	14	5	42	12	9	13	2	98	66.2
		吉林市5	0	0	11	3	37	11	7	11	1	81	54.7
		吉林市6	0	0	13	2	40	13	8	10	1	87	58.8
	辽	沈阳1	0	0	0	4	28	8	5	5	1	51	34.5
		沈阳2	0	0	9	5	42	11	6	3	0	76	51.4
		沈阳3	0	0	10	4	41	10	7	6	0	78	52.7
		沈阳4	0	1	14	3	45	12	8	10	2	95	64.2
		沈阳5	0	1	13	4	40	14	9	9	2	92	62.2
		沈阳6	0	0	11	3	38	13	6	6	0	77	52
	京	北京1	0	0	9	3	31	12	5	3	2	65	43.9
		北京2	0	2	8	5	36	14	8	10	1	84	56.8
		北京3	0	1	8	4	34	11	7	10	1	76	51.4
		北京4	0	1	12	4	43	12	8	14	2	96	64.9
		北京5	0	2	14	5	45	13	8	14	2	103	69.6
		北京6	0	0	9	1	36	9	6	9	0	70	47.3
	津	天津1	2	3	14	5	47	14	9	14	2	110	74.3
		天津2	0	1	14	5	14	12	9	14	2	71	48
		天津3	0	0	12	4	38	9	7	10	1	81	54.7
		天津4	1	2	13	5	45	13	8	10	2	99	66.9
		天津5	1	1	11	4	21	11	7	12	1	69	46.7
		天津6	0	0	12	3	32	8	6	13	1	75	50.1
	冀	唐山1	0	0	11	4	20	14	4	6	1	60	40.5
		唐山2	0	0	10	3	37	10	4	8	0	72	48.7
		唐山3	0	0	8	2	35	7	5	6	0	63	42.6
		唐山4	0	0	7	1	25	8	7	6	1	55	37.2
		唐山5	0	0	9	4	27	11	7	9	1	68	46
		唐山6	0	1	12	5	39	12	7	10	2	88	59.5

续表

分布	省或区	音节 / 地区	wo	wu	wa	wai	wei	wan	wen	wang	weng	合计	百分比
	豫	济元 1	0	0	1	0	0	0	1	0	0	2	1.4
		济元 2	0	0	0	0	3	0	0	0	0	3	2
		济元 3	0	0	2	0	1	0	0	0	0	3	2
		济元 4	0	0	1	0	17	4	2	0	0	24	16.2
		济元 5	0	0	0	0	8	2	1	0	0	11	7.4
	鲁	临沂 1	0	1	4	0	3	0	1	1	0	10	6.8
		临沂 2	0	0	0	0	0	0	0	0	0	0	0
		临沂 3	0	0	2	0	7	1	2	0	0	12	8.1
		临沂 4	0	0	0	1	4	2	0	0	0	7	4.7
		临沂 5	0	1	4	0	5	6	1	1	0	18	12.2
		临沂 6	0	0	0	0	4	2	1	0	0	7	4.7
	晋	运城 1	0	0	0	0	1	0	0	0	0	1	0.7
		运城 2	0	0	0	0	1	0	0	0	0	1	0.7
		运城 3	0	0	1	0	4	2	0	0	0	7	4.7
		运城 4	0	0	0	0	3	0	2	0	0	5	3.4
		运城 5	0	0	0	0	2	0	0	0	0	2	1.4
		运城 6	0	0	0	0	4	0	1	0	0	6	4.1
	陕	西安 1	0	1	12	4	46	14	8	11	2	98	66.2
		西安 2	0	0	13	4	44	11	8	12	2	94	63.5
		西安 3	0	0	10	3	38	10	6	11	1	79	53.4
		西安 4	0	0	10	3	35	13	7	9	1	78	52.7
		西安 5	0	1	13	4	40	14	8	10	2	92	62.2
		西安 6	0	0	11	2	32	10	5	7	0	67	45.3
	渝	重庆 1	0	0	0	0	1	0	0	0	0	1	0.7
		重庆 2	0	0	0	1	12	6	2	0	0	21	14.2
		重庆 3	0	0	0	1	8	5	2	0	0	16	10.8
		重庆 4	0	0	2	0	10	0	0	0	0	12	8.1
		重庆 5	0	0	1	1	12	2	0	0	0	16	10.8
		重庆 6	0	0	0	0	7	0	0	0	0	7	4.7
合计			4	23	495	163	1683	528	323	430	56	3677	38.5

续表

分布	省或区	音节 地区	wo	wu	wa	wai	wei	wan	wen	wang	weng	合计	百分比
其他方言区	客家方言	梅州 1	0	0	2	0	1	0	0	1	1	5	3.4
		梅州 2	0	2	4	0	4	1	0	4	2	17	11.5
		梅州 3	0	0	7	1	26	10	3	7	0	54	36.5
		梅州 4	0	0	10	1	17	6	2	3	0	39	26.4
		梅州 5	0	1	14	4	31	5	8	9	2	74	50
		梅州 6	0	0	9	4	20	11	5	10	1	60	40.5
	粤方言	广州 1	0	0	0	0	6	0	0	0	1	7	4.7
		广州 2	0	1	11	2	38	13	8	12	1	86	58.1
		广州 3	0	0	7	1	26	10	3	7	0	54	36.5
		广州 4	0	0	5	0	17	4	1	2	1	30	20.3
		广州 5	0	2	6	1	9	2	0	1	0	21	14.2
		广州 6	0	0	4	0	12	4	2	2	0	24	16.2
	闽方言	漳州 1	0	0	0	0	0	0	0	2	0	2	1.4
		漳州 2	0	0	2	0	0	0	1	1	0	4	2.7
		漳州 3	0	0	0	0	2	1	0	0	1	4	2.7
		漳州 4	0	0	1	1	4	0	0	1	0	7	4.7
		漳州 5	0	0	0	0	4	0	1	0	0	5	3.4
		漳州 6	0	0	0	0	1	0	0	0	0	1	0.7
	吴方言	杭州 1	0	0	0	0	0	0	0	0	0	0	0
		杭州 2	0	0	0	0	0	0	0	0	0	0	0
		杭州 3	0	0	5	4	4	9	1	4	0	27	18.2
		杭州 4	0	0	1	3	7	2	0	2	0	14	9.5
		杭州 5	0	0	1	1	5	1	0	0	0	8	5.4
		杭州 6	0	0	0	0	0	0	0	0	0	0	0
	赣方言	南昌 1	0	0	0	0	0	0	0	0	0	0	0
		南昌 2	0	0	0	0	1	1	0	0	0	2	1.4
		南昌 3	0	0	1	0	2	0	0	1	0	4	2.7
		南昌 4	0	0	0	0	0	0	1	0	0	1	0.7
		南昌 5	0	0	0	0	0	0	0	0	0	0	0
		南昌 6	0	0	1	0	1	0	0	1	0	3	2

续表

分布	省或区	地区＼音节	wo	wu	wa	wai	wei	wan	wen	wang	weng	合计	百分比
	湘方言	长沙 1	0	0	0	0	0	0	0	0	0	0	0
		长沙 2	0	0	0	0	0	0	0	0	0	0	0
		长沙 3	0	0	0	0	1	0	0	0	0	0	0. 7
		长沙 4	0	0	0	1	2	0	0	0	0	3	2
		长沙 5	0	0	0	0	0	1	1	0	0	2	1. 3
		长沙 6	0	0	0	0	0	0	0	0	0	0	0
合计			0	6	91	24	241	81	37	71	10	560	10. 5

调查时间是 2005 年 9 月。所选调查对象是北方区的 65 人（其中女性 33 人，男性 32 人）、其他区的 36 人（女性 18 人，男性 18 人），共计 101 人。他们都是从全国各地刚来长沙就读不到一个月的大专一年级新生，调查手段是录音和摄像两种形式相结合，调查材料（见表 3）是由各种报刊和文学作品中挑选出来的零声母 w 音节较多的段落组合而成。每一个音节至少出现两次，最多出现 48 次（见表 4）。每个人用普通话读一遍。每份材料中共出现零声母 w 音节 148 次。同一音节重复出现，如“位”这个字先后出现 3 次，即算作 3 个音节。

表 2　u 与［v］读音情况总比率对比表

读音	分布	wo	wu	wa	wai	wei	wan	wen	wang	weng
U	北方区	99. 4	98. 9	45. 6	49. 8	46. 1	42	44. 8	52. 7	56. 9
	其他区	100	99. 5	81. 9	86. 7	86. 1	83. 9	88. 6	85. 9	86. 1
［v］	北方区	0. 6	1. 1	54. 4	50. 2	53. 9	58	55. 2	47. 3	43. 1
	其他区	0	0. 552	18. 1	13. 3	13. 9	16. 1	11. 4	14. 1	13. 9
两区［v］读平均比率		0. 2	0. 8	28. 6	30. 2	32. 2	35	31. 3	28. 5	27

表 1 中 w 音 u 读的平均比率北方区为 61. 5%，其他区为 89. 5%；［v］读的平均比率北方区为 38. 5%，其他区为 10. 5%。由此可见，u 读的平均比率远远高于［v］读的平均比率，占绝对优势。

表 2 中北方区在 wa、wai、wei、wan、wen、wang、weng 等七个音节中，u 读平均比率都在 60%—40%之间，wo 与 wu 两个音节的平均比率高达 98%以上；［v］读平均比率有七个音节在 40%—60%之间，wo 与 wu 两个音节低于 2%。其他区九个音节的 u 读平均比率都在 81%以上，最高的达 100%，远远高出北方区；［v］读平均比率有七个音节在 10%-20%之间，wo 与 wu 两个音节则更低，不到 1%，远远低于北方区。两者对比之后，已经得出一个明确的结论。在北方区，w 音［v］读现象比较普遍，已超过三分之一，但仍有近三分之二是 w 音 u 读，而其他区的 u 读比率更是高达 89. 5%。这充分说明大多数的 w 还是读 u 的。而且认真研究这种音变，发现它们也有一定的分布规律和发音特点。

表 1 中，北方区 w 音［v］读的现象比其他各区普遍得多。没有［v］读现象的，北方区 56 个人中只有 1 人（山东枣庄），而其他区中有 7 人（均为不同地区）。材料中 148 个 w 音节中，北方区中合计出现［v］读次数在 80 次以上的有 25 人，其他区只有 1 人。合计出现 10 次以下的（不含 10 次），北方区为 14 人，其他区为 24 人。个人［v］读比率在 50%以上的，北方区为 31 人，其他区

只有2人。因此，北方区［v］读现象比其他区要普遍得多。

但w音［v］读的现象在这两个区的分布并不均衡。北方区的黑龙江、吉林、辽宁、北京、天津、陕西等省的［v］读现象比较普遍，有18人在80次以上，出现比率在54%以上；河北等地次之，有18人在80至50次之间，比率在54.1%-33.8%之间；而河南、山东、山西、重庆、青海等省的一些地区［v］读现象则相对较少，其中1人为0次，14人为10次以下（不含10次）。其他区中的客家方言区和粤方言区［v］读现象较普遍，出现最多的1人为86次，［v］读比率为58.1%；闽方言、吴方言、赣方言和湘方言［v］读现象则很少，出现次数最多的1人为27次，比率为18.2%；其余20人均为5次以下，［v］读比率在2.7%以下，还有8人为0次，比率为0%。由此可见，北方区的大多数地区［v］读现象较普遍，但也有少数地区［v］读现象较少。其他区的大部分地区［v］读现象较少，但也有少数地区［v］读现象较普遍。

w被广泛的读成［v］音，那么［v］到底具有怎样的性质和特征？

按照一般说法，普通话中的w应该读成双唇略有接触产生轻微摩擦的半元音。林焘、王理嘉先生《语音学教程》中阐述它是“气流通过时只产生极轻微的摩擦，甚至可以没有摩擦，称为‘通音’或‘无擦通音’……这些通音也称为半元音”。“此外，有一些人把‘蛙’wā，‘文’wén，‘微’wēi等音节里的w读成摩擦极轻的唇齿，也是一种通音”。林焘先生在《普通话里的v》中进一步明确阐述“一个人在说普通话的时候，完全不出现v的情况是很少的。这个v在普通话里并没有形成一个独立的音位，它只是声母w和韵母u的变读。我们不能因为《汉语拼音方案》写成w，就认为读［v］是错误的，读成［v］并没有给汉语拼音方案增加一个声母，［v］只是w的一种变读而已”。由此可见，［v］就是零声母w的变读。仔细观察和辨别这个［v］，我们发现它并不像其他声母一样与韵母结合后能够发出一种听感分明的辅音，它只是上齿和下唇摆开了发［v］的架势，但是气流并不向外挤，而是从这样的架势直接向后面的元音过渡，在过渡时声带振动，带出一种似u非u、似v非v的声音，这就是唇齿擦音［v］的发音特征。而那种带有明显的唇齿浊擦音的读法，则属于方言，不应归属于普通话w（或其变体）的正确发音。那么，w音［v］读现象又是怎样形成的呢？

w音［v］读现象不是自古有之，也有一个历史演变过程。王力先生认为，先秦音系声母中的“影”母即零声母（包括了半元音j、w、o等变体），发展到南北朝至五代时，“喻”母逐渐变为零声母（记作半元音j、w）；到元代以后，零声母字大量增加，除“影”“喻”二母之外，“疑”母大部分也变为零声母（记作j、w），“微”母则演变为唇齿浊擦音，接近零声母，记作v。这说明元代时就出现了v音。语音学原理告诉我们，一个语音的出现和消失并不是一朝一夕所能完成的。因此，迄今为止一些方言音系中还存在v音。詹伯慧先生的《现代汉语方言》中表明：客家方言中有v声母；北方音系中的西安、兰州、成都等地都存在v音。许宝华、汤珍珠先生《语音》中阐述：西北的太原、呼和浩特，江南的上海、苏州等地都有v读现象。胡明植《北京方言》中：不论新老北京人，至少是绝大多数（90%）北京人都有v音。另外，济南、云南的楚雄、开远等地也都有v音。

［v］之所以广泛地存在于方言和普通话中，必然有其形成的特定条件。首先一个条件就是一个音位往往有一个或一个以上的变体。就像韵母ɑ有前ɑ、央ɑ和后ɑ等不同的变体一样，w也存在一些不同的变体。这是语言中常有的现象。“对语言分辨得越精细，所能觉察到的变体就越多”。w的发音从双唇不接触到接触较紧，从双唇接触到唇齿接触，中间很难有明确的界限。因此，把“文”wén读成vén，把“碗”wǎn读成vǎn，发音部位从双唇变为唇齿，就是半元音w的变体——

唇齿擦音［v］在实际发音中的具体体现。

形成［v］的第二个条件就是受前后音素不同音位上的口形变化而产生的影响。w 音节前面的音节末尾的音素若是 i 或 ü 时，因开口度较小，上齿与下唇距离较近，很容易接触和摩擦，因此后面的 w 读［v］的可能性增大。如调查材料一“你就是如此千年万年，陪伴了多少人啊！不管是帝王，不管是布衣……”中“帝王”的“王”，因前一个音节“帝”dì 末尾音素 i 开口度较小，上齿与下唇距离较近，易接触和摩擦，所以后面的“王”读成 váng 的可能性增大。若前一个音节末尾的音素为 o 时，因 o 的开口度较大，双唇已拢圆，这时已经为后面 w 的发音做好了圆唇的准备（此时只要双唇再稍向前突出，即可发出 u 音了），此时发 u 的可能性大些。如调查材料二“……使人万万没有想到，村民间的和睦关系再也无法修复。解除了一些误会，大家仍很少往来……”中“少”与“往”，“少”shǎo 末尾的音素是 o，其开口度较大，且双唇已经拢圆，紧跟在后面的“往”wǎng 发 u 的可能性增大。若前一个音节末尾的音素是 u 时，此时双唇已经拢圆且前撮，已经是发 u 的口形特征，自然就会顺势发 u，而不太可能再把上齿与下唇相碰而发［v］了。如材料三“黎经纬说，有关建筑物的规划、供水等，其中一个环节出了问题，整体上都会受影响，相关政府职能部门对建筑物的验收文件、资料等，全部掌握在开发商手中……”中“建筑物”的“筑”与“物”，前面的音节“筑”zhù 末尾的音素是 u，所以后面的“物”wù，读 u 的可能性大些。

［v］音形成的第三个条件是与个人的发音习惯与发音的不稳定性有关。［v］读现象普遍的地区，发 w 音时，往往还有一个发音习惯，即上唇不运动或运动幅度小，下唇运动多且运动幅度大。这样在发 w 时，上唇不动而只下唇动，势必会形成下唇与上齿相碰，而发出［v］。另外，在不同的情态下，同一个人的发音也存在不稳定性。有时重读有时轻读，有意强调或随意交谈，所发的同一个 w 音节都可能一会儿是 u 读，一会儿是［v］读。因此，w 音［v］读是不稳定的。

此外，笔者认为北方区 w 音［v］读现象之所以普遍存在，与北方区发音时口腔与面部运动较其他区剧烈有关。因为北方区的人相对来说性格粗犷豪放且善于表现自己，普通话也普遍好于其他区的人，他们为使每一个字音都能字正腔圆地发到位，就必须充分调动唇、齿、舌等各个发音器官，口腔运动相对较剧烈，这无形中就增加了上齿与下唇摩擦的机会，因而 w 音［v］读现象也相对较普遍。而其他区的人性格相对含蓄内敛一些，表现在发音上口腔的各个器官的运动相对较弱，这样就减少了上齿与下唇接触和摩擦的机会，因此，w 音［v］读现象也随之减少。

总之，［v］作为 w 的一种变读现象如此普遍地存在，应该引起有关专家和学者的重视。加强调查研究，关注它的变化发展是非常必要的。

表 3　零声母 w 音节发音情况调查材料

序号	内容
材料一	你就是如此千年万年，陪伴了多少人啊！不管是帝王，不管是布衣……便在这无穷无尽的变化之中统统消失了……从古至今，多少人万般思想，却如何不得其解。或是执迷，或是为谏而亡，或是自以为觉悟，求仙问道，说是徒为亮月……万事万物，说像你的形状，一个圆、一个圆地完成啊！……我再不为老死而悲了，再不为生儿而喜了……而为完成这个天地万物运动规律的大圆尽我的微薄之力。

续表

序号	内容
材料二	小人是什么？如果说得清定义，他们也就没有那么可恶了。小人是一种很难定位和把握的存在，不指年龄，不指地位。小人与小人物是两码事。在一本杂志上看到欧洲的一则往事。使人万万没有想到，村民间的和睦关系再也无法修复。解除了一些误会，大家很少往来。对于那个长舌妇，村民们已经忘了她讲的具体话语，甚至忘了她的外貌和名字。
材料三	黎经纬说，有关建筑物的规划、供水等，其中一个环节出了问题，整体上都会受影响，相关政府职能部门对建筑物的验收文件、资料等，全部掌握在开发商手中。有关人士认为，作为房管局，完全可以建立一个权威的信息库，将全市房地产的资料“一网打尽”。黎经纬还说，面积缩水是一种违约，将这种违约责任与办理房产证挂钩是错误的。不是开发商把钥匙交到业主手上就完成了，产权转移是以产权证的登记为准的。
材料四	3月6日上午，国务委员兼国务院秘书长王忠禹向人代会提交《关于国务院机构改革方案的说明》，根据方案将设立国务院国有资产监督管理委员会，将国家发展计划委员会改组为国家发展和改革委员会，设立中国银行行业监督管理委员会，组建商务部。
材料五	一个歌舞厅出了事，就命令全城的歌舞厅都关门整顿……对于无辜的“玉”也从未给过任何补偿。个人利益只有随时牺牲的义务，没有保全的权利，“无正当补偿便不能剥夺”的法治原则至今我们仍然陌生。要知道，个人“物权”的稳定是社会稳定的基础。
材料六	以美国为首的一些政治领袖表示，这场战争是针对威胁世界和平已成为国际恐怖主义支柱的萨达姆政府。不是无罪的平民。但它符合现代文明的价值观吗？
材料七	这是一个让外人费解的世界，处于内外交困的艰难时事。或许，“阿拉伯团结”命题之无解，正是严重紊乱的一部分 ……这是为了推动阿拉伯世界的“西化进程”？或像某些人物声称的那样，是所谓“新中东”的第一阶段？或是防范所谓的“不同文明的冲突”？……问题是：“王道”与“霸道”在这场战争中各占到什么位置？
材料八	盼望着，盼望着，东风来了，春天的脚步近了……它像刚落地的娃娃，从头到脚都是新的……风里混着青草味儿，还有各种花的香……老朋友颇能以一种趣味性的眼光欣赏这个改变。年少时，我们差不多都在为别人而活，为苦口婆心的父母活，为循循善诱的师长活，为许多传统的约束力而活……伟大的人之所以伟大，就在于他决不做倒人胃口的蠢事……外婆眯缝着眼，挑去那几根大刺，放进我的碗里……她的名字叫翁香玉……万物皆有所用，不管你看上去多么卑微像棵草……我赞美燕窝，赞美采燕窝人的勇敢和高超技巧，然而，我更加赞美建窝筑巢的那些不辞辛苦又具有奉献精神的燕子……我曾有多少回踯躅于北京的大街小巷，我多么喜爱仰望北京城里蓊郁和葱茏的树木……
材料九	卫维告诉我们，她完全无计可施。屋主也坦白地告诉她，屋主本人是一个弱女子，不敢放她进来，因为她不知道会不会受骗……车子来到王家门外，停了一下又开起来，卫维似乎忘记了一切，忘情地说：袜子，还是芜川袜业的好。
材料十	瓦屋的后面是一片洼地，洼地里长满了芦苇。芦苇里青蛙很多。夏天的晚上，蛙鼓齐鸣，热闹得很。一个瓦匠手拿瓦刀，趁着夜色，来到苇塘边，脱了袜子，想捉一个青蛙做标本。可刚走了两步，就“哇”的大叫一声倒在地上，原来崴了脚脖子。

表 4　零声母 w 音节在调查问卷中的覆盖情况

	wo	wu	wa	wai	wei	wan	wen	wang	weng
材料一	1	5			6	6	1	2	
材料二	1	4		1	2	2		4	
材料三	1	3			7	2	2	1	
材料四		6			6			1	
材料五		6			1		2		
材料六		1			3		1		
材料七		2		2	4		3	1	
材料八	6	1	2	1	10	2		3	2
材料九	1	3	2	1	4	1		2	
材料十		1	10		3	1			
合计	10	32	14	5	48	14	9	14	2

参考文献：

［1］王　力．汉语语音史［M］．北京：中国社会科学出版社，1985.
［2］詹伯慧．现代汉语方言［M］．武汉：湖北人民出版社，1981.
［3］汤幼梅．现代汉语“零声母”的本质特性及理论定位［J］．华南师范大学学报（社会科学版），2003.
［4］周锦国．现代汉语普通话语音中的一种音变现象——从“新闻 30 分”中的“新闻（xinven”）谈起［J］．语言文字应用，2003.
［5］许宝华，汤珍珠．语音［M］．上海：上海教育出版社，1981.
［6］林　焘，王理嘉．语音学教程［M］．北京：北京大学出版社，1992.

普通话水平测试与社区词

——以《香港社区词词典》为例

陈　茜

教育部语言文字应用研究所（国家语委普通话培训测试中心　北京　100010）

[摘　要]　社区词即社会区域词，是词汇学领域出现的一个新概念。普通话水平测试测查应试人的普通话规范程度、熟练程度，自然也包括对普通话词汇的考察。在普通话水平测试中如何对社区词作出评判是我们需要研究和解决的一项课题。本文以《香港社区词词典》所收录的2418个词条为研究对象，考察这些词语在《现代汉语词典》（第5版）中的收录情况，比较它们的意义和使用有无差异，并对这些词语在通用语中使用的可能性作出推测等。希望通过这样的比较分析得到对香港社区词的基本认识，更清晰地了解其与通用语词汇的关系，引起业界对社区词影响普通话水平测试研究的关注，为参加普通话水平测试的考生尤其是香港考生提供一点借鉴和参考。

[关键词]　普通话水平测试；社区词；通用语

社区词是词汇学研究领域出现的一个新概念，香港学者田小琳先生于1993年最先提出并不断进行整理和研究，发表了《香港社区词研究》《社区词与中文词汇规范之研究》《规范词语、社区词语、方言词语》等多篇相关文章。近期北京商务印书馆出版的《香港社区词词典》一书是这一研究的最新成果。此书收录词语2418条，均为"产生并流通于香港社会的词语"[①]，与中国内地、澳门、台湾以及其他海外华人社区所使用的现代汉语词汇有显著的不同。这些词语不仅反映了香港地区特殊的历史和现实社会情况，而且成为补充和扩大国家通用语词汇系统的新的词汇来源。

普通话水平测试作为一项国家通用语的水平考试，测查应试人的普通话规范程度、熟练程度，自然也包括对普通话词汇的考察。在测试中判定词汇是否规范的标准是以对普通话与方言词汇的研究为基础的，而普通话词汇系统的动态变化也会引发具体评判依据的相应调整。社区词为普通话词汇系统"贡献"了哪些词语，哪些社区词可能将来会被普通话词汇系统吸收，哪些社区词只能是一部分方言词……这些问题都需要作进一步地分析和研究。如果从普通话水平测试的角度来看这些问题，就是要考虑我们如何对测试中出现的社区词作出评判，如何指导考生在普通话学习中正确对待社区词。这理应成为普通话水平测试要关注的问题。社区词的出现使普通话水平测试研究有了新的研究课题和研究方向。

本文以《香港社区词词典》（以下简称《社区词》）所收录的词语为研究对象，考察这些词语在《现代汉语词典》（第5版）（以下简称《现汉》）中的收录情况，比较它们的意义和使用有无差异，并对这些词语在通用语中使用的可能性做一些推测。希望通过这样的比较分析可以得到对香港社区词的一个基本认识，更清晰地了解其与通用语词汇的关系，引起业内对社区词影响普通话水平测试研究的关注，为参加普通话水平测试的考生尤其是香港考生提供一点借鉴和参考。

一、根据词形词义进行分类的情况

这里所说的“分类”，首先是以是否被《现汉》收录[②]为依据，简单划分为“收录”和“未收录”两类。《社区词》中所列词条被《现汉》收录的同形词404条，未收录的2014条。根据词形和词义的实际情况又可以进一步细分为8个小类：

收录：①词形相同、词义基本相同的词语；

②词形相同、词义基本相同，《现汉》标<方>的词语；

③词形相同、词义有差异的词语；

未收录：④反映香港特有事物的词语；

⑤含有方言字的词语；

⑥《现汉》有相近词的词语；

⑦通用语中有且接受度较高的词语；

⑧通用语中有但词义有差异的词语。

下面分别来说。

（一）词形相同、词义基本相同的词语。

这些社区词在两本词典中都收录了且意义基本相同，可以说是已经进入了普通话词汇系统的一类。换句话说，这些词语已经作为一般词语被通用语吸收了，并在日常语言生活中参与完成交际任务。例如：

包装 报警 曝光 比基尼 避税 边缘化 便利店 飙升 泊位 博彩 判词 强人 轻便铁路 清仓

曲奇 全职 热卖 热身赛 授勋 水货 税种 索偿 唐装 特卖 特首 特许经营 体能 天价 跳槽

童星 投注 拓展 外卖 外援 网吧 网络银行 旺市 尾市 物业

认为这类词语“词义基本相同”而不是“完全相同”主要是基于两点：一是两部词典对同一个词语的释义在用词、叙述方式和角度等方面不尽相同；二是很多《社区词》里的词语释义仅是《现汉》中释义的其中一项，也就是包含在普通话词语的义项里。但从使用来说基本是一致的，所以这里视为基本相同。我们可以比较一下同一词语在两本词典里的释义，例如：

【案底】治安机关指某人过去违法或犯罪行为的记录。（《现汉》）

警方在犯案人士个人资料中留下的犯案记录。（《社区词》）

【暴泻】①中医指急性腹泻。

②指价格、汇率等短时间内急速、大幅度下跌。（《现汉》）

金融股票市场术语。股票在短时间内大幅下跌。（《社区词》）

需要注意的是后一种情况。这部分社区词所表达的意义为普通话同形词语的其中一个义项，在香港是否只有这一个意义存在或者这一意义已超过其他义项占主要地位，都可以再考察。

（二）词形相同、词义基本相同，《现汉》标<方>的词语。

按金 巴士 白粉 煲电话粥 飙车 泊车 的士 地盘 二奶 发烧友 房车 非礼 港纸 货柜 娇娃

靓女 靓仔 录影 埋单 拍档 拍拖 派对 皮草 人蛇 塞车 蛇头 收银台 收银员 手袋 锁匙

线报 线人 写字楼 恤衫 雪糕 艺员 拥趸 找赎 做秀

《现汉》收录了这部分词语且词义也与《社区词》所指相同，但是在释义时标注为<方>。例如：

【太空船】<方>宇宙飞船；航天飞船。（《现汉》）
宇宙飞船。（《社区词》）

在《现汉》“凡例”中提到“标<方>表示方言”，却没有进一步说明是来源于方言、已经被普通话吸收还是认定其为方言词语、收录仅作查考之用。从被标<方>的词语来看，也存在这样的疑惑。因此对标<方>词语不能一概而论，其在普通话中的位置还需进一步明确和细化。但标<方>首先是一种标记，至少表明了该词语的身份来源。

这类词语因为《现汉》本身标<方>的不一致性也就不能作“一刀切”处理，使用时需谨慎区别对待。有的像“巴士”“飙车”在普通话里已经很常用了。例如：

在园区交通方面，目前交通枢纽、公共停车场、水门建设进展顺利，世博专线、旅游巴士、团体巴士和长途班线等交通线路网四通八达，对上海不太熟悉的外地游客完全可以选择这种旅游巴士到达世博园，省去在上海市区问路的麻烦。(2009 年 10 月 6 日《人民日报海外版》)

但像“拍拖”“锁匙”这样的词语应该还只限于部分地区使用。

社区词在《现汉》中标<方>，说明这些词与方言词是有联系的。虽然不能一概而论地说这些词是方言词或已经进入普通话词汇，但可以证实社区词和方言词是有交集的。有些词可以兼有社区词和方言词双重身份。

田小琳先生在提出社区词概念的同时，也明确了社区词在现代汉语词汇中的位置——“与文言词、方言词、外来词并列，作为一般通用语的组成成分”[③]。既然与方言词并列，《现汉》为什么没有对社区词进行单独标注呢？为什么有些社区词标记为<方>呢？《现汉》的主要修订人员之一、中国社会科学院语言研究所的李志江先生在他的《略论<现汉>收录的社区词》一文中做过解释：“《现汉》没有区分社区源词和方言源词，一律作为方言词对待，全部标注为‘<方>’。限于《现汉》初编时的时代背景，当时不考虑社区源词是不难理解的。”“《现汉》对于社区词，即主要来源于港澳、台湾地区的新词新义，在收录、释义方面有着自己的思考和处理办法。”“某些社区词进入大陆以后，很快得到社会认可，《现汉》给予收录，但是又认为它的通行度还不高，就按照方言词来处理……”至于未来在规范性词典中对社区词进行单独标记的可能性，李志江先生认为：“社区词已经成为普通话新词新义的一个重要来源，社区词跟方言词的性质、地位有所不同，规范型词典有必要根据它们来源的不同，在编写体例上做出不同的标志。”未来的《现汉》如果能够对方言词和社区词分别进行标记，将是规范型词典的一大变革；如果能够区别方言词中来源于方言和仍未被吸纳的方言词、区别社区词的不同社区来源，将更是便民利民的大工程。

另外，《社区词》中收录了一个词语在《现汉》中标<口>（老公），有三个标<书>（东瀛、公帑、名媛）。

（三）词形相同、词义有差异的词语。

暗室 八卦 霸王 白话 班房 草鞋 抽水 大班 大饼 大出血 道姑 地铺 地下 返工 放盘 公益金 姑娘 广场 户口 回流 会考 街市 金鱼 空降 马夫 牛皮 铺位 骑士 前线 潜水 曲线 人工 三宝 山顶 台钟 太空人 天体 铁马 同志 位置 胸围 夜场 一条龙 影印

【晚霜】霜期结束阶段下的霜，出现在早春。对农作物有害（《现汉》）
与“日霜”相对。晚上使用的护肤品。（《社区词》）

从词义来看，有的是毫无关联的，像“八卦”“暗室”；有的是有关联的，像“茶楼”“烧烤”；

有的是引申义和转义，像“霸王”“太空人”；有的是泛指和特指的关系，像“山顶”。其中有些是社区词对普通话旧词增加新义的贡献。从丰富词汇意义、满足交际需要来看，是非常有价值的。有些意义已经在通用语中存在和使用，像“晚霜”。《现汉》可以考虑修订再版时作为参考依据，考虑是否将这部分吸收为普通话词语的新义项补充到词典当中。

有些意义是新产生的，具有不稳固性，可以追踪其发展。例如：

【太空人】乘坐宇宙飞船等在宇宙空间工作、生活的人；宇航员；航天员。（《现汉》）

本义为宇航人员，转义为对太太移民外国的香港男士的谑称。（《社区词》）

需要注意的是，《现汉》中已有的义项在香港地区是否还存在和使用？如果还使用，与《社区词》中的意义相比地位如何？这也可以作为一项考察目标，在一定程度上为普通话词汇意义的演变作出预测。

（四）反映香港特有事物或特有称谓的词条。

阿灿 阿二靓汤 阿一鲍鱼 按章工作 案约证明书 8 号风球

八达通咭（卡） 八卦杂志 爸爸生 半山区 晨操 航空医生

后备警察 会见市民计划

这些词语是对香港地区特有事物的反映。因为其独特的政治、经济、历史、文化、地理、交通、服务等背景而形成的特有的词汇群体，可以说是社区词的主体组成部分。这类社区词在普通话里一般都找不到合适的词语替代。

这类词里有很多是香港地区的专有名词，包括机构、人员、制度、协议、活动等的名称、地名及金融股票市场、博彩业、赛马等业界术语。因为大多是香港地区所特有的，无论何时何地谈论到这些名称和术语时，都要使用这些词语，所以是一个香港所特有的词汇群体。例如：

按察司 百家乐 宝莲寺 保良局 避风塘 大家乐 大快活 博爱医院 布政司 裁判司 惩教署

东华三院 法律援助署 方太生活广场 港督 港英政府 官津学校 核数署 红色小巴 黄大仙祠

皇后像广场 基本法起草委员会 金像奖 九广铁路 平等机会委员会 调景岭

跟《现汉》比较，《现汉》收录的多为普通话的一般词语，通常不收录专有名词，像“教育部”“天坛”“天安门广场”“云居寺”“回龙观”“国家语言文字工作委员会”等都不会在《现汉》的收录之列。《社区词》收录这些专有名词，一方面可以方便使用者查考，另一方面也体现了社区词的“社会区域”特征。

这类词里还有一些是音译外来词。如“荷里活”“威萨咭（卡）”“士多啤梨”“芝士”等。这些音译词的用字与内地存在差异，所以必须是本地人或熟悉香港话的人才能了解。

（五）含有方言字的词语。

这部分词不仅是香港特有的名称，而且其使用的某个汉字也是香港所独有的，在通用汉字里是查找不到的。如“啹喀兵”“金银膶”。这些词语很自然地在香港的中文报纸、杂志、刊物中出现，是为香港市民所通晓的事物。但无论现在还是从长远来看，因为特殊事物、特殊名称和独创的汉字这些原因，这部分词语要想有更大的使用范围和更多的使用人群的可能性不太大，也就很难进入普通话的词汇系统。

（六）《现汉》有同义词或近义词的词语。

安老院 安士 BB 机 官立学校 寮屋 撇账

弱势社群（弱势团体） T恤 无罪推定原则

这些词虽然都没有被《现汉》收录，但都可以在《现汉》里找到比较相近的“替代品”。如“安老院——养老院”“安士——盎司”“BB机——BP机”“官立学校——公立学校”“寮屋——寮房”“撇账——呆账”“弱势社群——弱势群体”“T恤——T恤衫”“无罪推定原则——无罪推定”等。这些词语有的只在香港地区使用，有的在内地已经同时存在和使用。将来有的可能会与普通话中的同义词或近义词并存，也有可能会替代普通话的已有词汇。像《现汉》中的“买单”“埋单（标<方>）”和“结账”。

这类词里还有一些是词的缩略形式，如“共市——共同市场”“间选——间接选举”“轻铁——轻便铁路”。根据语言交际的经济原则，很有可能将来这些缩略形式会被普通话词汇系统所吸收。现在“高铁（高速铁路）”“城铁（城市铁路）”已经在普通话词汇系统中经常使用了，与它们有相似结构的“轻铁”将来也有可能会进入我们的通用语。

（七）通用语中有且接受度较高的词条。

按揭贷款 包二奶 保安员 保护费 保险箱服务 保养期

曝光率 北上创业 本土文化 辩方 不良品 户外活动

上面这些词语虽然《现汉》没有收录，但是收录了其词语的一部分。如没有“按揭贷款”但是有“按揭”，没有“包二奶”但是有“二奶”，没有“保安员”有“保安”，没有“保险箱服务”有“保险箱”和“服务”，没有“保养期”有“保养”，没有“曝光率”有“曝光”等。其实很多词语已经在通用语中使用，从理解角度上说也没有任何障碍，从网络搜索的结果来看也是经常出现的词语。还有像“高龄津贴”，虽然还没有使用这个词，但现在北京市也已经实施对60岁以上的老人给予每人每月200元生活补助的福利政策，完全可以引入使用。因此这类词可以说是通用语接受度较高的，基本等同于已进入普通话词汇系统的词语。

（八）通用语中有但词义有差异的词语。

这类词很有意思。乍一看词形很熟悉，但《现汉》没有收录，再仔细看词义，才发现与我们通常所理解的意义大相径庭。如“表婶”“好友”。“表婶”不是“表亲，表叔的配偶”，是“对内地党政机关和企业派驻香港工作或来港出差的女干部的称呼”；“好友”也不是“好朋友”，而是指“对金融股市前景看好的投资者”。这类词数量不多，但是值得关注。可以进一步考察其使用频率和范围，追踪其发展。

二、根据音节数进行分类的情况

根据音节数进行分类可以了解香港社区词的音节构成比例，与内地新词语的构成比例进行比较，借此对未来普通话词汇的构成发展趋势做一个初步的推测。《社区词》中的音节构成比例④如下表：

	字母词	单音节	双音节	三音节	多音节	总数
数量	49	27	939	596	807	2418
比例	2.03%	1.12%	38.83%	24.65%	33.37%	100.00%

从这个统计来看，双音节词数量最多，这与现代汉语词汇的情况相同。单音节词最少。值得注意的是四音节以上（包括四音节）的多音节词语占到了33.37%，仅次于双音节词语。这与《社区

词》收录了大量专有名词有关。另外，字母词占2.03%，这与《现汉》中收录的西文字母开头的词语仅占不到0.01%的比例相差甚大。

根据词形词义情况对不同音节数的社区词作分析，发现也是比较复杂的，仅以单音节词为例做一下论述。因为这部分词语比较特殊，有些单音节可以成词，有的却只能作为构词语素出现。这里对在《社区词》中出现的27个单音节与《现汉》的情况做一个简单的比较。

八 巴 吧 冰 泊 仓 炒 除 党 档 碟 鹅 毫 基

科 靓 牌 派 骚 社 署 水 围 仙 鸭 占 族

有的单音节，其意义[5]在《现汉》中已列出。如：巴、吧、仓、炒。这些已经进入普通话的词汇系统，但“巴、吧”一般都是以构词语素的形式出现，如“小巴”“吧台”。

有的单音节，其意义[6]在《现汉》中已列出，但是标<方>。如：泊、档、毫、靓。

有的单音节，其意义[7]《现汉》没有收录，但是有相近或相同意义的词条。如：冰（冰毒）、除（除服）、碟（碟片“标<方>”）、牌（牌照）、派（派发）。可以认为这些意义在普通话里还是需要用双音节词来表达，单音节还没有独立承担起该意义的功能。

有的单音节，其意义[8]《现汉》没有收录。如：八、党、鹅、基、科、骚、社、署、水、围、仙、鸭、占、族。其中“八、党、骚”一般也都以构词语素的形式出现，如“八婆”“绑票党”“服装骚”。有的是专名，如：科、署；有的是计量单位，如：围、仙；有的是音译外来词，如：基、占。

总的来说，单音节的情况是比较复杂的，需要区别对待。

三、总　结

（一）社区词不同于方言词，因其特殊的社会制度、历史环境和文化生活背景形成了一个广泛流通于本社会区域的词汇群体，它不仅仅活跃于口头，也屡屡见诸文字，是一个不容忽视的独特的词汇集合。

（二）社区词“与文言词、方言词、外来词一起构成扩大一般词汇的词源”[9]。通过本文的分析比较也有力地证实了这一点。很多社区词已经进入普通话一般词汇，成为人们日常用语的一部分，成为现代汉语通用语词汇系统的有益补充。普通话水平测试应该采取积极、宽容的态度关注这一类词语，适时地提出科学评判社区词的标准和办法。

（三）一个社区词是否被普通话所接受，不能单纯依据是否被《现汉》收录来做取舍和评判，更不能对社区词作整体的“一刀切”处理。“收录”并不意味着该社区词已经进入普通话词汇系统，“未收录”也并不等于说该社区词就已被普通话词汇系统排除在外。具体到某个社区词，还要依据实际情况来看是否已被普通话所吸收，也要与其出现的语境联系起来分析。

（四）社区词是作为新词新义进入普通话词汇系统的，需要一个由认可到熟悉到吸收和普遍通用的过程。标<方>是一种办法，时机成熟了还可以考虑更好的标注方式。

（五）从词义角度来说，相对于《现汉》，《社区词》所收入的词条意义通常具有特指性，所指更具体，而《现汉》的意义往往更宽泛。这也是导致出现同形异义词的原因之一。这些社区词很可能是未来普通话词汇系统多义词的补充。

（六）在普通话水平测试中，遇到文中涉及的社区词的8种情况，可以这样处理：第①⑦类是已经为普通话所接受的，可以在测试中出现；第③⑤⑧类是带有方言特征的社区词，需要避免在测试中使用，如果遇到必须表达的意思，可以加上“在香港是这样说”的补充说明；第②④⑥类就比较复杂，需要视具体情况而定。第②类使用时最好也表明“香港说法”，第④类中的专有名词和行业术语可以使用，其他的最好不用或采用跟第②类相同的处理方式；第⑥类最好采用《现汉》中的同义词或近义词，因为很多社区词还没能取得与其在通用语中的同义词或近义词共存使用或取代其位置的地位。

（七）从音节构成比例的统计数据看，四音节以上的多音节词条占了相当大的比例。从具体词条来看，多音节词条中有很多是地名、机构名称等专有名词，也有部分应属短语，如果将这部分取出另作他列，仅对社区词中一般词语的四音节词做数据统计，应该会有一个更符合实际的比例。

（八）香港社区词是近年来对内地影响较大的一个社区词群体，将来澳门、台湾及其他华语社区的特殊词汇也会越来越多地进入到普通话词汇当中，丰富普通话的词汇系统。较早给予关注和加以研究应该成为推广普通话、促进规范化工作的重要内容。

注释：

①⑨《香港社区词词典》“说明”，2009 年 9 月，商务印书馆（北京）。

②这里被《现代汉语词典》收录的词条有两种情况：一种是指该词条直接在《现汉》中单列出；一种是虽未单列，但在释义举例中有该词条，也视为收录。

③摘自田小琳的《社区词与中文词汇规范之研究》。

④《香港社区词词典》中有些词条实际上不能完全认定其词的地位，如“八”“包二奶”“坐霸王车”等。这里的数据是把所有词条都暂定为词所作的统计。

⑤⑥⑦⑧这里的“意义”指其在《香港社区词词典》中的释义。

参考文献：

［1］李雄溪，田小琳，许子滨．海峡两岸现代汉语研究［C］．香港：文化教育出版社，2009.

［2］田小琳．现代汉语教学与研究文集［C］．香港：商务印书馆，2004.

［3］周　荐，董　琨．海峡两岸语言与语言生活研究［C］．香港：商务印书馆，2008.

关于PSC说话项词汇、语法评判中若干难点的调查研究*

蒋伟伟
（上海市浦东教育发展研究院　上海　200135）

［摘　要］　词汇、语法是普通话的两个构成要素，也是PSC的重要内容。新词新语的注入以及方言词语的采纳，使普通话的词汇语法系统越来越丰富，同时也造成了应试人运用上的混乱和测试员评判中的迷茫。分析研究语言发展的现实和应试人普通话运用能力的现状，对完善测评标准、提高测试信度具有深远的意义。

本课题拟在新时期新的规范观念的指导下，探讨和研究词汇、语法评判的原则与依据，通过调查，分析测试员在词汇、语法评判中面临的困难和存在的问题，并探寻原因、研究对策，以期最大限度地提高词汇、语法评定的合理性和统一性。

普通话水平测试员在词汇、语法评分项的科学处理，不仅可以提升普通话测试的效度，而且可以提高应试人对说话项词汇语法规范的重视程度。从长远效果来看，必然能够促进应试人的普通话水平向着更高的方向发展。

［关键词］　普通话测试；词汇规范；语法规范；科学评分

一、问题的提出

上海市实施普通话水平测试采用四个测试项，即“读单音节字词”“读多音节词语”“朗读短文”和“命题说话”。第四项“命题说话”是对应试人在没有文字凭借的情况下运用普通话能力的综合检测。其中，“词汇语法规范程度”小项的测评是对应试人说话评分的一个重要方面，其分值权重占了10分之多。可以说，词汇、语法评判是否准确直接关系到普通话水平测试的信度。

然而，“词汇、语法尤其是词汇，相对灵动和开放，本身的规范标准不像语音标准那样易于描述，具有较大模糊性，存在较多分歧和争论”①，尤其是运用计算机测试以后，人工测定的题目仅限“说话”一项。测试员在词汇、语法这一评分点上的关注程度进一步提高，许多具体问题亟待进一步明确，比如：应试人在“说话”项中出现的词汇、语法失误应该如何界

* 本课题为2007年上海市语言文字水平测试中心重点课题（课题组成员：蒋伟伟、朱恩淦、严敏沁、陆佩懿、杨露、李智。执笔：蒋伟伟）。

定；面对地方普通话词语、新产生的流行词语以及非方言性质的语法误用现象，评分时如何做到“宽严有度”等。

为此，本课题拟对测试员在词汇、语法现象评判上存在的诸多问题展开讨论、分析原因、寻找对策。

二、研究的方法

（一）文献法。

通过阅读相关著作、论文等，学习普通话词汇语法规范相关的史实资料和理论成果。

（二）调查法。

1. 抽样调查应试人的说话录音200份，掌握应试人在普通话词汇、语法方面存在的问题。

2. 查阅上海地区重要传媒载体，了解以普通话语音形式呈现的新词新语现象。

3. 随机调查测试员的评分记录，阅读问卷反馈，了解上海市普通话水平测试员的评分现状。

三、研究的过程

（一）课题准备阶段（6月—7月）。

召开开题论证会，课题组对普通话词汇、语法的规范标准统一认识。

（二）搜集材料阶段（8月—9月）。

第一，从上海市普通话测试中心提供的测试录音（2004年1月至2007年6月）中，按照区域分布随机抽取了200份说话录音作为样本，其中中心城区[②]40份、崇明20份、嘉定20份、青浦20份、金山20份、奉贤20份、南汇20份、闵行20份、杨浦20份。课题组复听说话录音，并实录应试人说话项出现的不规范词汇、语法现象。

第二，浏览《申江服务导报》“申江便利”专版（2007年7月至10月，共18期），从中摘录语料。

第三，收看电视栏目《今日印象》，从节目参与者的言语中摘录语料。

第四，在日常生活中搜寻当前上海地区大众流行语。

第五，以上海市普通话水平测试员为对象，就“词汇语法评判难点”问题开展问卷调查。调查中，发出问卷74份，收回74份，其中有效问卷71份。在71位调查对象中，年龄在35岁以上的有29人，25至35岁的有29人，25岁以下的有13人。90%的测试员受教育程度在大学以上。

（三）研究分析阶段（10月—12月）。

课题组成员多次集中讨论，分析常见的词汇、语法现象，统一评判的原则和依据。根据问卷反馈，分析测试员在词汇、语法的评判过程中面临的困难和存在的问题，提出相应的建议，并整理汇编《PSC说话项词汇语法若干例》。

（四）结题阶段（08年1月—3月）。

形成研究报告，做好结题工作。

四、研究分析

经过调查发现，上海地区的测试员对说话项词汇、语法规范程度的评判基本合理，整体评分状态比较稳定。根据《上海市普通话水平测试评分操作细则》，测试员在对应试人的词汇、语法规范程度进行评判时，主要看应试人的说话是否运用了方言词、方言语法，同时看应试人的说话是否存在非方言性质的语法失误，然后对应试人的实际失误进行计量，并作相应扣分。

但是，调查中也发现，测试员在对某些词汇、语法现象的评判上存在着诸多难点。下文主要就这些难点展开讨论并分析其产生的原因。

（一）测试员在词汇、语法评判中的难点分析。

在词汇语法评判难点调查中，我们发现测试员对部分词汇语法现象是否规范存在着一些模糊的认识，主要表现在以下四个方面。

1. 是方言词还是普通话词。

表1　71位测试员对方言词的评判结果统计

词例	普通话规范	判“√”者	判“×”者	测试员认同率
毛脚媳妇	×	5	66	93%
吊盐水	×	6	65	92%
烧饭	×	17	54	76%
大年夜	√	30	41	42%
老公	√	26	45	37%

表1中的“毛脚媳妇”“吊盐水”“烧饭”都是典型的方言词③，不符合普通话词汇规范，测试员对此认同率较高，评判分歧不大；但测试员对由方言进入普通话的新词语，如“大年夜”“老公”④这样的词却不能很快接受，评判时容易与方言词混淆。

2. 是流行词语还是规范词语。

表2　71位测试员对流行词语的评判结果统计

新词语列举	普通话规范	判“√”者	判“×”者	测试员认同率
房奴	√	30	41	42%
超女	√	21	50	30%
搞定	√	10	61	14%
傍大款	√	20	51	28%
发烧友	√	21	50	30%

表2中的“房奴”“超女”“搞定”“傍大款”“发烧友”是近年来新产生的流行词语⑤，其中，“搞定”“傍大款”“发烧友”都已收入《现代汉语规范词典》⑥。统计结果表明，测试员对这些词语的认同度并不高，尤其是“搞定”，认同度只有14%。

3. 是方言语法还是普通话语法。

表3　71位测试员对方言语法现象的评判结果统计

句例	普通话规范	判"√"者	判"×"者	测试员认同率
这本书是我问他借的。	×	11	60	85%
你好教我学游泳吗？	×	1	70	99%
这个地方我有去过。	×	0	71	100%
一帮朋友。	√	14	57	20%
你去喊我爸爸过来。	√	11	60	15%

测试员对表3中前三种方言语法现象的判断基本相同，但认为"一帮朋友""你去喊我爸爸过来"不是方言语法现象的，却只有20%、15%。可见测试员对"一帮朋友""你去喊我爸爸过来"这样的说法究竟合不合普通话规范，存在着较多困惑。

4. 是"口语色彩"还是"语法失误"。

表4　71位测试员对"口语化"现象的评判结果统计

口语语法句例	普通话语法规范	判"√"者	判"×"者	测试员认同率
平常他总爱去图书馆。	√	25	46	35%
让人恨不得统统搬回家。	√	15	56	21%
不大喜欢。	√	11	60	15%
每天吃饭店。	√	5	66	7%
病总归会好的。	√	4	67	6%

应试人在说话中可能存在一些逻辑不很严密、措辞不很得当的问题。这些问题究竟是视作"口语化"现象，还是视作"语法失误"，测试员在评判时认识不一，分歧较大。如表4中所列的例句，其口语色彩比较明显，因而被不少测试员视作语法错误。

（二）评判难点的成因分析。

语言的发展是复杂的，语言的使用也是复杂的，测试员遇到的难题更是复杂的。究其成因，我们认为有以下几个方面：

1. 相当数量的各类词语融入普通话，使词汇规范不易界定。

普通话词汇系统是动态的，是不断发展变化的。据调查，《现代汉语词典》在近年来的几次修订和增补过程中，对方言词的界定作出了相应的调整。例如："脆生""打的""矫情""牛气""肉糜"等曾在《现代汉语词典》（2002版增补本）中出现过的方言词，在《现代汉语词典》（2005版）中不再被标注为方言词。这说明，有相当一部分带有方言成分的词语已经被吸收为普通话词语了。同时也说明，普通话词汇系统虽然以北方话为基础，但也从其他方言中吸收一些词语，来丰富自己。随着社会生活的发展，这种吸收补充的速度大大加快，数量大大增加。比如：从广东话中吸收"买单（埋单）""花心""入围"等词；从上海话中吸收"跟进""套牢""割肉"等词。尽管这些词还带着明显的方言色彩，但已经被认同为符合普通话规范。

此外，随着时代的发展，尤其进入开放的信息社会以后，网络、媒体在潜移默化地改变人们的话语系统，经济、政治、文化等因素对新生词的影响颇为壮观，见下表：

表5　新词语来源列举⑦

产生领域	新增词汇列举
经济类	并购、彩民、充值、竞拍、解套、套牢、网络银行、循环经济
商业类	便利店、传销、均价、商誉、退市、直销、灰色市场、形象大使
农业类	有机农业、三农、旅游农业、观光农业
交通类	车位、打表、起步价、轻轨、直航、中巴
政治类	体认、愿景、和谐社会、双规
文教类	海归、陪读、择校、终身教育、丁克家庭
建筑房产类	廉租、会所、尾房、房市、跃层、生态建筑
休闲旅游类	黄金周、客位、森林浴、生态旅游、星级、休闲装
影视演艺类	出场费、动漫、个唱、家庭影院、星探、偶像剧

可见，词汇是社会生活中各种事物以及各种关系的反映，它是动态发展的。正因为如此，从词汇评判的操作层面上来说，测试员要及时跟上时代的发展，跟上语言的发展，做到绝对的公正和权威，困难还是很大的。

2. 应试者普通话运用能力的差异，使词汇、语法的失误呈现变得纷繁复杂。

随着测试的深入，测试对象从教师、演员扩大到公务员、窗口行业服务人员，直至非师范专业毕业生和其他行业从业人员等。应试人的年龄层次、文化程度、方言影响以及心理素质等因素都会导致词汇、语法运用的差异，在应试时就会出现各种不规范现象。

如表6统计，在记录到的507例语法偏误中，有53例属于“带有方言特征的语法现象”，454例则是非方言性质的一般语法失误，也就是说，应试人在测试中出现的语法失误，大量的是一般语法失误，只有少数是方言语法失误。

表6　200个录音样本中语法偏误现象统计

调查对象	1972年前出生的应试人			1972年后出生的应试人			总计（例）	百分比
测试成绩	三甲	二级	一乙	三甲	二级	一乙		
方言语法现象	6	20	3	16	5	3	53	10.5%
一般语法失误	20	231	24	46	59	74	454	89.5%

另外，由于受方言影响的程度不同，应试人运用普通话的熟练程度表现出很大的差异。对于长期使用方言的应试人来说，他们在说普通话时，往往一边说一边想着语音问题，因此，在语码转换、语言组织、修辞逻辑上出现了与普通话不一致的现象，这些现象有的是明显的“失误”；有的介于“失误”和“正确”之间；有的看似违反了语法规则，实际却是因为由方言转换成普通话的过程中出现的用词失当现象。

测试员在评判中遇到的失误类型纷繁复杂，如表7和表8所列例句。表7列举的是方言语法例句，表8列举的是非方言性质的一般语法错误例句。测试员在听到这些语言问题的瞬间要作出正确的判断，是有一定难度的。

表7　200个录音样本中方言语法现象列举

方言例句	对应的普通话	差异分析
这本书是我问他借的。	这本书是我向他借的。	介词使用习惯不同
我天天帮他们在一起。	我天天和他们在一起。	连词使用习惯不同
你好教我学游泳吗？	你可以教我学游泳吗？	副词使用习惯不同
这个地方我有去过。	这个地方我去过。	存在句式的使用习惯不同
我讲他不过。	我讲不过他。	宾语和补语位置不同
我写不来。	我不会写。	状语和补语位置不同
他来快了。	他快来了。	语序不同
和一般性的爸妈的双手不同。	和一般爸妈的双手不同。	词缀使用习惯不同
这样子的话。	这样的话。	词缀使用习惯不同

表8　200个录音样本中“语法运用”常见失误列举

非方言性质的语法失误	规范的普通话说法	失误分析
节奏轻松	节奏轻快	主谓搭配不当
增长了兴趣	提高了兴趣	动宾搭配不当
表演了一次节目	表演了一个节目	名量搭配不当
首先的任务	首要的任务	定语与中心语搭配不当
无微不至地关注	无微不至地照顾	状语与中心语搭配不当
学校进行了督导	对学校进行了督导	成分残缺
有时去人民广场那里的地方	有时去人民广场	成分多余
我爸爸是休息星期三的	我爸爸是星期三休息的	词序颠倒
先要把父母亲去看望一下	先要去看望一下父母亲	误用把字结构
他从小关心帮助我养大	他把我从小养大，关心帮助我	句式杂糅

3. 测试项检测点多，使测试员“注意分配”的难度大大增加。

由于“说话”是对应试人在没有文字凭借的情况下运用普通话能力的综合检测，是对应试人普通话准确程度、熟练程度和规范程度的全面考查，增加了应试人的应试难度，同时也增加了测试员评分的难度，因为每一位应试人如何遣词造句，如何展开话题，对测试员来说是无法预知的。

心理学研究表明，注意分配的最重要条件是，在同时进行着的几种活动中，必须每一种活动都是相当熟悉的，其中一种是自动化了的或部分自动化了的。同时进行的几种活动愈是复杂、愈不熟悉、愈不习惯，注意分配就愈困难。据统计，一个普通语速的应试人三分钟的说话量一般在六百个音节左右。测试员在短短的三分钟内，既要判断应试人是否出现语音偏误、是否存在不规范的词汇语法现象、是否说得自然流畅，又要用文字记录错误元件作为定量的依据，整个测评过程是繁忙的，更是复杂的。这使测试员“注意分配”的难度大大增加。

4. 现行评分标准比较原则概括，测试员用以应对各种语言现象有很大难度。

新大纲对词汇语法评分标准只提“规范程度”，这是一个非常宽泛的标准。事实上，词汇语法涉及语言应用的方方面面：涉及不同语体、不同语言风格；涉及书面语、口头语；涉及词汇语法发展过程中出现的种种有歧义的问题……正如王晖先生所言，测试中出现的一些词汇或语法现象，很多时候可能不是简单的正误问题，而属于“规范度”高不高的问题。词汇语法的规范度会有一个“模糊区”，处于考验期的新生词，处于使用范围扩展期的方言语法，处于正确与错误之间的种种语法问题，都应属于这个“模糊区”。

对这诸多语言问题，众多语言学家正在展开深入研究，尚无统一定论，而测试员必须在测试现场，在听到有关语言现象的瞬间给出明确判断，这个难度是非常高的。

上海语言文字水平测试中心在说话项的评分细则中提出，词汇、语法不规范是指：使用了典型的方言词汇、典型的方言语法结构以及明显的病句。以此来区别“用词不太得当、不够得体、不够严谨；语法不够严密、语境中的习惯性省略”等规范度比较低的现象。试图对词汇或语法现象的正误问题作出较为明确的界定，以便于测试员把握。

即便如此，测试员在对词汇、语法现象作判断时，还是习惯把一些不太妥帖或不够严密，但语法没错、表意也清楚的句子判作错误，如“便宜又打折的商品，价格优惠”“不是和我在同一学校”“课堂上的老师”“吃吃月饼”“为什么喜欢春节的理由”等，甚至误将一些规范的词语或语法现象当作方言，如：“热水瓶”“调羹”“上个礼拜”“躺在床上发高烧”等。

可以想象，如果对“规范程度的高低”没有一个相对统一的认识，评分标准如果不能进一步细化，那么测试员在评分时会有多么困难！

5. 测试员自身的专业素质，是词汇、语法项出现评分差异的重要原因。

截至2007年6月，上海市已经培养的普通话测试员达到414人。测试员数量可观，测试员的来源也比较分散，即便来自同一个系统，也是出于不同的单位。据统计，来自高校的测试员占到17.4%，中职校占13%，中学占32.1%，小学幼儿园占20.3%，还有17.1%来自广播影视及其他行业。

调查中发现，由于测试员的专业背景不同，在测试中表现出的业务水平也就不尽相同，尤其体现在对普通话词汇、语法的运用把握上。尽管测试员的文化程度普遍较高，但口语表达能力差异明显。测试员在日常生活中说普通话，大都比较注意自己的语音，而对词汇、语法的规范性重视程度相对较低，甚至会出现方言词、方言语法等现象。有些无意识的失误一旦形成习惯，便会不自觉地将之作为语法、词汇评判时的参照标准，导致误判。特别是遇到自己不是很熟悉的口语表达句式或是逻辑不很严密、措辞不很得当的语句，往往习惯于将书面语表达的要求等同于口语词汇和语法的评定标准，导致评判过严。

五、建议与对策

根据以上分析，说话项词汇语法规范程度的评分确实存在很多困难。为了进一步提高测试员对普通话词汇语法的规范意识，最大限度地提高词汇语法评定的合理性和统一性，提出以下建议和对策。

（一）加强对词汇、语法的动态发展研究。

为了提高说话项词汇、语法评判的科学性和公正性，测试机构应加强对词汇、语法的动态发展研究，应定期或不定期地组织专家研究、严格选定普通话新词语词表，供测试评判时参考。比如：“T恤”“比基尼”“艾滋病”“巴士”等外来词语，“买单”“爆满”“开涮”“炒鱿鱼”等方言词语，“纳米”“软件”“前卫”等专业词语，一旦确认为新的普通话词语，就应该及时向测试员公示。

（二）提升测试员对词汇、语法的评判能力。

对词汇、语法的考量是否科学合理，与测试员的业务水平密切相关，因此，建议测试培训机构要组织多种形式的专题培训。有关普通话词汇、语法规范化的许多理论问题，可以请专家来释疑解惑；有关实际操作中的难点重点问题，可以组织测试员开展相关课题研究和交流，用科研成果来指导实践；有关测试评分中应该掌握的各种操作技能，可以通过考试，巩固认识，提高测试员仔细听辨、及时记录的能力。

（三）完善词汇、语法评分的操作细则。

为了增强普通话词汇、语法评定的可操作性，建议测试机构要不断完善符合实际的评分细则。

1. 对方言词和普通话词的界定，建议以最新版的《现代汉语规范词典》《现代汉语词典》（以下简称《规范》、《现汉》）等权威词典为依据。凡《规范》中已经收入的，不论《现汉》中是否标<方>，均应视为规范普通话词；《规范》中未收入，且《现汉》标<方>的词语可以判定为方言词。

2. 对未进入权威词典的词语，建议以“能否广泛使用、广泛接受，有无表现力和生命力”为原则评判其是否规范。比如，“房奴”和“超女”已广泛运用，且符合交际表达的需要，表义也比较明确，明白易懂，即使没有被词典收入，也不能判为“失误”。

3. 对方言语法失误的界定，建议以“是否带有典型的方言特征”为原则，没有认准的就不能按“方言类失误”计量。

4. 对非方言性质的一般语法失误，建议以“弹性”原则酌情处理。处理办法如下：出现的失误如果是由口语化原因引起的，只要不妨碍理解和交流，一般不轻易扣分；出现的失误如果在特定语境中确实难以理解或造成歧义的，可按“一般语法失误”计量。

5. 建议测试员要以发展的眼光看待方言和普通话的区别，以宽容的态度看待一些口语词汇和语法现象。不妨结合特定的语言使用领域去判断这些词汇、语法现象，而不宜笼统地说“合规范”或“不合规范”。

注释：

①王晖《普通话水平测试中的词汇、语法问题》2004.

②中心城区指上海市内环线以内的区域，如黄浦、虹口、静安、长宁等区。

③钱乃荣，许宝华，汤珍珠．上海话大词典［K］．上海：上海辞书出版社，2007. 毛脚媳妇 P172、吊盐水 P135、烧饭 P73。

④李行健主编．现代汉语规范词典［K］．北京：外语与教学研究出版社，语文出版社，2004. 大年夜 P248、老公 P788。

⑤“房奴”和“超女”选自教育部公布的《中国语言生活状况报告（2006）》之《2006 年汉语新词语选目》。

⑥李行健主编．现代汉语规范词典［K］．北京：外语与教学研究出版社，语文出版社，2004. 搞定 P436、傍大款 P38、发烧友 P356。

⑦表中例举的词条引自郑立华《“经济新词汇”左右<现代汉语词典>修订》（《新闻周报》2005 年 8 月 23 日），均为《现代汉语词典》第 5 版新增加的词语。

参考文献：

［1］钱乃荣，许宝华，汤珍珠．上海话大词典［K］．上海：辞书出版社，2007.

［2］周　荐．二十世纪现代汉语词汇论文精选［C］．北京：商务印书馆，2004.
［3］孟昭兰．普通心理学［M］．北京：北京大学出版社，2003.
［4］王　晖．普通话水平测试中的词汇语法问题［A］．第二届全国普通话水平测试学术研讨会论文集［C］，北京：商务印书馆，2006.
［5］杨　华．浅议生造词语的判定和规范问题［J］．求是学刊，2002（1）．
［6］陈德三．刍议汉语词汇规范化中的几个问题［J］．鹭江职业大学学报，2001（4）．

普通话水平测试中出现的逆序词现象研究*

张　巍
（上海师范大学对外汉语学院　上海　200234）

［摘　要］　普通话水平测试中出现的逆序词及相关的语言现象不容忽视。本文整理出了普通话水平测试常见逆序词表，对应试者提供指导性建议，通过常见误倒现象分析引起应试人员的注意，以期正确识别测试篇目及词汇中出现的逆序词，避免根据往常习惯而朗读偏误，减少甚至避免方言词汇的负迁移影响，最大限度地消灭测试中出现此类失误。同时还揭示了汉语逆序词在词汇的心理认知过程中的认知与识别机制，进而探讨构词语素与整个词在词汇识别中的作用及关系，探讨语素的序位信息在词语加工中的特点。

［关键词］　普通话水平测试；逆序词；偏误；分析

逆序词是一种历史语言现象，涉及汉语词汇史研究、方言研究、词典编纂以及词汇教学等方面。在现代汉语里，它已成为双音节合成词的一种独特的构词方式，丰富了汉语词汇。逆序词的产生，不只是构词法问题，同时也是一种修辞手段①。可以增强语言的表现力。“五四”时期的文学作品里并不少见。鲁迅先生的作品中也使用不少逆序词，诸如慰安、虏俘、绍介、苦痛、论争等，表现出特有的风格。在一定的语境中使用一对逆序词，可以使行文有所变化、生动活泼而不流于呆滞。“变文以成辞而无异义”是修辞的技巧，因此朗读篇目中出现并不奇怪。本文研究的主要问题在于普通话水平测试中出现的逆序词以及相关的语言现象。针对普通话测试中出现的逆序词现象进行归纳、总结和分析。测试中经常出现应试者误读误倒逆序词的现象，本文以《普通话水平测试指导用书》为蓝本，整理出了普通话水平测试常见逆序词表，其中包括书中出现的所有逆序词和可能出现的逆序词以及应试人员在测试中经常出现的误用逆序词，从结构、词性、意义和用法等方面加以全面研究。通过常见误倒现象分析，对应试者提供指导性建议，从而正确识别测试篇目及词汇中出现的逆序词，避免根据往常习惯而朗读偏误，减少甚至避免方言词汇的负迁移影响，对于有效纠正和防止测试中出现颠倒逆序词提供有益的帮助。同时还揭示了汉语逆序词在词汇的心理认知过程中的认知与识别机制，进而探讨构词语素与整个词在词汇识别中的作用及关系，探讨语素的序位信息在词语加工中的特点。

---

* 本文研究得到上海市普通话测试中心科研规划重点项目——普通话水平测试研究课题（项目编号：ZX007-03）、教育部人文社科青年项目（项目编号：07JC740010）、上海市教委项目（项目编号：CW0639）以及上海市高校人文社会科学重点研究基地基金（基地编号：SJ0705）的资助。

一、普通话水平测试大纲常见逆序词及类似现象分析

本文通过对《普通话水平测试用普通话词语表》收录的17055条词语进行穷尽性调查，列出了以下词表。

（一）大纲中两序并收的（词语后面数字为大纲页码）共计157对，314个词语。

表一

报警174——警报180	备战73——战备90	背脊228——脊背228
本原155——原本164	笔画297——画笔308	变量119/242——量变131/242
变质74——质变71	波长230——长波230	裁剪101——剪裁104
彩色95/248——色彩98/258	菜蔬112——蔬菜111	察觉74/241——觉察64/241
柴火74——火柴63	产生166——生产171	产物60——物产89
唱歌儿221——歌唱63	称号166/231——号称178/231	成形176——形成173
承继176——继承168	出发61——发出63	初年142——年初140
储存111——存储113	喘气77——气喘83	词语95——语词109
存留103/127——留存105/133	错过103——过错104	达到272——到达273
代替272——替代288	担负233——负担233	导向300——向导327
等同176/251——同等172/251	低压300——压低329	地基300——基地280
弟兄208——兄弟219	弟子96——子弟100	电机300——机电310
定额167——额定177	动机274——机动310	动摇274——摇动330
斗争167/234——争斗188/234	对应167/253——应对188/253	儿女139——女儿141
发挥147——挥发235	发生167——生发184	犯罪96——罪犯100
飞腾177——腾飞185	分工149——工分157	蜂蜜178——蜜蜂170
改悔199——悔改200	感情168——情感171	感伤79——伤感84
羔羊305——羊羔330	阁楼127——楼阁133	工矿305——矿工315
工人150——人工152	功用305——用功331	故事63——事故67
光亮120——亮光131	国立128——立国130	国民150——民国151
国王278——王国289	过路128——路过123	喊叫307——叫喊312
合适63——适合67	和缓238——缓和237	河山80——山河83
红火208——火红310	互相251——相互251	画图309——图画289
欢喜279——喜欢210	黄昏147——昏黄309	黄金150——金黄158
回来120——来回121	回收80——收回67	会议258——议会294
火炮245——炮火245	积聚310——聚积313	积累120/242——累积130/242
积蓄310——蓄积328	急性168——性急187	集结240——结集240
计算97——算计107	纪年142——年纪140	加强246——强加246
家人150——人家152	讲演200——演讲198	接连120——连接122
紧要158/253——要紧153/253	近邻128/158——邻近122/151	近亲158——亲近160
进行190/252——行进191/252	经历120/168——历经130/181	径直180——直径174
卷烟196——烟卷（儿）222	决议283——议决330	开展64——展开70
科学283——学科292	苦痛315——痛苦288	来历129——历来121

来往121——往来125
冷清130/180——清冷135/184
粮食64/122——食粮85/135
马上64——上马84
名声182——声名185
难为143/245——为难141/245
年终82/143——终年72/141
平生183——生平184
齐整183——整齐174
前提286——提前288
泉源321——源泉295
人文161——文人153
声响171——响声172
实证185——证实174
私自107——自私49/110
体形185——形体173
象形186——形象173
畜牲/畜生176——牲畜171
意愿330——愿意214
运转70——转运94

拦阻105/129——阻拦110/138
理论121——论理134
流水64/123——水流68/124
毛皮316——皮毛318
明天170——天明186
年青140/170——青年141/170
女子97/141——子女100/141
评述183——述评185
汽水83——水汽68
侵入151——入侵152
人世161——世人162
散发98/247——发散103/247
实事85——事实67
式样85——样式69
送葬107——葬送109
体液322——液体293
心虚163——虚心163
寻找69——找寻91
意旨90——旨意92

泪眼130——眼泪125
力气121——气力135
路线123——线路125
面前284——前面214
明显170——显明186
年终143——终年141
盘算106——算盘107
期限286——限期326
器乐242——乐器242
情人191——人情191
人为152——为人153
散失113/247——失散113/247
实现66——现实69
手下86——下手89
孙子98——子孙100
微细324——细微326
修整187——整修189
言语293——语言295
音乐154——乐音164

（二）大纲中仅收一序，另一序《现代汉语词典》收录者，共计358个。其中黑体词语如“煎熬”“比较”等为方言中的逆序词，其逆序形式“熬煎”“较比”等现已进入《现代汉语词典》。

表二

爱抚295	爱情165	**煎熬311**	把手73/199	白银155	办公296	半夜271	保安297
保管197	报导297	报喜297	悲伤73	备战73	背后228	倍数73	笨拙155
比较271	臂膀228/298	变形166	辩论126	补贴272	不可203	不要204	才干101
苍穹263	草本199	**草皮102**	草药102	策划102	查询74	茶花74	产妇74
颤抖230	长波74	长官70	长久60	肠胃75	畅通75	沉浸155	成年166
诚实166	诚挚176	痴呆75	虫害76	出产61	出嫁76	出卖61	出售61
出外76	初年76	初夏76	传真156	刺骨102	丛林156	搭配299	答应166
道路119	敌情176	地道208	地下214	点燃115	雕塑96	动脉274	毒蛇78
读音156	妒忌301	度量242	队列127	对比274	对答232	躲藏103	躲闪78/199
发配302	发送103	翻滚302	返回147	犯人156	饭盒儿221	仿效303	肥水78
奋发157	风暴167	风寒177	缝隙178	扶手78	负重255	干枯304	甘心149
感动276	**刚才96**	高中63	膏药208	告状79	歌颂96	根除157	公主63
关闭277	光荣115	规定168	海滨157	害虫63	和平168	和谐237	厚薄229/308
花盆儿222	化石63	宦官264	黄土279	汇总104	**火光280**	火热117	火山63
火星168	火焰280	机灵179/209	积存104	激愤158	极地310	急救146	集会280
集聚310	集市80	集邮310	集约253	忌讳215	加倍311	检查64	见识209

健康 281	健壮 64	奖金 150	脚跟 158	脚下 281	捷报 313	解剖 240	介绍 64
界限 258	警告 169	救援 313	居民 150	居住 64	开水 64	开张 81	开支 64
勘探 283	看好 241	考查 81	考察 64	客房 315	空闲 243/315	空虚 241	空中 64/241
来年 145	离别 130	历年 145	粒子 97	连绵 131	连通 250	脸红 131	恋爱 122
灵魂 122/169	灵性 132	领头 132	流传 231	旅行 123	旅行 169	马车 64	埋葬 105
蛮横 181	**眉眼 316**	门道 159/209	门道 209	梦幻 181	绵延 316	敏锐 151	末期 285
没收 64	墨水 82	内海 143	内在 140	奶牛 142	年初 65	念叨 143	女神 144/160
女士 141	暖和 144	攀登 182	盘算 209	喷嚏 160	皮包 318	皮肉 117	片断 245/318
漂浮 318	评定 183	朴素 97	乞求 319	乞讨 201	气节 319	牵挂 320	前头 213
青菜 183	青天 183	**秋收 83**	权利 124	权威 287	泉水 83	劝解 240	**热闹 115**
人生 190	人士 152	日后 117	日前 115	如何 116	乳牛 144	润滑 118	沙土 83
山梁 83/135	善良 65	上班 65	上边 65	上路 84	上山 65	上身 161	少年 66/141
身后 152	深渊 162	升腾 184	生前 171	剩余 171	湿润 66	拾掇 210	醉心 165
士兵 171	世故 85	世家 85	事后 67	事情 171	试探 86	手枪 67	守护 86
书写 68	水泥 68	水渠 87	税利 136	税收 68	说话 68	说明 171	私营 172
松手 113	损耗 98	台灯 185	探测 98	糖果 321	逃窜 108	逃脱 321	田园 322
填充 88	调解 288	通融 118	同伴 250	同类 125	头顶 172	土壤 116	湍急 268/323
吞并 186	外出 88	外海 324	外号 237	玩赏 88	网罗 136	文本 162	文盲 325
文明 172	误差 229	吸吮 89	唏嘘 326	洗刷 89	细心 153	下笔 326	相貌 327
象征 172	效能 145	谐调 234	协调 292	泄漏 136	心爱 163	心烦 163	心酸 163
心愿 163	星辰 191	熊猫 328	畜牧 206	选民 163	漩涡 253	旋涡 328	血气 252
询问 293	压强 246/293	烟尘 163	延伸 153	严谨 163	言传 89	眼红 329	眼花 329
演出 69	验证 173	养护 330	养生 187	药方儿 222	一同 204	依偎 268	荫庇 164
音译 164	引导 154/198	应酬 188	影射 188	由来 137	油菜 109	油茶 90	宇航 331
浴池 90	猿人 164	远古 201	云彩 109	运河 332	运载 109	运转 70	蕴含 333
杂乱 109	战争 173	折磨 215	争论 125/173	正规 174	正中 189	证明 174	证人 191
证书 174	知情 189	侄子 114	侄子 213	直率 92	直爽 92	**治疗 71/125**	质朴 92
致密 92	中年 255	中期 71	重心 165	轴线 93	珠宝 93	主顾 93	主教 72
主事 93	贮存 111	子弹 100	总共 110	总归 110	祖先 101		

（三）AB 式收录于大纲，其 BA 式存在于不同地域方言中。如表三中所收词语。

表三

煎熬 311	根本 149	比较 271	草皮 102	饭菜 103	赶紧 149	刚才 96	火光 280
竞争 168	客人 150	录取 133	眉眼 316	勉强 198	没收 244	气愤 259	气味 259
秋收 83	热闹 115	时常 66	素质 111/259	算账 113	拖鞋 323	顽皮 324	围墙 324
详细 291	因为 154	治疗 125					

方言的影响（负迁移），不仅现代汉字的读音受方音影响，而且现代汉语的词汇也在一定程度上受到方言词汇的影响。我国幅员辽阔，人口众多，地貌复杂，山川丘壑的阻隔，造成诸多的方言分支。与普通话相比，不少方言中都或多或少的存在逆序词。通语用 AB 式，而某一地域的方言用 BA 式（或者不同的地方分别用 BA 和 AB 式）。AB 与 BA 两式有的意义和用法有所区别；而有些逆

序词 BA 与 AB 即使结构方式不同，意义和用法却没有太大区别。

煎熬、比较、草皮、刚才、火光、眉眼、秋收、热闹、治疗等词（已列入词表二）的逆序词熬煎、较比、皮草、才刚、光火、眼眉、收秋、脑热、疗治这些方言中使用较为普遍的词语，现在已经被《现代汉语词典》所收录（词典标注<方>），为大众所接受。在北方话中，“熬煎”除表折磨外，还常表担忧、忧愁。如：这事情把人熬煎得不得了。

其他如根本、赶紧、竞争、勉强、没收、气愤、气味、算账、顽皮、详细等词的逆序形式本根、紧赶、争竞、强勉、收没、愤气、味气、账算、皮顽、细详多用于关中方言、晋方言及北方其他一些方言中；而饭菜、客人、录取、时常、素质、拖鞋、围墙、因为等词的逆序形式菜饭、人客、取录、常时、质素、鞋拖、墙围、为因多用于吴语、粤语、闽语、客家话等南方方言中。

（四）AB 式见于大纲，其 BA 式词典未收，不过有可能发展出新的逆序词，特别是诗歌韵文中为了照顾韵脚一般会用到。如表四所收的词语。

表四

安心 148	澄清 176	动心 156	富饶 117	鬼神 157	狠心 157	寂静 168	矿山 81
砾石 131	善良 124	审核 162	水泥 141	损伤 111	痛心 162	姓名 173	性情 173
业主 90	引诱 164	幼年 141	赞颂 109	滞留 92/137	转移 73	壮丁 189	

这些词语的逆序形式古汉语中成词，《现代汉语词典》不收，而微软拼音词库中有，其中滞留、富饶、善良、水泥、幼年、动心、审核、性情、姓名、壮丁、澄清等词的 BA 式留滞、饶富、良善、泥水、年幼、心动、核审、情性、名姓、丁壮、清澄符合平仄调序，有机会再次进入现代汉语词汇，成为合法逆序词。我们已经知道，音节四个声调的顺序（换言之即平仄）调序对于双音节词两个构词成分的位置起着一定的作用。大体说来，如果 AB 与 AB 两个词语都曾经或正在活跃在汉语词汇史上，那么两个音节声调符合平仄顺序的保留下来的可能性会大一些。[2]平仄调序对语词序位先后的影响古人早已注意到。《世说新语·排调》：“诸葛令、王丞相共争姓族先后。王曰：‘何不言葛王，而云王葛？’令曰：‘譬言驴马，不言马驴，驴宁胜马邪？’”正如人们说“牛马”而不说“马牛”，说“猪狗”而非“狗猪”。

词表中“嫉妒（jídù）265”（平仄）一词没有逆序词，即不说“妒嫉”（仄平）；而“忌妒（jìdù）（同调）”与“妒忌”均能在《现代汉语词典》中找到。

在古代汉语中，这些词语及其逆序形式并存使用，例如（仅举 BA）：

（1）是岁天子始建汉家之封，而太史公留滞周南，不得与从事，故发愤且卒。（《史记·太史公自序》）

（2）倾府库以遗邑，多赍珍宝猛兽，欲视饶富，用怖山东 。（《汉书·王莽传下》）

（3）今者主上兴于奸，饰于邪臣……诛罚良善，日以益甚。（《史记·吴王濞列传》）

（4）近与儿子结茅屋数椽居之，仅庇风雨，然劳费已不赀矣。赖十数学生助工作，躬泥水之役。（苏轼《答程天侔书》之一）

（5）先王弃群臣，寡人年幼，奉祀之日新，心固窃疑焉。（《史记·张仪列传》）

（6）赵相贯高等谋弑高祖，高祖心动，因不留。（《史记·高祖本纪》）

（7）雕琢情性，组织辞令，木铎起而千里应，席珍流而万世响。（《文心雕龙·原道》）

（8）书足以记名姓而已。（《史记·项羽本纪》）

（9）〔子产〕治郑二十六年而死，丁壮号哭，老人儿啼，曰：“子产去我死乎！民将安归？”（《史记·循吏列传》）

（10）陛下不加清澄，审别真伪，复与忠臣并时显封，使朱紫共色，粉墨杂糅。（《后汉书·黄琼传》）

（五）逆序词是处于发展变化之中的，有些词语BA式渐渐淡出了，有些又重新登上了汉语史的舞台。见表五（以下为05版《现代汉语词典》新增，已列入表二）。

表五

调解288	血气252	漩涡253	中年255	空中241	诚挚176
询问293	保安297	报导297	发配302	旋涡328	宇航331
竞争168	削减328	湍急268/323			

表五中，前面12个词语的逆序词1996年第3版修订本《现代汉语词典》尚未收录，而现在已经为大众所接受并正式收入2005年第5版《现代汉语词典》，进入了普通话词汇成为合法同素逆序词。与之相反，上表中“竞争”的逆序词“争竞”第3版收录，注释为“〈方〉计较；争论”。而第5版已经删去了。“削减”亦属这种情况。可见随着社会生活的变迁，有些词语渐渐从人们的生活中淡出了。这都说明逆序词仍处在继续发展变化之中。上个世纪40年代，张清常先生在《字的次序与词的次序》一文中提到：“把‘进行’说成‘行进’，虽然日本人看着顺眼，中国人听着可怪刺耳的（不过照目前情形，‘好转’‘演出’等语日渐流行，将来‘行进’也许会在抗日的口号中出现?）。”③看得出在当时“行进”还极少使用，而现在已进入了基本词汇。

可以断言，汉语词汇中逆序词将会继续长期存在，并且越来越多地被收录进入词典。逆序词的发展变化还表现在词语义项的增减方面。换句话说，就是意义用法完全相同的同素逆序词，其中一部分AB与BA也会渐渐产生分化，这是出于语言简约性的需要。

例如表五中的“湍急”与其逆序词“急湍”本有相同的义项，均可表示水势急，如：“急湍的溪流。”“川江险滩多，水流湍急。”此外，“急湍”还有名词的用法，指很急的水流。1996年第3版修订本里收两义项，而第5版《现汉》仅留名词的义项，以示区别。

（六）AB式收于大纲，其BA式虽非词却为常用组合者。如“电光300”的逆序“光电”，人们常说“光电鼠标”。因其常见，故在语流中易误读逆序。

表六

八十205	斑白296	冰冷175	出走112	穿刺112	词组95	次数111/249	
打击232	尖刀312	到来119	地租96	电光300	顶峰177	动乱127	对面274
房租103	父老127	后退308	花白308	开放283	开凿105	牢记129	老年145
落日117/138	麦收82	平地183	前年144	清查183	清算184	肉食83	上场84
上头84	烧火84	深夜152	熟睡87	数字111	水井185/201	锁链136	外国289
外界289	外在99	万一204	下跌326	下落125	下台326	乡下210	香甜327
雪白292	牙刷89	音高164	友好198	中途92	中心154	中意93	

（七）逆序形式词典收，不过构词语素不完全相同，因而两序中同一个字读音往往并不相同，只能处理为“同字逆序词”。见表七。表中前加“*”号的两序均出现于测试大纲中。

表七

国法307	当家299	情调234	看中241	化石249	相识249	孤独277	机关280
病害175	语法198	典雅199	海里200	风采177	果真157	感性168	人道161
难受140	上路135	里头121	长年74	房产78	世面85	事理85	相识89
装卸94	协作99	四周110	演义329				

*称职156——职称189　　*成分189——分成190　　*带领119——领带132

＊地质62——质地92　　＊动能139/167——能动140/170　＊理事130——事理135

＊名著182——著名174　　＊难受65——受难86/144　　＊发毛302——毛发316

＊头骨323——骨头261

此外，还有一些词语其逆序形式虽不成词，然其逆序很容易读为另外一个词，这种情况在普通话水平测试中也会出现。如：

告终79——忠告　　纪实80——实际　　社交84——交涉

时务85——务实　　精神190——神经190　　列强246——强烈246

现在99——再现99

以上词表中共收录了大纲中出现的逆序词以及与逆序词汇现象密切相关的词语826个。这个数量也是比较可观的。在朗读测试中误倒1个词被扣0.2分，而多音节测试中误倒1词则被扣除0.4分。因此此类现象不容忽视。

（八）逆序词的结构、意义、搭配、语用分析。在汉语双音节词汇判断中，复合词的构词法类型对词汇判断识别产生影响，而首字构词语素（词素）效应及词素的序位频率可以说是双音节复合词构词法意识根源，因此，很有必要对逆序词的结构类型加以分析。

1. 联合——联合式：指的是AB与BA的结构均为联合式。

（1）词性、意义和用法相同。苦痛——痛苦、代替——替代。

（2）词义用法有别。欢喜——喜欢（表一）：喜欢是动词，欢喜主要是形容词用法，表示快乐高兴。吴语中欢喜主要是动词用法，相当于普通话的喜欢。

和平（表二）——平和：两词在“温和，平静”的意思上义同通用；“和平”另一意思是政局安定，没有战乱；“平和”无此用法。还有计算——算计（表一）等。

（3）语法搭配有别。和缓——缓和（表一）：前者意为平和舒缓，常与药性、语调等搭配。用以指称药性时，其理据是：据载春秋时期秦国有名医和与缓，二人齐名并称，时久则凝固下来。“缓和”与“紧张”相对，多用以形容气氛、局势、心情等。

2. 偏正——偏正式：蜜蜂——蜂蜜（表一）、泪眼——眼泪（表一）、昏黄——黄昏（表一）家人——人家（表一）等，这几对词语均为偏正式，词义的核心及用法不同。

3. 偏正——陈述式：细心（表二）——心细、心虚——虚心（表一）等。

4. 支配——陈述式：动心（表四）——心动，两词在“内心触动，产生想做某事的念头”这个意思上同义，至今通用。

5. 联合——偏正式：儿女——女儿（表一）、子孙——孙子（表一）等。

6. 支配——偏正式：为难——难为（表一）：为难是支配式，两个常用义项：1）形容词，感到难以应付。如：这事叫人很～。2）动词，作对或刁难。如：故意～；难为属偏正式，也有两个常用义项：1）动词，使人为难。这个意思有时也可以说“为难”。如：他不会唱歌，别～他了。2）别人做了不易做的事情，表示感谢的客套话。如：帮我把这么重的箱子提上来，真～你了。这个意思不用“为难”。

7. 补充——联合式：摇动——动摇（表一）：前者结构为补充式，意为摇而使之动或指摇摆。后者联合式，作为不及物动词意为不稳固、不坚定。如：坚定信念，绝不～。作及物动词时表示使动摇。如：无论什么也不能～他的决心。展开——开展（表一），前者可表示铺开，张开。如：～一幅画卷。也表示大规模地进行。如：～激烈的辩论。后者主要指从小向大发展。如：～全民健身活动。

在普通话中像“苦痛——痛苦”“代替——替代”这样结构、词性、意义和用法相同的逆序词数量是很少的。一般来说，结构不同则语义、语用大都不同。不过也有例外，上面第四类的“动心——心动”意义和用法基本相同，可以通用。

现代汉语中同素逆序词如果 AB、BA 两序并存，一般会产生意义用法的分化。逆序词没有必要加以人为的规范，这是一种历史语言现象，是汉语词汇发展自身的产物。语言有其自身的制约机制，根据简约化原则和表达精密化的要求，会自然淘汰掉一些冗余的成分，保留下来的会发生分化，或者意义上有所差异，或者语用上有所分工。特别是意义相近而用法上又有差别有分工的同素逆序词，可以准确表意，形象描述，使语言生动活泼，富有表现力，具有积极意义。丁勉哉先生 50 年前就曾经肯定：“同素词是使得汉语更加丰富的方式之一，它不仅不是语言的病态，不仅不是赘余的东西，而且应该肯定它是汉语词汇宝库里非常有用的一部分。”④

二、测试中出现的逆序和误倒情况分析及逆序词在词汇的心理认知过程中的认知与识别机制

众所周知，口语和书面语的区别就在于口语的用词范围可以比较窄，句子比较短，结构比较简单，还可以有重复、脱节、颠倒、补说，也有起填空作用的“呃、呃”之类的废话；书面语用词范围广，使用比较复杂的句子结构，尽量排除废话，讲究篇章结构、连贯照应等⑤。普通话测试中所运用的口语是经过提纯的、指向明确、含义丰富、严谨规整的口语，避免了日常口语的重复、啰嗦、凌乱、模糊甚至词不达意、语序颠倒、任意添补、词语搭配不妥、不合语法规范等，必须达到干净利索、清晰流畅、圆润动听的要求。掌握朗读的要领和技巧应该做到：不添字、不漏字、不改字、不颠倒，语气语调准确，停连得当，不中断，不重复，不回读。

有些人口语功底还不错，私下里与朋友聊得也挺投机，可一旦到了大庭广众之下，其口语交际水准也明显失真，会出现“嗯……啊……”“这个……那个”“你比如说……”等语流中断、垫语增多甚至不合语法的现象，还会出现东一句西一句、重复颠倒的现象。这和平时语言积累不够丰富、紧张、缺乏朗读说话技巧等因素有关。

（一）在普通话水平测试中出现的逆序现象及误倒情况，把 AB 读成 BA 主要包括以下几种：

1. BA 是另一个词语，存在于普通话。这类偏误最常见。

实例 1：时间：2007 年 6 月 9 日上午。地点：浦东洋泾菊园学校。普通话水平测试，13 人中有 6 人将“典雅”误读成“雅典”，其中 2 人更正，4 人（2 男 2 女）并未察觉。

实例 2：今天上午，普通话测试结束了，不知道能不能升级。内心一点底也没有。今天我比较幸运，朗读作品是 1 号，说话题目是《我的假日生活》，但单音节词语念得还是不够好，有两个词语拿不准读音，用余光看到老师在不停地画，双音节词语比较不错。朗读作品将词语读颠倒一个。好在没有更正，要不然又要扣分。不管成绩如何，毕竟参与了。希望能够得到比较好的成绩。（《普通话测试结束》）

2. BA 非词。这类偏误数量有限，一般跟应试者现场情绪、心理因素有很大关系。

实例 3：时间：2007 年 6 月 9 日下午。地点：浦东洋泾菊园学校。普通话水平测试，一名应试者将“修养”读成“养修”；另一名应试者把“耻辱”读成“辱耻”，随后又改读“羞耻”。

3. BA 属于方言词。此类偏误显然受到方言负迁移的影响。如果对自己方言中的逆序词比较熟悉，并且能够客观地、有意识地同普通话相应词语加以比对，稍加留心，一般可以避免。

实例 4：现在我再说说我们白话的一些词语跟普通话在语素结合的次序上恰好颠倒的情况。比

如，普通话中的“喜欢”，我们说“欢喜”；“要紧”，我们说“紧要”，“夜宵”，我们说“宵夜”；普通话中的“客人”，我们说“人客”。（摘自普通话测试说话范文16号《我的家乡话》）

4. 单字顺序颠倒。这一方面是所谓的“看走眼”了，另一方面跟下文提到的词语的心理认知有关。

实例5：清清喉咙，开始录音。第一题，有两个字读颠倒了，没法子，平时都读“摊、塌”，比较顺口啊，可是这时候偏偏是“塌、摊”，气死了。

5. 逆序相关的句法现象。如将“张开没牙的嘴”说成“张开没嘴的牙”；“大家坐下来便吃饭”说成“大家坐下来吃便饭”；“心有灵犀一点通”被说成“心有一点灵犀通”等。严格来说，这类现象并不是逆序词，只能算句法层面的颠倒。不过，这种现象产生的根源与逆序词有相通之处，故包括在本课题研究的范围之内。

实例6：语法方面，少数民族学生学习普通话时，在语法方面出现的问题相对语音、词汇少些。比较突出的是语序问题。……2. 定语的位置。普通话中定语在中心语前，而苗语中定语常在中心语后。如：鞋布——布鞋，碟墩桥——桥墩，房屋茅草——茅屋，脑壳牛——牛头。3. 进行态的表示。土家话中进行态是在动词后加助词，土家族学生说汉语时也将表时间的副词“在”放在动词后。如：吃在——正在吃，读书在——正在读书。4. 比较句的句式和语序。不等式比较句中形容词的位置与普通话不同，也不用“比”字。如：我大你——我比你大，他重我三斤——他比我重三斤。（转引自李启群《浅谈少数民族大学生的普通话教学》，《吉首大学学报》2001. 1）

实例7：我一向为自己的普通话水平感到骄傲。不骄傲也不行啊，你想，早在读师范时，我就是推普委员，一个班级四十五人服服帖帖，一任就是三年。工作后，参加了市里镇里的几次演讲赛，总能得个名次。好几回害得我私下里嘀咕：生不逢时哪，要是我能去播音系进修一下，说不准就是名主持人！进入新世纪后，教师需要普通话测试，闹得“满城风雨”，老老少少都“普通（动）”起来，办公室里多了“牙牙学语”或是“朗朗书声”。普通话培训班人满为患，考大学时的用功劲儿也不过如此吧。……测试的日子终于到了。人们临进考场还埋头苦“读”，我逍遥自在；别人说要像小黄那样就好了，我心中暗喜，不动声色，连称彼此彼此。轮到我测试，一切顺利，但感觉朗读好几个字词心里没底，说话内容几处颠倒重复，出试场时的满面春风不免有点假装。有消息说，我校就两人未通过测试，其中一个就是我。我一下子就像霜打的茄子——蔫了。（慈溪教育博文《小黄语文·普通话的故事》）

（二）逆序词在词汇的心理认知过程中的认知与识别机制分析。

我国心理学工作者曾以汉语逆序词为实验材料进行过反复实验，证明在词汇的心理认知过程中，逆序词的呈现不但能促进与之有联想关系的目标词的词汇判断，而且也能促进其逆序形式的词汇判断。前者称之为语义启动，后者称之为逆序启动⑥。就是说，当一对逆序词中的一个词呈现给认知者时，它的逆序词也得到激活。按构词语素识别的观点，人们认知双音词时，一方面激活的是该词的语素表征，例如，当“自私”呈现时，“自”和“私”的语素表征被激活；另一方面与这两个语素有联系的整词表征“自私”和“私自”也被激活。因此可以说，在词汇识别过程中，当一个可逆的目标词呈现出来时，不但与目标词完全匹配的词表征得到激活，其逆序形式的表征单元也同样得到激活。使用汉语逆序词进行词语识别的研究，其便利之处是显而易见的，利于探讨构词语素与整个词在词汇识别中的作用及关系，也利于探讨语素的序位信息在词语加工中的特点。

这也正是朗读词语时，人们往往会误读为逆序的主要原因之一。应试者把“典雅”读成“雅典”，觉得很自然，当“典雅”呈现在读者面前时，其逆序形式“雅典”自然也得到激活，其激活程度因人而异，因此，有些应试者会在下意识的情况下读出“典雅”的逆序词“雅典”，并且没有意识到朗读的偏误；而有的读者脱口而出之后立即发现失误，从而更正过来。

这种逆序激活现象对于朗读来说具有一定的负面影响，不过，实验证明，这种逆序形式表征单元的激活的程度可以通过训练得到有效控制。

根据张必隐等（1992）通过实验研究控制词素频率变化词频对词汇识别的影响，在联合式合成词中，词语首字词素的频率高低直接影响到词汇判断的反应时与错误率；而在偏正式合成词中，尾字词素的频率变化对词汇判断反应时影响显著。韩晨宇（2007）提出了词汇认知的“互补理论”，认为人们在理解汉语双字词时，是以整词和分解两种模式并行的，而且这两种模式在一定条件下是以互补形式存在的。当激活一个高频双字词时，人们采用的是整词理解模式；而当理解一个不太熟悉的新词语时，人们所采取的策略是词素分解模式。换言之，即对于熟悉的双音节词语，整词首先被激活，接着词素被激活；对于新词或假词，在通达表征中没有相应的整词表征，被激活的是相应的词素（即词素分解理解通路）。

这或许可以解释人们在识别合成词时，为什么同样是联合式或者偏正式，有些词语很容易误读逆序，而有的则不然。在词汇识别过程中，支配式结构的双音节词的首字效应也较为明显，即首字频率效应在词汇判断中所起的作用远远大于尾字。我们知道，词汇识别是多个单元相互影响的过程，在词汇判断中，如果尾字词素能够为整词识别提供更多的信息，那么尾字词素的激活即得到加强。

至于哪些词语误读逆序的概率较大，这还需要利用上文的逆序词表通过实验作进一步的数据统计分析。

此外，逆序词还涉及构词法、韵律、轻重格式、独特视角、现场情绪、心理因素、修辞、文化等等方面，限于篇幅不再一一展开。逆序词的研究有助于更好地认识语素在词的识别中的作用，掌握规律和特点，总结辨析逆序同义词的方法，填补汉语词汇研究在这一方面的空白，并为普通话水平测试在理论建设方面走向逐步完善尽绵薄之力。本文整理出了普通话水平测试常见逆序词表，通过常见误倒现象释例引起应试人员的注意，以期对应试者提供指导性建议，最大限度地消灭测试中出现此类偏误。逆序现象的研究还有不少问题需要解决，本文谨作引玉之砖。

注释：

①张巍．古汉语同素逆序词的修辞效能［J］．修辞学习，2005（1）．

②陈爱文，于平．并列式双音词的字序［J］．中国语文，1979（2）．

③张清常．字的次序与词的次序［J］．国文月刊，1948（9）．

④丁勉哉．同素词的结构形式和意义关系［J］．学术月刊，1957（2）．

⑤叶蜚声，徐通锵．语言学纲要［M］．北京：北京大学出版社，1997.

⑥彭聘龄等．汉语逆序词的加工——词素在词加工中的作用［J］．心理学报，1999（1）．

参考文献：

［1］张清常．字的次序与词的次序［J］．国文月刊，1948（9）．

［2］丁勉哉．同素词的结构形式和意义关系［J］．学术月刊，1957（2）．

［3］陈爱文，于　平．并列式双音词的字序［J］．中国语文，1979（2）．

［4］叶蜚声，徐通锵．语言学纲要［M］．北京：北京大学出版社，1997.

［5］彭聘龄等．汉语逆序词的加工——词素在词加工中的作用［J］．心理学报，1999（1）．

[6] 李启群．浅谈少数民族大学生的普通话教学［J］．吉首大学学报，2001（1）．
[7] 张　巍．古汉语同素逆序词的修辞效能［J］．修辞学习，2005（1）．
[8] 韩晨宇．日本留学生汉语逆序词词汇通达的实验研究［D］．香港中文大学学位论文，2007.
[9] Zhang，B. Y&Peng，D. L. 1992 Decomposed storage in the Chinese lexicon. Hsuan－Chih Chen，Ovid J. L. Tzeng.，Language Processing in Chinese，Amsterdam New York：North-Holland 1992：131-149.

普通话水平测试朗读作品中轻声词的频率效应研究

廖广莉
（郴州职业技术学院　湖南郴州　423000）

［摘　要］　轻声是普通话语音现象，能构成语流中的节奏和韵律。本文对用于口语测试的普通话朗读作品中轻声词进行频率效应研究，提出以下观点：轻声词频率反映了作品的性质；轻声词频率产生的最直接效应是其非别义功能，即构成语流中的节奏和韵律；轻声词频率反映了文体特征；不同类别的轻声词对作品表达有直接影响。

［关键词］　轻声词；频率；效应；朗读作品

轻声是一种特殊的变调现象，从普通话阴平、阳平、上声、去声四个声调变化而来，由于它长期处于口语轻读音节的地位，失去了原有声调的调值，又重新构成自身特有的音高形式，听感上显得轻短模糊。轻声词是普通话语音的一个重要特点，20 世纪以来，从赵元任先生起首开轻声研究先河，出现了大量研究轻声的专著或文章，这些论著多侧重轻声的读音、作用、类型、声学性质、属性定位及轻声探源等理论研究，从语用角度探究轻声作用的研究较少。本文以《普通话水平测试实施纲要》中的朗读作品为语料，对作品中出现的轻声词（不包括轻音）进行频率统计，以探寻轻声词频率多寡对作品朗读产生的效应。这种频率效应研究有两个作用，一是可以让人们认识到轻声词频率多寡在普通话语流中的作用，二是便于人们正确朗读，说好普通话。

一、朗读作品中轻声词的频率统计

本文所作统计的朗读作品均来自《普通话水平测试实施纲要》，为保证统计的数据频率比例计算，一律统计每篇作品的前 400 个音节共计 24000 个音节，这与普通话水平测试朗读项的要求是一致的①。普通话水平测试中“朗读短文”一项的评分以朗读作品的前 400 个音节（不含标点符号和括注的音节）为限。统计的轻声词包括两部分，一是必读轻声词，以拼音不标调号为依据；二是可读轻声词，即一般轻读、间或重读的音节，拼音加注调号，并在拼音前加圆点提示。统计显示的是必读、可读两部分轻声词在前 400 个音节中所占的比例分布。

所统计的轻声词类别主要有：

（1）助词“的、地、得、着、了②、过”；

（2）语气词“吧、吗、呢、啊（包括“啊”的变读形式“呀、哇、哪”等）、啦”等；

（3）叠音词和词的重叠形式后头的字；

（4）构词用的虚语素“子、头、么③”和表示群体的“们”等；

（5）常读作轻声的量词“个”；

（6）用在名词、代词后面表示方位的语素或词，如“上、下、里、边”等；

（7）用在动词、形容词后面表示趋向的词“来、去、起来、下去”等；

（8）一批常用的双音节词，第二个音节习惯上要读轻声；

（9）处在词间读作轻声的“不”字。

对普通话水平测试60篇朗读作品前400个音节按照轻声词注音标识进行穷尽统计，各类轻声词在每篇作品中的频率情况见表一。

表一

作品编号	必读（个）	可读（个）	合计（个）	在前400音节中比例	作品编号	必读（个）	可读（个）	合计（个）	在前400音节中比例
1	37	9	46	11.5%	31	28	9	37	9.25%
2	38	20	58	14.5%	32	38	12	50	12.5%
3	48	19	67	16.75%	33	60	25	85	21.25%
4	49	15	64	16%	34	32	6	38	9.5%
5	47	18	65	16.25%	35	46	9	55	13.75%
6	43	2	45	11.25%	36	34	9	43	10.75%
7	46	18	64	16%	37	34	6	40	10%
8	57	20	77	19.25%	38	30	15	45	11.25%
9	57	7	64	16%	39	39	8	47	11.75%
10	38	11	49	12.25%	40	47	7	54	13.5%
11	31	7	38	9.5%	41	42	18	60	15%
12	59	15	74	18.5%	42	39	15	54	13.5%
13	28	7	32	8%	43	45	7	52	13%
14	41	19	60	15%	44	45	5	50	12.5%
15	47	7	54	13.5%	45	27	4	31	7.75%
16	39	10	49	12.25%	46	37	7	44	11%
17	51	19	70	17.5%	47	27	8	35	8.75%
18	37	2	39	9.75%	48	43	25	68	17%
19	33	6	39	9.75%	49	51	17	68	17%
20	37	11	48	12%	50	45	6	51	12.75%
21	34	16	50	12.5%	51	54	13	67	16.75%
22	44	11	55	13.75%	52	47	13	60	15%
23	38	9	47	11.75%	53	53	13	66	16.5%
24	40	9	49	12.25%	54	17	5	22	5.5%
25	70	7	77	19.25%	55	42	9	51	12.75%
26	50	30	80	20%	56	37	6	43	10.75%

续表

作品编号	必读（个）	可读（个）	合计（个）	在前400音节中比例	作品编号	必读（个）	可读（个）	合计（个）	在前400音节中比例
27	50	19	69	17.25%	57	55	18	73	18.25%
28	43	13	56	14%	58	32	11	43	10.75%
29	38	6	44	11%	59	52	13	58	14.5%
30	27	11	38	9.5%	60	24	2	26	6.5%
合计	必读：2499个		可读：694个		必读、可读合计：3193个				

对每篇作品轻声词频率在60篇朗读作品中所占比例进行分段统计，见表二。

表二

比例段	篇数	比例
5% ~9.99%	11	18.33%
10% ~14.99%	29	48.34%
15% ~19.99%	18	30%
20%以上	2	3.33%

各类轻声词的分布不均匀，占据较高频率的是助词，对助词在每篇作品轻声词中所占的比例分布统计如表三。

表三

比例段	篇数	比例
50%以下（不含50%）	16	26.67%
50% ~59.99%	16	26.67%
60% ~69.99%	14	23.33%
70% ~79.99%	10	16.67%
80% ~89.99%	4	6.66%

通过上述统计数据，我们对普通话水平测试朗读作品中轻声词的使用频率情况可以得出下列结论：

1. 60篇作品中轻声词出现频率最高的是作品33号《散步》，共计85个，占据前400个音节21.25%的比例，亦即平均4.7个音节就分布了1个轻声词；60篇作品中轻声词出现频率最低的是作品54号《赠你四味长寿药》，共计22个，占据前400个音节5.5%的比例，平均18.2个音节才有1个轻声词。

2. 每篇作品中的轻声词比例不一，47篇作品的轻声词比例集中在10% ~19.99%之间，占据了78.34%的比例。表二的数据告诉我们：轻声词在每篇作品中都有，多少不定，但大部分是每5.2 ~10个音节之间就有1个轻声词。

3. 虚词是现代汉语中最重要的语法手段之一，其中助词作为虚词，是表示语法意义的主要手段之一，使用频率很高，像结构助词“的”，几乎每句都有，并且无论结构助词“的、地、得”，还是动态助词“着、了、过”，都是必读轻声词。从表三可以看出，助词轻声词超过50%的朗读篇目有44篇，占了60篇作品的73.33%。

二、朗读作品中轻声词频率效应研究

通过考察，可以看出：

1. 朗读作品中轻声词出现频率不均衡，这种频率的不均衡反映出了作品的文体特征。轻声词出现在作品中的多寡，与作品的内容及表达形式有关，抒情散文、写景散文，以及对话较多、口语句式用得比较多、反映生活情趣的叙事作品等，轻声词频率高，如作品 25 号《绿》、8 号《繁星》、12 号《海滨仲夏夜》、57 号《中国的牛》、17 号《济南的冬天》、33 号《散步》、26 号《落花生》、7 号《二十美金的价值》等；相对而言，议论较多、偏重说明或含文言特征的文章轻声词较少，如作品 13 号《海洋与生命》、31 号《“能吞能吐”的森林》、34 号《神秘的“无底洞”》、60 号《最糟糕的发明》、45 号《西部文化和西部开发》、54 号《赠你四味长寿药》等。

2. 轻声词类别不同，对作品的表达也有直接影响。助词虽为必读轻声词，但因为它的语法功能而使其成为语句中不可少的成分，在朗读的表情达意功能上较双音节轻声词、叠音词、语气词要差，虽然它也有凑足音节的作用，但内容表达的需要是第一的，所以在表达情态上受到限制。以三篇作品为例，进行比较。

表四

	作品 13 号	作品 26 号	作品 30 号
轻声词频率	8%	20%	9.5%
助词占轻声词比例	81.3%	28.8%	55.3%
朗读表达效果	长句多，偏重议论，双音节轻声词很少，口语味道差，不好读	对话、口语句式多，偏重叙事，双音节轻声词多，朗朗上口	偏重抒情，双音节轻声词较多，节拍感较强，比较好读

3. 轻声词频率的不均衡直接影响到朗读时的省力程度、节奏感以及音乐美。从声学方面看，轻音音节的能量减弱，发生后延协同发音，于是音长缩短；从生理方面看，齐普夫（Zipf）定律认为语言的运用遵循用力最小的原则，使用频率最高的词往往也是最短的词④，实际发音时，重音费力，轻音省力，二者交替出现，使发音器官实现张弛交换，造成间歇，从而保证长时间朗读、说话的生理机能，产生了读起来不费力的直接结果。轻声音节是形成节奏的最重要因素之一，轻声音节的读音不能独立存在，它必须依附于前一个音节的声调，所以在语流中进行节拍划分，须将轻声音节和它前一个音节划为一个节拍，作品中划出的节拍有重读音节结尾，也有轻声音节结尾，强弱不同，长短不同，交替出现富有节奏，于是就有了强弱快慢、和谐悦耳的节奏，呈现出音乐美。一般来说，轻声词频率高的作品，读起来朗朗上口，听起来富有节奏感和音乐美；轻声词较少的作品，读起来感到晦涩，听感上节奏感较差。作品 31 号《“能吞能吐”的森林》共有轻声词 37 个，前 400 个音节平均每 10.8 个字分布 1 个轻声，其中第一自然段平均 15.8 个字分布 1 个轻声词，语句读来比较费力，气息调整需靠停顿及语速，内容以说明、议论森林的功劳为主，平实，感情色彩不多，节奏感不强。作品 12 号《海滨仲夏夜》共有轻声词 74 个，前 400 个音节平均每 5.4 个字分布 1 个轻声词，尤其是第四自然段，不到 5 个字就有 1 个轻声，语句读来朗朗上口，字音轻重对比，错落有致，听感上柔美、细腻，内容以写景抒情为主，感情色彩浓郁，节奏感强。

轻声词使用频率的多寡和作品性质有关，包括文体特征、作品的内容、表达方式等。《普通话水平测试大纲》主要针对口语测试，所选篇目摈弃了书面色彩较浓、晦涩难懂的作品，较多地选择了抒情散文、叙事散文等，这些散文作者出于表情达意的需要，写作时运用了口语化特征强、带有活泼色彩的轻声词，所以60篇朗读作品中轻声词频率较高，但分布不均，差别较大。从朗读的角度看，轻声词频率多寡对使用有声语言进行朗读表达有直接影响，因为朗读必须注意语调，语调构成的语音形式主要表现在音高、音长、音强等非音质成分上，而“音长和音高的变化也是构成轻声特点的两个比较重要的因素”⑤；此外，词语的轻重音格式直接构成自然的语感，轻声或轻音和重音形成对比，朗读时有了重读、轻读，轻重音互为依托，互相陪衬，不仅加强了语流的节奏感、韵律感，也使文章的情感和思想传达得更为清晰。像有的人在朗读、说话时操“港台腔”，主要原因之一就是没有掌握轻声词的读音。所以对轻声词进行频率效应分析，对人们正确朗读尤为必要。

三、结　论

轻声词的频率效应直接体现在它的非别义功能上，比如生理上的省力原则、语流中的节奏美、听感上的音乐美等。轻声音节的读音不能独立存在，它依靠前一音节的声调来确定，所以轻声一定体现在语流中。轻声词的使用，一方面是因为它有别义功能，另一方面是因为它具备更多的非别义功能，朗读作品中的轻声词频率统计分析在于验证其非别义功能。轻声词的非别义功能丰富了汉语的语音系统，从语用或言语的立场看，轻声直接产生了和谐的韵律结构。

轻声词的频率凸显了朗读作品的诸多特征。普通话水平测试选择的朗读作品基本上由散文构成，既有文艺语体散文体的语言表达特征：语言自然、朴素，句式结构多变，语音上不要押韵，不刻意追求平仄，相对于诗歌体来说有一种不太严整的韵律和节奏，但着重于内在的旋律，听感上仍不失音乐美；又有用来朗读的选文特性，内容健康向上，语言通俗晓畅。但是朗读作品中轻声词的使用频率不一，也构成了不同的朗读作品不一样的语音特征。

轻声词频率效应研究目的在于语用。对轻声词在朗读作品中出现次数的多寡对语言的表达所产生的影响进行分析，便于学习者整体把握文章轻声词，更好地培养语感。人们朗读、说话时总会不自觉地追求韵律美，达到听感上的愉悦，但对构成韵律美的因素不太明晰，掌握了每篇作品中轻声词出现的频率，有助于学习者从语音轻重、节奏上去感受，从而使普通话更标准、更地道。

注释：

①国家语言文字工作委员会普通话培训测试中心编制．普通话水平实施纲要［M］．北京：商务印书馆，2004：1.

②“的、了”兼属助词、语气词，但朗读作品中只有极少数“的、了”语气词和兼类词，其划分对整篇作品轻声类别频率不产生实质性影响，故本文中将“的、了”全划归在助词类别中。

③“么”划在构词语素一类是采用了李莎在《轻声的形成和作用》（福建师范大学，2002年硕士论文）中将“么”和“子、头”列入古已有之的词尾的提法。

④李莎．轻声的形成和运用［D］．福建师范大学，2002.

⑤曹剑芬．普通话轻声音节特性分析［J］．应用声学，1986（4）.

参考文献：

［1］曹剑芬．普通话轻声音节特性分析［J］．应用声学，1986（4）.

［2］国家语言文字工作委员会普通话培训测试中心编制．普通话水平测试实施纲要［S］．北京：商务印书馆，2004.

［3］黄伯荣，廖序东．现代汉语［M］．北京：高等教育出版社，2002.

［4］刘俐李．20世纪汉语轻声研究综述［J］．语文研究，2002（3）．
［5］李　莎．轻声的形成和运用［D］．福建师范大学，2002.
［6］倪宝元．大学修辞［M］．上海：上海教育出版社，1994.
［7］王德春．语体略论［M］．福州：福建教育出版社，1987.
［8］王蜀苏．轻音在朗读中的作用［J］．成都理工大学学报，2003（4）．
［9］邢福义．现代汉语［M］．北京：高等教育出版社，1991.
［10］熊湘华．轻声的语音修辞作用［J］．贵阳师范高等专科学校学报，2005（2）．
［11］朱青筠．试论现代汉语双音节轻声词［D］．天津师范大学，2005.
［12］邹韶华．语用频率效应研究［M］．北京：商务印书馆，2001.

PSC 测试能力构成及其影响因素的社会语言学分析

李海英
（鲁东大学文学院　山东烟台　264025）

［摘　要］　PSC 测试员的测试能力是由语言感知能力和测试技巧构成的，前者是核心能力，包括捕捉、判别、指误、校正、说明和自我监控六个方面；后者是辅助能力。从社会语言学角度看，PSC 测试能力的形成与差异和测试员的社会特征密切相关，主要包括年龄和测龄、专业和职业；同时与测试员的语言观及审美取向有关。本文结合具体数据对这些特征与 PSC 测试能力的关系展开详细讨论。

［关键词］　PSC；测试能力；语言感知能力；社会语言学；社会特征

研究者曾根据统计语言学、语言测试的理论与方法，结合各地的 PSC 实践和实验数据，分析、评价了现行普通话水平测试的质量和测试员的信度，提供了相关检验数据证明测试员的信度是可靠的：“以上数据证明，就总体而言，测评员评判的成绩是准确的，测评的质量是可以信赖的。”[1] 虽然整体上证明了测试的相对可靠和合理，同时也承认测试员之间的测试成绩差异，并提出采用多个测评员的平均分评判每一个被试，是目前较好地解决测评误差的方法。也就是说，测试员之间的信度差异、测试能力差异是客观存在的。如何尽量减少这种差异对 PSC 信度和效度的影响，需要对测试能力及其影响因素进行分析。

PSC 主观测试的测试形态，普通话口语水平本身的模糊性与测试标准精确化之间的矛盾等因素，使测试的结果除了被试的表现外，直接受测试员测试能力的影响和控制。从信息论和交际理论的角度来看，被试（发话人）所发送的普通话信息能否被真实有效地感知、评价，取决于测试员的测试能力。

一、测试能力的构成

一个测试员的测试能力是以好的专业素质和技能素质为基础的，我们认为测试员履行测试任务所凭借的是“语言感知的能力”和“测试技巧”，即测试能力由这两项构成。前者是各项专业素质的集中和综合，是核心能力；测试技巧是技能素质的体现，是辅助能力。

（一）语言感知能力的构成。

这里我们用语言感知能力指称 PSC 测试员所具有的对普通话及其中介语进行敏锐感知、听辨和评价的能力。

从社会语言学的角度考察，语言感知能力是测试员各种社会特征的综合反映。测试员与被试一样，在性别、年龄、学历、方言背景等方面各不相同，作为施测一方，还有“测龄”和职业性质差异的影响，每一种社会特征都是语言感知能力形成的外因之一，并通过测试员的测试实践发生作用。

王培光认为语言感知能力主要包括“说明修订理由的能力”和“语感”两部分[2]，颇有见地，有可借鉴之处。但似乎主要是以书面语为研究对象，以“修订”为阐述核心的。PSC是以被试的普通话口语为测试对象，所以情况又有所不同，主要包括捕捉、判别、指误、校正、说明和自我监控六种能力，具体如下：

1. 捕捉语音、词汇和语法特征的能力。

是指在接受被试发来的信息的第一时间对其语言面貌进行梳理的能力，是语言感知的第一步。PSC“在‘朗读’‘说话’两个测试项评分时，主试人（测试员）大约以每秒钟4个音节左右的速度进行快速听辨。在测试‘单音节字词’和‘双音节词语’两项时稍慢，也要约在1秒钟左右听辨一个音节。”[3]尤其是被试错误率较高、语音缺陷或语音错误密集时，更要求测试员具有迅速捕捉其语音特征的能力。

2. 判别言语的能力。

是指捕捉到被试的语言特征之后，对各种特征的正误判断能力。即在连续不间断的测试过程中，测试员必须听、记兼顾，捕捉特征的同时要快速地判别该特征与普通话标准之间的关系，进行持续的正误判断。水平较好的被试错误特征数量少，出现的间隔长，因此合格的测试员都能及时判别，而水平偏下的被试频繁偏离普通话标准，只有全面掌握了语音理论和具有丰富测试经验的高层次测试员才能作出完全的判断。

3. 指出言语不当之处的能力。

是指对被试的语音、词汇和语法错误进行粗略归类的能力。包括“方言辨正”和“知识辨正”两个方面。一个好的测试员都有这样的经历，在给被试的言语特征做正误标记时，当一个特征反复出现，能够简单地在“普通话水平测试表”上对该特征加以简单地描写，如z——［tθ］表示z c s发成了“齿间音”；“上拖”表示上声的调型错误等，这是方言问题；如标记“异读”（表示异读词错误多），这是语言文字知识辨正。能够明确指出不当之处是进行定量分析的基础，也是语言感知能力的较高阶段。

4. 校正言语缺误的能力。

是指对被试的语音、词汇和语法错误以及“语音缺陷”进行纠错、辅助改正的能力。这种能力是言语交际中言语感知过程的延伸，是优秀测试员所具备的教学和培训素质的一个方面。从言语缺误的角度看是矫正功能，反向考察则是一种对正确言语形式的判断能力。普通话教学、PSC培训与PSC测试的关系十分密切，测试员在教学和培训过程中能够接触、熟悉被试可能出现的各种言语错误和缺陷，以利在测试过程中准确感知。

5. 说明言语校正理由的能力。

是指对被试的言语缺误所作的校正、修订及进行解释的能力。普通话较好的人都具有某种程度校正言语缺误、说明校正理由的能力，但这种说明解释的能力有“以日常语言说明的能力”和“以专业术语说明的能力”的区别。普通话好的人和合格的测试员都具备以简单的日常语言说明错误的原因的能力，但只有优秀的高层次测试员，才能用语言学专业术语对缺误发生的原因和校正的理由进行充分、系统的阐释。如：被试的z c s组字出错，普通话好的人和一般的测试员可以立刻指出错误，把听感如“发音不准”等意见传达给被试，好的测试员则会结合方言分区指出被试的这类字音是由于“发音部位”不正确造成的，错误的原因是发成了“齿间音”，“舌位”应该后移，并且不要“抵在上下齿之间”，运用语音学上的术语作系统性说明。

6. 言语感知的自我监控能力。

是指测试员为保证测试的有效性，达到测试目的，而在测试过程中将“言语感知”本身作为意识对象，不断地对其进行积极主动的施行、检查、评价、反馈控制和调节的能力。这种能力不仅表现在对一个被试的测试中，表现在一次测试活动的整个过程中，更主要的是表现在测试员所有的测试行为中。在一次测试活动中的不同阶段，测试员言语感知的能力强弱有变化，如测试活动的后半阶段一般会比前半阶段弱，对这种变化测试员应具有自我监控能力，通过各种方式加以调节；在测试员不同时期的测试活动中，因为主客观因素的影响，言语感知能力也存在变化和差异，同样需要测试员有自觉意识，进行实时监控，以保证测试的准确性和效度。

（二）测试技巧的构成。

测试技巧是测试员不可或缺的测试辅助能力，指 PSC 进行当中，测试员在测试操作、调动被试、调控现场氛围和进行自我调节等方面的技能和方法。测试技巧虽然相比语言感知能力是辅助性的，却是 PSC 顺利进行和事半功倍的保证。包括以下几项：

1. 测试操作技巧。

测试操作技巧运用于整个测试流程具体操作的各个方面，主要有：

记录技巧：即把感知到的被试的正误语项用不同的符号记录到“普通话水平测试表”上，作为成绩量化的依据。按测试要求，被试在同一个题目中不能“非法”停顿，这要求测试员要具备准确记录的技能。

时控技巧：即测试员对测试时间的把握。PSC 每一项内容都有时间限制，测试员应根据经验及时注意（或提醒）被试是否超时；对于被试语速特快或特慢者应在开始时予以提示或扣分。

计分技能：指如何把所作的记号合成有效的分数，以备最后核出总成绩、确定等级。一种是在一组被试全部测查结束后逐个进行核分，优点是比较从容，弊端是已经“时过境迁”，被试的整体语音面貌在测试员记忆中已消失，所以不利于“定性”和“定量”的结合；另一种是在一名被试各项测试之后再分项核分，避免了忽视被试的整体水平，但是会延滞测试周期。我们建议逐题随时核分，即时分数最能反映测试员的听感，也节省时间，但有一定难度。

录音技能：目前 PSC 测试要求“全程录音”，完整的录音包括姓名、考号、单位及全部测试内容。录音要保证声音清晰、音量适中，以利复查。如很多测试中心和测试点都采用了专用录音软件，要求测试员熟练掌握多媒体操作程序。

测试项衔接技巧：即引导被试有序、连贯地把五项（或四项）测试题目顺利完成的技能。题目之间不能留有过长的间隙，还包括如何协调与“核分”的关系。测试项衔接不紧密，不仅仅影响测试程序，还会造成不同被试准备时间不一致的情况，对在测被试也会造成一定的心理压力。

2. 现场调控技巧。

测试员对测试现场的调控是执行测试程序、使测试正常运行的技能。主要包括调动被试和调控现场氛围两方面：

调动被试：被试从进场到离开测试室要经过抽题、准备、提供证件及有关信息和应试等几个阶段，而且同其他被试之间还有角色转换的关系，所以如何调动和组织被试是调控测试现场的技能之一。

调控现场氛围：PSC是一个严肃的有组织的大型测试活动，在测试现场，测试员应使被试感受到这种庄重的气氛；同时，为了保证被试正常水平的发挥，测试员还应具有随时调控现场气氛的能力，使之轻松与庄严相得益彰。

3. 自我调节能力。

指在测试过程中测试员对自身心理状态和体态的调节。通常情况下，测试员应保持客观公正、理性沉着的心理状态。在测试员体力和脑力压力都超负荷的情况下，测试员应及时调整自己的心理状态，戒除焦躁心理；同时测试员的面部表情和肢体语言也会对被试产生影响，所以应注意调节，避免误会。

二、测试员测试能力差异的表现

按社会语言学的分支Ethnography of communication的理论，PSC实际上是一种一对多的顺向口头交际，即被试作为发话人一方（信源）向测试员展示自己的普通话应用能力，测试员（信宿）作为受话人接受语音等普通话信息；动态分析言语交际的过程大致为：

言语编码——言语发话——言语传递——言语感知——言语解码

在这个以“言语传递”为中心构成的对称结构中，后半部分是受话人的言语活动过程，即与测试员直接相关。发话人所发送的信息能够完整地被受话人接受是最理想的交际过程，但交际理论研究证明任何交际过程都会产生“噪音”（noise）；噪音的产生来自于上述交际过程的五个环节，其中“受信者干扰”的来源有两个，一个是受信者的能力；一个是受信者的态度。在PSC中，测试员为受信者，其能力表现为“测试能力”，态度表现为“测试观”和“语言审美取向”，本文考察测试员社会特征对测试能力的影响，另文讨论其他方面。

（一）不同测试员之间的差异和测试员个体内部的差异。

1. 不同测试员之间的差异有大有小，在测试要求上，PSC规程规定：“每间测试室只能安排一个测试组进行测试，每个测试组配备测试员2—3人，每组日测量以不超过30人为宜。”[4]对人数的限制，主要是为了减少测试员语言感知能力的差异对被试成绩的影响。优秀的测试员之间对同一个被试的测评结果相差不大，但一般主张采用一组测试员的平均成绩。测试员内部组成的复杂是造成测试员语言感知能力差异的主要原因，而测试员社会特征的不同是复杂性的来源。我们在下文讨论。

2. 测试员个体内部差异是指测试员自身语言感知能力的高低变化，包括不同时期语言感知能力的差异和测试过程中不同阶段存在的强弱差异。每个测试员的测试能力都是在测试实践中逐步提高的。

一般来讲初始参加测试的测试员语言感知能力相对较低，表现为“捕捉言语特征的能力”和“判别言语的能力”偏低，几乎没有“言语感知自我监控的能力”，因为这几个方面都是与实际测试经验密不可分的。而语言感知的“指出言语不当之处的能力”“校正言语缺误的能力”“说明言语校正理由的能力”等几方面在测试初期会因个人的专业素养不同而有所不同。

同一位测试员在同一次测试的不同阶段，也表现出语言感知能力的差异。由于PSC是一项脑力和体力同时消耗的工作，且经常连续测试，对测试员能力和体力都是一个考验。因此在测试的后半程容易产生“弱听现象”，并出现自我监控能力下降的现象，整体PSC语言感知能力下滑。

除了测试员的疲劳导致语言感知迟钝外，被试整体水平对测试员也有导向影响；此外，测试员心理因素的作用也很明显，在连续工作一段时间后，神经和心理慢慢松弛下来，使得听力或听力灵敏度暂时性下降，语言感知随之降低了准确度，经常性的表现是“定量”不严，“定性”敷衍。

（二）对同一被试的测试差异和对相似被试组群的测试差异。

1. 在测试员与被试的单向交际中，测试员受各种自身素质的限制，对被试发送出的普通话信息接收程度有所不同，信息损耗的程度有所不同，因此测查和评价的结果也就不同。这种差异在不同测试员对同一个被试的测评中能够反映出来，在对相似被试的整体评价中也能反映出来。

对同一被试的测差几乎在对每个被试的测试中都不同程度地存在。彭云帆曾分析 49 位“国测员”同时对两位“一乙”被试的测试评分，发现差异很大并认为主要原因在于“语感”差异，“已经理论认识或未经理论认识的语音特征都可能由语感去感受到，对已经理论认识的部分能迅速唤出头脑中已有的理性认识，很快作出判断。而对未经理论认清的部分，则只能停留在感性认识阶段，即所谓‘只能意会难以言传’”[5]。实际上，强调的就是语言感知能力的差异。文中没有进一步分析形成测试员语感差异的原因，尽管未提供测试员的相关信息，我们认为，主要原因应为测试员的社会区别特征。

2. 对相似被试组群的测试差异，我们先看一组数据：

表一　某高校测试中心对某专业本科各毕业班的 PSC 统计

测试员	性别	测龄	专业	职务	平均分	一乙比率	二乙及以下比率	最低分
1 号	女	10	中文	教师	90.41	14/40，35%	1/40（2.5%）	86.5
2 号	女	5	中文	教师	87.9	6/40，15%	8/40（20%）	80.4
3 号	女	9	中文	教师	89.79	7/40，17.5%	2/40（5%）	80.9
4 号	男	7	中文	行政	89.75	12/40，30%	6/40（15%）	85.7
5 号	男	4	中文	行政	89.11	6/40，15%	6/40（15%）	81.4
6 号	女	5	其他	教师	91.42	11/40，27.5%	1/40（2.5%）	85.5

对上表的说明：表中 1—6 号各为一个测试组的主导测试员，同时在一个考试地点（同楼不同多媒体教室）进行测试；考试方式相同；测试题目相同；被试为六个本科平行班的学生，在入学第一年由同一位教师同时开设了“普通话语音课”，进行普通话语音系统知识的学习和 PSC 应试训练；六个平行班在入学分班时被有意按高考分数平均分成。以上条件说明被试具有较大的共性，相对来讲具有可比性。表中列出了每班平均分、优秀率（一乙）、不合格率（二乙及以下）和最低分。

表二　某高校测试中心对本校 2003 届中文专业本科各毕业班的 PSC 统计

测试员	性别	测龄	专业	职务	平均分	中文被试（人数）	一乙比率
1 组	女、男	9、1	中文、中文	教师、研究生	89.18	1 班，36	16.7%
2 组	女	4	政治	行政	90.13	2 班，39	2.6%
3 组	女、男	9、0	中文、中文	教师、行政	89.76	3 班，38	18.4%
4 组	男、女	7、1	中文、中文	行政、研究生	89.31	4 班，37	13.5%
5 组	女、女	2、1	中文、中文	研究生	89.84	5 班，35	11.8%
6 组	女、女	3、1	化学、中文	教师	89.95	6 班，38	0
7 组	女、女	5、3	中文、中文	教师	89.92	7 班，38	0
8 组	女、女	5、2	声乐、外语	教师、行政	89.5	8-10 班，106	8.5%

说明：上表二与表一中关于测试活动的时间、地点和被试分布情况基本一致；所不同的是表二每组分别由 2 名测试员组成，每个被试的成绩基本上是由 2 名测试员的平均分数确定的。

对比表一和表二，我们不难看出表一测试员之间的测试结果相差较大：平均分值相差 3.52 分，作为“平均数值”是一个很大的分差。“优秀率”最高也相差 20 个百分点。相对而言，表二的各组数据一致性较强，我们看到每组被试的平均分都在 89 分—90 分之间，只有第二组略高。排除其他因素的影响，两组数据在来源上有一个重大区别，即第一组数据主要采用一名主导测试员的测试结果，较难达到标准一致；第二组采用两名测试员的平均分作为定等级的依据，增强了测试信度，这在表二的数据内部也有印证，如第二组平均分略高于其他组，与只有一名测试员实测不无关系。

以上数据进一步说明，采用多名测试员的平均分的方法是减少测试差异的主要途径。

三、测试员社会特征对测试能力的影响

上述数据受被试和客观环境影响较小，但我们不排除这些因素。除此以外，各班测试的数据差异主要是由于测试员的测试能力形成的，以语言感知能力为主，测试技巧为次。

测试员的语言感知能力和测试技能直接受到内外因素的影响。内部因素可以大致理解为 Chomsky 所说的人与生俱有的“语言能力”，其本身就是有差别的，这种差别在各种语言活动中都有映现，语言测试活动中也不例外；外部因素，按社会语言学的观点，归于测试员不同社会特征的作用。

以上表中我们列出的各项变量都有意义。专业变量我们按中文和非中文分开，是根据现在的测试员队伍构成特点来分类的，我们认为这个因素是形成语言感知特点和方向的最重要的一个方面；其次是职务，是否为教师这一变量；再次是测龄，这个变量对测试员测试的稳定性和可靠性制约力最强。综合起来，我们将目前影响测试员测试能力的社会特征分三组进行讨论。

（一）年龄与测龄。

“年龄”与“测龄”在 PSC 中不是同样的概念，也并不是一致的。有的测试员年龄很大，但是测龄不长；有的相反。

1. 年龄。各地各级测试员分布在各个年龄段上，可以说凡是在年龄限制条件内的都有相当的比例。年龄因素对 PSC 测试员的制约和影响与被试有相通的一面，同时也有很大不同。从目前测试员的情况看，年龄主要对测试能力中的“语言感知能力”发生作用。

（1）年龄与素质弱项相关。

总起来看，目前按年龄段划分测试员，相对年龄大和相对年龄小的测试员大部分都有某一方面的缺憾。

年轻的测试员因为成长和教育环境优越，往往自身普通话水平很好，具有很强的示范能力；音质优美，对被试的普通话审美有很好的导向作用。但在普通话知识系统和语言学理论等专业修养方面亟待提高，尤其是方言知识匮乏，方言语感缺失。

年龄大的测试员，尤其专业为语言类或长期从事语言文字工作的测试员，专业功底深厚，教学和科研能力很强；对方言和普通话的对应关系及汉语方言系统有着比较全面的了解；一直致力于专业研究，对 PSC 的价值有更加全面和深刻的理解，因此是 PSC 规范化、标准化、科学化研究的基础力量。但其中有相当多的测试员，本身的普通话尚需再完善，他们方音辨正的理论能力强，实践示

范能力略弱。

（2）年龄与能力优势相关。

按“语言感知能力”的六个组成部分考察，不同年龄的测试员有优劣势之别：

一般情况下，年龄较小的测试员在“捕捉语言特征的能力”“判别言语的能力”和“指出言语不当之处的能力”三个方面有优势和好的表现。在 PSC 测试流水程序中，被试的信息差不多是以等频不间断地发出的，这要求测试员接收迅捷。年轻的测试员因为普通话语感好，思维敏捷，传导神经反应迅速，因此能迅速捕捉、梳理被试的各类语言特征，同时进行正误判断和粗略归类。“语言感知能力”的其他方面，需要实践和知识理论的积累，如“说明言语校正理由的能力”，一般来讲，年轻测试员用日常语言说明的能力很强而且容易做到形象化，但系统专业化解释的能力略弱。

一般情况下，年龄大的测试员比较而言在“校正言语缺误的能力”“说明言语校正理由的能力”和“言语感知的自我监控能力”三个方面具有明显的优势。这三个方面除了测试现场呈现的能力外，还包括测试场外的延伸能力。语言学习是一种反复的行为和活动，积累方法和经验尤为重要。年长的测试员由于较好的专业素质和研究视野，对于语言形式的规范、正误有系统的区分标准和尺度，如在“说明言语校正理由的能力”一项中能够熟练地运术语，系统阐述方言、中介语和标准普通话之间的差异，从而使感性认识上升到专业理论，提升 PSC 的科学品质。

应该说明的是测试员中还有一种类型，兼具上述两类测试员的优势特征。他们年富力强、普通话好；学历高，专业扎实；经验丰富，而且经过多次培训和专门学习，全面地掌握了测试标准和国家语言文字政策、法规。

（3）不同年龄段的测试员应区别培训。

在（1）中我们指出了不同年龄段测试员的普遍性欠缺，尽管不是绝对化的，但在对测试员的“后续培训”中应参考年龄因素区别对待，相对而言按年龄进行区别也是容易操作的方案。

在“年轻”和“年长”的两端，测试员都有一个突出的问题应该引起注意并加以解决。后者是测试员对自身普通话水平缺憾有“不自知”的特点，往往导致了自身普通话的“石化”，难以再提高。所以，必要时应使一些测试员复归到被试的地位，暂时放下“评估者”意识，从主观态度上把自己放在一个学习位置，以利突破“石化”关口提高水平；年轻但知识底蕴不足的测试员中有“轻视”普通话及 PSC 的倾向，因为自身轻松过关，把标准语学习看作是比较容易的活动，对 PSC 的机制缺乏理论认识，这个倾向不利于标准语的推广和提高 PSC 的社会威信，直接导致 PSC 的发展后劲不足，所以，对其“后续培训”应侧重于语言专业理论、教育理论、测试理论和社会语言学理论知识。

2. 测龄。测龄是指测试员参与 PSC 实测的时间。测龄与测试员的测试能力有一定联系，尤其针对测试员个体来说，测龄越长，一般其测试能力越强。测试员测龄与 PSC 测试的关系简括如下：

（1）测龄可以弥补专业缺憾。

有些测试员本身的专业与 PSC 有一定的距离，只经过短期的集中培训不易胜任很专业的测试工作。但“知识不足经验补”，长期参与实测能够在某种程度上弥补部分测试员专业基础的不足。

（2）测龄有助于提高言语感知能力。

一个测试员随着测试人次的增加，言语感知的各方面能力都能得到提高，不论梳理、判别被试语言特征，还是纠错改正、说明语项的能力都会逐渐从不系统到系统，从不标准到标准。如“言语感知的自我监控能力”是将言语感知本身作为意识对象，不断对其积极主动地施行、检查、评价、反馈控制和调节的能力，每个测试员经过实测后都应形成内在的“监控系统”，进行自我监察和调控，如避免“不同时间段的能力差异”，这个方面与测龄的关系尤为密切。

（3）测龄有助于掌握测试技巧。

掌握测试技巧可以说完全是一个熟练的过程。从学习的角度看，测龄对于测试技能的培养是最重要的一个因素。很多无法形成理论但却行之有效的个性化操作、调控技能，都是来自测试实践，而非测试员培训班教程；从测龄影响的角度看，测龄间接影响“语言感知能力”，直接影响“测试技巧”。

（4）测龄有助于积累研究资料和数据。

一项大型的语言测试若要取得社会的认同，使其测评结果被公认为权威，要不断完善自身的运行机制，从测试方式、测试主体、测试对象和测试内容等方面进行充分的论证和研究。这种研究应该建立在大量语料和数据的基础之上，李宇明指出：为适应新的学术发展形势，必须利用计算机建立关于普通话培训测试的知识库，“与知识库同等重要、甚至更为重要的是，建立用于普通话培训测试研究的语音数据库。这一数据库应当包括四类内容：a）普通话的标准语音数据；b）各地方言的语音数据；c）各地的地方普通话的语音数据；d）被测人学习普通话的语音数据”[6]。由有多年测龄的测试员来建立用于普通培训测试研究的语音数据库比较适宜。同时，有良好学术研究习惯的测试员还会在测试过程中不断记录、发现各地普通话中介语的特征，从而展开对中介语课题的深入研究。

（二）专业与职业。

PSC 测试员的测试评分是“定量”和“定性”相结合。“定量”更容易把握，虽然也能够形成一些测试员之间的差异，但“定性”更能体现测试员的主观性，所谓软硬评分的差异很大。在“定量”和“定性”测试方法的运用上，软性评分和硬性评分的分寸把握上，不同专业和职业的测试员显示出规律性差异。

1. 专业。“专业”在《现代汉语词典》中的第二、第三个主要义项为“产业部门中根据产品生产的不同过程而分成的各业务部分；专门从事某种工作或职业的”[7]。由这两个义项可以看出，“专业”是与某种“专门活动或者工作”联系在一起的，反过来说，某种专门的生产过程或者活动也必须要求具有专门专业的人员。对于 PSC 来说，这种专门人员被赋予“测试员”的名分和资格，我们认为这种“专门的专业”应该是汉语言类、语言测试研究类，或者说至少是在“中文”这个大的范围内。

目前测试员的专业分布已经空前复杂化，是显见的事实，因此测试员的专业特征已经成为一个显著区别特征。从最初基本为从事语音教学、汉语教学或从事语言文字工作的专职人员，测试能力基本不受专业影响，到目前测试员申请条件不设专业限制，专业开放，专业因素已经成为影响测试员测试能力的主导因素之一，笔者对某期省级测试员培训班专业统计数据发现：培训班总人数 121 人中，与 PSC 联系最为密切的“中文”专业测试员仅为 11 人，占该期测试员的 9.1%，不到十分之一。我们认为这种现状只能作为权宜之计，在被试众多，测试员任务重、压力大的情况下，加大了测试员资格认定的力度，但应把重心逐渐转向依靠测试手段的现代化来解决问题。随着测试手段的现代化和 PSC 机制的完善，测试员的需要压力减缓，可以考虑用再选拔的方式重新聘用合格的测试员。

专业对测试员的影响主要有两个途径：

（1）直接影响语言感知能力。

专业不同可以直接影响测试员的测试能力，这种影响主要表现在对“语言感知能力”的作用上。在与各地测试员的合作中，以及所参加的各类测试员培训班中，我们发现，中文专业与非中文专业对于测试标准的把握差距很大。

PSC是标准参照考试，“测试标准只有一个，即标准的普通话”，同时，PSC的评分规定中的细则，对于“语音错误”“语音缺陷”“语调偏误”“流畅程度”等评分概念范畴的界定，都是根据语音学（如音位理论）、方言学、口语表达学或者社会语言学等语言相关学科的理论确定的，因此这是一项“专业”性非常强的工作，也要求具有相应专业性质的人员来把握这种标准。通过短期的培训和表层知识的传授、灌输无法保证“测试标准”的执行，一个人所从事的工作对于自身专业学习的依赖是不言而喻的。尤其随着全社会普通话水平的进一步提高，区分被试等级的标准更加细化和严格，没有专业支撑，对等级临界状态的被试口语很难做出合理的判断。

非中文专业的测试员常常会在“捕捉语言特征”、对被试发音特征进行正误判断时表现犹疑；在语音示范能力上一般能够达到标准要求，但在“指出言语不当之处”和“校正言语缺误”方面往往不能提供关键信息或不得要领，受专业限制“心里有道不出”；说明言语校正理由时，较难用完全规范的专业术语做系统性阐述；因为对专业知识的表面化理解，“言语感知自我监控的能力”表现不稳定。

由此可见，“专业”背景对测试员综合“语言感知能力”影响是各个方面的，也因此形成一种常见现象，即非中文专业的测试员对于主要靠定量评分的第一、二项测试题中的“语音缺陷”量化不够或偏严，对既要定量又要定性评分的“朗读”和“说话”倾向于定性评分，不算小分，但囿于语感，难以衡定准确。所以，这部分测试员一要强化“硬性”评分的意识，集中于测试标准；二要提高“软性”评分的准确性。

（2）通过形成测试观和语言价值取向发生作用。

不同专业的测试员大抵会形成不同的测试观，有不同的语言价值取向，这些无形的意识作为潜在的因素支配着PSC测试员的测试宽严尺度和注意力倾向，从而最终影响其测试能力。

2. 职业。所有PSC测试员都是兼职的，这使得日常所从事职业的一些惯性思维方式和作风，很容易带入不定期的PSC活动中。陈松岑（1990）对绍兴城区普通话使用情况的调查发现：使用普通话较好的人主要来自教育界，其次是服务行业和机关干部，然后才是工人阶级。职业与专业有联系，一般来讲所从事的职业多与所学专业相关，但重合的比率并不高，因此职业、专业与PSC的关系也不尽相同。我们认为考察职业对PSC影响的意义，不在于比较测试能力的高低（可比性不大），而在于探讨测试风格的差异。

（1）教师与非教师测试员测试风格差异。

“推普”和PSC的重点都在学校，学校也是普通话教学与培训的主要承担者，因此大部分测试员都是教师，上述121名测试员培训班成员中有104人为教师，其中高校教师占到了一半。

教师“传道、授业、解惑”的职业性质，决定了其对于各种测试的相对熟悉，对于测试标准的习惯性认同、遵循与执行，在PSC中表现出“严谨、求实”的测试风格，从测试程序的操作到评分标准的把握和分数量化，都透显出这一风格特点；非教师测试员相比而言表现出相对“粗放”的风格，更强调被试之间等次的划分和资格选拔。

（2）广电系统和播音、音乐艺术从业测试员与其他测试员的风格差异。

广电系统人员和从事培养播音人才工作的测试员由于职业视角的影响，往往对被试的发音要求比较高，为了满足传情达意的需要，对播音员的声音要求是“准确规范、清晰流畅；圆润集中，朴实明朗；刚柔并济，虚实结合；色彩丰富，变化自如”[8]。这导致对于普通话语音要求标准最高的当属广电系统中的播音员，这部分测试员的测试风格与音乐艺术（尤其是声乐）从业测试员一样，倾向于重视被试语音的“音色美”，吐字归音和语言表达的流畅性。或者在语音标准的基础上对此加以“苛求”，或者对被试音色的评判重于对基础语音标准性的判断。这一点也与测试员所持的测试观和语言价值取向有关。

（三）测试员的“方言隔离”现象。

PSC测试员的“方言隔离”是指：测试员在PSC测试过程中，因受自身母方言影响，对被试的普通话中介语与标准语音系统之间的对应规律不熟悉而产生的测试隔阂和对某些语音特征的焦点关注现象。

测试员“方言隔离”现象主要表现在以下方面：

1. 方言背景与非方言背景差异。

随着标准语普及程度的提高，逐渐出现了基本上是从小在普通话语言背景中长大的测试员，即主要受家庭和学校语言环境的合力影响，本人第一语言为汉语的标准语形式，虽接触方言，但不作为日常使用的语言变体。此类测试员为“非方言背景”，与其他大部分测试员的“方言背景”相比，对于PSC测试能力的形成各有利弊。

（1）非方言背景的优势。

简单地说，没有方言背景的测试员首先能保证自身普通话的相对标准，“先天”具备了做测试员的一项基本素质；其次在测试中不会受到方言的干扰，对被试的语言特征正误判断分明、确切，捕捉和判断的能力都比较强，对各地被试的“语言感知能力”均衡，具有相同的敏感度，即没有“测试盲区”。

（2）方言背景的优势。

上述（1）是有方言背景的测试员所不具备的。这部分测试员的优势在于对自身母方言和其他方言的了解。原因在于：

首先，各地方言之间、方言与普通话之间有着比较整齐的对应规律，了解自身方言和各地方言有助于提高“语言感知能力”。

其次，实际上PSC的测试直接对象为被试的“普通话中介语”连续体，即每个被试的不同表现都是处于方言和标准语之间的语言变体形式，所以对方言有感性的使用经验，有利于感知被试的语音面貌，也有利于PSC研究。

2. 本地测试和异地测试差异。

“本地测试”，是指PSC测试员在自己的方言点内进行测试；“异地测试”，是指测试员在自己方言区以外的其他地区从事PSC测试活动。

有经验的测试员都有在本方言区测试与异地测试的对比性体验。既有不同的测试感知，对同一被试的测试成绩与当地测试员也有较大出入，形成本地测试与异地测试的差异。

（1）测试员本地测试与异地测试所呈现的测试状态不同。

在系统掌握语音知识的前提下，每个受过专业培训的测试员都会准确地找到母方言的代表性语音特征，对其与普通话的对应关系有清楚的认识，本地测试时呈现出理性测试状态，对被试相关语言项目考察全面、细致、力求准确；另一方面，测试员对其他方言区的了解一般不如对母方言，临时处于一种陌生的方言氛围中，难以从语言的各个层面上接触当地方言特征，PSC呈现为感性状态，即完全在现场的听感体验中进行测试，难免对被试的普通话口语表现失察。

（2）本地测试员与异地测试员测试结果不一致。

因为本地测试员始终处在母方言的语境之中，对方言的敏感度不高，心理学实验证明：连续的刺激下，大脑皮层的相应区域会产生“超限抑制”，不再有效地对信号作出反应。因而本地测试经常会造成测试心理疲劳，被试的成绩难以分档。相反异地测试员置身新体验的言语氛围，能把对象的口语做较为准确的分等和分档。

上述两种情况是一种矛盾的现象，优秀的测试员能够加以克服，协调利弊，保证本地、异地测试的基本一致。

（3）对熟悉变异形式的焦点关注。

因为母方言不同，不同测试员对被试口语面貌形成不同的“焦点关注”，是方言隔离的另一个突出原因。我们认为也是导致同时测试相同被试的二、三位测试员成绩差异的一个重要原因。

例如在山东省测试员之间存在的一个问题，按钱曾怡先生的划分，山东方言大体可以分为东、西两大区，东区大部分地区有“尖音”现象，“东区除潍坊、寿光、青州、临朐、蒙阴外的所有地区……将普通话的 j q x 分为两类（即所谓‘分尖团’）”[9]。而西区多鼻韵母的“鼻化音”，“在发音方面，普通话的 an ian uan üan en in uen ün 八个鼻尾韵在山东方言里除胶东一些地方以外往往没有明显的鼻音韵尾 n，而念成元音鼻化的鼻化韵”[9]。在异地测试时，j q x 的“尖音”和“鼻化音”就会成为分别来自西、东区测试员的焦点关注：在操作中有 hyper correction（矫枉过正）现象，降低了测试信度。1996 年山东省组织了大规模的全省测试员集中“巡测”，就是把各地测试员集中起来，再分组派往各地，笔者第一批随其他 17 人在鲁西北各地进行测试，对本地测试和异地测试进行了对比，发现来自东区的测试员面对被试普遍的“鼻化音”颇有无从评判之感，而西区测试员则很多感受不到这个特征，被试得分很高；而在东区的测试员反映，对当地中师生的“尖音”极为敏感。

四、测试员的测试观和语言审美取向

所谓的测试观是指测试员对于 PSC 所持的态度和整体评价。和被试相比，测试员对普通话的社会评价是通过执行测试标准、进行测试活动反映出来的。

目前看来，测试员的测试观有两大倾向：一种认为虽然是主观测试，但是必须严格按标准执行，充分体现对普通话标准语地位的确认；一种倾向于把 PSC 测试大纲和标准作为参照，主要凭借自身对普通话的理解进行普通话口语判定。

持第一种测试观点的测试员占有多数。这从一项统计数字可以看出，即“临界”状态的被试人数较多。我们曾统计某高校一个学院 441 名被试中，91.5—91.9 的共有 20 名。0.5 的误差相对于口语测试来说，是相当小的，完全可以忽略不计，我们很难有充分的理由证明这些被试仅仅差不到 0.5 分就达到了 PSC 优秀，毕竟语音是稍纵即逝的，PSC 又是对语用能力的一种评价。所以，只有一个原因可以解释这种现象，就是测试员严格按标准打分，不做微观调控，呈现测试最原始的状态。这类测试员从“专业”这一社会特征看，中文专业的测试员比较多；从“职业”这一社会特征看，教师类测试员占多数。

另一种观点的持有者也有一定的数量。认为 PSC 的目的是促进普通话的推广，只要把三级六等通过测试确定下来就达到了目的。阿兰·戴维斯认为“语言测试是对语言能力的一种测量：它涉及语言和测量方式两个方面，并把两者结合起来定义语言能力。然而，这三个要素都是不确定的”[10]。“对语言、测试方法以及语言能力试图做到描写精确，这是有必要和值得赞赏的。但这也恰恰表明了这些领域又是多么的模糊不清”[10]。所以，我们认为 PSC 应是量化基础上的定性评估。

从专业和职业背景看，非中文和教师外测试员持这种观点的较多。

对 speech community 的语言面貌进行定量分析与定性研究的方法是社会语言学对语言研究的一个突出贡献，PSC 事实上就是建立在这样一个方法理论基础上的一种语言测试实践。在实际的施行过程中贯彻这一有效的方法，遵循定性—— 定量——定性的认知顺序，可以提高测试准确程度。测试经验丰富的测试员会在测试的中段大体形成一个 PSC 等级印象，并在接下来的过程里下意识地强化这个印象，但必须精确统计分数，最后与最初的判断相互验证，定出等次，认定分差。

语言审美取向对测试员评判行为的影响主要来自于对语音音色的相关印象。好比对于衣着的看法一样，语音是语言的物质载体，也就是语言穿的一件外衣。这件示人的外衣给测试员的第一印象十分重要。女性被试柔美、甜润的音色往往有助于掩盖语音缺陷，弥补口语表达的缺憾，在连续不规范的相似音色的听音过程里，测试员对于偶尔出现的音质优美的声音会产生一定的测试好感，从而放宽标准。男性被试富有磁性的声音多半也会取得相同的效果。

“语言观念体现着相应的时代特色。普及民族共同语是各个国家在其工业化过程中必须完成的历史任务，这个任务一般被称为语言计划（Language Planning）。西方发达国家从文艺复兴时期就开始实施语言计划，用了大约二三百年，实现了普及的目标。日本从明治维新时期开始普及共同语，大约用了一百年。在发达国家，能否操一口标准的民族共同语（或国家通用语）是衡量一个人的文化修养水平的重要标志之一”。[11] 标准语普通话是我们这个信息化、经济一体化现代社会中，与建设精神文明和物质文明都密切相关的一个内容，应用在社会生活的各个方面，因此不论 PSC 测试员还是被试都可能在追求语言标准化的基础上，形成不同的对于普通话的态度和价值观念，并在 PSC 中不同程度地显现。

被试和测试员都具有多方面的社会特征，个体之间的特征表现也是迥异的，对 PSC 的影响极为复杂。同时影响 PSC 的还有其他客观存在的社会现象和社会心理，如 PSC 在社会群落中的意味差异，语言塔布（禁忌）的测试副效应等，使得这种测试实践具备了普遍的社会语言学研究价值。

参考文献：

[1] 王渝光，姚一斌，张　雷，杨志明．现行普通话水平测试的质量评析与改进［J］．语言文字应用，2002（4）．

[2] 王培光．语感与语言能力［M］．北京：北京大学出版社，2005.

[3] 宋欣桥．普通话水平测试中的评分差异［J］．语文建设，1998（9）．

[4] 国家语言文字工作委员会普通话培训测试中心编制．普通话水平测试规程［考场］［S］．见普通话水平测试实施纲要附录三．北京：商务印书馆，2006.

[5] 彭云帆．普通话水平测试评分差异中的语感作用［J］．广西师院学报，2002（1）．

[6] 李宇明．论普通话培训测试手段的现代化（代序）［S］．中国语言文字网，2005. 9. 9.

[7] 中国社会科学院语言研究所编辑室．现代汉语词典（修订本）［K］．北京：商务印书馆，1999.

[8] 徐　恒．播音发声学［M］．北京：北京广播学院出版社，2001.

[9] 钱曾怡．山东人学习普通话指南［M］．济南：山东大学出版社．

[10]［美］阿兰·戴维斯．语言测试原理［M］．任福昌、吴平、任筱萌译．北京：经济科学出版社，1997.

[11] 袁钟瑞．话说推普［M］．北京：语文出版社，2005.

基于概化理论的 PSC 分数误差探析*①

聂 丹
（北京语言大学汉语水平考试中心
中国社会科学院研究生院）

［摘 要］ 科学地分析 PSC 的分数误差，进而有针对性地进行误差控制，这对提高 PSC 的信度、效度具有重要意义。本文应用概化理论方法集中考察了影响 PSC 分数的主要误差源及其变异程度，并提出相应改进建议。研究表明：PSC 总体来看评分者间信度很高，但评分者内部信度有待提升；测验任务类型误差变异较大，亟需深入研究；“说话项”评分标准和话题类型都是主要的误差源，其中第一、三项评分标准有待于改进，话题类型应以“叙事类”为宜。

［关键词］ 普通话水平测试；概化理论；误差

一、前 言

（一）研究背景。

“普通话水平测试（PSC）在我国首开汉语标准语口语考试先河，使科学地衡量普通话水平成为可能。”②作为大规模的口语考试，PSC 不可避免地要面对一直困扰着所有口语考试的一大难题，即测试分数的客观性问题。这一难题解决得不好，“科学地衡量普通话水平”就成为一句空话。PSC 自诞生之日起，业内对这一问题的关注和探讨就从未停止过。我们知道，理想的 PSC 分数，应该完全是被试普通话口语水平的反映。但事实上，理想状态的分数几乎是不存在的，总会含有误差，这些误差有来自测量对象（目标）的，也有来自测量工具（试题）的，还有来自施测过程（环境、主试者、评分环节等）的。误差不仅影响着测量的信度，而且“只要出现测量误差，测量的效度必受影响”。因此，科学地分析 PSC 分数的误差来源和变异程度，进而有针对性地进行误差控制，这对提高 PSC 的信度、效度具有重要意义。

在研究 PSC 分数误差的现有成果中，大多限于经验的描述，还有少数在经典测量理论框架下进行的研究。由于测量理论和方法的局限性，这些成果都难以准确揭示分数误差的来源和在分数中所占的比重。张雷等（2001）首先应用现代三大测量理论之一的概化理论方法分析了 PSC 的录音评分可行性、信度及经济效益，此后，杨志明、张雷（2002，2003）又陆续运用此法检验了 PSC“读单音节字词”“读多音节词语”“选择与判断”三个任务类型的评分信度问题。一般认为，在检验主

* 基金项目：北京语言大学青年基金项目（06QN06）

观性考试评分信度及分析分数误差方面，概化理论优于目前所有的测量理论。杨、张等的系列论文开创了用该理论研究 PSC 问题的先例，这也是国内较早应用概化理论方法研究汉语测试问题的重要成果，此后国内汉语测试界对该理论的运用越来越多，但主要集中在汉语作为第二语言的测试领域，而在 PSC 领域却基本没再出现后续研究。本文拟继承杨、张的研究方法，运用概化理论对 PSC 的分数误差问题进行更为全面、深入的探索，力求在研究内容上有所突破。

（二）研究内容。

测验分数的误差来源有很多，限于篇幅，本文只考察对改进 PSC 有重要意义的来自测量工具（题型、话题）和评分环节（评分者、评分标准）的误差。研究框架如下：

研究一，对 PSC 测验总体的研究。

研究二，对 PSC 测验任务类型的研究。

研究三，对 PSC“说话项”评分标准的研究。

研究四，对 PSC“说话项”话题类型的研究。

在杨、张的现有成果中，缺少对“说话项”的研究。而“说话项”是 PSC 分数权重最大的任务类型，其评分主观性程度超过任何一个任务类型。随着 PSC 计算机辅助测试的研制成功和推广，前三项测试任务类型（“读单音节字词”“读多音节词语”“朗读短文”）基本实现了计算机测评，评分客观性大大增强，测试信度有所保障。但是，第四项“命题说话”（简称“说话项”）仍然是人工评分。根据目前全国 PSC“机辅”测试试点的汇报，测试成绩的不稳定因素主要都在“说话项”的评分上[③]，因而有必要对“说话项”的分数误差进行深入分析，思考改进之策。

二、研究材料

（一）研究样本。

本研究抽取了浙江师范大学测试站 2006 年 9-12 月基于同一组评分者（A、B）的 99 名被试的原始评分数据。被试基本都是师范院校在校生，男生 41 人（41.4%），女生 58 人（58.6%）。他们的 PSC 等级分布情况是：“二甲”19 人（19.2%）、“二乙”51 人（51.5%）、“三甲”29 人（29.3%），没有一级和“三乙”。我们事先期望被试样本同质性不要太高，职业、学历、年龄、成绩、等级分布等尽量多样化，但因搜集样本困难而只能因陋就简了。尽管被试的试卷题目不尽相同，但都是按照组卷的统一标准从题库中随机抽取的，可以视为等价试卷。

（二）数据处理软件。

本研究的数据处理均使用 SPSS11.0 软件。

三、研究一：对 PSC 测验总体的研究

（一）PSC 试卷构成及评分过程。

本研究的 PSC 试卷由四种题型构成：读单音节字词（100 个音节，共 10 分）、读多音节词语（100 个音节，共 20 分）、朗读短文（1 篇，400 个音节，共 30 分）、命题说话（1 个题，共 40 分）。每种题型都有量化的评分标准。每个被试需完成所有题型的题目，由相同的两位评分者测评。评分者先独立地给每个题型评分，各题型得分之和记为总分，两个评分者所给总分的平均数即为被试的

最后成绩。

（二）研究目的和方法。

研究一重点考察影响被试总分的关键因素：评分者，从总体上分析 PSC 的评分信度，探讨评分员数量与评分信度的关系。我们将 2 位评分者看作是从 PSC 具有测试资格的评分者全域中随机抽取的一个样本，将 99 名被试看作是从 PSC 被试总体中随机抽取的样本，则我们可以采用概化理论中的随机单面交叉设计（p×r）模式来分析 PSC 评分信度。其中，被试的普通话口语水平（p）是测量目标，有 99 个水平；评分者（r）是测量侧面，有 2 个水平。

（三）G 研究（Generalizability Studies）和 D 研究（Decision Studies）。

使用 SPSS 统计分析软件进行 G 研究，可以得到 p×r 测量模式下的被试的普通话口语水平和评分者两种主效应（p，r），一种交互效应（p×r）。各效应的变异分量如表 1。

表 1　测验总体 p×r 设计的 G 研究

效应	自由度	变异分量的估计值	占总变异的百分比（%）
p	98	18.015	63.7
r	1	0.934	3.3
p×r	98	9.344	33.0

根据表 1，被试的普通话口语水平（p）的变异分量最大，这一有效变异解释了分数总变异的 63.7%，说明测验总体上能够较为准确地测量出被试之间普通话口语水平的差异。由评分者（r）带来的系统误差变异仅占分数总变异的 3.3%，说明评分者间的评分差异很小。而被试与评分者交互作用（p×r）的变异分量占到分数总变异的 33.0%，反映出评分者自身对不同被试的评分不够稳定，给分数带来了一定的随机误差。

根据 G 研究所估计出来的变异分量，我们又考察了 D 研究下概化全域中评分者侧面的样本容量对测量信度的影响。数据结果见表 2。

表 2　测验总体 p×r 设计的 D 研究

评分者人数	1	2	3	4	5
相对误差变异分量 σ^2（δ）	9.344	4.672	3.115	2.336	1.869
绝对误差变异分量 σ^2（Δ）	10.278	5.139	3.426	2.570	2.056
概化系数 $E\rho^2$	0.6585	0.7941	0.8526	0.8852	0.9060
可靠性指数 Φ	0.6367	0.7781	0.8402	0.8752	0.8976

表 2 显示，在一位评分者的情况下，概化系数和可靠性指数就能达到较高的信度指标（>0.6）；而使用两位评分者时，信度系数已接近优良水平（0.8）；如果使用三位评分者的模式，则能达到理想的信度目标（0.85 左右）。这表明 PSC 的总体评分信度较高。

由此可见，测验总体的测量目标比较明确，评分者间信度很高，但评分者内部信度还需提升。在概化全域中，2-3 名评分者即有望获得优良的测量信度。

四、研究二：对 PSC 测验任务类型的研究

（一）研究目的和方法。

研究二旨在考察 PSC 的四种题型对测试分数的影响，并探求题型、评分者与测验信度的关系。

我们把四种题型看作是被试在 PSC 中所要完成的四个任务（Tasks），那么在概化理论下，观察全域就由任务和评分者两个测量侧面构成，应当采用双面交叉设计 p×t×r 的随机测量模式。其中，p 代表被试的普通话口语水平，有 99 个水平；t 代表被试所完成的任务，有 4 个水平；r 代表评分者，有 2 个水平。

（二）G 研究和 D 研究。

根据双面交叉设计 p×t×r，可得到被试的普通话口语水平、测验任务、评分者三种主效应（p，r，t），四种交互效应（p×r，p×t，r×t，p×r×t）。数据见表 3。

表 3　测验任务 p×r×t 设计的 G 研究

效应	自由度	变异分量的估计值	占总变异的百分比（%）
p	98	3. 713	3. 3
r	1	2. 026	1. 8
t	3	96. 136	84. 6
p×r	98	0. 991	0. 9
p×t	294	0	0
r×t	3	1. 936	1. 7
p×r×t	294	8. 816	7. 7

可见，最大的变异分量是测验任务面（t），它为总变异带来了 84. 6% 的系统误差；其次，由三重交互作用（p×r×t）产生的随机误差变异也比较大，占分数总变异的 7. 7%。而由被试的普通话口语水平（p）带来的有效变异仅解释了分数总变异的 3. 3%。

在接下来的 D 研究中，我们分别考察了固定测验任务面（$n'_t=4$）时评分者面样本容量与信度的关系，以及固定评分者面（$n'_r=2$）时测验任务面样本容量与信度的关系（见表 4、5）。

表 4　测验任务 p×r×t 设计的 D 研究（$n'_t=4$）

评分者人数	1	2	3	4	5
相对误差变异分量 σ^2（δ）	3. 195	1. 5975	1. 065	0. 7988	0. 639
绝对误差变异分量 σ^2（Δ）	29. 739	26. 8865	25. 9357	25. 4603	25. 175
概化系数 $E\rho^2$	0. 5375	0. 6992	0. 7771	0. 8230	0. 8532
可靠性指数 Φ	0. 1110	0. 1213	0. 1252	0. 1273	0. 1285

表 5　测验任务 p×r×t 设计的 D 研究（$n'_r=2$）

题型数	1	2	3	4	5
相对误差变异分量 σ^2（δ）	4. 9035	2. 6995	1. 9648	1. 5975	1. 3771
绝对误差变异分量 σ^2（Δ）	103. 0205	52. 2645	35. 3458	26. 8865	21. 8109
概化系数 $E\rho^2$	0. 4309	0. 5790	0. 6540	0. 6992	0. 7295
可靠性指数 Φ	0. 0348	0. 0663	0. 0951	0. 1213	0. 1455

结果显示，在现行的四个测验任务、两名评分者的施测模式下，概化系数为 0. 6992，已达到较高的信度水平；若想使概化系数提升到 0. 8 以上的优良水平，至少需要四个评分员或者五种以上的测验任务类型，这样一来测试成本就会大大增加了。

上述研究表明，现行测验题型用以测量被试普通话口语水平的有效性和可靠性尚值得论证。尽管概化系数值反映的信度水平较高，但可靠性指数普遍很低，说明该测验任务类型作为标准参照性测试题型的测量信度是不合要求的。

（三）不同测验任务类型的分数误差。

为了考察不同测验任务类型的分数误差，我们分别对四个任务类型进行随机单面交叉设计（p×r），各个任务类型的 G 研究和 D 研究结果如表 6。

表 6　四种测验任务类型 p×r 设计的结果比较

测验任务	变异分量估计值及其占总变异的百分比（%）			概化系数 $E\rho^2$ [④]			
	p	r	p×r	$n'_r=2$	$n'_r=3$	$n'_r=4$	$n'_r=5$
单音	1.1555（14.1%）	2.0181（24.5%）	5.058（61.4%）	0.3136	0.4067	0.4775	0.5332
多音	0.4405（4.3%）	1.9465（19.1%）	7.816（76.6%）	0.1013	0.1446	0.1840	0.2198
朗读	1.3755（12.8%）	1.9522（18.2%）	7.422（69.0%）	0.2704	0.3573	0.4257	0.4810
说话	0.0115（0.1%）	1.9123（14.9%）	10.931（85%）	0.0021	0.0031	0.0042	0.0052

在四种测验任务类型中，来自被试普通话口语水平（p）的变异都小于评分者（r）变异和双重交互作用（p×r）变异。可见四种测验任务的分数误差都比较大，测验目标没有得到准确测量，概化系数也反映四个测验任务的信度不高。相比之下，测量信度最高的是第一题（“读单音节字词”），其次是第三题（“朗读短文”）；信度最低的则是第四题（“说话项”）。这一结果表明，我们亟需在测验任务类型上多加研究，明确各题型的测试主旨，提高各题型的命题质量，改进各题型的评判标准，以保证被试真实能力的有效测量。在现有题型中，尤其要探究“说话项”的分数误差来源并研究干预之策。

五、研究三：对 PSC“说话项”评分标准的研究

（一）“说话项”评分标准。

“说话项”要求被试从两个话题中选择一个，进行三分钟的命题说话。该题采用分项评分法，按照语音、词汇语法、流利度这三个维度进行评分，三维度得分之和即为“说话项”总分。这三个分项评分标准为：（1）语音标准程度，共 25 分，分六个分数档；（2）词汇、语法规范程度，共 10 分，分三个分数档；（3）自然流畅程度，共 5 分，分三个分数档（具体内容略）。此外，规定了离题、缺时等的扣分标准，但本研究中没有这类被试样本。

（二）研究目的和方法。

研究三集中考察对 PSC“说话项”分数变异可能有重要影响的一个因素：评分标准，比较被试在三项评分标准上的分数变异构成，探求评分标准、评分者与测验信度的关系。我们把评分标准和评分者看作两个测量侧面，这样“说话项”就可看作是概化理论中双面交叉设计（p×c×r）的随机测量模式。其中，被试的普通话口语水平（p）是测量目标，有 99 个水平，评分标准（c）侧面有 3 个水平，评分者（r）侧面有 2 个水平。

（三）G 研究和 D 研究。

“说话项”评分标准 p×r×c 设计的 G 研究和固定不同侧面的 D 研究结果见表 7、8、9。

表 7 “说话项”评分标准 p×r×c 设计的 G 研究

效应	自由度	变异分量的估计值	占总变异的百分比（%）
p	98	2.7955	5.5
r	1	2.0230	4.0
c	2	34.3964	67.7
p×r	98	0.4153	0.8
p×c	196	0	0
r×c	2	1.9327	3.8
p×r×c	196	9.278	18.2

表 8 “说话项”评分标准 p×r×c 设计的 D 研究（$n'_c=3$）

评分者人数	1	2	3	4	5
相对误差变异分量 σ^2（δ）	3.5080	1.754	1.1693	0.877	0.7016
绝对误差变异分量 σ^2（Δ）	17.6407	14.5531	13.5239	13.0093	12.7005
概化系数 $E\rho^2$	0.4435	0.6145	0.7051	0.7612	0.7994
可靠性指数 Φ	0.1368	0.1611	0.1713	0.1769	0.1804

表 9 “说话项”评分标准 p×r×c 设计的 D 研究（$n'_r=2$）

评分标准项目数	1	2	3	4	5
相对误差变异分量 σ^2（δ）	4.8467	2.5272	1.7540	1.3675	1.1355
绝对误差变异分量 σ^2（Δ）	41.221	21.2201	14.5531	11.2197	9.2197
概化系数 $E\rho^2$	0.3658	0.5252	0.6145	0.6715	0.7111
可靠性指数 Φ	0.0635	0.1164	0.1611	0.1995	0.2327

上述研究结果表明，“说话项”评分标准是测验分数的一个主要误差来源，不能确保被试普通话口语水平得到正确的评定；同时，评分者对评分标准的把握和在不同被试上的标准运用还不够稳定。“说话项”现行的三个评分标准、两位评分者的施测模式可以达到概化系数 0.6145 的较高信度水平。如果使用三位评分者或者制定五项评分标准，概化系数可以达到 0.7，信度指标增幅不大。由于可靠性指数很低，说明“说话项”现行评分标准远远达不到标准参照性测试的信度要求。

（四）不同评分标准的分数误差。

为了考察不同评分标准的分数变异情况，我们分别对三项评分标准进行随机单面交叉设计 p×r，各项评分标准的 G 研究和 D 研究结果见表 10。

表 10 “说话项”三项评分标准 p×r 设计的结果比较

评分标准	变异分量估计值及其占总变异的百分比（%）			概化系数 $E\rho^2$			
	p	r	p×r	$n'_r=2$	$n'_r=3$	$n'_r=4$	$n'_r=5$
语音	0.3455（2.1%）	2.9092（18.1%）	12.843（79.8%）	0.0511	0.0747	0.0972	0.1186
词、法	7.489（51.7%）	2.9897（20.6%）	4.020（27.7%）	0.7884	0.8482	0.8817	0.9031
流利度	0.0675（0.6%）	2.9414（24.1%）	9.215（75.4%）	0.0144	0.0215	0.0285	0.0353

如表10所示，测量目标（p）只有在第二项评分标准（“词汇、语法规范程度”）的分数总变异中所占的比例最大（51.7%），而在第一项（“语音标准程度”）和第三项（“自然流畅程度”）标准的分数总变异中所占比例都非常小（2.1%，0.6%）。这说明评分者把握第二项评分标准的一致性程度最高，测量最准确，概化系数反映两位评分员的评分信度已接近优良水平；而评分者对第一、三项标准的评分差异最大，测量最不准确，概化系数也非常低。由此看来，现行“说话项”评分标准很难如实地评价被试的普通话口语水平。这或许是因为评分维度内容本身有问题，或许是因为各项维度的评分方式有问题。我们认为后者的可能性更大。因为每项评分标准都是定性描述、定量评分的，一般来说，不同方言区的被试在普通话“词汇、语法规范程度”项的问题相对较少，定性与定量的对应关系容易确立（在本研究的99名被试样本中，只有2名在该项被扣分）；而在“语音规范程度”和“自然流畅程度”方面，现有的定性描述很难准确反映复杂多变的语音面貌和语流状态，因此定性与定量、模糊与精确的对应关系就很难判定。总之，“说话项”评分标准的科学性和操作性都值得深入研究。

六、研究四：对PSC“说话项”话题类型的研究

（一）“说话项”话题类型及分布。

《普通话水平测试用话题》一共有30个题目，按话题类型可分为三大类：叙事类、说明描写类、议论说理类。本研究的99个样本总共涉及了26个说话题目。其中，“叙事类”话题含6个题目（35人），“说明描写类”含12个题目（32人），“议论说理类”含8个题目（32人）。为使三种话题类型的被试样本数量一致，我们删除了“叙事类”的“难忘的旅行”一题（共3人）。这样一来，“叙事类”就剩下5个题目，三种话题类型各计32人。

（二）研究目的和方法。

研究四专门考察对PSC“说话项”分数误差可能有重要影响的另一个因素：话题类型，比较被试在三种话题类型上的分数变异情况，探求在不同话题类型的概化全域中评分者容量与测验信度的关系。我们把三种话题类型分别看作是3个随机单面交叉设计p×r，其中，测量目标面（p）各有32个水平，评分者面（r）各有2个水平。

（三）不同话题类型的分数误差。

表11显示了三种话题类型所代表的3个单面交叉设计（p×r）的G研究与D研究结果。

表11　“说话项”三种话题类型p×r设计的结果比较

话题类型	变异分量估计值及其占总变异的百分比（%）			概化系数 $E\rho^2$			
	p	r	p×r	$n'_r=2$	$n'_r=3$	$n'_r=4$	$n'_r=5$
叙事	2.8265（70.5%）	0.5446（13.6%）	0.637（15.9%）	0.8987	0.9301	0.9466	0.9569
说明描写	0（0%）⑤	0.3111（4.4%）	6.737（95.6%）	0	0	0	0
议论说理	0.0725（0.9%）	0.3992（5.2%）	7.241（93.9%）	0.0196	0.0292	0.0385	0.0477

数据显示，测量目标（p）在“叙事类”话题的分数总变异中所占比重很大（70.5%），说明这一话题类型能够有效地反映被试的普通话口语水平，评分者的一致性最高；在其概化全域中，两名评分员即可获得理想的测量信度。而“议论说理类”，特别是“说明描写类”话题的分数误差都

非常大，测量信度都很低。究其原因，可能是“叙事类”话题更贴近日常交际情境，被试易于表现其真实的口语水平；而“议论说理类”和“说明描写类”话题是交际的较高层次，对被试的知识水平、思想深度、逻辑思维、观察体验等非语言能力的要求更高，从而会影响被试的口语表现和评分者对语言能力的评判。鉴于此，我们认为，在以考查普通话口语运用的标准、熟练程度为目的的PSC“说话项”中，应首选“叙事类”话题类型，尽量避免被试不熟悉的或抽象的话题，这是提高“说话项”乃至整个PSC信、效度的一个值得深究的课题。

七、结　论

本文在前人研究基础上，运用概化理论方法检验了影响PSC分数构成的诸多因素，集中考察了评分者、测验任务类型、“说话项”评分标准以及“说话项”话题类型这些主要误差源及其变异程度，并对改进PSC提出相应建议。主要研究结论如下：

第一，PSC测验总体目标明确，评分者间信度很高，但评分者内部信度还有待提升。

第二，测验任务在PSC分数变异中所占比重很大，四个任务类型都有较大的分数误差，“说话项”的误差最大。这给我们在改进测验任务类型方面提出严峻课题。

第三，“说话项”评分标准是分数变异的一个主要来源。第二项标准的测量信度最高，而第一、三项标准的分数误差较大，后者尤甚。有关评分标准的内容和操作方法亟需深究。

第四，“说话项”话题类型是分数变异的另一个重要来源。“叙事类”话题的测量信度远远高于其余两类话题，应作为“说话项”话题的首选类型。

应当说，与杨、张基于香港普通话培训测试中心样本的研究相比，本研究相当一部分结论不容乐观。这首先可能是样本的局限性所致，比如，被试样本的同质性高，并非从PSC被试全域中随机抽取；测验分数不是正态分布的总体；被试使用的试卷不同；特别是评分者样本容量小，只有2名，而一般来说，测量侧面的水平至少应在3个以上。其次也可能跟研究内容不同有关系，因为杨、张没有考察“朗读项”和“说话项”，而且是对题型中的具体题目打分。不过，作为在PSC测量误差问题上的一次认真探索，尽管本研究的样本存在诸多局限，对研究方法的理解和应用也不够成熟，但或许能为PSC信度研究带来一些值得思考的课题，或许能对PSC的任务类型、“说话项”评分标准和话题类型等的改进有所助益。我们希望今后能有建立在更理想的研究样本之上的、基于先进测量理论的PSC分数误差研究，提供更多富有说服力的结论。

注释：

①本研究的被试样本来自浙江师范大学测试站，谨向积极给予样本援助的浙江师范大学傅惠钧教授、王洪钟博士，以及中国社会科学院王丽玲博士表示谢意；教育部语言文字应用管理司郝阿庆处长也提供了一些相关资料，特致谢忱；北京语言大学赵琪凤老师在软件应用和数据处理上给予无私帮助，一并致谢！

②引自教育部原副部长、国家语委原主任袁贵仁2004年7月6日在“全国普通话水平测试管理工作会议”上的讲话，见教育部语言文字应用管理司、国家语委普通话培训测试中心（2004：2）。

③来自教育部语言文字应用管理司内部资料。据报告，实现“机测”后，第四项人工评分误差较“机测”前有所增大。一方面可能因为测试员真正实现了“盲评”；另一方面可能因为测试员缺少对被试前三项语音面貌的印象积累而直接给第四项打分，评分难度加大。

④一般认为可靠性指数更适用于估计标准参照性考试的信度，因此，如果将PSC看作标准参照性考试的话，可靠性指数应是最佳的信度指标。但在本节和5.5、6.3小节的D研究中，因可靠性指数普遍较低，故只讨论了概化系数，这不能不说在一定程度上影响了结论的说服力。

⑤概化理论的G研究规定，变异分量估计值出现负数一般作0处理。在“说明描写类”话题中，因 σ^2（p）值为负数，故作0处理；受其影响，在与其相应的D研究中的概化系数值也为0。

参考文献：

［1］教育部语言文字应用管理司，国家语委普通话培训测试中心．全国普通话水平测试管理工作会议资料汇编［C］．北京：语文出版社，2004：2.

［2］杨志明，张　雷．测评的概化理论及其应用［M］．北京：教育科学出版社，2003：35.

［3］王渝光．普通话水平测试理论探究［A］．普通话水平测试研究［C］．北京：语文出版社，1997：23-58.

［4］王渝光，陈典红．普通话水平测试测试员信度探究［A］．普通话水平测试研究［C］．北京：语文出版社，1997：127-138.

［5］张　雷，侯杰泰，何伟杰，文剑冰，王渝光．普通话测试的录音评分可行性、信度及经济效率［J］．心理学报，2001，33（2）：97-103.

［6］杨志明，张　雷．用多元概化理论对普通话的测试［J］．心理学报，2002，34（1）：50-55.

［7］杨志明，张　雷．改进普通话测试的概化理论分析［J］．湖南师范大学教育科学学报，2003（1）：76-82.

［8］国家语言文字工作委员会普通话培训测试中心，中华人民共和国教育部语言文字应用管理司．普通话水平测试实施纲要［S］．北京：商务印书馆，2006.

普通话水平测试的改进实验研究

王渝光　杨瑞鲲（云南师范大学　云南昆明　650092）
李竹屏　陈典红（云南省普通话培训测试中心　云南昆明　650223）

［摘　要］　现行普通话水平测试在测试内容、测试量和测试方法等方面均待改进。本文以教育测量学的概化理论和经典测量理论为指导，在上述几个方面进行了广泛深入的实验研究。根据实验数据，提出了改进普通话水平测试的几种模式。

［关键词］　普通话测试；改进实验；信度

我国的普通话培训测试已经开展了十几年，累计测试量已超过 2 千万人次，取得了很大成绩。但是，与国外先进的语言测试相比，无论是测试的手段、方式，还是测试所包含的内容，都存在着一定的差距。从科学发展的角度来看，进一步完善普通话水平测试，推进普通话水平测试及其管理的现代化，还有许多工作要做。开展新世纪的普通话审音工作，完善普通话语音的基本规范，制定普通话的声学参数标准，建设"普通话口语样本库""普通话口语语料库""普通话审音用知识库""语言资源有声数据库"，改进、完善测试信息管理系统和测试题库系统，推进普通话水平测试信息化建设，进行计算机辅助测试试点工作，推动测试手段自动化的研究和实施，都需要我们在普通话水平测试体系的改进和完善方面做大量基础性的工作。这既包括理论探究的科研的工作，也需要大量具体实验的试点的工作。这样才能推进普通话水平测试工作的信息化、科学化进程，完善普通话测评体系，构拟一个更为立体的、全方位的语言文字测评体系，满足新时期社会对语言文字工作发展的需求，构建和谐的语言文字环境。

一、普通话水平测试改进实验需要解决的问题

《普通话水平测试大纲》作为指导我国普通话水平测试的总纲，在测试理论、测试内容、测试数量、测试方法上需要教育统计和教育测量相关理论数据的支持，但一般的研究往往只是从定性的方面进行讨论，不能得出精确而非经验的各项量化指标，尤其是在回答普通话水平测试究竟"考什么""考多少""怎么考"等最直接、最根本的问题上，缺乏有力的数据支持。为此，我们设计并进行了普通话水平测试的改进实验研究，以求通过调查取样和统计分析，对普通话水平测试中上述基本问题作一个比较科学可信的有理有据的回答，为普通话水平测试提供教育测量数据，探求更具科学性和可操作性的普通话水平测试的测评模式。

普通话水平测试改进实验研究需要解决的主要问题是：

1. 测试内容（考什么）方面。现有的测试内容是否科学、合理，可靠性（信度）系数有多大？

如果要改进应该怎样改进？是增加测试内容还是减少测试内容？是否需要改变测试内容？

2. 测试量（考多少）方面。现有的测试量是否科学、合理，可靠性（信度）系数有多大？如果要改进应该怎样改进？是增加测试量还是减少测试量？

3. 测试方法（怎么考）方面。现有的测试方法是否科学、合理，可靠性（信度）系数有多大？如果要改进应该怎样改进？

二、普通话水平测试改进实验研究的理论与方法

改进实验研究以教育测量学的概化理论和经典测量理论为指导。

根据概化理论的“随机化平行”的观点，同一考生可以在多个不同的测试情景下进行测量，所有可能的随机化平行组合构成“可推论全域”。在普通话水平测试中，随机化平行就是设计的试卷中所能提供的各种测试的题目和题量的所有可能独立地用来测试考生成绩的组合。例如，有人认为50个单字就可以测出考生的真实水平；也有人认为，只需要1个说话题就可以测出考生的水平；又有人坚持，需要100个单词和300个字朗读才可以测出考生的真实水平；等等；实验卷就应该包括这些内容。这样一些考试题目的不同组合，就构成了“随机化平行”。为改进普通话水平测试而设计的实验卷所能包括和所能组合得出的题目和题量构成了“可观测全域”，通俗地说，“可观测全域”就是在实验卷中可以观测到的不同的测试题目、题量和测试员的不同组合模式。当然这个“可观测全域”并不只含有这些信息，还包括诸如测试员的适应性（可包括1至4名或更多测试员与任意题目题量的组合情况）、地区的适应性（不同地区的实验）、民族的适应性（不同民族的实验）等。所有这些信息经过统计分析后就可得出“可推论全域”，也就是基本上可以推导出我们目前还存有疑问的“考什么”“考多少”“怎么考”三大问题的全部资料的组合。根据概化理论的“可观测全域”，可以把其他因素看作稳定的数据，分别求出需要检测的两组内容组合的概化系数。例如，有人提出50个单字和1个测试员就可以施测了，那么就应该求出50个单字和1个测试员组合（即交叉）时的概化系数，这样就能定性、定量、有理、有据地回答这样的测评结果可信还是不可信；可信程度是多大，不可信程度是多大；如果施测了，它的正确概率是多大，错误概率是多大。总而言之，只要是普通话水平测试实验所能提供的统计信息，都可以相互组合，进行推论，求出概化系数。

良好的测试，必须保证有较高的信度、效度、难度、区分度和相关度。研究涉及的主要有信度和相关度。

信度，也叫可靠性或可靠程度。就像计量必须有精确的测量工具一样，信度是良好测试的必要条件，也是效度的必要条件。信度的取值范围（信度系数）在0至1之间。影响信度的因素很多，多大的信度系数才合适，要视测量内容、试题性质而定，同时与信度的计算方法也有关系。主观性较强的测试，信度系数可以低一些。

测试信度一般可以分为测试试卷信度和评分者信度。

测试试卷信度，即试卷的一致性（试卷信度α系数）。实验采用了计算主观性试题的由克龙巴赫提出的α系数法。α系数是内部一致性系数，除了表示信度系数外，在一定程度上也表示了效度。α系数的具体计算公式如下：

$$\alpha = \frac{K}{K-1}\left(1-\frac{\Sigma S_i^2}{S_T^2}\right)$$

其中：　α 为信度系数；

K 为测试项目数；

S_i^2 为各项目各被试得分的方差；

S_T^2 为各被试各自总分的方差。

从以上计算公式不难看出，方差的计算在 α 系数信度计算中具有极为重要的意义。

评分者信度，即测试员测评成绩的可比性（测试员信度 r 系数）。实验采用相关度系数（皮尔逊积矩相关系数）来表示。

$$r=\frac{\sum ZxZy}{N-1} \text{或} \quad r=\frac{N\sum xy-\sum x\sum y}{\sqrt{[N\sum X^2-(\sum x)^2][N\sum y^2-(\sum y)^2]}}$$

其中 Zx 代表变量 X 的任一观测值的标准分，Zy 代表变量 Y 的任一观测值的标准分，∑ZxZy 即每对标准分之积的和，N 表示两变量观测值的对子数，N－1 就是相关系数的自由度，x、y 即观测值。

测试试卷信度是测试试卷质量的重要指标，评分者信度是评分者对应试者试卷给予分数评定的质量的重要指标。只有评分者信度达到较高的质量指标，测试试卷的信度才能达到较高的质量指标。试卷信度和测试员信度的高低，直接影响试卷的质量，也影响着测试者测试的质量，二者是辩证统一的。只有测试试卷、测试员信度均合乎要求，才能准确、客观地反映出应试人的普通话水平。

实验研究通过对试卷信度 α 系数和测试员信度 r 系数的分析，来探求试卷内部的一致性（试卷信度）和测试员测试成绩的一致性（测试员信度）情况。先以试卷信度分析为主，分析试卷题项及各测评模式的信度，再根据测试员信度与测试项目的测试标准的可操作性之间的关系来比较测试项目的可比性，进而从另一个角度来分析试卷的信度。最后，结合两个信度分析数据，以量化的手段，对普通话水平测试进行研究，力求对普通话水平测试中“考什么”“考多少”“怎么考”等最直接、根本的问题作出比较客观、科学的回答，完成现行普通话水平测试的信度分析，并以此为基础，探求具有客观性、科学性、广泛代表性和经济适用性的普通话水平测试改进模式。

三、普通话水平测试改进实验的内容

现行的普通话水平测试模式实际有两个，一个是完全按照现行的国家《大纲》的模式，测试内容分为五项：单字、词语、朗读、选择判断、说话；一个是大部分北方方言区（含云南）的模式，测试内容分为四项：单字、词语、朗读、说话，没有选择判断。2003 年教育部、国家语委发布的《普通话水平测试大纲》已经通过说明的方式对这两种模式均表示认可，各地可根据当地的情况自行选择。测试改进实验内容的各种模式研究，均不包括选择判断。

测试实验卷的设计包括了测试内容、测试量和评判方式等多项实验内容。

为了保证实验结果的科学性、适应性、广泛性和多效性，试卷内容是在综合了各种意见后组合而成的。通过试卷内容不同模式的组合，能够充分体现各种不同的“考什么”“考多少”的意图。试卷内容是由云南省普通话培训测试中心的“普通话水平测试题库系统”计算机自动出题子系统以随机方式组合而成的，合成的实验卷共有 5 套。分别编为 1 至 5 号卷进行实验。

为确保实验结果的科学性和可重复性、可重组性，实验设计综合了历年的实践经验和各方面的意见与建议，实验卷加大了测试内容和题量，评分方法也有多种方式，便于比较。实验卷的构成和测试目的如下表：

普通话水平测试实验卷内容构成与实验目的一览表

实验项目	内容代码	内容、题量	满分值	实验目的
读字词	A	100 个单字	各为 10 分	选自 3500 常用字表，比较测试 100 字与测试 50 字的差别
	B	50 个单字		
	C	50 个词语	各为 20 分	比较选自 2 万词表与选自 8 千词表的差别
	D	50 个词语		
读文章	E	文章 1 指定篇目	30 分	比较测试指定篇目与测试临场篇目的差别；比较不同评分方式的差别
	F	文章 1 指定篇目	30 分	
	G	文章 2 临场篇目	30 分	
	H	文章 2 临场篇目	30 分	
命题说话	I	命题说话	40 分	比较测试命题说话与测试情景说话的差别；比较不同评分方式的差别；比较不同分值的差别
	J	命题说话	40 分	
	K	命题说话	30 分	
	L	命题说话	40 分	
情景说话	M	情景说话	40 分	
	N	情景说话	40 分	
	O	情景说话	30 分	
	P	情景说话	40 分	

上表中的内容代码的大写英文字母的不同，显示了测试内容、测试量、测试方法的不同，具有多重含义，A、B 表示的是单字题量的差别。C、D 表示的是词语测试范围的差别，E、F、G、H 表示的是朗读测试内容与评分方式的差别，I 至 P 表示的是说话内容、评分方式、评判分值的差别，具体说明如下：

A 与 B 的区别在于单字测试量的不同：测试是考 100 字 A 好，还是考 50 字 B 好。

C 与 D 的区别在于词语选取范围的不同：测试的 50 个词是选自 2 万词 C 好，还是选自 8 千词 D（儿化词语除外）好。

E、F 与 G、H 的区别在于朗读测试篇目的不同：是考指定篇目 E、F 好，还是考临场篇目 G、H 好。

E、G 与 F、H 的区别在于朗读评分方式的不同：是分 2 项扣分 E、G 好，还是分 4 项扣分 F、H 好。

I、J、K、L 与 M、N、O、P 的区别在于说话方式的不同：是考命题说话 I、J、K、L 好，还是考情景说话 M、N、O、P 好。

I 与 J，M 与 N 的区别在于评判说话时是否要考虑“得体”因素 J、N。

I 与 K，M 与 O 的区别在于说话分值的不同：说话分值是 40 分 I、M 好，还是 30 分 K、O 好。

I 与 L，M 与 P 的区别在于说话的评分方式不同：是分 3 项评分 I、M 好，还是分等级总体定量评分 L、P 好。

这些不同的内容的组合模式既是不同总分方式的组合，更是不同的测试内容、不同的测试量、不同的评分方式的组合。通过这些不同模式有关的教育测量数据的计算、分析，我们就能找出较好的普通话水平测试模式。例如，现行的国家《大纲》模式是A+C+F+K，拟改进的模式是A+C+F+H+K，云南的实验模式是A+C+E+I。究竟哪一种模式更能体现普通话水平测试的客观性准确性，这就是实验设计的目的所在。随着统计数据逐步计算出来，根据数据显示的不同，还可以选择其他更多更好的组合模式。

有的测试员提出，普通话水平测试三级六等标准可以有一些不同的语言形象，测试员可以根据这些语言形象直接给被试者打分，而不必一项一项地量化评分。所以实验卷上还增加了“语言形象总分”这项评分栏目，这个分数可以和试卷总分进行比较，看一看完全的定性评分与定量定性相结合的评分究竟有些什么区别，同时可以进一步论证测试员凭经验定性施测的可靠性程度。

实验的α信度系数是全卷的总体情况，实验的r信度系数是实验中第1、2号、3、4号测试员相互间的信度数据情况。

四、现行的普通话水平测试的教育测量数据及评价

根据实验卷的测试内容和评分卡，国家《大纲》的测试模式为ACFK模式，云南的实验的模式为ACEI模式。两种不同模式的教育测量数据比较如下：

1. α信度系数

ACFK模式与ACEI模式最后计算出的α系数如下表。

ACFK模式与ACEI模式α系数比较表

模式类型	α信度系数
ACFK	0.874
ACEI	0.889

从上表可以看出，两种模式的α信度系数都是较高的。较高的信度证实：现行的普通话水平测试基本上是科学的、可行的。相比之下，ACEI模式因为可以把信度系数从0.874提高到0.889，更具有可靠性和可操作性。

2. r信度系数

ACFK模式与ACEI模式最后计算出的r系数如下表。

ACFK模式与ACEI模式r系数矩阵比较简表

模式 \ 测试员	1×2	1×3	1×4	2×3	2×4	3×4	平均数
ACFK	0.893	0.907	0.837	0.916	0.876	0.893	0.887
ACEI	0.927	0.864	0.903	0.847	0.917	0.847	0.884

说明：Pearson Correlation（皮尔逊积矩相关系数）

P1ACFK P2ACFK P3ACFK P4ACFK（1、2、3、4号测试员ACFK模式）

P1ACEI P2ACEI P3ACEI P4ACEI（1、2、3、4号测试员ACEI模式）

Sig.（2-tailed）（双尾显著性检验）

Correlation is significant at the 0.01 level（2-tailed）.（显著性水平为1%）

N=90（观察数对，即相关比较的对子数为90）

为节省篇幅，说明下略。

从上表可以看出，两种模式的几对 r 信度系数也都是较高的。较高的信度证实：现行的普通话水平测试模式和云南的实验模式都是科学的、可行的。

五、普通话水平测试内容语料选取的改进

普通话水平测试内容语料来源的选取，有人提出所考词语应从常用 8000 词（即《大纲》的词表 1）中选取，因为普通话测试主要应考察生活常用词，讲究实用；有人提出还是从 2 万多个词（即《大纲》的词表 1 和词表 2）中选取好，因为普通话技能应该全面。有人提出朗读应考临场篇目，不能考指定篇目，因为指定篇目考试前可以充分准备；有人提出朗读只能考指定篇目，不能考临场篇目，因为临场篇目各种其他因素太多，不利于被试普通话水平的充分展现；还有的地区既考指定篇目，又考临场篇目（如香港特别行政区）。要解决这些问题，显然必须有教育测量的数据支持，才能说明为什么某一测试模式更好。在实验中我们着重对测试内容的改变，设计了不同的对比实验模式，计算统计出了相应的教育测量数据。

问题一：测试的 50 个词语，是从常用的 8000 词（即《大纲》的词表 1）中选取好，还是从 2 万多个词（即《大纲》的词表 1 和词表 2）中选取好？

实验结果数据如下：

1. α 信度系数

选自 2 万词模式与选自 8 千词模式的 α 系数比较表

模式类型	α 信度系数
选自 2 万词的 ACFK 模式	0.903
选自 8 千词的 ADFK 模式	0.889
选自 2 万词的 ACEI 模式	0.889
选自 8 千词的 ADEI 模式	0.878

从上表可以看出，选自 2 万词的 ACFK 国家《大纲》模式和选自 2 万词的 ACEI 云南实验模式，与对应的选自 8 千词的 ADFK 模式和选自 8 千词的 ADEI 模式相比，信度系数均有提高。从教育测量数据的角度来看，词语选自 2 万词比选自 8 千词要好一些，但相差不大，为此我们还可以参照 r 信度系数。

2. r 信度系数

词语 C（2 万词）、D（8 千词）r 系数矩阵比较简表

测试员 / 模式	1×2	1×3	1×4	2×3	2×4	3×4	平均数
词语 C	0.861	0.848	0.733	0.953	0.807	0.838	0.840
词语 D	0.756	0.776	0.400	0.932	0.749	0.793	0.734

总的来说，考 2 万词的词语 C 每对相关度系数都高于 8 千词的词语 D。单纯从教育测量的数据来看，可采用考 2 万词的 C 模式，考虑到可操作性，建议采用 D 模式。

问题二：朗读部分考指定篇目好，还是考临场篇目好？

实验结果数据如下：

1. α 信度系数

指定篇目模式与临场篇目模式 α 系数比较表

模式类型	α 信度系数
指定篇目 ACFK 模式	0. 874
临场篇目 ACHK 模式	0. 890
指定篇目 ACFI 模式	0. 887
临场篇目 ACHI 模式	0. 878
指定篇目 ACFL 模式	0. 919
指定篇目 ACEL 模式	0. 920
临场篇目 ACGL 模式	0. 909
临场篇目 ACHL 模式	0. 909

从上表可以看出，考指定篇目模式与对应的考临场篇目模式相比，信度系数都有较大提高，从教育测量数据的角度来看，考指定篇目比考临场篇目更好（E、F 为佳）。

2. r 信度系数

指定篇目（E、F）与临场篇目（G、H）r 系数矩阵比较简表

测试员 / 模式	1×2	1×3	1×4	2×3	2×4	3×4	平均数
E 读文章	0. 889	0. 892	0. 811	0. 884	0. 819	0. 828	0. 854
F 读文章	0. 923	0. 914	0. 917	0. 921	0. 910	0. 927	0. 919
G 读文章	0. 883	0. 859	0. 714	0. 840	0. 721	0. 751	0. 794
H 读文章	0. 899	0. 876	0. 859	0. 856	0. 860	0. 847	0. 866

显然，考指定篇目的 r 信度系数高于考临场篇目，特别是考指定篇目 F 的系数明显高于其他三种。这说明，指定篇目的测试操作标准更易于为测试员掌握，测试员之间的评判成绩有较强的一致性和可比性，参照 α 信度系数，更进一步说明指定篇目能更好地达到测量目的，因而有较高的信度。

问题三：说话部分考命题说话好，还是考情景说话好？

实验结果数据如下：

1. α 信度系数

命题说话模式与情景说话模式 α 系数比较表

模式类型	α 信度系数
命题说话 ACFK 模式	0. 874
情景说话 ACFO 模式	0. 929
命题说话 ACFI 模式	0. 887
情景说话 ACFM 模式	0. 921
命题说话 ACFL 模式	0. 919
情景说话 ACFN 模式	0. 920
情景说话 ACFP 模式	0. 882
命题说话 ACFJ 模式	0. 924

综合上表可以看出，考30分情景说话的ACFO模式和考40分情景说话的ACFM模式，与对应的考30分命题说话的ACFK模式和考40分命题说话的ACFI模式相比，信度系数都要有所提高，分别为0.055和0.034。考40分情景说话的ACFN模式与相应的考40分命题说话ACFJ模式相比，系数提高了0.004，只有考40分情景说话ACFP模式与相应的考40分命题说话ACFL模式相比，系数下降了0.037。显然，从教育测量数据的角度来看，考情景说话比考命题说话更好。但是，情景说话的试题在命制上有一定困难，而且，考命题说话的ACFJ（0.924）、ACFL（0.919）模式信度也很高，此时应更多地考虑测试的经济性与可操作性，我们建议采用考40分命题说话的J或L模式。

2. r信度系数

命题说话（I、J、K、L）与情景说话（M、N、O、P）r系数矩阵比较简表

测试员 / 模式	1×2	1×3	1×4	2×3	2×4	3×4	平均数
I命题说话	0.743	0.553	0.816	0.445	0.804	0.521	0.647
J命题说话	0.693	0.733	0.687	0.836	0.813	0.864	0.771
K命题说话	0.328	0.396	0.328	0.622	0.522	0.640	0.472
L命题说话	0.694	0.800	0.757	0.792	0.800	0.819	0.789
M情景说话	0.703	0.781	0.766	0.785	0.725	0.835	0.766
N情景说话	0.678	0.816	0.746	0.722	0.674	0.808	0.740
O情景说话	0.715	0.697	0.704	0.596	0.691	0.684	0.681
P情景说话	0.331	0.846	0.726	0.304	0.295	0.745	0.541

总体来说，说话部分的r信度系数都不高。其中命题说话（J、L）和情景说话（M、N）的r信度系数相差不大，高于其他题项（这也证明了上面的α信度系数的情况），我们需要联系总体模式，进行r信度系数比较。

命题说话与情景说话测评模式r系数矩阵比较简表

测试员 / 模式	1×2	1×3	1×4	2×3	2×4	3×4	平均数
ACFN	0.942	0.932	0.922	0.949	0.934	0.930	0.935
ACFM	0.933	0.938	0.917	0.949	0.914	0.933	0.931
ACFL	0.926	0.940	0.926	0.944	0.929	0.940	0.940
ACFJ	0.926	0.933	0.912	0.954	0.929	0.943	0.933
ACFK	0.893	0.907	0.837	0.916	0.876	0.893	0.887

显然，40分命题说话的J或L模式更为高效、科学，综合上三表，建议采用L模式。

六、普通话水平测试测试量（考多少）的改进

普通话水平测试的测试量问题是一个重要的问题，既影响普通话的测试质量，又影响普通话的测试成本。根据有关专家学者和语言教师的意见，这里把普通话水平测试有关测试量的问题归纳为以下四个问题。

问题一：单字部分是考 100 个单字好，还是考 50 个单字好？

问题二：朗读部分是考一篇文章好，还是考两篇文章好？

问题三：说话部分是考命题说话好，还是命题说话、情景说话一起考？

问题四：朗读、说话部分只考一篇文章、一个话题好，还是考两篇文章、两个话题好？

（一）实验结果与数据。

针对这四个问题，我们在实验研究中设计了不同的对比实验模式，计算统计出了相应的教育测量数据。具体实验结果的数据见下表。考虑到篇幅，r 系数只列出了 r 系数均数，没有再列出不同测试员的 r 系数矩阵比较简表。

不同测试量实验的 α 系数与 r 系数均数比较表

	实验内容	模式类型	α 系数	r 系数均数
1	《大纲》现行模式	ACFK 模式	0.874	0.887
2	《大纲》改进模式	ACFI 模式	0.887	0.885
3	云南实验模式	ACEI 模式	0.889	0.884
4	问题一实验：测 100 单字	ADFL 模式	0.911	0.938
	测 50 单字	BDFL 模式	0.885	0.898
5	问题二实验：两篇朗读	ACFHK 模式	0.907	0.928
		ACFHI 模式	0.918	0.939
6	问题三实验：两个说话	ACFKO 模式	0.898	0.901
		ACFIM 模式	0.919	0.941
7	问题四实验：两篇朗读，两个说话	ACFHKO 模式	0.920	0.945
		ACFHIM 模式	0.936	0.952

（二）分析与讨论。

问题一的实验是把测试 100 个单字改为测试 50 个单字，这样做信度系数会降低，考 100 个单字优于考 50 个单字。

问题二的实验是把现行的朗读部分测试一篇指定篇目改为测试两篇文章，一篇是指定篇目，一篇是临场篇目。这样做两个信度系数会有较大的提高，如果按现行的国家《大纲》ACFK 模式，增加一篇临场篇目，成为 ACFHK 模式（即香港特别行政区的现行模式），其信度系数（0.907/0.928）高于云南现行的 ACEI 模式，可以考虑增加一篇朗读文章。如按拟改进的 ACFHI 模式，信度系数会提高到 0.918 和 0.939，这显然是一个令人鼓舞的数据，但应充分考虑试卷各题分数的平衡和测试的经济性与可操作性问题。

问题三的实验是把现行的说话部分测试一个命题改为测试两个说话，一个是命题说话，一个是情景说话。这样做信度系数同样也会有一定的提高，但如果按现行的国家《大纲》的 ACFK 模式，增加一个情景说话，成为 ACFKO 模式的话，其信度系数基本上等于 ACEI 模式，没有必要增加一个情景说话的内容。如按拟改进的 ACFIM 模式，信度系数会有较大提高，但 ACFIM 模式也应充分考虑试卷各题分数的平衡和测试的经济性与可操作性问题。

问题四的实验是问题二与问题三的结合：测试两篇朗读文章、两个说话。这些测试内容几乎就是整个实验卷的全部测试内容。这样做信度系数会有较大的提高，其中 ACFHIM 模式的信度系数最高，达到 0.936 和 0.952。但 ACFIM 模式应充分考虑试卷各题分数的平衡和测试的经济性与可操作性问题外，还应充分注意测试时间的问题。增加题项肯定会增加试卷命制难度和测试时间。

综观这些模式的信度系数，拟采取只测三项的 ADE 模式较为适当。ADE 模式 0.902 和 0.919 的信度系数比 ACEI 模式的信度系数高 0.013 和 0.035，也超过了大多数实验测试模式。这个信度数据也显示，目前说话的评分模式，鉴别力较低，甚至起到干扰作用，取消说话，更有利于提高信度。

七、普通话水平测试内容（考什么）的改进

普通话水平测试的测试内容问题是一个与测试量密切相关的重要问题，测试内容的增加和减少，既是测试内容问题，又是测试量的问题。在现行的普通话水平测试中，有的专家提出测试在不需要特别精确的时候，例如在只需区分“二乙”与“三甲”的情况下，可以考虑使用一个简易版本进行测试，这样有着良好的经济性和可操作性；也有的测试员反映目前的普通话水平测试测评内容过多，测试量过大，难以掌握。根据有关专家学者和语言教师的意见，我们把普通话水平测试有关测试内容的意见归纳为以下六个问题，并针对这些问题进行了不同的测试模式实验，其目的是想得出这样一个答案：如果要减少测试内容，减少哪个或哪些测试内容较为妥当。

问题一：测试不考单字，只考词语、朗读、说话行不行？

问题二：测试不考词语，只考单字、朗读、说话行不行？

问题三：测试不考单字、词语，只考朗读、说话行不行？

问题四：测试不考朗读，只考单字、词语、说话行不行？

问题五：测试不考说话，只考单字、词语、朗读行不行？

问题六：测试不考朗读、说话，只考单字、词语行不行？

（一）实验结果与数据。

具体实验结果的数据见下表，表中加入现行的国家大纲模式和云南实验模式，以便比较。

不同测试量实验的 α 系数与 r 系数均数比较表

	实验内容	模式类型	α 系数	r 系数均数
1	《大纲》现行模式	ACFK 模式	0.874	0.887
2	《大纲》改进模式	ACFI 模式	0.887	0.885
3	云南实验模式	ACEI 模式	0.889	0.884
4	问题一实验：只考词语、朗读、说话	CFK 模式	0.842	0.875
		CEI 模式	0.872	0.881
5	问题二实验：只考单字、朗读、说话	AFK 模式	0.795	0.832
		AEI 模式	0.817	0.854
6	问题三实验：只考朗读、说话	FK 模式	0.713	0.786
		EI 模式	0.774	0.795
7	问题四实验：只考单字、词语、说话	ACK 模式	0.801	0.841
		ACI 模式	0.821	0.856
8	问题五实验：只考单字、词语、朗读	ACF 模式	0.906	0.922
		ACE 模式	0.910	0.932
		ADE 模式	0.902	0.919
9	问题六实验：只考单字、词语	AC 模式	0.857	0.878
		AD 模式	0.838	0.871

（二）分析与讨论。

综观这些模式的信度系数，如果要减少测试内容，拟采取只测三项的 ACE、ADE 模式较为适当。ADE 模式的 0.902 和 0.919 的信度系数高于现行的国家大纲模式和云南实验模式，比 ACEI 模式的信度系数高 0.013 和 0.035，超过了大多数实验测试模式。这个信度数据也显示，目前说话的评分模式，鉴别力较低，甚至起到干扰作用，取消说话，更有利于提高信度。值得注意的是，现行的计算机辅助测试系统，尚未有效解决说话部分的测试问题，多是计算机测前三项单字、词语、朗读，测试员测第四项说话。采用只测三项的 ACE、ADE 模式，将更有利于计算机进行普通话水平测试。

八、普通话水平测试方法（怎么考）的改进

普通话水平测试的测试方法问题涉及的范围较广，如多少测试员评分的问题，是现场评分还是录音评分的问题，测试环境在一定条件下也是一个方法问题。这里的测试方法限定在实验卷的评分卡上，即朗读部分评分的 E、G 与 F、H 模式，说话部分的 I、J、K、L 模式与 M、N、O、P 模式。另外还有语言形象总分模式。

普通话水平测试有关测试方法的问题，主要是在朗读部分和说话部分怎样测试的问题。从前面测试量、测试内容的研究中，已经看到朗读、说话的鉴别力较低。在有的模式中，有没有说话，关系不大。尽管现行说话评判模式的教育测量数据并不支持考说话，但根据绝大多数语言学专家和语言教师的意见，在普通话水平测试中说话不能不考。那么在必须考说话的情况下如何选择较好的说话评判模式，也就成了测试方法实验研究的重点。测试方法实验研究的问题主要有四个：

问题一：朗读部分云南实验的分二项扣分模式与《大纲》现行的分四项扣分模式，哪一种更好？

问题二：说话部分的评判要不要考虑言语得体度的问题？

问题三：说话部分能否采用分等级总体定量评分的方式？其有关的教育测量数据如何？

问题四：定性评分的语言形象总分与各模式评分有没有可比性，如果有，它与哪一模式最为接近？

说话部分还有一个满分是 30 分 K 还是 40 分 I 的问题。这个问题前面已经解决，这里不再单独分析。

（一）实验结果与数据。

针对前三个问题，我们设计了不同的对比实验模式，计算统计出了相应的教育测量数据。具体实验结果的数据见下表。

不同测试方式实验的 α 系数与 r 系数均数比较表

	实验内容	模式类型	α 信度系数	r 系数均数
1	《大纲》现行模式	ACFK 模式	0.874	0.887
2	《大纲》改进模式	ACFI 模式	0.887	0.885
3	云南实验模式	ACEI 模式	0.889	0.884
4	问题一实验：①指定篇目扣分模式	ACEK 模式	0.876	0.888
		ACFK 模式	0.874	0.887

续表

	实验内容	模式类型	α 信度系数	r 系数均数
	问题一实验：②临场篇目扣分模式	ACGK 模式	0.857	0.878
		ACHK 模式	0.858	0.878
5	问题二实验：①命题说话考虑得体度	ACFI 模式	0.887	0.885
		ACFJ 模式	0.924	0.933
	问题二实验：②情景说话考虑得体度	ACFM 模式	0.921	0.931
		ACFN 模式	0.920	0.935
6	问题三实验：①命题说话分等级总体定量评分	ACFL 模式	0.919	0.940
		ADFL 模式	0.911	0.938
		ADFJ 模式	0.918	0.929
		ACFJ 模式	0.924	0.933
	问题三实验：②情景说话分等级总体定量评分	ACFP 模式	0.882	0.881
		ACFN 模式	0.920	0.935

（二）分析与讨论。

问题一的实验是研究朗读部分的评分模式。把朗读材料按指定篇目与临场篇目加以区分，观察在其他测试内容相同的情况下，是分二项扣分的 E、G 评分模式的信度系数高，还是分四项扣分的 F、H 评分模式的信度系数高。实验结果的数据显示：从指定篇目来看，E 模式（0.876/0.888）和 F 模式（0.874/0.887）几乎没有区别；从临场篇目来看，H 模式和 G 模式也如此（0.858/0.878 和 0.857/0.878）。数据说明，两种评分模式没有多大的区别。

问题二的实验是说话部分的评判要不要考虑言语得体度的问题。问题二需进行命题说话的 I 模式与 J 模式、情景说话的 M 模式与 N 模式的比较。实验结果的数据显示：从命题说话来看，考虑言语得体度的 J 模式明显高于不考虑言语得体度的 I 模式（差分别为 0.037/0.045）；从情景说话来看，不考虑言语得体度的 M 模式与考虑言语得体度的 N 模式几乎没有区别。数据显示，在说话当中，考虑言语得体度是合适的。

问题三的实验是能不能把现行的说话部分的评分改为分等级总体定量评分的问题。问题三进行命题说话的分等级总体定量评分的 L 模式与其他方式评分的 I、J、K 模式、情景说话的分等级总体定量评分的 P 模式与其他方式评分的 M、N、O 模式的比较。分等级总体定量评分又称分档评分，在国家对《大纲》征求意见稿的实验卷中就有分档评分。实验结果的数据显示：分等级总体定量评分的 L、P 模式分别不如考虑得体度的 J、N 模式，P 模式都不如 N，M、O 模式，只有 L 模式优于 I、K 模式。这说明分等级总体定量评分模式总体上主观性较强，不宜采用（当然 L 模式可适当考虑）。

另外一个问题的实验是研究语言形象总分与各模式评分有没有可比性的问题。语言形象总分由于没有具体的量化数据的支持，完全是主观性的定性评分。它与各评分模式的可比性主要考虑平均分与标准差的问题。下表是语言形象总分与一些评分模式的有关数据。

语言形象总分与一些评分模式的比较表

实验项目	平均分	标准差
语言形象总分	80.73	7.88
ACEI 测评模式总分	81.00	8.44
ACFK 测评模式总分	81.52	8.14
ADEL 测评模式总分	81.58	8.50
ADFL 测评模式总分	81.60	8.55
ADGL 测评模式总分	81.15	8.66
ADHL 测评模式总分	80.85	8.76

从上表来看，语言形象总分与各模式的评分是有一定的可比性的，从实践来看，它与云南实验的 ACEI 模式较为接近。从理论上看，它可能与理想的 ADHL 模式更为接近。由于评判实验卷的测评员参加测试的实践较多，他们主观评出的语言形象总分与现行模式的评分较为一致是完全可能的。这种评判方式可以在复查或多个测评员同时测评中使用，同时应充分参考具体模式的评分。如果二者不一致，应以具体模式分为主。由于它是主观定性评分，不宜在大范围使用。

语言形象总分还可以考虑测试员的 r 系数的问题。下表是语言形象总分与一些评分模式的有关数据。

语言形象总分与一些评分模式的 r 系数比较表

测试员 模式	1×2	1×3	1×4	2×3	2×4	3×4	平均数
语言形象总分	0.889	0.892	0.811	0.884	0.819	0.828	0.854
ACFK	0.893	0.907	0.837	0.916	0.876	0.893	0.887
ACEI	0.927	0.864	0.903	0.847	0.917	0.847	0.884
ACFN	0.942	0.932	0.922	0.949	0.934	0.930	0.935
ACFM	0.933	0.938	0.917	0.949	0.914	0.933	0.931
ACFL	0.926	0.940	0.926	0.944	0.929	0.940	0.940
ADFL	0.920	0.936	0.875	0.942	0.915	0.938	0.938
ACFJ	0.926	0.933	0.912	0.954	0.929	0.943	0.933
ACFK	0.893	0.907	0.837	0.916	0.876	0.893	0.887
ADEL	0.905	0.928	0.857	0.933	0.908	0.929	0.910

从上表来看，语言形象总分与各模式的评分的 r 系数是有一定距离的，与 ADFL 模式相差 0.084，与前面的 ACFHIM 模式（0.952）甚至相差近 0.100。数据说明，语言形象总分的测试员信度系数比其他评分模式的低，只适合有较丰富测试经验的测试员使用。

九、普通话水平测试的改进实验研究的一些结论和建议

通过前面对两种信度系数的研究与分析，可以得出一些相关的结论和建议。

现行的测评模式（国家改进模式与云南实验模式）信度较高，基本上具有可操作性和科学性，

但还有较大的优化空间。应根据两个信度系数的研究与分析，进行测评模式的改进。测试内容朗读部分考指定篇目比考临场篇目更好（E、F 为佳），建议采用指定篇目 F。考情景说话比考命题说话更好。但是，情景说话的试题在命制上有一定困难，而且，考命题说话的 ACFJ（0.924）、ACFL（0.919）模式信度也很高，考虑测试的经济性与可操作性，建议采用考 40 分命题说话的 J 或 L 模式。词语选自 2 万词比选自 8 千词要好一些，但相差不大。考虑到经济性及可操作性原则，建议采用考 8 千词的 D 模式。增加朗读量，一篇为指定篇目，一篇为临场篇目，这样做两个信度系数会有较大的提高，但应充分考虑试卷各题分数的平衡和测试的经济性与可操作性问题。增加说话量为测试两个说话（命题说话和情景说话各 1），信度系数有一定的提高，也应充分考虑试卷各题分数的平衡和测试的经济性与可操作性问题。测试两篇朗读文章、两个说话，信度系数会有很大的提高，除应充分考虑试卷各题分数的平衡和测试的经济性与可操作性问题外，还应充分注意测试时间的问题。目前说话的评分模式，鉴别力较低，甚至起到干扰作用，单纯从教育测量的统计数据来看，取消说话，更有利于提高信度。朗读材料按指定篇目与临场篇目加以区分，两种评分模式没有多大的区别。在说话当中，考虑言语得体度是合适的。分等级总体定量评分模式总体上主观性较强，但 L 模式可适当考虑。语言形象总分与各模式的评分的 r 系数是有一定距离的，由于它是主观的定性评分，信度低，不宜广泛采用。

综合各方面数据来看，有的模式具有很高的信度，如 ACFHIM 模式两信度系数分别为 0.936 和 0.952，但这些模式的经济性原则较差，测试量比现行模式增大了一倍，测试时间也延长了一倍。有的模式如 ACI，具有较好的可操作性和经济性，但信度较低，科学性较差。因而普通话水平测试改进模式的选取原则应兼顾科学性、可操作性和经济性的不同要求。在有较高科学性的测试信度的情况下，充分考虑可操作性和经济性原则。从前面的分析中我们看到，只测三项的 ADE 模式是一个值得考虑、比较理想的选择。ADE 模式的 0.904 和 0.919 的信度系数超过现行的国家和云南实验模式，也超过了大多数实验测试模式。如必须考虑测试说话题项，综合两个信度系数，建议采用科学性、可操作性和经济性都较强的 ADFJ（0.918/0.929）或 ADFL（0.911/0.938）模式（ADFL 较佳）。

综上所述，提出以下几种普通话水平测试的改进模式：

1. 改进的精确模式 ACFHIM

该模式的内容为：选自 3500 常用字表的 100 个单字 A，选自 2 万词表 50 个词语 C，采用四项评分的指定篇目读文章 F 和四项评分临场篇目读文章 H，采用三项评分 40 分命题说话 I 和三项评分 40 分情景说话 M。

该模式有相当高的信度，测试科学、准确。但测试时间最长，可操作性和经济性较差，该模式具有行业普通话水平测试的特点，适用于播音员或对语音要求较高的人员。

2. 改进的标准模式 ADFL 或 ADFJ

该模式的内容为：选自 3500 常用字表 100 个单字 A，选自 8 千词表 50 个词语 D，采用四项评分指定篇目读文章 F 和分档评分的 40 分命题说话 L 或加得体度的 40 分命题说话 J。

该模式有较高的信度，测试较为科学、准确。测试时间适中，有较强的可操作性，经济性较好，适用面广，宜广泛采用。

3. 改进的简易模式 ADE（信度高、可操作性强）

该模式的内容为：选自 3500 常用字表 100 个单字 A，选自 8 千词表 50 个词语 D，采用二项评分指定篇目读文章 E。

该模式有较高的信度，测试较为科学、准确。测试时间较短，可操作性很强，经济性较好，适用面广，与计算机智能测试相适宜。但由于不测试说话，较适宜对说话要求不高的或普通话等级中等的对象。

盲人普通话水平测试的效度与题型问题研究

林海燕
（长春大学人文学院　吉林长春　130022）

［摘　要］　普通话水平测试是一种重要的语言测试，其测试的对象包括一个特殊的群体，盲人被测者。盲人普通话水平测试与普通测试有诸多不同，如试卷采用盲文等。这些不同之处影响到测试的信度与效度等。文章通过对盲人普通话测试现状的研究，采取测试实验数据分析的方法，分析了我国现行盲人普通话水平测试中影响信度及效度的因素，指出盲文试卷用于测试影响测试效度的弊端，同时提出了通过调整题型来解决这一问题的设想。

［关键词］　盲人；普通话水平测试；效度；题型

普通话水平测试是我国现阶段普及普通话工作的一项重大举措。在一定范围内对某些岗位的人员进行普通话水平测试，并逐步实行持普通话等级证书上岗制度，标志着我国普及普通话工作走上了制度化、规范化、科学化的新阶段。近年来，接受普通话测试的人群不断扩大，其中包括一些特殊的群体——盲人。笔者所在的单位每年要对近百名盲人学生实施普通话测试，从这几年的实践中，我发现，对盲人进行普通话测试是属于特殊教育工作中的一项工作，它除了和普通的测试有些共性之外，还有很多差异。研究盲人普通话测试的一些基本情况，有助于完善我国的推普工作，把普及普通话工作推向更科学的高度。

下面，我仅从盲人普通话测试的效度及现有的题型入手，简要分析一下目前测试中存在的问题及应该改进的地方。

一、效度的概念

提到效度，就一定要先提到信度这个概念。信度与效度原是计量学中的两个重要概念，20 世纪 30 年代被引入语言测试领域。普通话测试属于语言测试范畴，语言测试理论及实践上的发展和纷争都是以信度与效度为主线进行的，信度与效度是语言测试永恒的主题。

语言测试的信度是指测试结果的可靠程度。语言测试信度的高低主要说明的是测试结果在多大程度上反映了受试者真实的语言行为。影响信度的因素很多，它们存在于语言测试的每个环节中。在测试评分的环节上，评分标准是否一致对信度影响很大。因此，为保证信度，同一个测试的评分标准必须保持一致或稳定。此外评分者之间以及同一个评分者前后对评分标准的把握上应当保持一致。

语言测试的效度表明测试与测试目标的关联程度。根据结构主义测试学家的传统解释，语言测试的效度是指测试是否考了它所要考的。

换言之，语言测试涉及两方面的内容：首先作为一种测量工具，它必须保证测量结果的可靠性，这即是信度要求。信度具有同质性，即要考的是同属一个范畴的东西。显而易见，用一把本身具有很大伸缩性的尺子来测量物体的长度，其结果必然不可信；同时，语言测试以语言能力为测量目标，它的内容和形式与语言能力应有很大的相关性，这就是效度要求。也就是说，语言测试的信度说明考试结果与语言行为的关系；语言测试的效度反映所测试的语言行为与语言能力的关系。

信度和效度的统一与对立的性质决定了同时具有高信度和高效度的语言测试是不存在的。任何语言测试都必须在二者之间进行平衡和折中。语言测试应侧重考虑效度要求，在此基础上尽可能地追求信度。从理论上讲效度是比信度更重要的一个属性，在语言测试中占有中心地位。信度和效度是两个相互排斥的属性，如果必须做出选择的话，效度毕竟更为重要，而信度并不是第一位的。有时为了提高效度而牺牲一定程度的信度是必要的。

二、盲人普通话测试信度与效度问题

《普通话水平测试大纲》明确提出："普通话水平测试测查应试人的普通话规范程度、熟练程度，认定其普通话水平等级，属于标准参照性考试。"应试人在运用普通话口语进行表达过程中所表现的语音、词汇、语法规范程度，是评定其所达到的水平等级的重要依据。无论是对普通测试者还是对盲人测试者，我们所要考察的内容都应该是以上几项。然而，对盲人进行普通话测试是有其特殊性的。如果用现有的普通话水平测试卷翻译而成的盲文试卷去测试盲人，某种程度上就不能准确地测出盲人应试者的普通话水平。

我国现行盲文是一种拼音文字，盲字是由一个个点阵格组成的，每格有六个点，代表不同的声母、韵母、声调、数字和标点符号，所以用现有的普通话水平测试卷"翻译"而成的"盲文版"试卷去测试盲人，就像用由汉语拼音书写试题的口试试卷，去测试一个天天用汉语拼音进行读书、写作的人，其信度和效度自然是较低的。

我们选取了吉林省内40名盲人学生和40名普通学生进行普通话测试实验，测试结果各题的平均失分率如下：

题目 测试对象类型	第一题 读单音节字	第二题 读双音节词语	第三题 朗读短文	第四题 命题说话
普通测试者	1.6%	1.8%	2.5%	5.7%
盲人测试者	0.7%	0.8%	2.9%	5.4%

按照《普通话水平测试大纲》要求，设置第一题"读单音节字词"的目的是"测查应试人声母、韵母、声调读音的标准程度"，因此，在答这一题时盲人应试者和非盲人应试者的成绩应各有高低，而不应是一边倒。为什么会出现这种情况呢？我们把两者的测试情况对比一下就能找到答案。在对非盲人的测试中，第一题多是测试应试人对字、词读音的识记。而盲人测试者只要懂盲文，就可以顺利地读出字音，因为盲文是标好声韵调的，因此不存在不认识的情况。像一些看到汉字却不知道是平翘舌，或者辨别不出前后鼻韵的问题，在盲人测试者里是不存在的。另外，非盲人应试者常读错的声调，如把应读去声的"较"字误读为上声，把应读阳平的"潜"字误读为上声，盲人应试者就很少出错。

第二题"读多音节字词"的目的是"测查应试人声母、韵母、声调和变调、轻声、儿化读音的标准程度”。汉字中存在着大量的多音字、多义字等，这些字较易受方言的影响而被误读，如“动弹”一词，四川、云南的有些地方就读“dòng dàn”，面对这些词语，非盲人应试者常常出错，但盲人应试者却不会读错，轻声音节也基本不会读错。

第三题是“朗读短文”题，其目的是测查应试人使用普通话朗读书面作品的水平。停顿和重音的问题在测查声母、韵母、声调读音标准程度的同时，重点测查连续音变、停连、语调以及流畅程度。由于这段朗读是有语境的，所以就出现了两种情况：相信盲文试卷中所有的声、韵、调都是正确的，错误就少；认为自己的感觉是正确的，而盲文试卷中的声、韵、调有错误的，读错的就多。如“潜力”一词，考生在考前十多分钟的准备过程中，从语境中就知道是这个词，但因平时把“潜”字读为上声，故而考生误认为是试卷上标错了，于是照着自己认为对的读音去读，这反而弄错了。从作答这一题的情况也可看出，盲文试卷的确存在着能使盲人应试者减少错误的因素。

第四题“命题说话”，测试的结果与盲人应试者的实际水平最接近。这也说明了一定的问题：主观试题信度较高。

因为信度应该具有同质性，所以有学者认为盲人的普通话测试与非盲人的普通话测试存在着不公平的因素。然而，很多盲人终其一生也不会有识记汉字的机会，因此，考察他们对汉字的识辨能力是没有意义的。盲文即是盲人的文字，只是他们的文字是表音体系的，相对于表意文字来讲较容易拼读。这是就学习难度而言的。然而，盲人并不等同于汉语拼音，在现实生活当中，大家都应该认可的是，盲文比正常的文字要更难学。对非盲人的汉字识记认读考核和对盲人的盲文发音认读的考核是在同一层面的。

但如何面对盲人被测者成绩普遍比非盲人高这一问题呢？我认为解决的办法应该是减少普通人普通话测试单音节测试中的生僻字和非常用字，第一题的效度要求就是考察被测者的声韵调的标准程度。普通话水平测试不是普通话系统知识的考试，不是文化水平的考核，也不是口才的评估，是应试人运用普通话所达到的标准程度的检测和评定，是应试人的汉语标准语测试。虽然它也肩负着提高国民语言文字水平的任务，但提高文化素养毕竟不是它的主要目标。比如，同样是普通人的普通话测试题目，为了考核“huan”这个音节，不同的试卷给出了不同的汉字“欢”“幻”“獾”三个不同的汉字，这三个字的难度明显不同，大大违背了测试的信度要求。虽然在拟卷过程中，已经对常用字作了比例要求，但还是有很多测试员和被测者感到试卷的难度是有差异的。

著名学者李筱菊有过精彩论述：一个语言测试的真正价值不在于它能用多少数据去说明什么，而在于它能否给人们带来好的快乐的结果，有助于使人变得更完美。这好的快乐的结果主要是指良好的反拨效应。如果为通过某一个重要考试，教学双方花费大量时间和精力而学生并没有获得相应的语言能力，这种结果是无论如何不能让人愉快的。我们进行语言测试的根本目的不是得出理想的分数，而是提高语言能力。因此，除了考虑信度因素，效度更是重中之重。

效度是指“一个测验能测出预定要测量的事物的程度”，也就是说，考试是否测量了它所想要测量的东西。我们要确定的是，对盲人进行普通话测试究竟要测量什么？是盲人对汉字的识辨能力，还是对普通话声韵调的准确把握能力？这可以从两个方面加以理解，即考试是否达到了目的，考试所考的内容是否就是想考的内容。效度是一项考试的核心问题。一个语言测试的内容和形式越接近实际使用中的语言，它就越有效度。那么怎样才能抛开由“有文字凭借”测试题带来的低信度后果呢？我觉得，改变普通话测试现有题型是最为可行的方法。

三、盲人普通话测试的题型问题

语言水平测试以语言能力为测量目标，而语言能力是抽象的，是通过具体的语言行为体现出来的，难以直接测量。另外，任何测试都不必要更不可能测量所有的语言行为，因此语言测试的目的是通过对受试者语言行为样本的测量结果来推测受试者的语言能力。一个语言测试包含两个基本的过程：一是确定能有效说明受试者语言能力的语言或推测行为并在此范围内选取有效的样本；二是保证测试结果真实准确反映受试者的语言行为。

有文字凭借的测试对口语测试信度的影响，在普通话水平测试工作研究之初就被研究者发现了。《普通话水平测试大纲》研制组的主持人刘照雄先生就提出："有文字凭借的部分和没有文字凭借的部分所占评分的比例，应该随着测试工作的进展，按照不同行业人员的条件和需要作动态调控。方向是逐渐扩大没有文字凭借的部分。"如何选取有效的样本，把它以怎样的形式展示出来，就是我们要讨论的题型设计的问题。题型的选择也要与普通话测试培训的宏观培养目标相一致，同时要提高语言测试的效度，必须设计出能有效反映受试者语言能力的题型并努力使主观题的评分尽量客观化。

因此，我认为在普通话测试中引入交际性测试是很必要的。除了现有的命题说话外，我觉得较好的题型是：定词对话，即给出一定词汇，要求被测者利用相应词汇进行对话。这样的题型，可以考较出应试者语音、词汇、语法、语用等多方面的能力，而且不容易跑题。只是在评分标准上，增加了测试员给分的难度。

信度、效度、题型三者的关系从上述的论述中我们可以发现，任何测试都有其特定的目的，都是针对特定的被试和特定的语言使用范围的。题型的选择、题目的难易程度都会影响测试的信度和效度。测试内容确定之后，就要考虑题型的选择，题型选择的重要性往往被人忽视。从理论上讲，测试卷如果能达到对一组经过抽样的言语行为进行测量并对应试者语言能力做出推论的目的，其结果才可信可靠（即信度），才最大限度地考出了预期所要考的东西（即效度），这也许是质量最理想的试卷。

我们应积极探索提高盲人普通话测试信度及效度的办法，充分认识题型对语言测试的积极影响，扬长避短，通过细致的、富有创造性的命题工作，科学有效地测试盲人的普通话能力水平，最大限度地发挥语言测试对教学和学习的积极促进作用。

参考文献：

［1］张　凯．语言测验理论与实践［M］．北京：北京语言大学出版社，2002.

［2］龚　建．盲人普通话测试及测试信度［J］．文山高等专科学报，2006（5）.

［3］牛　强．现行高校英语测试中的问题［J］．外语教学与研究，2001（2）.

［4］韩宝成．语言测试：理论、实践与发展［J］．外语教学与研究，2000（1）.

［5］国家语言文字工作委员会普通话培训测试中心编．普通话水平测试实施纲要［S］．北京：商务印书馆．2004.

普通话水平测试用于口语交际评价的思考

朱丽红
教育部语言文字应用研究所（国家语委普通话培训测试中心　北京　100010）

[摘　要]　口语交际是语文新课标的重要内容，但一直缺乏适当的评价方式，最终影响到口语交际教学的实施。普通话水平测试作为唯一的汉语标准语口试，在测试目的语、测试内容、测试形式、结果解释方式等几个方面都与口语交际有适用性，开发口语交际评价应该充分重视这些适用性，同时充分考虑中小学口语交际评价的实际需求。

[关键词]　普通话水平测试；口语交际评价；适用性

一、问题的提出

本文所称的“口语交际”指的是语文课程实施新课标[①]以后的一个教学内容。在新课标中，“口语交际”不是被分割为“听”与“说”两个独立的方面，而是首次作为一个整体概念与“识字与写字”“阅读”“写作”相提并论。语文教育专家认为：“口语交际由说话教学到听说教学，再由听说教学到口语交际教学，经历了整整100年的时间，……由说话教学改为听说教学是口语教学的第一个飞跃，……口语教学（也）从听说教学步入口语交际教学的新时代，从而带来了口语教学的第二次飞跃。”[②]“口语交际”成为新课标的一大亮点，在语文教学改革中被寄予厚望。

新课标实施以来，口语交际的教学得到了加强，但通过对一些小学语文教师的访谈，我们发现这样的情况：口语交际的课堂上热热闹闹，却总是感觉有些随意，教师的引导作用难以体现，对这个新独立的教学板块如何检测也是一个没有解决的问题，有的甚至出现“学生信口开河，教师乱加评价”[③]的误区。有的学校在口语交际能力评价中尝试评价主体多元化，请学生家长参与评价，结果家长都给自己的孩子打满分；有的学校虽然认识到传统的纸笔测验考不了口语交际能力，但是一时又找不到更合适的评价方式，就干脆放弃了对口语交际能力的评价。

根据2003年《修订建议汇总报告》的回馈，有的课程改革实验区提出了口语交际“缺乏必要的检测方法，很难落到实处”的意见。本文认为，这才是切中了问题的要害。评价问题不解决，口语交际教学的效果便很难保证。事实上，因为少了考试的强制作用，口语交际又渐渐走回到“不考试就不教学”的老路上去了，“一阵热闹过后，亮点已经淡去，口语课程又归于平寂，仍旧漂移在事实上的边缘之境”[④]。这就显现出考试对教学的逆向反拨作用，是新课程改革不希望看到的局面。因此，相对于新课标其他几个方面的内容，口语交际教学内容的落实更需要从评价方面获得推动力。

语文教师们寻求相关语言测试的启发，希望找到可资参考和借鉴的因素，出现了一大批研究文章。在对文献进行搜索、阅读的过程中，一个现象引起了我们的注意：虽然大量研究口语交际的论文都提到普通话水平测试，但是对于能否采用普通话水平测试进行口语交际评价，大多数人持否定意见，而且否定的依据比较一致：普通话水平测试的“命题说话”采用的是单向说话的形式，不是口语交际能力测试，不能用于中小学口语交际能力评价。把普通话水平测试全盘照搬、直接用于口语交际评价肯定是行不通的，毕竟它不是根据语文课程的口语交际评价的需求而设计的，但是以单向说话形式一票否决普通话水平测试用于口语交际评价的价值也值得商榷。

二、本文的分析

测什么？怎么测？这是一种语言测试需要回答的两个基本问题。普通话水平测试对这两个问题的回答都值得口语交际评价借鉴。

首先来看“测什么”。口语交际评价要测的当然是学生运用口头语言进行交际的能力。什么是“交际能力”？自海姆斯（D. Hymes）1972年提出“交际能力”概念以来，交际语言能力理论一直在不断发展。20世纪90年代，巴克曼（Lyle F. Bachman）建立起交际语言能力（Communicative Language Ability，CLA）模型，成为语言测试界最有影响的交际语言能力模型。20世纪80年代后期至90年代初期，作为交际语言能力的新发展，基于任务的语言教学（Task－based Language Teaching）思想开始产生越来越大的影响，“任务型语言教学”成为语言教学界的流行名词。归纳起来，交际语言能力理论有两个要件：一个是语言形式系统本身，一个是语言使用的环境。交际语言能力评价既要检测对语言形式系统本身的知识性掌握和熟练的技能性操作，也要检测在特定的语言环境中恰当、得体地使用这些知识和技能的能力。

普通话水平测试测查应试人的普通话规范程度、熟练程度。普通话与方言最大的区别是语音，作为母语标准语能力测试，普通话水平测试重点考查语音标准与规范程度，同时考查词汇、语法的规范程度，说话项的设置说明普通话水平测试是考虑了交际因素的。具体到本文所说的口语交际的“口语”，并不是指学生在入学以前已经基本掌握的方言口语，而是学得的普通话口语。“语文教学视野中的‘口语’指规范、简明、连贯、得体的口头语言。规范指全国通用的规范化的标准语言；……简明指简洁、准确；连贯指口语的逻辑性；得体指要注意语境条件。……语文教学视野中的口语交际教学指在语文教学中培养学生运用规范、简明、连贯而得体的口头语言再辅以适当的非言语的形式与人交流，实现某种交际能力的教学活动。”⑤因此，口语交际评价实际上要考查的是学生运用普通话口语形式进行交际的能力。可以说，普通话水平测试和口语交际评价都是要对运用普通话口语进行交际的能力进行检测，在“测什么”的问题上是同质的。

再来看“怎么测”的问题。首先，在测试形式上普通话水平测试全程采用口试，这是一种直接测试方式，能够保证口语测试的效度。在口语交际评价的实践探索中，老师们更多地采用了书面测试这种间接测试的形式，也就是在传统的书面测验中增加一些考查口语交际能力的题目。⑥例如：

例1：下列句子说得最委婉的一项是(　　)

A. 怎么不把你的《现代汉语规范词典》给我用？

B. 快把你的《现代汉语规范词典》拿给我用！

C. 你为什么不把《现代汉语规范词典》给我用呢？

D. 能把你的《现代汉语规范词典》借给我用一下吗？

例2：

根据提供的口语交际情境做题：

小明正在阳台上浇花，楼下的刘阿姨说："小明，你真爱美啊，我刚晾的被单也锦上添花了。"

你听出了刘阿姨说话的意思是________________________________

如果你是小明，应该怎样回答刘阿姨？

因为是书写作答，口语交际中"口头"的因素得不到体现，这样会降低口语测试的效度，试题怎么出现也很值得推敲。比如例1，题干要求指出四个句子中最委婉的一句，但是在实际的口语交际中"委婉"是相对的，没有情境很难说哪句是最委婉的，字面上看起来最委婉的说法在口头表达中并不能保证让听话者听起来也觉得是最委婉的。老师对学生说："你真聪明！"可能是衷心的赞扬也可能是故意的讽刺。语言在使用中受到交际对象、交际场合、交际时间、交际目的等多种因素的影响会形成无限多样的言语作品，某种表达即使在大多数人看来都是一句好话，在具体的交际情境中也可能会"话不投机半句多"。

正是认识到书面测试的局限性，和2004年相比，2005年实验区的中考试卷中给口语交际单独设置板块的大幅减少（2004年18个实验区的15份试卷中，有20%的试卷就口语交际和综合性学习单独设置板块；2005年的66份试卷中只有4.5%单独设置板块⑦）。口语交际评价应当采用口试形式。

"单向说话"与"双向对话"只是口语交际的不同形式，在第一语言和第二语言教学和测试中都有成功运用单向形式的例子。刘润清在《语言测试和它的方法》中介绍了一套剑桥英语水平考试的高质量的口试试题。试题中包括五种情境，应试人可以选择三种，进行单向说话。不管应试人选择哪三种，都处在不同的交际情境下，场景、身份、人物关系、交际目的各不相同，需要应试人采用不同的交际策略。以下是美国马萨诸塞州教育部门"一对一口语交际表现性评价的任务描述和任务样例"⑧：

简介

无论是校园内还是校园外，学生在日常生活中都要完成许多类型的讲话任务。本表现性测验关注的下面几种类型的任务，分别是描述物体、事件和经历，按顺序说明某个操作步骤，在突发事件中提供信息和说服某个人。

要完成一个讲话任务，讲话人必须向听话人简短地陈述某些信息。这一过程包括决定要说什么、将信息组织起来、根据听话人和场合的情况改编信息、选择传递信息所用的语言，最后正式表达。讲话的效果可以根据讲话人符合任务要求的程度来予以评估。

任务样例

描述任务：想想你最喜欢的课或课外活动是什么，向我描述一下，让我也了解了解。（某一学科、某一社团或某一运动项目怎么样？）

突发事件任务：假设你独自在家，忽然你闻到一股烟味，你打电话给消防队，而接电话的正好是我。现在你假装正在和我通电话，你要告诉我帮助你所需的各种有关信息。（直接对我说：从说"你好"开始。）

顺序任务：想一想你会烹调什么。告诉我，一步一步地，怎么做，完成这一烹调过程。（爆米花、三明治或煎鸡蛋怎么样？）

说服任务：想想你希望能够在学校看到的某一转变，比如说校规的变化。假如我就是学校的校长，试着说服我学校应该这样变化。（说说走廊通行的规则或报名选课的程序怎么样？）

在这个样例中，每一项任务描述都是一个规定情境，有很强的对话感。每一个讲话都是一个简短的口语交际过程，采用的是单向陈述的形式。因此，口语交际的关键是要根据语境要求，合理运用语言形式，顺利实现交际目的，并不是非得要严格按照有问有答的双向形式进行。介绍、说明、讲解、演讲等都是口语交际活动，形式上都表现为单向说话。如果是采用双向对话的方式，反倒要提醒主试人的话语一定要有所节制，要让应试人来主导谈话，以便给应试人充分地展示自己的语言运用能力的机会。

其次，作为口语交际能力评价，在测试内容上要体现交际能力的构成要素。普通话水平测试包括读字词、词汇语法选择判断、朗读文章和命题说话，这些测试项目覆盖了普通话的语音、词汇和语法三大要素，既考查掌握普通话语言形式的准确程度，也通过语篇考查运用普通话的流畅程度和得体程度。在语文课程中，在不同的学习阶段，这些项目都是可测的，也是应该检测的。

新课标的每一个阶段目标都包括“识字与写字”“阅读”“写作”（1-2年级为“写话”，3-6年级为“习作”）、“口语交际”四个方面的要求。为加强语文课程与其他课程以及与生活的联系，促进学生语文素养的整体推进和协调发展，课程标准还提出了“综合性学习”的要求。口语交际是语文教学的全过程的一个缩影，新课表的每一个方面都能通过普通话水平测试的项目得以体现。比如，识字教学倡导在词语、句子、文章等具体的语境中进行，不仅要求学生认识字形，还要求能够在口头上正确地读出汉字的普通话读音。朗读既是为了学习汉字，也是为了积累词汇、感悟语法、培养语感，要求用普通话来读。至于说话，学龄初期的儿童已经基本具备语言交际所需要的策略能力和生理、心理机制，能够使用方言来完成一定的交际任务，在语文课程中进一步学习运用普通话来实现有效交际。普通话水平测试的项目在口语交际评价中也是可行的。

从测试结果的解释方式来看，普通话水平测试属于标准参照性测试，应试人的成绩相互之间不作对照，不论成绩高低名次。在多元智能理论的影响下，基础教育也更加尊重学生的个体差异，注重通过教育促进学生成长。新课标强调：“语文课程评价的目的不仅是为了考查学生达到学习目标的程度，更是为了检验和改进学生的语文学习和教师的教学，改善课程设计，完善教学过程，从而有效地促进学生的发展。不应过分强调评价的甄别和选拔功能。”常模参照的解释方式不适用于对学生的表现性评价，普通话水平测试的结果解释方式也适用于口语交际评价。

以上分析说明，普通话水平测试和口语交际评价具有多方面的适用性，作为目前唯一的针对汉语母语人群的国家级口语测试，对口语交际评价来说仍然是首选的参照系。

三、结论及余言

以上分析了普通话水平测试和口语交际评价的适用性，语文课程的口语交际评价的设计可以充分参考、借鉴普通话水平测试的成功经验，口语交际评价也有自己的特殊需求，是当前的普通话水平测试不能满足的。单从考试内容上看，字、词、文章就不能全盘照搬，应当充分考虑到不同学段的学生的年龄层次和特点，话题的选择和呈现形式也应注意与学生的生活实际的联系程度。在可行性上，课程评价也会有自身的特殊考虑，这些问题有待进一步深入研究。

开发普通话水平测试的初衷是为了更有力地推广、普及和提高全社会的普通话水平，语言测试和语言教学本来就是密不可分的，作为母语测试理应关注母语教学。各级学校一直就是推广普通话的重要阵地，普通话水平测试的研究一直集中在语言测试的领域内来进行，不应该忽视中小学普通话教学和评价的需求。语文教学也需要扩大视野，从语言学及应用语言学等相关学科中吸取营养，促进本学科的发展。有了普通话水平测试，中小学语文教学中的口语交际评价就不算是白手起家，有可利用的资源。普通话水平测试和中小学语文教学之间应当加强关照和联系，相互促进，共同发展。

注释：

①2001年7月，教育部颁布实施《全日制义务教育语文课程标准（实验稿）》（文中称“新课标”）。义务教育阶段的新课程于2001年9月在全国38个国家级实验区开始实验，2003年教育部基础教育司组织各省市实验区的实验单位对实验情况进行了认真的调查，并委托教育部首都师范大学基础教育课程研究中心语文课程工作室对回馈意见进行了汇总，形成了《全日制义务教育语文课程标准（实验稿）修订建议汇总报告》（文中简称“《修订建议汇总报告》”）。本文对“测试、考试、评价”等概念的使用不做区分。

②⑤刘淼．当代语文教育学［M］．北京：高等教育出版社，2005.

③尹洪锋．直击口语交际教学的四大“硬伤”［J］．学语文，2005（3）.

④田良臣．语文科口语课程的多维研究［D］．上海：华东师范大学学位论文．2006.

⑥例题选自《小升初重点校入学测试卷（语文）》，北京出版集团北京教育出版社，2006.

⑦王云峰．新课程初中毕业语文学业水平考试的基本走向［J］．语文建设，2006（5）.

⑧（美）波帕姆（Popham，W. J.）．国家基础教育课程改革“促进教师发展与学生成长的评价研究”项目组译．促进教学的课堂评价［M］．北京：中国轻工业出版社，2003，P144，原文注明资料来源：Based on assessment efforts of the Massachusetts Department of Education.

参考文献：

［1］中华人民共和国教育部制订．全日制义务教育语文课程标准（实验稿）［S］．北京：北京师范大学出版社，2001.

［2］邱娟飞．小学语文口语交际教学现状及对策研究［D］．上海：华东师范大学，2005.

［3］黄东梅．中学口语教学现状与改革［D］．福建师范大学，2002.

［4］于　青．中学语文口语交际教学现状和对策［D］．福建师范大学，2001.

［5］郑国民．从文言文教学到白话文教学——我国近现代语文教育的变革历程［M］．北京：北京师范大学出版社，2000.

［6］李筱菊．语言测试科学与艺术［M］．长沙：湖南教育出版社，1997.

［7］刘润清，韩宝成．语言测试和它的方法（修订版）［M］．北京：外语教学与研究出版社，2000.

普通话语音多模态研究与多媒体教学

孔江平
（香港大学香港普通话培训测试中心
北京大学中文系汉语言学研究中心）

［摘　要］　本文根据对汉语普通话进行的语音多模态研究，讨论了汉语普通话语音在多媒体教学系统中的作用和实际应用的可能性。文章对香港人学习普通话的特点及多媒体教学系统的制作也进行了初步的介绍，并展望了汉语普通话多媒体教学的前景。

［关键词］　普通话；语音多模态研究；多媒体教学

一、引　言

随着中国国力的增强和文化科技水平的提高，中国无论在经济方面还是在文化方面，国际的交流都在迅速发展，这致使汉语普通话的使用范围也迅速扩大。汉语是联合国的工作语言，在国际政治经济活动中有着重要的地位，汉语也承载着中国五千年的文明所创造的灿烂文化。普通话是汉语口语的标准，因此，对汉语普通话的学习必然会成为世界各国语言教育中的一个重要的组成部分。

语言的学习与其他科学文化知识的学习不同，有其自身的特点，这些特点对语言教学十分重要，因为它直接影响到语言学习的成效。众所周知，人们在习得母语的过程中，没有人会感到是一种负担或者十分辛苦。无论学习者的智力如何，都能在母语的环境中自然掌握一种语言。然而，在第二语言或方言的学习方面，如果没有语言环境，学习过程都会感到十分辛苦。语言教学的这种特点只从经验很难解释。

在以往的教育中，对教学法的理解更多的偏重于经验，甚至认为是一种艺术，这些理念在教育中也确实起到了一定的作用。然而，随着科学的发展，特别是人类行为的科学研究和人类大脑科学研究的进展，越来越多的人已开始认识到教育的科学性质。同时，言语科学的发展，特别是言语脑科学的发展，也使人们看到了语言教学理论的方向和科学的曙光。

在语言科学研究中，语音学的地位十分重要和直接，因为它主要研究语言的物理特性和语言学意义之间的关系。语音学分为传统语音学和语音科学，虽然语音学已经完成了从传统到科学的转化，然而，传统的语音学仍然在语言学研究中广泛使用，只是研究的领域不同。本文将从语音科学的角度，探讨一下汉语普通话语音多模态研究和普通话语音教学的关系以及建立普通话语音教学多媒体科学系统的基础。

二、语音科学研究与教学

汉语普通话语音多模态研究主要涉及语音声学研究、X 光动态发音动作研究、核磁共振声道研究、电子腭位发音动作研究、嗓音发声类型研究、唇形唇读研究、动态声门研究及呼吸带语音韵律研究几个方面，下面将从这几个方面讨论一下这些基础科学研究和普通话教学的关系以及应用的可能性。

1. X 光动态发音动作研究与教学。

在传统语音学研究中，X 光的使用使语音学完成了从传统到科学的第一次飞跃。因为在此之前，人们是靠观察和自我感觉确定发音的部位和动作，有了 X 光以后，人们可以从科学实证的角度研究发音器官、发音动作和音义的关系。在教学方面，由于 X 光的使用，人们更精确地了解了语音发音器官的运动方式（汪高武，鲍怀翘，孔江平，2008），大大地提高了语音教学的科学性，特别是推动了语音教学的方法和理论的产生，从此语音学理论进入了普通的语言教学。国内这方面的成果《汉语普通话发音图谱》（周殿福，吴宗济，1963）、图谱教材等，都属于这一类。在我国，汉语普通话 X 光的动态资料只有鲍怀翘教授在“文革”后拍摄了 4 位发音人的资料，由于健康保证方面的原因，根据普通话声韵调的组合关系和轻声儿化等语音现象，每人拍摄了 200 多样本，其中大部分是单音节样本。由于信号处理技术条件的限制，直到最近这些样本才被北京大学语言学实验室处理为可供研究和开发教学软件的数字化数据库。

2. 语音声学分析与教学。

在二次大战后期，出现了频谱分析技术，这种技术可以实时实现语音信号时域到频率域的转换，对于语音学研究来说可谓又一次技术上的飞跃。这使人们对语音的性质有了质的认识，大大推动了语音学和语音教学的发展。在 19 世纪贝尔实验室出版了《可视语言》（Ralph K. Potter，1947）一书，此书的出现极大地推动了声学语音学的发展，很快人们发现了语音声学特征和生理特征的关系，从而建立起了语音声学和生理学的基本关系以及基础理论。将语音变换成图像可以使听力有障碍者通过视觉读懂语音，为残疾人的语言教学提供了新的方法。在正常人语言的学习上，可以通过分析学习者的发音，将其转换为可以理解的发音形式，如，声调曲线可以用于教学中声调偏误纠正，通过提取共振峰画在元音图上，帮助纠正元音的学习等等（吴宗济，林茂灿，1989）。由于电脑速度和信号处理技术的进步，现在人们正在研究语音到生理发音器官动作的反推问题，这一问题如果能被彻底解决，自我纠正发音将会变得很容易，这将彻底改变语音学习和教学的基本模式。

3. 核磁共振声道研究与教学。

核磁共振用于人体透视检查是近十年的事，一般认为适当拍摄对人体无害，主要用于医疗检测，核磁共振的原理与 X 光不同，对于语音学研究来说，发音器官的成像更为清晰，而且可以拍摄动态二维、静态三维和动态 2.5 维的图像，非常适合语音学的研究。目前，语音学、言语生理学和言语工程都在利用核磁共振技术进行言语科学最前沿的研究。北京大学中文系语言学实验室近几年在日本国家实验室（ATR）拍摄了 9 个人普通话基本发音动作的资料，并且已经建立起了一个全数字普通话发音数据库。基于核磁共振的普通话声道和发音动作的研究使我们对汉语普通话有了更深入的认识，目前正在努力进行汉语普通话三维立体的数字模型研究。在国际上，语音教学领域一般认为最高水平的教学系统应该是三维立体的数字发音模型，目前这样的商用教学系统英语也还没有做出来，只有瑞典语的一个博士生做了一个演示系统。我们目前正在研究制作基于二维的核磁共振普通话教学系统，这种系统可以让学习者直接看到发音部位和发音动作，提高普通话语音的学习和教学效率，而且可以帮助聋儿学习普通话的基本发音。

4. 电子腭位发音动作研究与教学。

动态电子腭位技术是将一个假腭放在口腔中，在发音过程中，舌头和上腭的接触可以实时地被记录下来。通过对这些数据的分析，可以研究普通话的发音动作，特别是普通话的协同发音。动态电子腭位最初的目的是为了腭裂儿童术后学习发音而设计的，这是因为腭裂儿童常常使用代偿性发音，在手术后仍然不会正确发音，电子腭位可以用于纠正腭裂儿童的发音动作，主要是辅音的发音动作。可以看出，电子腭位主要用于研究辅音的发音动作和辅音的协同发音，在普通话的教学方面显然有重要的应用前景。我们这几年建立了一个很大的普通话电子腭位数据库，正在做基础研究和腭裂儿童的语言康复的应用研究，如果要应用在普通话的教学方面，除了基础研究以外，其瓶颈主要在技术的应用转化和成本方面，但理论上已经成熟。

5. 唇形研究与教学。

从语言交际的角度看，唇形和语言的学习及教学有着密切的关系，语言学习过程中的模仿始终都离不开唇形的信息。在聋哑儿童的唇读学习中，唇形的作用更是必不可少。从语言学的角度，唇形的研究主要注重唇位的研究，即唇形的语言学意义。在言语工程研究上，往往用图位来定义唇型，更注重唇形产生的模型和模拟。这两方面的成果为语言的教学提供了可能和坚实的基础。在唇位研究方面，主要可以从视频中检测出唇形的基本信息和动态信息进行研究。近几年，由于技术的发展，唇型检测又有了专门的设备“红外三维立体信号采集系统”。目前我们建立了一个基于红外三维立体信号的汉语普通话唇型基础研究和教学应用研究的大型数据库，希望建立一个用于汉语普通话教学系统的基础模型，基于这个模型，开发具有唇型视频功能的普通话多媒体语音教学系统。

6. 动态声门研究与教学。

动态声门研究是基于高速数字成像技术对声带振动频率和振动方式的研究，具体是利用高速摄像机（4000 帧/秒）拍下声带的振动过程，然后用图像处理技术检测出相关参数对声带的语言学特性进行研究（Kong J. P.，2004，2007）。如对汉语普通话声带振动的研究表明，汉语普通话上声的低音部分是一种挤喉音的发声类型，这说明普通话上声不仅靠相对低的音调来体现声调的语言学意义，同时也说明特殊的发声类型是学习普通话上声的关键。许多外国人只是从音调或旋律上来模仿上声，没有意识到发声类型的不同，因此学习效果很差。在对汉语普通话发声类型的研究中发现，上声的发声在生理和声学上有五六种类型和表现形式。近期的研究也证明了汉语普通话发声类型对声调的感知有一定的贡献，特别在自然度方面更是如此。动态声门要真正用于普通话的教学就要进一步做发声类型视觉反馈的研究，即从语音中算出声带振动的方式，给学习者声带发声的视觉反馈，这样就能更有效地通过教学系统学习。

7. 呼吸带语音韵律研究与教学。

汉语普通话语音的韵律是比较复杂的，这是因为普通话除了基本的语调外还有声调，这两种语音学现象在物理上主要通过基频变化来实现，因此，这给普通话韵律的研究带来了很大的困难，以往的研究主要是通过语音来提取基频、时长和振幅等参数，这些参数对韵律和声调的性质不能进行充分的解释，因而长期制约了普通话韵律的研究。通过呼吸带同时采集语音和呼吸信号，可以很好地研究韵律以及韵律和声调的关系。目前我们已经建立了一个大型的汉语普通话呼吸-语音数据库，研究表明，呼吸在律诗、散文、新闻等不同文体中都有不同的表现和固定的模式（谭晶晶等，2008）。而且，通过呼吸和语音声学的研究发现，呼吸信号更能表现出朗读的个人风格和特点。这就为汉语普通话学习系统提供了更多的应用功能。可以看出，普通话呼吸的研究可以为普通话朗读教学和普通话艺术教学提供广阔的应用前景。

8. 语音感知范畴研究与教学。

我们都知道语音学研究对语音的教学很重要，但目前在教学中运用的语音学知识实际上是很片面、很陈旧的。如在普通话的语音教学中，通常只用到发音部位和发音方法一些基本的语音学知识，而且有些还不准确，这常常体现为一个很普通的语音学问题会有很多人在那里反复争论，不断强调自己的感觉，而不是去用科学的方法证明。然而，普通话语音研究已经从声学和生理开始进入语音感知领域，恐怕很少有普通话老师了解普通话各个音位之间的感知关系。如，在教“上声”发音时，只注重音调频率的变化，而对“上声”发声类型不了解，然而上声的感知和发声类型密切相关。最近的普通话声调感知研究表明，发声类型对汉语声调的感知范畴和自然度都有较大的贡献。因此，在普通话的教学中，将新的语言学知识特别是范畴感知和连续感知等基础知识引入教学是十分必要的。

9. 语音识别与测试。

语音识别可以分为基础研究和工程应用两种。基础研究主要注重声学语音学的研究，即研究语音的基本参数和语言学意义的关系，进而用于语音的判断和识别。而工程应用主要在语音识别系统的技术实现上，在声学层面一般只用美倒谱系数，在识别层面主要用统计模型-隐马尔科夫模型和某种定义的语言学模型。在中国做识别基础研究的人很少，国家的投入和成果都较少，而做工程语音识别的人很多，国家投入很大，目前也有很多语音识别系统。在语音教学和测试方面，两种语音识别都能有广泛的应用前景。识别基础研究主要研究元音共振峰参数和普通话音位系统以及韵母的关系、基频和声调语调的关系、辅音声学参数和辅音音位等，最终希望能从语音的声学参数识别出具体的语音音位，这些研究的成果在教学方面可以应用在语音声学视觉反推上，甚至能应用在语音生理的视觉反推上，如发一个元音就能在一个坐标上画出这个元音的相对位置，或者画出这个元音的声道形状，这样就可以在学习发音时进行自我矫正，从而达到高效自我学习的目的。聋哑人和言语障碍者也可以通过这种系统进行语言学习和语言矫正，其应用前景极其广阔。用于工程的识别在自然语言的识别上已经有了很大进展，某些领域已尝试应用，但离实际的应用还有不少差距。在语音的测试方面，由于这种识别主要是统计模型，不太注重语音的语言学意义，因而在测试的应用上也还有很大的困难。从目前的研究水平看，建立一个单音节的汉语普通话语音测试系统应该是可以做到的，这主要取决怎样建立训练识别系统的语音数据库和建立怎样的语音学模型。

三、香港普通话语音多媒体教学

在第二语言或方言的学习中，语音的学习有着自身的特点，因为它涉及两种语言音位感知系统的冲突。如果母语和所学语言或方言的音位感知系统冲突很大，学习困难就会很大，也会导致学习的效果很差，这和人的智力没有关系。例如，印度人学英语很难学会送气音，日本人学英语很难学会弱化音节，中国人学英语很难分辨清浊辅音，这些都是因为音位系统的冲突造成的。在方言的语音习得过程中，常常会受语音历史音变规律的影响，香港人在学习普通话过程中，最大的障碍就是会受到语音历史音变的影响，从而导致语音类推的失误。众所周知，汉语从中古音到各方言有一定的演变规律，可以进行语音的类推，但这种规律复杂到一定程度，类推就会常常出错。因此，在制作香港人学习普通话的教学系统时，一定要从理论上考虑汉语历史音变的规律和音变规律在学习过程中的误用。

在对语言接触和语言融合的研究中发现，两种语言感知的冲突在自然语言接触和融合过程中是有规律的（陈保亚，1996）。这种规律反映了语言感知系统对冲突的自然处理方式，这种处理包括生理的、语言学的和大脑认知的，对其研究会为我们编写普通话语音教材和教学提供依据。在目前的汉语普通话对外教学和方言的教学中，人们都在研究偏误，无论经验的、声学的和生理的都对普通话的教学起了积极的作用。然而从语言学理论的角度看，偏误的内涵在大脑音位系统的冲突所反映出来的语音感知结构的差异，这方面的研究需要脑电和功能性核磁共振等高端的仪器和设备，目前在国内研究的还不多，正在起步阶段。对于香港普通话语音多媒体教学系统的研制来说，首先要搞清楚香港话和普通话在语音感知体系上的差别，才能研制出适合香港人学习的汉语普通话语音多媒体教学系统。

四、普通话多媒体教学的展望

任何一种语言的学习都需要进行大量的操练，这是语音学习的特点。一般情况下这些操练都是在课堂上进行的，然而，课堂操练的时间是相当有限的，这就形成了语言学习和教学上的一个矛盾。从现在的语音学研究看，语音多媒体教学系统可以较好地解决这个矛盾，因为，多媒体学习系统可以不受时间和地点的限制，同时能具有音频、视频甚至判错等功能，这就为语音教学的自我学习创造了条件，使多媒体教学具有很大的优势。

在国际上，各国研究和制作语音多媒体的教学软件已经成为语音学科学研究的一个重要的方面，而且已经有了较好的系统。在国内，基于生理和物理的基础研究也已经逐渐展开，我国的语音学研究和言语科学技术也已经十分先进，但在语音大脑认知方面的研究才刚刚起步，这就阻碍了高端多媒体系统的研发。另一方面，在语音多媒体教学系统的研制方面，大家的认识有很大的差别。目前国际国内都有两种方式，一种是从语音的发音发声原理和语言学理论方面来进行语言多媒体系统的研究和制作。另一种是从技术的角度研究和制作教学系统。香港普通话培训测试中心和北京大学中文系正在联合研制的属于第一种方法，试图将基础研究应用于教学系统的制作。

随着中国国力的不断提高，汉语普通话在国际政治、经济和日常生活中的地位不断提高，汉语普通话的教学势必越来越重要。然而，语言是有民族性的，这就要求我们不仅要对汉语进行大量深入的语音学和语言学的研究，而且也要对汉语普通话的教学进行大量的研究。为了能使汉语普通话走向世界，研究制作汉语普通话的语音多媒体教学系统是将汉语普通话推向世界的重要一环。随着汉语语音学、生理语音学、声学语音学、心里语音学、语音认知研究以及言语科学技术的发展，汉语普通话的多媒体教学系统也将会不断完善。语音脑科学的研究使我们正在不断接近普通话音位感知系统的本质，这将会对普通话的教学方式产生根本的改变。然而，我们也十分清楚，在普通话的教学中，我们只知道汉语普通话语音的认知体系是完全不够的，我们还必须研究学习者母语的语音认知体系以及生理和物理的特性，只有这样才能研发出针对世界不同语言的汉语普通话语音多媒体教学系统和汉语普通话水平测试系统。

参考文献：

[1] Ralph K. Potter, George A. Kopp, Harriet C. Green, 1947, Visible Speech, D. Van Nostrand Co., New York.

[2] JP Kong (2004), Phonation Patterns of Tone and Diatone in Mandarin, From Traditional Phonology to Modern Speech Processing, Foreign Language Teaching and Research Press, edited by G. Fant et al, ISBN 7-5600-4075-6.

[3] JP Kong (2004), Phonation Patterns of Tone and Diatone in Mandarin, From Traditional Phonology to Modern

Speech Processing, Foreign Language Teaching & Research Press, edited by G. Fant et al.

[4] JP Kong (2007), Laryngeal Dynamics and Physiological Model, Publishing house of Peking University

[5] Gaowu WANG, Tatsuya KITAMURA, Xugang LU, Jianwu DANG·Jiangping KONG, 2008, MRI-based Study on Morphological and Acoustic Properties of Mandarin Sustained Vowels, Signal Processing

[6] 周殿福，吴宗济．普通话发音图谱［M］．北京：商务印书馆，1963.

[7] 吴宗济，林茂灿主编．实验语音学概要［M］．北京：高等教育出版社，1989.

[8] 陈保亚，论语言接触与语言联盟［M］．北京：语文出版社，1996.

[9] 汪高武，鲍怀翘，孔江平．从声道截面积推导普通话元音共振峰［J］．中国语音学报（第一辑），北京：商务印书馆，2008.

[10] 谭晶晶，李永宏，孔江平．不同文体朗读时的呼吸重置特点［J］．清华大学学报（自然科学版），2008（4）.

多媒体技术在普通话教学中的实验研究

赵德韵
（天津市语言文字培训测试中心　天津　300191）

［摘　要］　随着社会的不断发展，普通话教学已经进入一个全新的迅速发展的阶段。但是纵观普通话的教学状况，我们不难发现，她的教学模式仍然停留在“口耳传递”的传统阶段。如何优化教学模式，改变以往的机械的陈旧的教学面貌，已经成为普通话教师必须面对的一道难题。

20 世纪 90 年代以来，信息技术快速发展，特别是多媒体技术的诞生，声音、图像以及所负载的大容量的信息营造出最理想的教学环境，现代教学理念因此焕然一新。通过引进这项技术，我们能够改变以往传统教学形式中的教师讲、学生模仿的教学模式。越来越多的教师认为，这一模式将是一种趋势，与传统的普通话课堂教学相比较，这一模式确实优化了教学，并显示极强的优越性。其丰富的信息，将我们的课堂教学推向一个新高峰。本文力求结合自己实际教学经验，在先进理论的指导下，实践这一新的教学模式。

［关键词］　普通话；多媒体；教学；实验

随着社会的不断发展，地区间的交往日益频繁，普通话作为全国通用的语言，其教学和推广工作已进入了一个前所未有的快速发展阶段。如何在有限的教学时间内有效地提高教学质量，提高学生普通话的运用能力，并达到国家规定的等级，是亟待解决的问题。然而传统的普通话教学最大弊病在于教学环境单一，形式单调，仅仅以教师为中心、学生被动接受的这样一种“口耳相传”的课堂教学模式。实行大班集中讲练，统一教材、统一进度、同一授课方式，忽视教学情景的创造和学生在整个普通话学习过程中的主体作用，造成教学效率低下甚至无效，不能切实有效地达到提高学生言语交际能力的目的。如何优化普通话教学已成为普通话教师普遍探索的一个严峻问题。

伴随着计算机多媒体及网络的迅猛发展，全球正在大步迈入信息化时代，信息技术在教育领域的作用愈发重要。多媒体具有图、文、声、影像并茂以及信息量大、交互性强的特点，能提供最理想的教学环境。多媒体技术的引入改变了普通话传统教学法中，教师耳提面命、学生鹦鹉学舌的落后方式，它用展示鲜活的图像来冲击学生的视觉，用播放优美的语音来震撼学生的鼓膜，多媒体技术集声音、文字、图像于一体，让学生能看到他们想看的、听到他们想听的、最后达到他们想学的普通话学习目的。多媒体技术的引入从真正意义上优化教学模式和教学方法，显示出传统普通话教学无法比拟的优越性和强大生命力。

一、研究的问题与假设

研究的问题是：传统的“口耳相传”教学模式与“多媒体技术”引入的普通话课堂中，两种不同教学模式对学生的普通话学习影响的对比。

在普通话教学中采用“多媒体技术”介入的课堂教学模式来验证以下两个假设：

1. 采用“多媒体技术”的普通话课堂教学比传统“口耳教学”的教学模式更有利于提高学生的普通话学习成绩。

2. 采用“多媒体技术”的普通话课堂教学比传统“口耳教学”的教学模式更有利于提高学生的普通话学习兴趣。

二、实验研究方法

采用国家语委编制普通话水平测试样题，严格按照国家普通话水平测试的规程要求统一测试。包括读单音节字词 100 个、双音节词语 50 个、朗读文章、命题说话，主要测试学生普通话的正确规范程度、熟练流畅程度、表情达意程度，以此确定其普通话水平等级。

本次测验 300 个学生，获得有效测试样本 278 份，占总数的 92.66%。我们从 278 份测试样本中，挑选考生组成实验组 A 和控制组 B 两个平行班。经过统计处理，获得统计数据和百分比，从而使科学分析评价学生普通话基础有了可靠的依据。

表 1　样本基本情况一览表

	实验组	控制组	所占百分比
男生	20	20	57. 14%
女生	15	15	42. 86%
三级甲等	14	14	40%
二级乙等	20	20	57. 14%
二级甲等	1	1	2. 86%
年龄	22. 7	22. 9	
合计	35	35	

1. 实验时间：开设课时 4 周，每周 8 课时。

2. 实验对象：选择实验组 A 和控制组 B 两个平行班进行实验。

3. 两班状况：实验组 A 和控制组 B 两个平行班，每个班 35 个学生，男生 20 人，女生 15 人，A 班平均年龄 22. 7 岁，B 班平均年龄 22. 9 岁，整体把握学生之间总体的普通话基础相差不要太大，但实验组和控制组内均有 10 名普通话基础较差的学生。

4. 实验类型设计：等组前测—后测设计。

5. 实验阶段：

（1） 实验前的准备工作 。

①与校领导沟通，彼此交流对多媒体技术在普通话课堂教学应用的实验设想和实验看法，希望得到指导和支持。

②通过学生座谈会、访谈等形式征求学生对此项实验研究的看法和意见，做好沟通工作，让学生做好心理、学习等方面的准备，争取他们的配合和理解。

③自身要学习有关多媒体技术理论和相关材料，转变传统普通话教学观念，提高实验能力，进行多媒体普通话教学的设计实验计划和方案。

（2）研究具体阶段。

①前测：开课前，由测试员分别对 A、B 两班学生进行严格普通话标准化测试，记录其普通话水平等级，保持二个班的普通话水平基本相近。

②施测过程：控制组 B 班采用传统的“口耳相传”的教学方法。实验组 A 班不但由老师讲解和演示，同时还配合多媒体技术的教学法。

③后测：由测试员分别对 A、B 两班学生再进行严格普通话标准化测试，记录其普通话测试成绩。

三、实验研究过程

开课前，由测试员分别对 A、B 两班进行测试，确定其普通话水平等级。之后对实验组 A 班和控制组 B 班进行为期 4 周的普通话教学实验。

控制组的 B 班采用传统的“口耳相传”的教学方法，以教师为中心、学生接受的课堂教学模式，教师大班集中讲练，统一教材、统一进度、同一授课方式。在这一过程中，学生主要根据老师的讲解、挂图传统的教学方式，来揣摩发音部位和发音方法进行普通话的学习。

实验组 A 班不但由老师讲解和演示，同时还配合多媒体技术的教学法，通过动画、图片、声音、录像、幻灯演示等手段进行深入浅出、生动形象的讲解和演示。通过动画制作，将人在发音时的舌位运动以全裸露状呈现在学生眼前，使学生对于舌位的高低、舌位的前后、唇形的圆展以及发音方法、发音部位，有直观而明确的认识，对不同学生的地区语音习惯，采取针对性的多媒体展示，同时利用现代教学设备给学生录音、摄像，然后让学生去听自己的发音，看自己的实况录像，学生们便能自觉对照普通话规范读音。

四、实验研究结果

实验结束，最后对每个学生进行严格的国家普通话水平测试，采用规范的评估方式进行教学效果评价。通过严格的测试、一系列的评价最终发现：

控制组 B 班也能顺利完成教师传授的普通话技巧，但是普遍而言进步不大，基础差的同学表现得依旧不尽如人意，最终通过测试，发现控制组的学生基本处于二级乙等和二级甲等，20 个二级乙等，14 个二级甲等，1 个一级乙等。总体而言表现一般。

实验组 A 班，配合着教师讲解，并且将多媒体技术引入普通话课堂教学中，通过动画、图片、声音、录像、幻灯演示等手段进行深入浅出、生动形象的讲解和演示。对不同学生的地区语音习惯，采取针对性的多媒体展示，同时利用现代教学设备给学生录音、摄像，然后让学生去听自己的发音，对照进行反复的训练。发现实验组 A 班整体提高很大，原来基础差的同学表现尤佳，进步和变化很大，学生的普通话水平平均处于二级甲等水平以上，2 个二级乙等，26 个二级甲等，有 7 名学生处于一级乙等水平。

最终实验结果发现：实验组 A 班与控制组 B 班，两个班对比尤为强烈。

通过此项研究得出，由于教学方法的不同而导致控制组和实验组中的 A、B 班教学效果和教学质量显著的差异，很明显地发现和以往的传统教学手段相比，多媒体手段在许多方面显示出无可取代的优势，实验证明采用“多媒体技术”的普通话课堂教学比传统“口耳教学”的教学模式更有利于提高学生的普通话学习兴趣和成绩。

五、实验研究结果分析

（一）前测结果及其原因分析。

笔者在普通话教学和培训实验的前测中，发现A、B班的学生基本都处于三级甲等和二级乙等，每个班三级甲等14个，占全班的40%，二级乙等20个，占全班的57.14%，二级甲等1个，占全班的2.86%。

因为学生来自不同方言区，语音问题庞杂，语音状态差别很大，他们对各种语音问题的接受能力、掌握的难易程度各异。例如辅音“n”和“g”，这几个音在很多方音中是分不清的，特别是“n”音在陕北话里根本就没有。很多学生的个别调值不准，声韵母发音有不到位现象。难点音较多（平翘舌音、前后鼻尾音、边鼻音、fu－hu、z－zh－j、送气不送气、i－ü不分、保留浊塞音、浊塞擦音、丢介音、复韵母单音化等），失误较多。方言语调不明显，有使用方言词、方言语法的情况。

再加上传统的普通话教学为“口耳之学”，要搞好普通话的教学，提高普通话教学的质量和水平，教师在课堂教学中必须向学生传授普通话的基础理论知识并进行相关的实践训练。通过前测我们可以看出，在以往的教学中，直接影响普通话教学质量和效果的困难和问题，有课时不足、教学信息内容不够丰富的因素。一般一位教师要负责两到三个班的教学，在三十多课时内要进行声母、韵母、声调、语流音变、篇章朗读、说话等知识的传授及训练，便只能采用蜻蜓点水、浮光掠影的做法，这很难使学生较好地掌握知识，提高水平，这就导致普通话教学趋于形式和程序，以下将集中表述传统普通话教学在前测中所体现的不足和所存在的问题。

1. 传统教学不能充分实现“以学生发展为目标”的教学原则。

传统的普通话教学，其中最突出的表现是忽视学生学习的兴趣和主动性。以教师为中心，过分强调了教师教的作用，教师往往把学生看作是一个接受知识的容器，认为从头至尾灌输给学生就是圆满完成了教学任务。这种灌输式的教学方式，忽视了学生在教学过程中的主体作用。普通话学习是一系列非常复杂的心智活动，它涉及字、词的准确发音以及语调等内容，由于普通话课程中的许多知识大都是学生们过去已接触过的，如果按照老一套方法来重复叙述的话，那么教师无论多么认真、努力，设计的教学过程无论多么精心、合理，也激发不起学生学习的兴趣。再加上学习普通话的学生来自汉语各方言区，普通话水平参差不齐，加之每个学习者的听说能力也很不均衡。即使在同一个班级，教师也很难完全根据学习者的需求因材施教，“以学生为中心”的教学原则很难真正得以体现，个体不同的实际需要与教学的整体性一直是不可调和的矛盾，教师与学生始终是“一对多”的关系，应该是以学习者为中心的“一对一”的关系在传统的课堂教学中成为不可实现的目标。

2. 传统教学缺乏真实的言语交际环境。

语言教学的目的是培养学生的语言能力和语言交际能力，普通话教学的目标是培养学生运用标准、规范的普通话口语熟练地进行交际的能力。要想实现这个目标，就必须有计划、有步骤地组织学生进行交际性练习。在传统的课堂教学条件下，唯一的交际训练场所是教室，教师无法为学生提供真正的言语交际环境，只能通过口头假想一个场景，使学生被动地进入角色进行操练，或者根据教材中的训练材料进行范读和带读，一字不差地死记硬背书上的原句。这种无视情境创设，只是让学生为了说话而说话，并没有从真正意义上调动学生主动参与的积极性，显然不利于调动学生学习的积极性，自然影响我们的教学效果，限制了学生普通话水平最大限度的提高，也直接影响了他们日后参加等级测试水平的发挥，因而就不可能切实有效地达到提高学生言语交际能力的目的。

3. 传统普通话教学效率不高。

传统的普通话教学一般是以教科书为重要的教学信息资源，教师直接示范，学生跟在老师后面模仿练习，课堂教学以教为主。教师板书和讲解、学生记笔记占去了课堂大量的时间，授课信息量因而大大受到限制。教学媒体主要是黑板、挂图、教科书，虽然体现了教学的直观性和示范性，但学生的学习比较机械被动。由于时间的浪费，本应用来让学生亲自实践、操练实际语言交际能力的时间就相对减少，使学生失去了很多真正进行口语交际训练的机会。传统的普通话教学最大弊病在于这种以教师为中心、学生被动接受的课堂教学模式，大班集中讲练，口耳相传，统一教材、统一进度、同一授课方式，忽略了学生的个体特点，课堂训练严重不足，学生学习缺乏主动性，教学效率不高。

（二）后测结果及其原因分析。

实验结束，我们对实验组 A 班和控制组 B 班的每个学生，通过严格的国家语委普通话培训测试中心编制普通话标准化的测验题进行标准化测验，通过以下的表格我们可以发现：

表二　实验研究结果控制组 B 班成绩一览表

级别	控制组	培训后所占比例	前测所占比例
三级甲等	7	20%	40%
二级乙等	23	65.7%	57.14%
二级甲等	4	11.4%	2.86%
一等乙等	1	2.86%	0%

合计人数　35 人

与前测相比较，两个班的整体情况均有不同程度和水平的提高。控制组 B 班的学生基本处于二级乙等和二级甲等，三级甲等 7 个，占全班的 20%，比原来减少了 20%。二级乙等 23 个，占全班的 65.7%，比原来提高了 8.6%。二级甲等 4 个，占全班的 11.4%，比原来提高了 8.54%。一级乙等 1 个，占全班的 2.86%。比原来提高了 2.86%。总体而言表现一般。

对实验组 A 班进行同样的测试可发现：

表三　实验研究结果实验组 A 班成绩一览表

级别	控制组	培训后所占比例	前测所占比例
三级甲等	3	8.75	40%
二级乙等	12	34.27%	57.14%
二级甲等	14	40%	2.86%
一等乙等	6	17.14%	0%

合计人数　35 人

以上表格三，我们可以清楚看出，经过多媒体教学实验组 A 班，整体提高很大，原来基础差的同学表现尤佳，进步和变化很大。通过表四与控制组的对比更能清楚地说明这一显著变化：

表四　实验研究结果后实验组和控制组班比分析

级别	实验组人数	所占比例	控制组人数	所占比例
三级甲等	3	8.75	7	20%
二级乙等	12	34.27%	23	65.7%
二级甲等	14	40%	4	11.4%
一等乙等	6	17.14%	1	2.86%

每班人数为 35 人

通过表四我们可以看出：三级甲等 3 个，占全班的 8.57%，比原来减少了 31.4%。比 B 班减少了 12.43%。二级乙等 12 个，占全班的 34.2%，比原来减少了 22.85%，比 B 班减少了 31.7%。二级甲等 14 个，占全班的 40%，比原来提高了 37.14%。比 B 班提高了 28.6%，一级乙等 6 个，占全班的 17.14%。比原来提高了 17.14%，比 B 班提高了 14.28%。

具体表现为：后测控制组 B 班的学生，在第一、二题的字词测试中，都能做到发音准确、字正腔圆，但到朗读尤其说话时，吐字说话就显得生硬不自然，方音时有流露。而实验组 A 班的学生，明显好于前测的测验记录结果，大部分学生，最终大部分方音都能得到纠正，能每一个音节的表达准确、清晰、圆润，达到字正腔圆、悦耳动听的效果。在朗读和自由交谈时，声韵调发音基本准确，语调自然，表达流畅。少数难点音（平翘舌音、前后鼻尾音、边鼻音等）偶尔出现失误，词汇、语法极少有误。

从普通话教学的实验后测结果，我们可以看出多媒体技术在普通话教学中的优势不可小觑。多媒体具有呈现快捷、方便和信息容量大的特点，利用多媒体教学可以大大提高学生在单位时间内获取的信息量。另外，多媒体不仅具有较强的形象表现力，而且还具有随机控制能力，因此可利用多媒体图像和动画来分解知识的复杂度，减少信息在大脑中从形象到抽象、再由抽象到形象的加工转换过程，充分传达教学意图。

1. 多媒体技术易于繁琐复杂的学习内容的掌握。

根据《普通话水平测试大纲》要求，测试题型分为读单音节字词、多音节词语、文章朗读以及命题说话。这些题型测试的核心内容是标准普通话的语音、词汇、语法等方面，而语音又包含声母、韵母、声调、变调、轻声、儿化、语调等方面。不同语言区的人们受方言的影响，在语音和语法方面与普通话存在着不同程度的差异。鉴于此，我们一般将学习内容按声母、韵母、声调、语流音变以及词汇和语法等进行分类处理，以便最初阶段进行的系统学习。教师辅导的重点是对普通话的标准发音与方言的差异作比较，同时提供辨别正确发音和正确训练的方法和技巧。

如通过多媒体教学，多媒体技术运用语音教学中声母的发音部位剖面图、韵母的舌面元音舌位简图、声调的五度标记法图解；声、韵母的发音部位和发音方法以及声调调型、调值的详解，教师可根据学习者不同的学习水平和不同的学习阶段，对教学内容加以调整，加强练习的强度，让培训者在不断的练习中掌握发音要领和语法知识，使其在较短的时间内具有自我辨正能力，以便在业余时间进行自我练习和语言辨正。

2. 多媒体技术易于灵活方便的教学方式的实施。

多媒体技术可以为普通话教学提供诸多的便利条件。例如，我们可以制作课件，还可以演示录像、电视、摄像、视频展示台等来自外界的其他教学媒体所提供的素材，丰富教材呈现形式，形象直观，富有感染力；利用多媒体技术还可以丰富语言训练方法（例如看图配音、绕口令、对话），在不同的语言环境中规范自己的发音习惯；口语学习的关键在于练习和矫正，利用计算机多媒体技术，我们可以建立大量的试题库和教材库（例如，用 PowerPoint 将单音节词、双音节词、绕口令等以课件的形式制作幻灯片，必要时配以录音讲解；建立试题库以 WORD 文档储存，以备模拟测试之用等等）。这样，教师在教学进程中可以针对教学的重点和难点，灵活选用相关的学习材料，不断进行训练和矫正。

3. 多媒体技术易于多层面的评价方式的展开。

多媒体技术设置了随机考试和自由考试功能以及考试分析系统。在普通话教学中，教师可以用判断发音正误、选择正确发音等不同形式来安排标准化测试题，每个学生都可以在学习过程中或在某一阶段的学习完成后得到测试。教师能当即向学生发送标准答案，也可利用考试分析系统预先设定的标准答案进行机器判分，并能够得到各题的答案准确率、答案分布情况等分析图，这有利于让每个学生和教师明白各个学习阶段和每个知识点的掌握情况，调整学习内容和学习步调，发现问题，及时纠正。另外，学生利用录音座将自己的发音练习、课文朗读、即兴演讲等分别录制在自己的录音带上也是语言学习中测试的一种很好的方式。这样，学生不但可以进行自我评价，又可以递交作业，以便教师对全班学生的学习情况进行整体评价。

多媒体技术在普通话课堂教学的顺利应用是一项长期而复杂的系统工程，也远非一朝一夕能够完成。同时我们也要明了，多媒体仅仅是辅助教师教学工具中的一种，它只能起到为教学服务的作用，不可能完全替代教师在课堂上的教学活动，更不能替代学生的学习活动。任何时候，我们都是为了教学而使用工具，而非为了使用工具而教学，决不能为了展示现代化教学而一味地追求多媒体。

由于笔者的知识水平、能力、精力和时间所限，其中存在的问题在所难免。多媒体技术的融合在整个普通话教学改革来说可谓只是冰山一角，将多媒体技术引入普通话课堂教学中，这也只是一种尝试，必定会有很多不足之处，今后还需不断对其进行深入研究。普通话课堂教学优化之路还很漫长，距离时代变革的需要无疑还相差甚远。本文愿为引玉之砖，以激起更多的研究思想，从理论到实践不断进行新的探索，并期盼更为合理高效的普通话课堂教学模式的建立。从而多层次、多维度地展现课堂教学的内容，有效地激发学习者的学习兴趣，真正体现“以学生为中心”的教学原则，加强学习者真实语境下的语言运用能力的培养，切实有效地提高普通话教学的效率和质量。

参考文献：

［1］陈　新．高师声乐课多种形式教学方法探讨［J］．海南师范学报，1998（1）．
［2］车文芬，王华君．高师声乐教学改革的一条新路——略论小组课教学［J］．河北师范大学学报，1994（1）．
［3］陈向明．小组合作学习的条件［J］．中小学教育，2003（12）．
［4］高　艳．合作学习的分类．研究与课堂应用初探［J］．教育评论，2001（2）．
［5］金振丽．合作学习对高师声乐小组课教学的启示［J］．星海音乐学院学报，2007（6）．
［6］孔祥萍．关于声乐小组课的思考与实践［J］．齐鲁艺苑，2002（3）．
［7］刘福泉．合作学习探究［M］．北京：海潮出版社，2001.
［8］陆玉团．对课堂小组合作学习的再认识［J］．广西社会科学，2002（1）．
［9］李占秀，魏　欣．声乐教学中的合作学习［J］．中国成人教育，2007（12）．
［10］马红亮．合作学习的内涵、要素和意义［J］．外国教育研究，2003（5）．
［11］马　兰．合作学习的价值内涵［J］．课程·教材·教法，2004，(4)．
［12］马文奎，张粉兰．课堂教学中培养合作精神的途径—合作学习［J］．学科教育，2000（8）．
［13］满韵瑶．声乐集体课教学初探［J］．广西教育，2000（12）．

[14] 裴娣娜．教育研究方法导论［M］．安徽教育出版社，1995（10）．
[15] 庞国斌，王冬凌．合作学习的理论与实践［M］．北京：开明出版社，2003.
[16] 綦春霞．小组合作学习—我们关注什么［J］．重庆教育，2003（5）．
[17] 斯莱文．合作学习的研究：国际展望［J］．山东教育科研，1994（1）．
[18] 田建芬．合作学习浅析［J］．外国中小学教育，2001（1）．
[19] 王　蓓．浅谈高师声乐小组课的教学优势［J］．中国音乐，2002（2）．
[20] 王　坦．合作学习的基本观念［N］．中国教育报，1995（12）．
[21] 王　坦．合作教学的基本类型与理念析要［J］．山东教育科研，1999（2）．
[22] 王　坦．论合作学习的基本理念［J］．教育研究，2002（2）．
[23] 王　坦．合作学习——原理与策略［M］．北京：学苑出版社，2001.
[24] 郑金洲．合作学习［M］．福建：福建教育出版社，2005.
[25] 赵冬艳．高师声乐小组课教学改革初探［J］．重庆师专学报，2001（2）．
[26] 徐承跃．论小组课在高师声乐教学中的作用［J］．山东教育学院学报，2004（2）．
[27] 姚　果，刘永山．合作学习在教学中的运用［J］．山东教育科研，1997（4）．
[28] 余慧娟．开展合作学习的有效策略［J］．人民教育，2002（10）．
[29] 俞子正，田小宝，张小钟．声乐教学论［M］．重庆：西南师范大学出版社，2000.
[30] 曾　琦．关于小组合作学习的理性思考［J］．中国音乐教育，2003（1）．
[31] 张　婉．高师声乐教学法［M］．广州：广东高等教育出版社，2004.
[32] 陆玉团．对课堂小组合作学习的再认识［J］．广西社会科学，2002（1）．
[33] 綦春霞．小组合作学习—我们关注什么［J］．重庆教育，2003（5）．
[34] 曾　琦．关于小组合作学习的理性思考［J］．中国音乐教育，2003（1）．
[35] Dr. Spencer Kagan. Kagan Structures for Emotional Intelligence. http：//www. kaganonline. com/KaganClub/FreeArticles/ASK14. html
[36] Dr. Spencer Kagan. Addressing the Life Skills Crisis. http：//www. kaganonline. com/KaganClub/index. html
[37] Dr. Spencer Kagan. Structures for Standards. http：//www. kaganonline. com/KaganClub/SpencerArticles. html
[38] Dr. Spencer Kagan. Kagan Structures for English Language Learners. http：//www. kaganonline. com/KaganClub/FreeArticles/ASK17. html
[39] Dr. Spencer Kagan. The" E" of PIES. http：//www. kaganonline. com/KaganClub/SpencerArticles. html
[40] Dr. Spencer Kagan. Teams of Four Are Magic. http：//www. kaganonline. com/KaganClub/SpencerArticles. html
[41] Dr. Spencer Kagan. Kagan Structures and Learning Together—What is the Difference. http：//www. kaganonline. com/KaganClub/FreeArticles/ASK13. html
[42] Dr. Spencer Kagan. A Brief History of Kagan Structures. http：//www. kaganonline. com/KaganClub/index. html

从生成音系学角度谈普通话声母的教学

高北刚
香港教育学院普通话水平测试中心

［摘　要］　本文从生成音系学的区别性特征及特征几何原理出发，根据本人的教学经验，分析了香港学生在十个难声母的学习过程中容易产生的问题，并导出与传统的教学方法相比更为简单，更为准确，因而也更为有效的教学方法。

［关键词］　声母；生成音系学；语音学

在普通话声母的教学过程中，多年来，香港学生都存在着一些问题。

对于声母以及韵母的描述，除了传统的语音学描述之外，生成音系学家们也做了一系列的音系学描述。

本文试图从生成音系学的角度来分析香港学生容易产生问题的十个声母，从而寻找出简单易行的教学方法，以期对普通话教学有所帮助。

一、翘舌音

1. 教学中常见的语音偏误。

首先是翘舌音 zh，ch，sh，r。在国际音标表中叫做“卷舌音”，标记为：tʂ、tʂʻ、ʂ、ʐ。为了叙述方便，在一般情况下，本文都采用汉语拼音来表述一个音，除非有特殊的情况。

一般来说，香港学生容易产生的偏误是将舌体摆得太低。虽然就单音节的词语来说，舌位的高低与否并不构成音位对立，听感上没有什么不同，但是，如果把这些翘舌音放到一些高元音的后头，问题就来了：一部分学生总是将“机智”发成［tɕiətʂʅ］，将“西施”发成［ɕiəʂʅ］。现在看来，这种偏误正是由于后一音节的舌位过低造成的①。

另外，嘴唇往往过于紧张而呈圆形。一般认为这是受英文的影响。但是按照下面将要谈到的新的教学法把舌位提高以后，绝大部分初学的学生都自然而然地没有了这种现象。看来，圆唇问题可能也是由于舌位太低所致。这也和 John Clark & Colin Yallop（1990：P66）的说法不谋而合。他们的说法是，发低元音时，唇形倾向于中性（介于圆唇与展唇之间），这主要是与下颚的开度有关——开度越大，唇形越倾向于中性（图 1）。而我们所说的圆形，严格地说，应该相当于他们所说的中性唇形。

下面将从生成音系学和特征几何的基本概念入手，逐步展开我们的讨论。

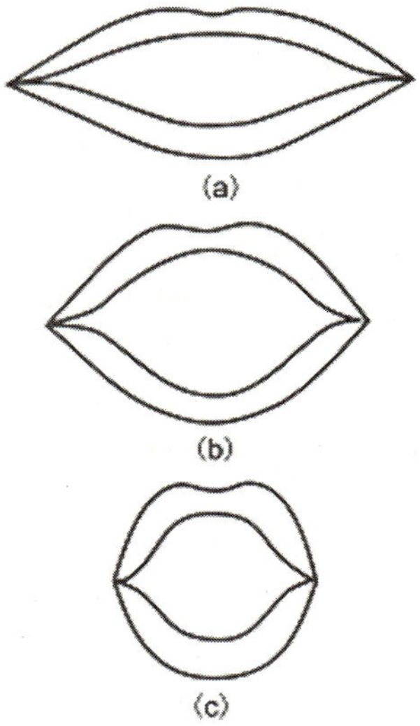

图 1　元音唇形：(a) 展唇；(b) 中性唇形；(c) 圆唇，其中 (b) 和 (c) 的下颚开度相同，但 (b) 是自然的，(c) 是刻意拢圆的。引自 John Clark & Colin Yallop (1990)。

2. 生成音系学和特征几何的几个基本概念：

(1) 区别性特征。

在生成音系学中，语音的最小单位不是音位，而是一系列区别性特征。而作为生成音系学的一个分支——特征几何则把发音要素分成了两大类：器官 (articulator) 和特征 (feature)，而特征总是和器官相连的。

下表罗列了本文涉及的几个辅音的区别性特征值。这些资料主要取自《生成音系学理论及其应用》(包智明，2007)，只有一个龈腭擦音 (Alveolo-Palatal fricative) ɕ 是根据《音系学》(赵忠德，2006：P142) 添加的。

表 1，几个辅音的区别性特征值

名称	齿龈 Alveolar	卷舌 Retroflex	龈腭擦音 Alveolo-Palatal fricative	* 齿龈后 Post alveolar	硬腭 Palatal	齿龈 Alveolar
国际音标	s	ʂ	ɕ	ʃ	ç	t
[连续 cons]	+	+	+	+	+	−
[舌冠 coronal]	+	+	+	+	−	+
[龈前 anterior]	+	−	−	−	−	+
[宽阻 distributed]	+	−	+	+	*	+
[高 high]	−	+	+	+	+	−
[低 low]	−	−	−	−	−	−
[后 back]	−	−	−	−	−	−

关于表 1 的几点说明：

A. "宽阻" 在硬腭以后的各部位没有区别性作用，故不标出。

B. 齿龈后 "Post alveolar"，在包智明 (2007) 的原表中，其中文名为 "龈腭"，可能有误。目前所用的这个中文名称的出处是《新编英汉语言学词典》(戴炜华，2007)。

C. 上述［　］中的特征是偶值的，即非正即负。

D. 对于［宽阻］［舌冠］［龈前］的解释：

☆关于［宽阻 distributed］（亦称［散布性］）：

这个特征，在王洪君（1999）处被翻译为［±面状］。

对于这一区别性特征，一种比较好的解释是："散布音对非散布音。属于声腔特征（cavity features）的区别性特征。指声道收缩顺着气流的方向伸展到一定长度而发出的辅音。而非散布音则指声道收缩沿气流方向只有很短的伸展而发出的辅音。例如，腭化齿辅音为散布音，非腭化齿辅音为非散布音"（戴炜华，2007）。

赵忠德在《音系学》中引述乔姆斯基的区别性特征时所举的例子[②]为：双唇擦音、舌面擦音、齿龈擦音具有［+散布性］特征，而唇齿擦音、舌尖擦音、卷舌擦音、齿擦音具有［-散布性］。

关于哪些音具有宽阻特征，赵忠德（2006）和包智明都是依据乔姆斯基（Peter Ladefoged，1982），因而也是相同的。然而 Carlos Gussenhoven（2008：p68）则不同。这一点，后面余论中将会提到。

☆关于［舌冠 coronal］（或称［舌前性］）：

［+舌冠］：发音时舌叶（blade）高于中性位置。

［-舌冠］：发音时舌叶（blade）处于中性位置。

☆关于［龈前 anterior］（或称［前部性］）：

［+龈前］：发音时气流受阻部位在齿龈或齿龈前面。

［-龈前］：发音时气流受阻部位在齿龈后面。

（2）区别性特征与器官的关系：

首先谈谈特征几何。

上文说过，在生成音系学中，语音的最小单位是一系列区别性特征。而作为生成音系学的新近分支——特征几何则把发音要素分成了两大类：器官（articulator）和特征（feature），而特征总是和器官相连的。比如，口腔中的三个器官——舌冠（舌前）、舌体、唇，它们与区别性特征的关系分别是——

舌冠：［舌冠、宽阻、龈前］

舌体：［后、高、低］

唇：［圆］

也就是说，［舌冠、宽阻、龈前］这三个特征是舌冠所专有的特征；［后、高、低］是舌体专有的特征；［圆］是唇专有的特征。

对于器官，王洪君（1999）有这样的描述："所谓器官，是指主动的发音器官；而特征，则是指发音状态的特点（含被动发音器官和方法）。""器官受控于不同的肌肉群，是彼此独立的，包括：喉、软腭、舌根、舌体、舌冠、唇，共 6 个。这 6 个器官可以同时主动地动作。"

由此可见，舌头在这里被分为三个独立的器官——舌根、舌体（也有人叫舌面、舌身）、舌冠（亦称"舌前"），并且这三个器官是独立运动的，谁也不干涉谁（其各自独立运动的解剖学依据，可以参考 John Clark & Colin Yallop，1990：P48-51）。

为舌头分区的方式很多，上述分区方式也并不是特征几何所独有的，比如，图 2 所示的方案就把它分为了 4 个部分：舌尖、舌叶、舌面（或舌体）和舌根。这种分法和特征几何的分法近似，只不过特征几何是将舌尖和舌叶合而为一了。而对于舌体（舌面）而言，有的方案，例如《普通话水平测试纲要》（国家语委，2004，下文简称《纲要》）则把它分成了两个部分：即前舌面和后舌面[③]。这种方案和特征几何的方案之间的差别看似微小——一个是把它划分成了两块，一个是整体，其实是需要认真对待的。因为在特征几何的方案中，与作为一个整体的舌体相连的区别性特征只有［后、高、低］，那么它就不能转动，不能前高后低，也不能前低后高。这是特征几何的独到之处，也是其简单之处。

有意思的是“舌体”这个词的英文叫法，有的人叫它 body（舌体），有的人叫它 dorsum（舌背）。据说叫后者是为了方便对发音的描述（John Clark & Colin Yallop，1990）。而在特征几何的语境之下，似乎叫前者反倒更有利些。我们不妨把舌体想象为中间硬、外边软的准刚体（图 3）。

关于舌根、舌体、舌冠这三个部分在舌头上各自所占的区域，有下面这段文字可以参考：

“当舌静止不动、平放在下齿后面时，靠近下齿后面的终端部分叫做舌尖，对着齿龈的那部分叫做舌叶，对着硬腭的那部分叫做舌体，对着咽壁[④]、靠近会厌的部分是舌根。”（赵忠德，2006：John Clark & Colin Yallop，1990）（这时的舌位并不是下面所说的中性位置，而是比中性位置靠前。）

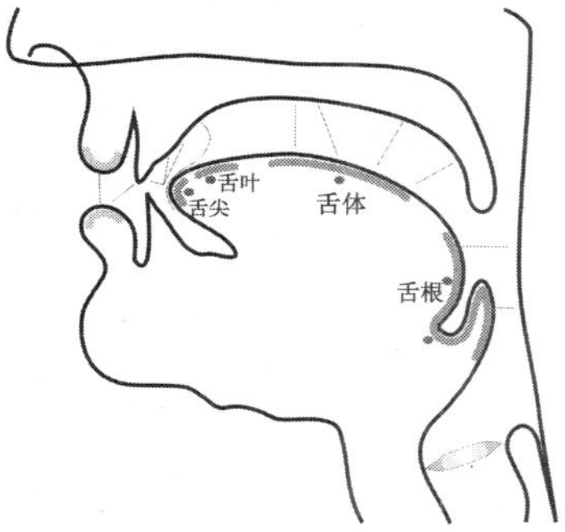

图 2　发音器官。本图显示的位置为中性位置
根据 P. Ladeforged & I. addieson，1996。

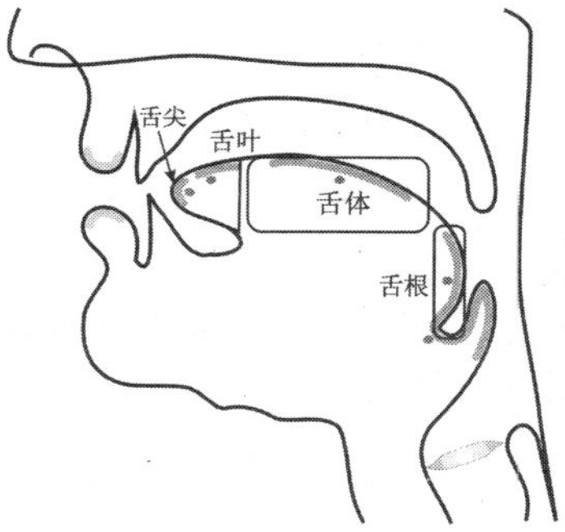

图 3　舌冠、舌体、舌根的抽象化。

既然舌体有［后、高、低］等区别性特征，那么就应该有一个参照的位置。这个参照位置就是中性位置。它“指的是舌头在准备说话时的位置，跟呼吸时相比，稍微前移上升一点，基本上是北京话‘介’字韵腹元音的位置”。（包智明等，1997）

3. sh 的区别性特征：

根据特征几何中器官与特征相连的原理，以及包智明等（根据乔姆斯基 SPE 特征系统）给出的具体区别性特征（表 1），我们知道，对于普通话 sh［ʂ］这个音段，

和舌体相连的特征值是：［高、-低、-后］

和舌冠相连的特征是：［+舌冠、-龈前、-宽阻］

4. 来自其他方面的资料：

除了这些音段的区别性特征之外，来自其他方面的一些资料也可以作为我们解决问题的依据。这些资料是：

（1）由实验语音学角度观察到，所有的难声母舌体边缘都与上腭有程度不同的接触（图 4）。

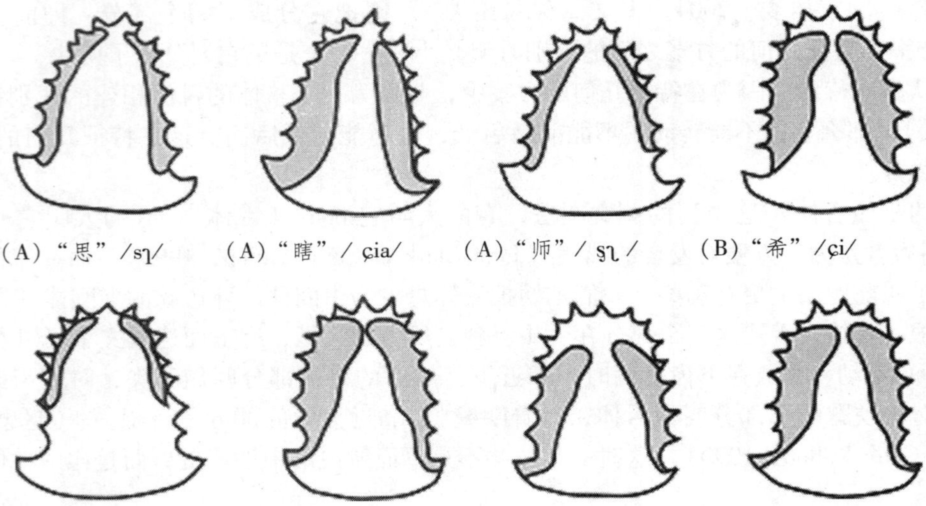

(A)“思”/sɿ/　(A)“瞎”/ɕia/　(A)“师”/ʂʅ/　(B)“希”/ɕi/

(B)“思”/sɿ/　(B)“瞎”/ɕia/　(B)“师”/ʂʅ/　(B)“须”/ɕy/

图4　擦音的腭位照相图。发音的人有两个，（A）为男声，（B）为女声（吴宗济等，1989）。

（2）刘芳的统计数据——翘舌音的发音部位问题。

北大刘芳对近500人的录音材料进行了频谱分析和听辨试验。她得出的结论是：

北京话翘舌音的发音部位有三种：

齿龈后至硬腭前（近五分之三的人）；

偏后在硬腭中部（大约四分之一的人）；

偏前在齿龈部位（顶音）（约15%）。

其中发音部位偏后的以年龄较大的男性为多，说明这是北京话较早的发音。但目前大多数人发音部位都是在齿龈后至硬腭前，不属偏后，和规范相符。

这一结果是王福堂在“第七届中国语音学学术会议暨语音学前沿问题国际论坛”上的发言（2009）中引述的。虽然王仅想借此说明翘舌音发音部位“过于靠前或靠后”都仍然是北京话的发音，不应该算作语音缺陷，但是如果从另外一个角度来看这几段话的话，却可以看到这样一个事实：即发音部位除了少数（15%）的人偏前在齿龈部位（顶音），大部分人（85%）都在齿龈后。并且，在齿龈后至硬腭前的人近60%。这说明，北京话的翘舌音仍然是以这个位置为中心的。

5. 教学对策：

（1）sh的发音：

根据上述该音段的区别性特征值、特征几何关于特征与器官相连的原理，以及来自其他方面的资料，我们应该知道这个音应该怎么发了。

要使舌体具有上述［高、-低、-后］的特征值，只要使舌体抬高，位于中性位置正上方或前上方就可以了。至于抬高到什么程度，从吴宗济的腭位照相图（图4），我们就可以清楚知道，舌体抬高到紧贴硬腭的两侧，也就是说，抬高到不可能再高。这样我们不仅可以实现舌体的高度方向上的定位，同时还可以实现舌体前后方向的定位，使之不会前后乱窜。

而要使舌冠具有上述特征值，有三种方案可以达到这个目的：

使舌冠从中性位置同时做向上和向后的平移；

舌冠从中性位置做上翘（即转动）+向后平移（图5）；

舌冠仅仅上翘（转动）。

前两种运动，可以按运动学中的术语，称之为合成运动。

总之，按照包智明的方案，不管用什么方式，只要到达齿龈后面，并形成［-宽阻］的区别性特征就可以了。因为在包智明所依据的乔姆斯基SPE特征系统中，并没有［卷舌］这样的区别性特征，这样会在各种意见争论不休中显得更超脱一些（但在拉地福吉德1982年提出的特征体系中，却有“卷舌retroflex”这一特征）。依我的意见，上翘+向后平移可能是最省力的一种办法。

简而言之，在教学中，可以事先使学生建立一个概念，即舌冠、舌根和舌体分别是三个独立的器官，它们可以独立运动。在这个基础上，再表述为：

舌体（从中性位置向正上方或斜上方）抬起，使其（边缘）接触上腭固定不动；舌冠上翘，同时向后移动，使舌尖对准硬腭前部，使气流通过二者之间的间隙而摩擦发声。

教学中如无特殊情况，括号中的字可以省略。

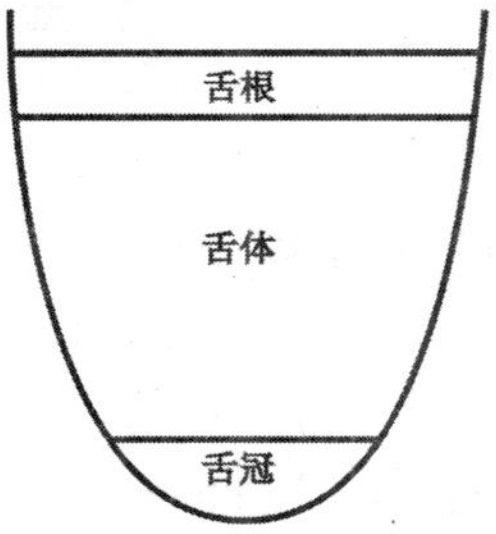

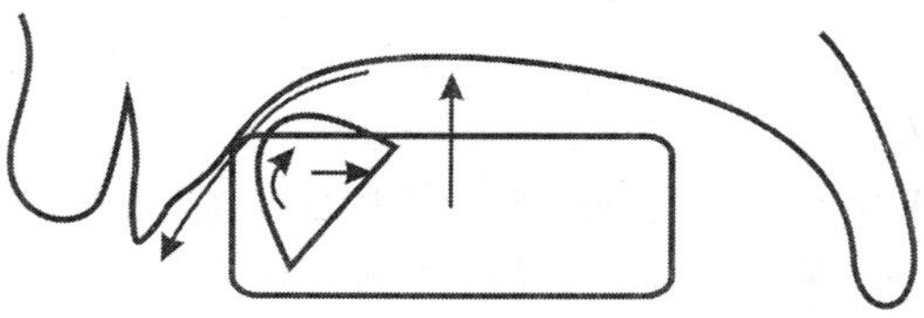

图5　翘舌音sh的发音部位示意图。右图中所示的舌体和舌冠的位置是移动之后的最终位置，其箭头是指经过这样的移动和转动到达此位置。

（2）zh和ch的发音：

翘舌擦音sh的发音。发这个音时，在舌冠上翘、移动乃至固定不动以及气流摩擦成声的过程中，舌尖自始至终都不用力，既不向前探伸，也不向后收缩。而其余两个塞擦音zh和ch的发音则不同：

A. zh：舌体上抬、舌冠上翘以及平移之后，舌尖与硬腭之间自然会留有间隙。这时不要再移动舌叶，只要使舌尖向着硬腭前部做小尺度的伸缩动作，好似蜻蜓点水一般，同时伴以微弱的气流，即可发声。

B. ch：舌尖同样要向硬腭前部做小尺度伸缩，但是与之同步的气流强度要大些。

C. 上述两种情况中，舌尖触及硬腭的力度可能取决于音节的轻重，并且要与气流的强弱相匹配。

二、平舌音

1. 教学中常见的语音偏误。

对于香港学生而言，在三组难声母中，这一组最难掌握。因为其他两组，一组舌尖在上面受到约束，一组在下面受到约束，而这一组是在中间，上不着天，下不着地，无依无靠。难怪徐世荣先生（1993）指出要靠上下门齿咬住舌尖练习。

很长时期以来，我在教这个音时，一直强调舌尖不要碰到上齿龈，因为对于香港学生来说，一碰到上齿龈，就会发出带哨音的所谓“舌叶音”来。

掌握得较好的学生，又面临另外一些问题，一是发出来的 z，c，s 都很微弱，送气与不送气很难分辨得清楚；二是当 z，c，s 后加圆唇韵母时，例如"做 zuò""钻 zuān""尊 zūn"等，多数学生刚开始时都会出现带哨音的所谓"舌叶音"，不仅如此，连"退（tuì）"字的"t"声母都是舌叶音。

最终成功了的，都不自觉地经过某些变通。

2. /s/在音系学中的区别性特征及相关器官的位置：

根据包智明等（1997）引用的资料（表1），对 s［s］这个音段而言，

和舌体相连的特征值是：［-高、-低、-后］

和舌冠相连的特征是：［+舌冠、+龈前、+宽阻］

从这些区别性特征可以看出，舌体的位置，相对于其中性位置来说，在高度方向，是处于中间；在沿气流方向，是处于中部或前部；舌冠则高于中性位置，成阻的区域在上齿龈之前（包括上齿龈及上齿背），气流通过的这段有阻力的路径较长。

而从吴宗济等（1989）提供的材料（图4）可以看到，即使舌体处于中性位置，舌体的两边也是贴着上腭的。

3. 教学对策：

如果我们循着上一节处理翘舌音的思路来处理这个音，把舌体在上腭定位，把舌冠放在龈前的部位，同时注意保持［+宽阻］特征的话，理论上已经能够自圆其说了——即使对于涵盖范围较宽、既包括上齿背、又包括上齿龈的"龈前"来说，只要是在这个范围之内，并同时满足［+宽阻］的特征，在音系学上也都是合法的。由此看来，到了这里，关于这个题目的讨论似乎可以画上句号了。

然而，我们不难发现，广东话和普通话，在/s/组音上是有共性的。既然有共性，这些共性就可能有利用的价值，从而使我们的方法更加简化。

如果从自然类[⑤]的角度来看，s［s］与 d［t］同属于一个自然类，它们除了在［连续］特征上不同之外，在其他方面都是相同的（表1）。而由于香港人的/d/和国际音标的/d/是一致的，所以，由/d/来导出/s/是最简便的方法。

总而言之，教这个音时，可以选择下面两种方法：

方法一：

先把舌体（从中性位置向正上方或斜上方）抬起，使其（边缘）接触上腭，最后抬起舌冠，使其对准上齿龈（形成［+宽阻］区别性特征），使气流在舌冠和上齿龈之间通过，发出带［连续］性的音 s 来（图6）。

教学中如无特殊情况，括号中的字可以省略。

这一方法是经典的特征几何的方法。

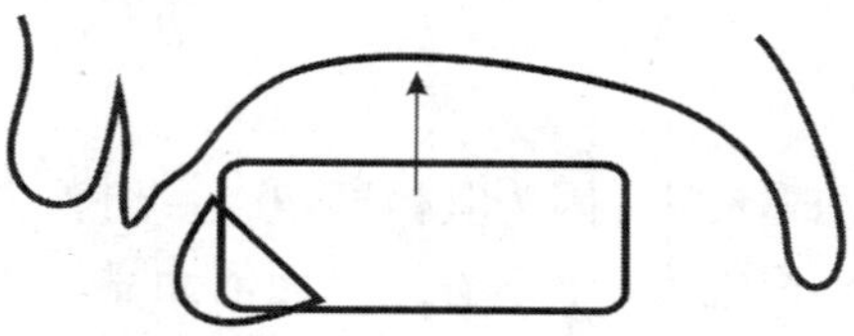

1. 舌体定位（舌冠的自然位置应该是下垂的）

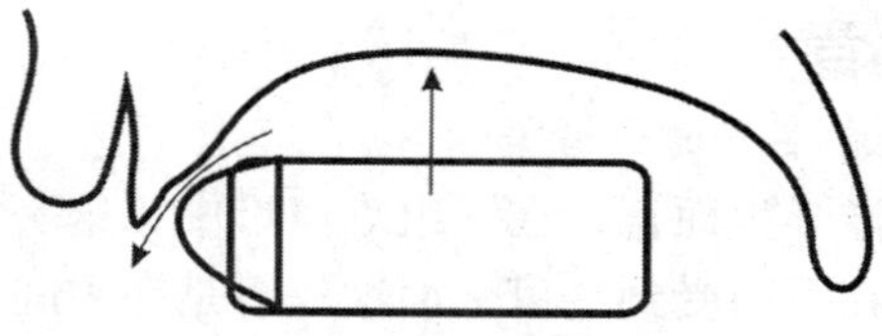

2. 舌冠定位

图 6

方法二：

一开始让学生们准备发 d，把整个舌冠顶在上齿龈上。然后使气流在舌冠和上齿龈之间通过，发出带［连续］性的音 s 来。

根据我的经验，一般来说，用第二种方法来教，大部分学员可以很快掌握。如果有个别学员还不能掌握的话，可以用第一种方法。我曾经上过一个有 23 人的课，22 人是通过第二种方法掌握的，只有 1 人掌握不了，动用了第一种方法。

第一种方法，即经典的方法，看似笨拙，但范围宽泛。原则上说，只要符合宽阻特征，龈前的什么位置都行；而第二种方法的发音部位却只有上齿龈。

4. 关于所谓“舌叶音”的讨论：

当 z，c，s 后加圆唇韵母时，多数学生都会发出尖而带哨音的所谓“舌叶音”。发这个“舌叶音”时，被动发音部位是上齿龈，主动发音部位是舌叶，而正确的 s 的发音也是这两个部位。所以说，两者的区别并不是在发音部位上，而是在［宽阻］区别性特征值的正负上。对于“舌叶音”而言，因为发音时舌冠向后退得太早（图 7（a）），结果在除阻的一瞬间，舌叶和上齿龈的实际成阻面很窄，从而使这个音呈现［-宽阻］特征。这种问题常在 z，c，s 的后面是圆唇韵母 u 和 o 的时候出现，因为圆唇时，舌尖要后退。

图 7（b）所示的方法，是待气流在舌冠与上齿龈形成的间隙中发育完全之后，舌冠和舌体才离开上齿龈。这是正确的方法。

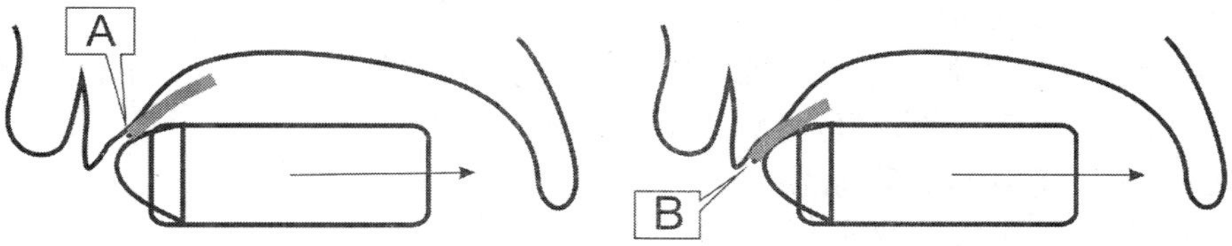

（a）气流刚到 A 点时舌冠、舌体就开始后退。　（b）气流到达 B 点之后，舌冠、舌体才开始后退。

图 7

过去我在教这一套音的时候，为了使 z、c、s 和舌叶音区分开来，只是一味强调 z、c、s 和舌叶音在发音部位上的区别，拼命让学生远离上齿龈。没想到这样也会带来新的问题。因为远离了上齿龈，结果只能使舌尖和上齿背甚至上齿尖接触，接触面过小，不但形成不了稳定的［+宽阻］，甚至形成［-宽阻］。这样就进一步导致 VOT[⑥]时间过短，使得送气和不送气音分辨不清。

三、舌面音

1. 传统的教法及教学中常见的语音偏误。

以清擦音 x［ç］为例，一般来说，多数教材采用与下文类似的说法：

“舌尖抵住下齿背，使舌面前[③]接近硬腭前部，形成适度的间隙，气流从空隙摩擦通过而成声。”（国家语委，2004）

很多香港学生在按照这样的说法发音时，由于下齿背只能约束舌尖，硬腭前部只能约束舌面前，而都约束不到舌叶，结果舌叶仍然会顶到上齿背和上齿龈上，发出类似［s］的音来。这个问题，在后接撮口呼韵母时，如“选，熏，学”等，显得更加突出——在读这些字时，不仅前面的声母读成了尖音，甚至连后面的介音都被改造成了 u。

在我的教学经历中，为了解决这类问题，也曾采取过一些补救措施，比如要求舌叶后缩等等，但收效不大。往往要花上相当长的时间才能使学生完全掌握。

2. 从音系学角度进行的描述——区别性特征及相关器官的动作。

根据包智明等（1997）引用的资料（表1），对 x [ç] 这个音段（龈腭擦音）而言，

和舌体相连的特征值是：[+高、-低、-后]

和舌冠相连的特征是：[+舌冠、-龈前、+宽阻]

这就是说，舌体的位置，在高度方向为高；在沿气流方向是处于中间或前部。

舌冠则高于中性位置，然而其 [-龈前] 区别性特征又表明，它是不与上齿龈或上齿背发生关系的。

[+宽阻] 则说明，沿气流方向的阻力距离较长。

在本节开头所引述的传统语音学说法中，有“舌面前”这一部位。如果这就是舌体的前部的话，那么，除了在舌尖的描述上有所欠缺之外，传统的描述和我们的区别性特征还是有些形似的。但是区别也是明显的。一个突出的问题就是，按照传统的教法，学生必须同时兼顾多个方面：一是舌尖，一是舌面前部，甚至再加上舌叶。然而事实上往往顾此失彼。而当学生们按照特征几何，建立起了舌体、舌冠分别为独立的器官、器官与特征相连以及器官的运动是相互独立的概念之后，情况就大不一样了。大脑可以灵活地指挥几个分立器官的运动，既可以分而治之，又可以只抓一个，而使另一个处于缺省的状态。这就是这种新的教学法的优胜之处。

关于舌冠，这里还要多说几句。从区别性特征看，毋庸置疑，舌冠是这个发音的参与者。这也是被很多观测到的事实所证明的。

然而，[+舌冠] 这一区别性特征，在这里只是描述了舌冠的一种状态——高于中性位置。如果进一步推理，就可以得到舌体和舌冠两种不同的动作组合：

一种是——舌体和舌冠都是主动的；

一种是——舌体主动，舌冠被动。

而下面两种情况则不存在：

*舌体和舌冠都不主动；

*舌冠主动、舌体被动。

按理说，在正常情况下，让舌体和舌冠都主动并无问题。因为它们本来就分属两个器官。但由于香港学生的舌冠通常特别积极，甚至积极得过了头，所以，针对香港学生的特点，还是让其被动、让其缺省为好。此外，舌体抬高，舌冠自然就会下垂，这可能也是一种无标记的自然状态。

3. 教学对策：

舌体从其中性位置上抬至正上方（或前上方），与硬腭前部形成间隙，气流从间隙中通过而成声（图8（b））。

虽然客观上讲舌冠确实参与了发音，然而，这里可以不谈，使它缺省。但是，也不能把“不谈舌冠”绝对化。有些学生总是习惯性地把舌冠抬高，这时就要使其舌冠下垂，舌尖接触下齿背（图8（a））；

这里也不需要谈舌体前部，因为对着硬腭前部的只能是舌体的前部，不可能是中部或后部。

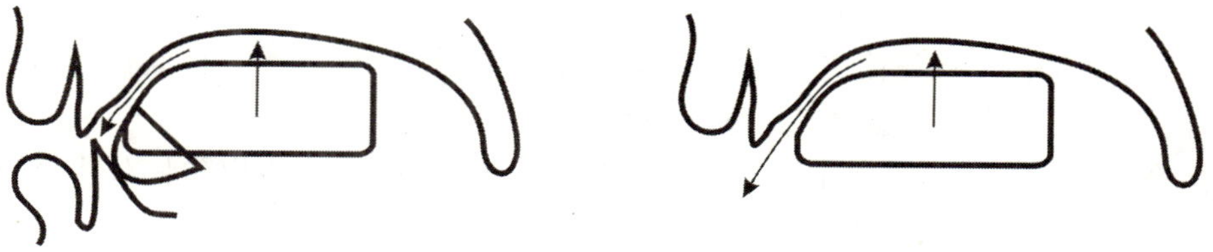

(a)　　　　　　　　　　　　(b)

图8　舌面音j、q、x的舌体位置示意图。(b)图中有意使舌冠缺省。

四、余　论

1. 正文第二节谈到，广东话和普通话之间/s/组，和/d/同属一个自然类，从而可以从/d/导出。其实，如果进一步考察，还会发现，广州话和普通话中的/s/组音同样也有一些直接的关系。那么能否从香港人口中的/s/组直接导出普通话的/s/组呢？如果真能这样，则将更加简便。

事实上，广州人说的广州话的/s/组中，只有西关口音的发音部位和普通话一致，总体来说和普通话不同（李新魁等，1995）。

至于香港人的/s/组，有人指出，国际音标中的/s/组就是标准的广州话发音（赖玉华，2006）。但标准是一回事，语音现实又是另一回事。由于目前还没有看到香港人/s/组分布的统计资料，因此，从严格意义上说，从港人的/s/组直接导出还没有充分理据。

话虽如此，但从本人的教学经验看，后接非圆唇的/s/组由广东话直接导出也是做得到的。因为对于大部分香港学员来说，/s/组的发音，在其后接非圆唇韵母时并不困难（如在广东话里声母都是/s/组的"三、沙、手；产、炒、插；炸、早、窄"等音节），难的是后接圆唇韵母，如广东话中的"总、松、从"等，往往发成"舌叶音"（对于更少数人还有后接［ɿ］韵母的困难）。这些情况，在采用新的教学方法之前就普遍存在。在采用了新的教学方法之后，虽然情况大为改善，前后二者的难度都降低了，然而在区分难易程度的天平上，二者之间的位置并没有发生改变（从发生反复的概率来说，后者仍远远大于前者）。而本人在针对个别人的教学中，亦曾成功地使用过直接导出的方法。

所以针对香港人较容易掌握的/s/组声母——后接非圆唇音的声母音节，除了前述两种基本方法之外，应该还有一种变通的方法，即由广州话的/s/组声母直接导出。当然，相关理据，即香港人的/s/组音分布情况还有待弄清。

2. 本文开头处曾提到过"下颚的开度越大，唇形越倾向于中性"。基于这种认识，可以解决另外一些问题，比如"üe"的发音。

香港学生在发这个音的时候，其韵尾"ê"的唇形向两边展开得过大，听起来很不自然。如果根据John Clark & Colin Yallop（1990），发音自然因而听起来也自然应该是中性唇形（图1）。

导致"üe"的韵尾为中性唇形的原因，除了"自然度"之外，还有一个更根本的因素。这就是介音"ü"的［+圆唇］区别性特征的向后传递。否则，如果仅仅是"自然度"这一个机制起作用的话，就无法解释为什么"ie"的韵尾就不是中性唇形。

所以，在发"üe"这个音时，有两个机制在起作用，特征传递机制在前，自然度机制在后。前者给后者创造了条件，前者必须有，后者可有可无。也就是说，在特征传递发生之后，即使自然度机制不发生作用，从而使唇形紧张而非中性唇形那么放松，但听起来也还是自然的，看起来，轮廓上也与中性唇形相似。

同理，“uo”的发音，也是这两个机制在起作用。

而对于“ie”来说，在特征传递机制发生作用之后，自然度机制不会再起作用。这是因为［-圆唇、-高］的区别性特征并不能给自然度机制的发挥创造条件。

3. 生成音系学原则可以广泛运用于普通话教学的其他方面：不仅可以简化对儿化的描述，而且舌体和舌冠的模型还可以更清楚地描述声母和韵母的拼合。

4. 属于生成音系学一部分的特征几何给我们提供一个框架。在谈及一个音段的发音时，我们必须在这个框架下回答一些问题：即这个器官是如何动作的，那个器官是如何动作的。我们必须填满框架内的所有空格，为所有的区别性特征赋值。这就像我们做填空题，而且很多题目的选择项只有正负两个值，做起来并不难。当然，对这个框架应该怎么建立，框架内的内容应该怎么赋值，理论界看法并不一样。比如，在［宽阻］这个特征上，Carlos（2008）的书上引用的材料指出/d，t，n/为舌尖音，为［-宽阻］，而齿音/θ，ð/等为［+宽阻］，正好和我们引用的材料相反。然而，这些不同的意见并不妨碍我们根据理论、实践以及自己的感觉去判断，去选择，去修正。这个理论的优点是环节少，易掌握，大脑可以轻而易举地控制所有有关的发音器官，但又疏而不漏，照顾全面，能够抓住主要矛盾。这些优点也正好和我们在教学上的需要相一致。因为它是“生成”的，它的流向是和传统的、以观察和描写为主的语音学完全相反的。

注释：

①根据音系学的理论，区别性特征是可以在不同音段之间进行传递的。这里发生的情况是，后字的［-高］特征传给了前字，但是为什么只让前字的韵母的后一半发生了改变，而不是全部？如果把韵母看成一个整体的话，这样只改变一半的事就不可能发生。然而，如果把一个音节看成是由两个莫拉组成的话（叶军，2008），就使这种传递——把第二个音节的声母 zh［tʂ］的［-高］特征传给第一音节的第二个莫拉——成为可能。

②与传统的中国语言学做法不同，国际音标中辅音的发音部位习惯上用被动发音器来命名（赵忠德，2006）。所以这里的““舌面擦音”与“舌尖擦音”的叫法是不符合国际音标的惯用规则的。但人们仍能从这些例子中体会到什么是［宽阻］。

③《普通话水平测试实施纲要》中关于舌头部位总共有下面几种说法：舌尖、舌面前部、舌面后部、舌头前部（在谈 zh ch sh r 时提到）、舌前端（在谈韵母 ʅ 时提到）。

④所谓“对着咽壁”，在原文中为“对着软腭”。原文应是笔误。

⑤赵忠德（2006）对“自然类”的解释是：自然类是指具有共同区别性特征的一组音段。例如，所有的辅音可以组成一个自然类，因为它们共享同一个区别性特征［+辅音］。……区别性特征越少，自然类就越大。……反之，区别性特征越多，自然类就越小。而戴炜华（2007）的解释则是：音系学研究中，分析一类音（或音素）比分析其中成分需要较少的特征，如辅音［p，b，m］组成英语的双唇辅音类，［p，t，k］组成英语的爆破塞音类。

⑥所谓 VOT——Voice Onset Time，嗓音起始时间，表示塞音（音系学中的定义包括我们传统意义上的塞音和塞擦音）除阻的那一刻到声带开始振动的那一刻所持续的时间。如果除阻和声带振动同一时刻开始，VOT 的值为零，如果除阻早于声带振动，值为负，如果除阻晚于声带振动，则值为正。典型的送气塞音应该在+50ms 到+80ms 之间（见 Carlos Gussenhoven，Haike Jacobs，2008）。VOT 决定一个辅音的清浊、送气不送气，……等（吴宗济、林茂灿，1989），（Peter Roach 2000：33）。这个值是将我们传统上的清辅音和浊辅音的概念给量化了。

参考文献：

［1］国家语言文字工作委员会普通话培训测试中心．普通话水平测试实施纲要［S］．北京：商务印书

馆，2004.
[2] 王洪君．汉语非线性音系学［M］．北京：北京大学出版社，1999.
[3] 赵忠德．音系学［M］．上海：上海外语教育出版社，2006.
[4] 包智明，侍建国，许德宝．生成音系学理论及其应用（第二版）［M］．北京：中国社会科学出版社，1997.
[5] 戴炜华．新编英汉语言学词典［M］．上海：上海外语教育出版社，2007.
[6] 徐世荣．普通话语音常识［M］．北京：语文出版社，1993.
[7] 吴宗济，林茂灿．实验语音学概要［M］．北京：高等教育出版社，1989.
[8] 朱 川．汉语语音学习对策［M］．北京：语文出版社，1997.
[9] 王福堂．普通话语音标准中声韵调音值的几个问题［Z］．第七届中国语音学学术会议暨语音学前沿问题国际论坛．
[10] 叶 军．现代汉语节奏研究［M］．上海：上海世纪出版集团，2008.
[11] 李新魁等．广州方言研究［M］．广州：广州人民出版社，1995.
[12] 高华年．广州方言研究［M］．香港：商务印书馆香港分馆，1980.
[13] Carlos Gussenhoven，Haike Jacobs. Understanding Phonology［M］．北京：外语教学与研究出版社，2008.
[14] Peter Roach. English Phonetics and Phonology：A Practical Course［M］．北京：外语教学与研究出版社，剑桥大学出版社，2000.
[15] John Clark & Colin Yallop. An Introduction to Phonetics Phonology［M］．Blackwell Publishers，UK，1980.

PSC 与语流教学

张建强
（广西贺州学院中文系　广西贺州　542800）

［摘　要］　通过对普通话水平测试中存在的语流音变偏误和语调偏误的分析，提出普通话教学应重视语流教学，采取相应的教学方法使语流教学贯穿在课堂教学的各个环节，以提高学生的普通话水平和 PSC 成绩。

［关键词］　普通话；PSC；语流教学

一、引　言

音素教学和语流教学是二十世纪六七十年代对外汉语教学领域提出的汉语语音教学的原则和方法。所谓音素教学，是指语音训练从汉语的声、韵、调的单项练习开始，逐步过渡到词组、句子和会话练习。语流教学则强调在语流中学习语音，语音学习从语流练习开始，教学内容包括句中的停顿、重音、句调、连读、节奏等语音成分的教学。

在普通话口语教学中，特别是方言区的普通话口语教学，人们比较重视的是找出方言与普通话的对应规律，比如平舌音与翘舌音、鼻音与边音、前鼻音与后鼻音等的对比辨音及相应声韵母字的辨记等，通过大量的正音练习，进行声、韵、调的教学与训练。这是典型的音素教学。在普通话教学的初始阶段，声、韵、调教学即音素教学是这个阶段语音教学的主要任务。但经过对声韵调集中系统训练之后，学生的发音有了一定的基础，纠正错误的发音和语流教学本应自然而然地成为这一阶段语音教学的重点。但实际教学中在这个阶段教师或者只注意到帮助学生正音，或者单独对语流音变进行讲解，而没有对句子中词语的停顿、重音、句调、节奏等语流现象做特殊的讲解和强调，语流教学受到不同程度的忽视。有的教师虽然单独强调和训练了语流音变如变调、轻声、儿化等，但没有渗透到朗读和说话练习中，实际教学效果甚微。这导致学生在基本掌握了普通话常用字的正确读音之后，还不能将普通话说得纯正、地道，即缺乏韵味儿，还存在方言语调即普通话带有“地方话”（方言）色彩的现象。笔者对所在高校一次普通话水平测试（以下简称 PSC）的评分试卷进行了随机抽样调查，所抽取的一组共 20 份试卷，其中成绩是“二甲”的 4 个，“二乙”的 7 个，“三甲”的 6 个，“三乙”的 3 个，各项目平均失分率统计结果如下：

PSC 各项目平均失分率统计结果

等级水平＼项目失分率	单音节、多音节字词	朗读、说话	失分率比较
二级甲等	12%	29%	17%
二级乙等	26%	41%	15%
三级甲等	42%	54%	12%
三级乙等	62%	73%	11%
合计	142%	197%	55%

注：第三题“词汇和语法选择判断”因主要测查词汇和语法而非语音，故未统计在内。

从上表可以看出，朗读项目和说话项目的失分率普遍较高，除了二级甲等是 29%，其余三个等级超过 40%，三级乙等甚至达到 73%。这两项的失分率均超过了单音节和多音节字词项目的失分率。通过对不同等级朗读、说话项目与单音节、多音节字词项目的失分率比较我们发现，从三级乙等到二级甲等，比较失分率呈递增趋势，即三级乙等 < 三级甲等 < 二级乙等 < 二级甲等。这说明，普通话水平测试的等级越高，其朗读和说话项目的失分率相对于单音节和多音节字词项目的失分率就越大，即语流中的偏误要远远多于字词的偏误。为什么会这样呢？我们通过对这 20 份普通话水平测试的评卷分析后发现，其原因主要是应试者在语流音变和语调方面出现较多的偏误，这些偏误虽然随着普通话水平等级的抬高而越来越少，但相对于单音节和多音节字词项目的失分率，其失分率却居高不下。这说明普通话二、三级水平阶段在语流中存在较多问题。

普通话口语教学的目的是培养学生熟练地运用规范的普通话进行交际的能力，使学生能够运用普通话正确而自然流畅地说话。普通话水平测试大纲也明确了“普通话水平测试测查应试人的普通话规范程度、熟练程度，认定其普通话水平等级”，而“我们用语言进行交际的时候，总是一个音紧接着一个音说的，各个音连续不断，形成了长短不等的语流”。长期以来，普通话口语教学强调较多的是声韵调教学，而对训练字音以外的语音表达方式（语流中体现的韵律）考虑较少。吕必松先生说过：“要帮助学生学好语音，仅仅教音素和音节是远远不够的，必须把音素和音节的教学跟‘语流’教学有机地结合起来”，“在教声韵调的同时，帮助学生掌握连读、停顿、重音、语调、节奏等”。尽管吕必松先生这段话主要是针对留学生说的，但对于普通话教学同样具有启发意义。要提高 PSC 的成绩，使学生的普通话水平能有一个质的提高，让学生说一口纯正流利的普通话，教师必须要重视和加强普通话的语流教学。

二、PSC 中的语流偏误

PSC 中经常出现的语流偏误有以下两类：

（一）语流音变偏误。有的学生虽然能读准普通话的声韵调和音节，但是还不能够做到自然地朗读和说话，还不能将普通话说得纯正、地道，有韵味儿，就是因为没有掌握好普通话的特色性特征——语流音变。语流音变是指在语流中有些音节受到前面或后面音节的影响产生的语音变化的现象，普通话的语流音变主要有上声的变调、“一”和“不”的变调、轻声、词语的轻重格式、儿化及语气词“啊”的变读。特别是轻声、儿化在普通话中普遍存在，又是口语中特别活跃的特殊语言现象，但在南方方言中是没有的，学生学起来特别吃力。即使基本上掌握了词的发音，可一到语流中遇到音变音节就不会念了，或者念起来显得特别别扭。如没有把轻声音节读作轻声，或把轻声音节念得特别轻，甚至几乎听不到，这是误以为轻声只是一个音强弱的音节，不知道轻声主要是由音高和音长这两个音素构成的，在音高上轻声音节失去原有的调值，变为特有的音高形式；在音长上轻声音节比非轻声音节的音长要短，一些学者甚至认为轻声最主要的特点是音长短，跟音强没有关系，而不是像一般教科书所说的“既轻又短”。又如南方各方言区的人在念儿化词语时，常常把“儿”字读成不卷舌的“俄”，且与前面一个音节分开，生硬地发成两个音节，把“huār（花儿）”发成“huā’er”。或者是儿化词的卷舌色彩不明显或生硬，构成缺陷。学生在PSC中轻声和儿化的失分率很高，这影响了PSC的总体成绩。

（二）语调偏误。PSC中的语调偏误包括声调偏误、句调偏误、轻重格式不当、停连不当、节奏和语速偏误。

1. 声调偏误。我们通过对来自各方言区学生的纠调教学实践发现，不能准确把握高音和低音是问题的关键，四个声调声音高低的音域明显比普通话的音域窄。如阴平虽然能念成平调，但声调的实际高度却往往没有达到普通话应有的高度；阳平调型虽然能念成上升的，但没有普通话阳平上扬的幅度那么大，调值的终点也没有普通话阳平那么高；去声的主要问题也是起点不够高，并且下降的终点不够低。上声历来是各方言区人学习声调的难点，其特点是低降部分长，上升部分短。学生学习上声是常常不知降到何处该上升，即便找到低平，也难以控制音长，往往低降部分短，上升部分长。上声进入语流后，多以211形式出现，调型发生了变化，而不少方言区学生说普通话，字间停顿前的上声往往比普通话上声短，或者上声音变不准，这也是使语流带上方言语调的一个原因。

2. 句调偏误。句调就是整句话的音高升降的变化。句调有升调、降调、平调、曲调四种形式。升调一般表示设问、反问、疑问、惊异、号召等较为激动的情感；降调表示肯定、自信、沉重、乞求等语气；平调用于叙述说明，也可以表示庄重、严肃、冷淡的情感；曲调分降升调和升降调，表示讽刺、夸张、幽默、恐怖等强烈的语气。学生在句调上的偏误主要表现为：因句调失误而导致的语气表达错误，或唱读，或每句句末都机械地用一个调子。

3. 轻重格式不当。包括词的轻重格式不当和语句重音不当。话语里的某个词或句子里的某些音节有意识地说得比较响亮，这些音节叫做重音，有词重音和语句重音。没有掌握词重音，是一些方言区学生说普通话带有明显的方言特征以及在语流中难以听懂某些词发音的一个关键原因。学生不了解这方面的知识，便不知道一个词不同音节的轻重也会有所不同，以至于一些轻音省略的地方他们听不清楚，而自己的声调听起来没有错误，却不像标准的普通话。语句重音是指语句中念得比较重，听起来特别清晰的音，一般重读的音要延续时间，并且增加强度。很多普通话教师在教学中不讲授词重音和语句重音，或者仅仅教授词重音，不教授语句重音，没有给学生讲解句中哪些词需要重读以及重音和语义的对应关系如何，这导致学生在朗读和说话时语句重音表达不当而被扣分，影响了他们PSC的成绩。

4. 停连不当。停顿是指说话或朗读时，段落之间、语句中间或后头出现的间隔，分为气息停顿、语法停顿、感情停顿。一些教师往往忽略停顿的教学，或者不讲，或者只是简单介绍，没有进行相应的项目训练，导致学生缺乏停顿的意识和语感，在朗读和说话时语义停连不当，或停顿过多，机械地3～5字一顿，或有明显的“字化”现象。

5. 节奏和语速偏误。普通话的节奏性是很独特的，音节停顿不同，节奏也有所不同。比如词的结构多为“2+1”结构，如“纯净水”；短语一般是“1+2”结构和“2+2”结构，如“打电话”和“中国制造”等等。在语流中人们是按照一定的节奏来朗读和说话的。另外，发音节奏快慢，轻重缓急，往往表达不同的语气和情感。一般来说，人们在表达欢乐、兴奋、激动、惊恐、愤怒、着急时，语速较快；表达平静、痛苦、忧郁、悲哀、迟疑、失望时，语速较慢。学生的节奏偏误主要表现为语调节奏带有明显的方言特征或与普通话有明显差异，如总是 3 ~ 5 字一顿，或在停顿处非逻辑重音时读得特别重，拉得特别长，或唱读。语速偏误主要表现为语速把握不当，导致语气表达错误。多数学生在测试中总体语速偏快，或从头到尾都是同一速度。作为教师应该利用普通话的节奏规律，提高学生的朗读水平，做到不仅发音准确，而且节奏、语速符合需要表达的思想和情感的要求。

三、语流教学的方法

以上我们对 PSC 中存在的语流偏误作了简要的说明。针对学生在语流中经常存在的偏误类型，我们认为，教师在教学上要坚持自觉认知与经验主义结合的方法，即教师先要仔细讲解有关语流的知识点，然后引导学生在朗读、说话练习中进行大量操练，逐步强化学生的标准普通话语感。在近年的普通话口语教学中，我们发现，要想学生把普通活练得比较纯正，以求达到“神似”，语流教学是不可忽视的，一定要把它当作重要的不可缺少的教学环节来处理。具体教学中，我们认为教师可注意以下几点：

（一）调整教学内容顺序和重点，改进声调教学。常规的普通话口语教学是按照“声母→韵母→声调→语流音变→朗读→说话”来安排教学内容。针对学生在 PSC 中容易出现的语流偏误，我们可以适当对教学内容进行调整，教学内容可按以下顺序进行教学：声调→声母→韵母→语流音变→语调→朗读→说话。之所以要把声调教学放在首位，是因为声调教学与语流教学之间有很密切的关系，在语流中声调把握不准是普通话带有方言语调、方音色彩的主要原因之一。因此，如果学生声调掌握得较好，就为以后的语流教学奠定了良好的基础。为了尽早使学生掌握普通话的声调，可以让他们首先利用鼻音体会发四声时声带的状况。同时，可以把各声调在五线谱上表示出来，高平和低平在乐谱上的位置相差八度，学习每一个声调，都可以先用唱歌的办法把它们哼出来，使方言背景不同的学生都能较快且较准确地理解和掌握普通话的四声。上声是声调教学的难点，教上声时可先教 211，211 反映了上声的低特征，而掌握住低特征，就已经掌握了上声最常见的调值了。同时，方言区人还应当注意克服方言语调的干扰，注意方言与普通话相似但不相同的调值之间的差异，不但要注意把调型念对了，还要注意把调值的高低度念准确。另外，我们在教学中增加了语调教学内容，并将它放在语流音变教学之后和朗读教学之前，这是由于语流音变是语调操练的基础，语调操练又是之后朗读和说话训练的基础，可以说是音素教学完全向语流教学过渡的一个关键环节，是真正意义上的语流教学的开端。这样安排可以克服传统教学忽视语调教学和训练的弊端。

（二）选用多样化的训练材料，培养普通话语感，改造学生的发音习惯。在学生基本掌握了声韵调的正确发音，尚未形成自己的“语流”之前，应该先入为主，及时输入普通话韵律特征比较典型的句段，进行语流基本功的训练，从而改造他们的发音习惯。在语流基本功训练材料上，可选用多样化的材料，如绕口令、诗歌韵文、经典影视对白等。绕口令可以帮助学生练习唇、齿、舌、喉等发音器官在语流中灵活而快速的配合，诗歌韵文能使学生从中熟悉普通话的韵律特征，体会到语音的节奏感。经典影视对白往往是口语色彩浓厚的语言，贴近生活，可以引起学生学习标准普通话的兴趣，也可以训练他们听辨和说话的能力。除了以上列举的种类外，还可以补充相声、演讲、辩论、播音、主持等视听材料。教师在示范时可以夸张发音，加深学生对普通话语流特点的认识和感受，便于他们模仿训练，从而形成语流语感。

（三）音素教学与语流教学相结合，将语流教学灵活地贯穿在课堂教学的各个环节。在实际教学中，音素教学和语流教学都不能偏废，我们不能片面强调这一方面，而忽视另一方面。尽管对普通话标准的学生可以减少甚至不进行音素教学，但来自不同方言区的学生的普通话水平大多数都处于二级和三级的水平，达到一级水平的可以说是凤毛麟角，因此在教学中应该将音素教学和语流教学相结合。笔者的做法是，在每次课前，让学生听一篇朗读作品，观看一段视听材料，从一开始就有意识地培养学生的语流语感，引发他们学习标准普通话的兴趣。在课堂上，从教师的课堂语言、示范发音到语音知识的讲解、练习都要随时强调语流因素，随时教授，随时学习，随时纠错。将语流教学灵活地贯穿在课堂教学的各个环节。

我们通过对两个班级进行两种不同教学方法的实验后发现，注重语流教学的班级，在普通话口语教学的第二学期，相当一部分学生的口语显得地道一些了，不再是一出口就“露馅”，带有方言语调。而注重音素教学淡化语流教学的班级，学生尽管把字词的音发得很准，但在朗读、说话方面没有多大的进步，明显比不上前者。因此，重视语流这一环节的教学，对于提高学生的普通话水平和 PSC 成绩是非常重要的。

参考文献：

[1] 蒋以亮．语流教学初探 [J]．语言教学与研究，1998（4）．
[2] 国家语委普通话培训测试中心．普通话水平测试实施纲要 [S]．北京：商务印书馆，2004.
[3] 林　焘，王理嘉．语音学教程 [M]．北京：北京大学出版社，1992.
[4] 吕必松．对外汉语教学概论 [M]．北京：国家教委对外汉语教师资格审查委员会办公室，1996.
[5] 林　焘．语音探索集稿 [M]．北京：北京语言学院出版社，1990.
[6] 罗常培，王　均．普通话语音学纲要 [M]．北京：商务印书馆，2002.

上海地区普通话水平测试各等级达标障碍和培训模式探究*

焦文燕
（上海浦东新区语委办　上海　200120）

［摘　要］　本课题重点分析了影响上海地区普通话水平三级甲等以上不同等级人员达标的语音障碍以及非语音障碍，在此基础上，从培训所应遵循的原则、实施针对性的培训方法、组织有效的培训形式等方面研究构建科学的、合理的、有效的培训模式，以引导上海地区应试人获取合适的学习途径，克服达标障碍，顺利通过普通话水平测试，切实有效地提高普通话水平。

［关键词］　普通话水平测试；三级甲等以上；达标障碍；培训模式

一、引　言

普通话水平测试工作，在促进我国普通话的推广、普及，提高标准语应用水平，增强全民语言规范意识，提高国民文化素质等方面的积极推动作用日益彰显，已经成为新世纪语言文字工作的重要组成部分。

10 多年来，本市已组织了公务员、教师、播音员主持人、服务人员等 40 多万人次参加普通话水平培训测试。《上海市实施〈中华人民共和国国家通用语言文字法〉办法》颁布实施后，普通话水平测试的领域不断拓宽，测试量日益扩大，给普通话推广工作带来了新的机遇。

现实的问题是，10 多年来，上海地区有近 20% 的应测人员尚未达到国家规定的等级标准，对这些人的达标障碍进行深入调查，并开展培训模式的课题研究，将有利于指导应试人找到合适的学习途径，掌握学习要领，有效提高普通话水平，有利于更深入地推动普通话培训测试工作的开展，构建和谐的社会语言环境。

二、研究对象、形式与方法

（一）研究对象。

本课题重点研究参测 2 次以上、属于吴方言区、普通话水平在一级乙等至三级甲等高分段之间

* 本课题为 2007 年度上海市语言文字水平测试中心重点课题（课题组成员：焦文燕、严敏沁、朱恩淦、吴慧、郁洁、廖静瑜、高峰。执笔：焦文燕）。

的对象，主要包括上海市普通话水平测试员、社会应试人员（公务员、教师、公共服务行业人员、大学生等），调查对象分布于上海市区、浦东、松江、南汇、嘉定、青浦、奉贤、崇明等地区。

（二）研究形式、手段和方法。

1. 问卷调查。

对参加市语言文字水平测试中心组织的测试员考核班36人，以及参加普通话水平测试社会人员专场164人，共计180人，进行有关“普通话应试人员达标现状”书面问卷调查，收到有效问卷174份；对上述两类人员进行有关“普通话应试人员语音障碍状况”访问式问卷调查，收到有效问卷164份。

2. 试卷抽样分析。

按照不同等级标准，随即抽取一级乙等（92分以上）、二级甲等（87分以上）、二级乙等（80分以上）各20份已测试卷，共计60份，进行语音问题分析。

3. 召开研讨会。

召开优秀普通话水平测试员研讨会和优秀普通话培训教师研讨会多次，了解各等级应试人语音状况、培训需求及培训经验等。

三、调查结果与数据分析

普通话水平测试是测查应试人普通话规范程度、熟练程度，并认定其普通话水平等级的国家级口语考试。应试人在运用普通话口语进行表达过程中所表现的语音、词汇、语法规范程度，是评定其所达到的水平等级的重要依据，其目标指向性十分明确。为此课题组就影响应试人达标的语音障碍和非语音障碍作了分析研究。

（一）影响不同等级人员达标的语音障碍的现状分析。

普通话水平测试全部以口语形式进行，所以语音的比重明显高于词汇、语法，应试人员语音的标准程度，是决定普通话能否达标的主要因素。因此课题组把应试人普通话达标的语音障碍作为分析重点。以下是对应试人已经达到的普通话现有等级和所要达到的高一等级之间存在的主要语音障碍进行分析。

1. 三级甲等及以上应试人员在测试中字、词项的语音障碍。

普通话水平测试字、词项测查的重点为：考查应试人普通话声母、韵母、声调的标准程度，以及变调、轻声、儿化的标准程度。所以应试人在朗读单音节字、双音节词时，要注意声、韵、调的标准程度，若错一项即判定为错误，若发音不到位即判定为缺陷。

课题组按等级各抽取20个样本，以人均语音问题数来比较分析三级甲等以上应试人员在字、词项中的语音障碍（见表一）：

表一　所涉等级语音问题类别及人均语音问题数

等级	前后鼻音	平翘舌音	第三声	复韵母	轻声	儿化	r声母	第二声
一级乙等	3	/	0.9	3	1.1	2	/	0.2
二级甲等	8.85	0.15	5.35	5	2.24	2.3	/	0.45
二级乙等	12.55	6	12.9	12	2.6	3	0.5	0.25
三级甲等	15	16	11	16	2.9	3.6	2	0.3

在字、词部分，三级甲等以上达标人员存在的常见语音问题是前后鼻音、平翘舌音、第三声、复韵母、轻声、儿化、r声母等。这些语音问题，在各个等级之间的差异主要表现在数量和类别上（如图1）。

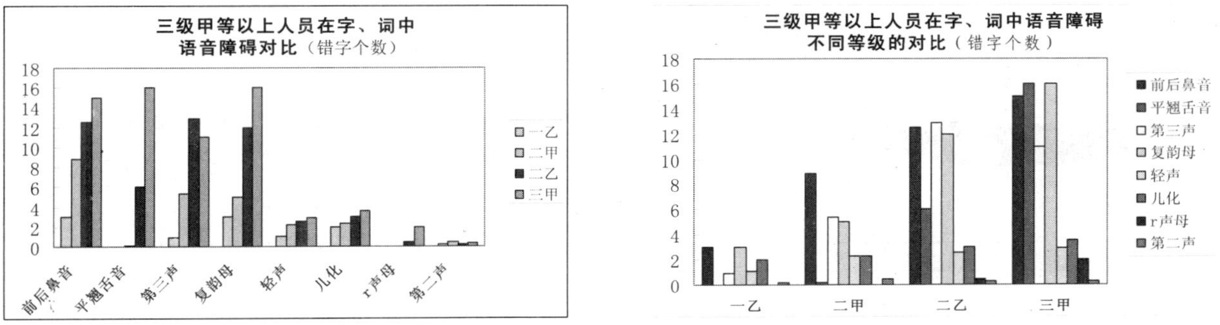

图1

2. 三级甲等以上达标人员在朗读、说话中的语音障碍。

在普通话水平测试中，朗读与说话部分占有70%的分值，测查重点为：在连续的语流中（有文字凭借的朗读或无文字凭借的说话），普通话声母、韵母、声调的标准程度，以及音变、轻声、儿化的标准程度。

比较不同等级达标和未达标人员在朗读短文和单向说话中存在语音障碍的人数，主要问题表现在前后鼻音、轻声、平翘舌音等；主要的差异表现在平翘舌音、轻声、声调、r声母等（如图2、3）。

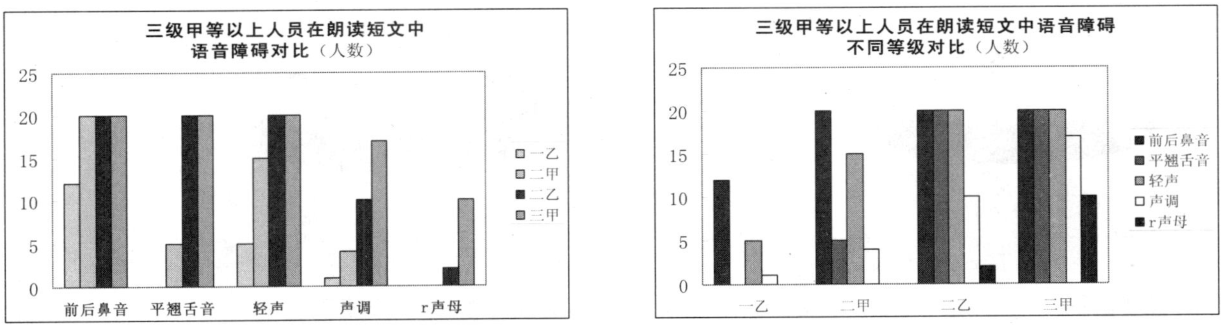

图2

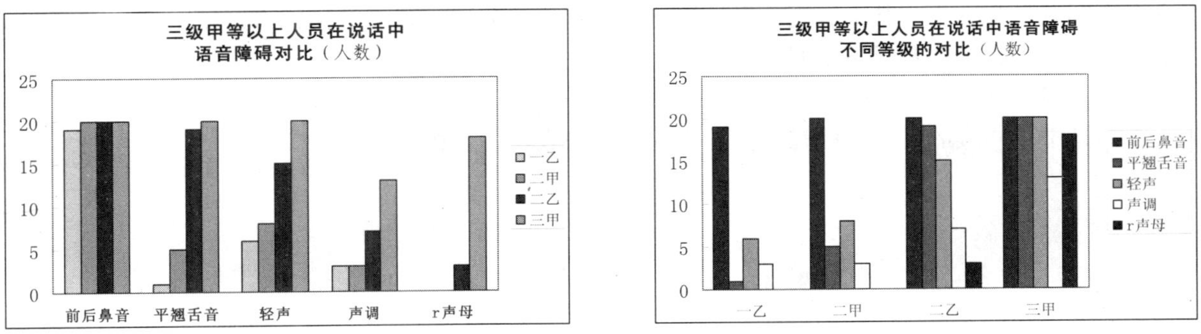

图3

3. 影响达标语音障碍的成因分析。

上述语音问题的具体表现是不会发音、发音不准或是分辨不清、记不住等，课题组作了进一步

调查。（如图4）

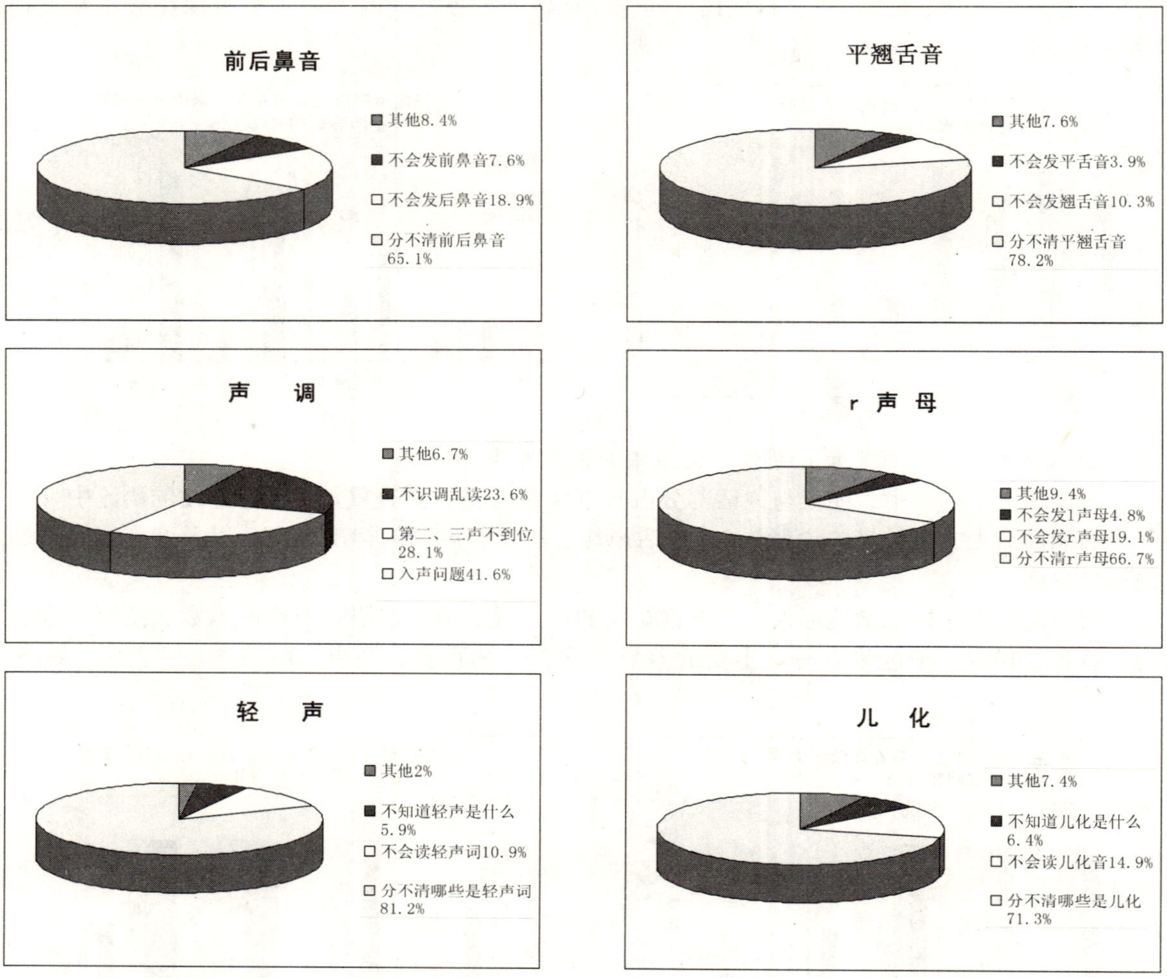

图4

分析表明，各类语音问题的成因主要在于应试人对前后鼻音、平翘舌音、r声母、轻声、儿化等问题分辨不清、记不住；其次在于不会发音；还有一部分人不知道儿化、轻声是什么；在声调方面，入声问题最为突出，其次表现为发音不到位和不识调乱读。入声是吴方言区特有的，一般出现在低等级人群中，本课题暂不研究。

4. 各类语音问题在不同等级测试中的具体表现

在测试中，同类的语音问题在不同等级的人员中表现各不相同（见表二）。

表二　常见语音问题在不同等级中的表现

类型	一级乙等	二级甲等	二级乙等	三级甲等
前后鼻音	1. 有发标准音意识，偶有错误、缺陷； 2. 在连续语流中，有缺陷。	1. 有发标准音意识，但发音不准，基本为中鼻音； 2. 分不清哪些是前鼻音，哪些是后鼻音； 3. 在连续语流中，少数音出现失误，缺陷明显。	1. 没有发标准音意识，发音不准，几乎为中鼻音； 2. 前后鼻音不分，失误较多； 3. 在连续语流中，错误、缺陷严重。	1. 没有发标准音意识，发音不准，几乎为中鼻音； 2. 前后鼻音不分，错误明显； 3. 在连续语流中，错误、缺陷严重。
平翘舌音	偶有失误	1. 翘舌音发音偏前； 2. 分不清哪些是平舌音，哪些是翘舌音； 3. 在连续语流中，少数平翘舌音出现失误。	1. 发音不准，舌头不灵活，翘舌音不到位； 2. 平翘舌音不分，失误较多； 3. 在连续语流中，没有发标准音意识，错误、缺陷明显。	1. 没有翘舌音； 2. 平翘舌音不分； 3. 在连续语流中，没有翘舌意识，错误、缺陷严重。
儿化	偶有失误	1. 卷舌不到位； 2. 系统性失误明显。	1. 不会发音，有时发成两个音节； 2. 系统性错误明显。	1. 不会发音，大多发成两个音节； 2. 系统性错误严重。
轻声	对个别音，分辨不出是否为轻声	1. 在字词中，不知哪些是轻声词； 2. 在语流中显生硬，失误明显。	1. 无发轻声的意识； 2. 不知道哪些是轻声词； 3. 在语流中错误明显。	1. 无发轻声的意识； 2. 不知道哪些是轻声词； 3. 在语流中错误严重。
r 声母			1. 容易把 r 发成 l，产生错误； 2. 在语流中错误明显。	1. 把 r 发成 l，错误明显； 2. 在语流中错误严重。
复韵母	容易忽视，吐字归音不到位，尤其表现为“a 韵”和“ü 韵”	1. 容易忽视，缺陷明显； 2. 发音偏前； 3. 复韵母动程不足。	1. 发音偏前； 2. 复韵母动程不足； 3. 受方言影响，复韵母相混，如：ou－e、u－uo、ie－i 等。	1. 发音缺陷严重； 2. 复韵母单音化； 3. 受方言影响，对有些复韵母分辨不清，错误严重，如：ou－e、u－uo、ie－i、ian－i、an－ai 等。
第二、三声	1. 容易忽视； 2. 个别第三声发成 211。	1. 容易忽视； 2. 第三声发成 211，有系统性失误。	1. 第三声发音不到位，系统性缺陷明显； 2. 第二声扬调不足。	1. 第三声发音不到位，系统性缺陷严重； 2. 第二声扬调不足等。

在上海地区普通话水平测试中，上述语音问题是影响应试人普通话达标的主要障碍。我们还注意到，随着各地人才交流的日益频繁，各地方言中的一些语音问题，如 n-l 相混，an-ang、i-ü 不分等，时有显现，本课题不作重点研究。

（二）影响不同等级人员达标的非语音障碍的现状分析。

在普通话水平测试中，影响普通话水平不同等级人员达标的障碍除语音外，应试人掌握普通话词汇量的多少、朗读短文的熟练程度、单项说话的能力等非语音因素也是影响应试人达标的障碍。

1. 朗读单字、词汇中的生字问题。

《普通话测试词语表》共收录了 17055 个词条，应试人对这些词条掌握的熟练程度是影响测试达标的又一因素。抽样调查结果表明，一级乙等达标人员，人均仅有 0.6 个生字；二级甲等达标人员，人均有 4.6 个生字；二级乙等达标人员，人均有 7.6 个生字，三级甲等达标人员，人均为 9.6 个生字。不同等级达标人员存在的生字问题的差异明显，应试人掌握字、词量的多少，直接影响着应试人普通话的达标程度（如图 5）。

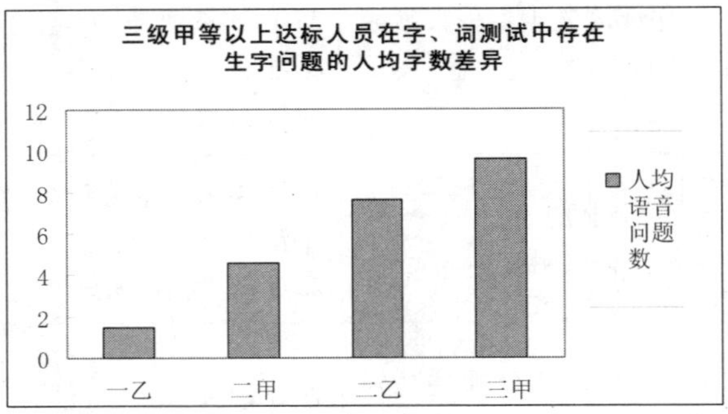

图 5

2. 朗读中的停顿、流畅、语调问题。

朗读重在测查应试人使用普通话朗读书面作品的水平，除了测查语音的标准程度，还要测查连续音变、停连、语调以及流畅程度。朗读中的非语音因素主要表现为停顿、流畅、语调三个方面。抽样调查结果显示，各等级达标人员在语调和流畅方面，失误人数相当，失分差异明显；而在停顿方面，无论在失误的人数还是在人均失分上，差异最大（如图 6）。

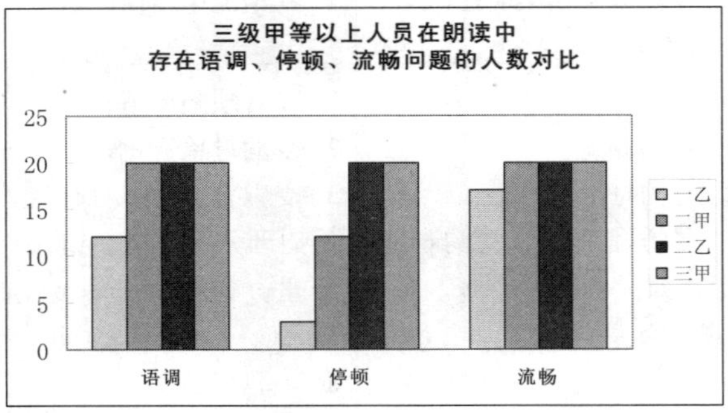

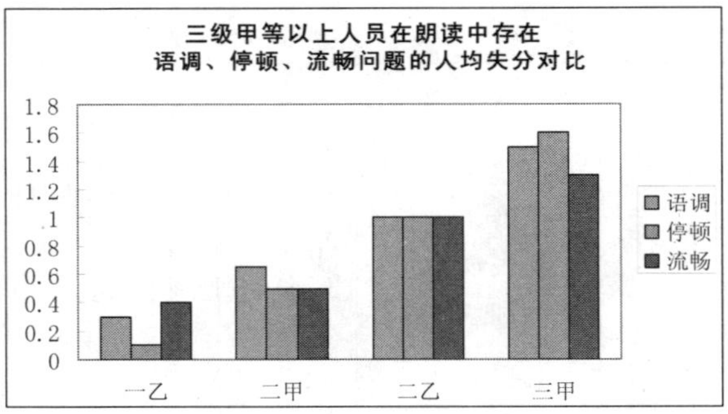

图 6

3. 说话中的话题内容和词汇语法规范、自然流畅问题。

说话重在测查应试人在没有文字凭借的情况下说普通话的水平，重点测查语音标准程度、词汇语法规范程度和自然流畅程度。

抽样调查结果显示，说话部分各等级在词汇语法规范、自然流畅方面，人均失分差异不大，但存在因应试人话题内容贫乏（有81%的人员认为普通话水平测试的主要难点在说话，难在不知道说什么）、思维不畅、偏离话题而丢分的现象，等级越低，问题越明显（如图7）。

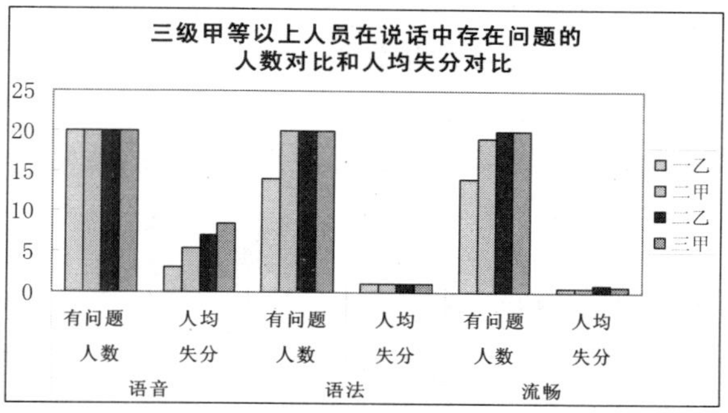

图7

四、培训模式的研究

经过对影响应试人普通话水平测试达标语音障碍和非语音障碍的分析表明，需要构建科学的、合理的、有效的培训模式，帮助应试人克服达标障碍，提高普通话水平。

（一）建立不同培训模式的必要性。

《中华人民共和国国家通用语言文字法》颁布以来，本市各级行政部门根据国家的有关要求，结合人事制度改革，逐步实行了持普通话等级证书上岗制度，相关岗位人员以及大学生参加普通话水平测试并取得相应的等级证书势在必行。顺应时事的发展要求，建立不同的培训模式，为应试人提供最优质的服务，是极为必要的。

普通话水平测试是检测应试人运用标准语普通话的能力，是标准参照性测试。由于上海地区的应试人大多受吴方言影响，改变方言习惯有一定难度，加上应试人的身份、学历、普通话语音基础等各不相同，单一的培训模式已难以满足目前应试人多样化的培训要求，亟待建立针对不同对象的不同培训模式。

（二）建立不同培训模式的可行性。

从培训对象角度看，他们不同的职业、不同的身份、不同的普通话程度、不同的达标要求等，为我们建立多样化的培训模式提供了可能性。

从培训条件角度看，普通话培训测试工作开展10多年来，我们根据应试人的需要，组织开展了各种形式的培训，编写出了各类培训材料，摸索出可借鉴的规律，积累了相当丰富的教学经验，有效地提高了应试人普通话水平。同时，也培养了一批长期从事普通话语音教学，热爱工作、精通业务的教学人员，具备了较强的师资力量。需求和培训条件的统一，为建立不同的培训模式提供了可行性。

（三）建立不同培训模式的基本原则。

在构建普通话不同培训模式时，无论是培训规模安排，还是培训内容设置、训练材料选编、培训形式手段设计等，都要遵循针对性、有效性、科学性原则。

1. 针对性原则。

针对性，是指针对不同的应试人存在的不同问题以及达标需求，设置特定的培训内容，选择最佳的培训方法，采用合理的培训形式，有的放矢地施行教学。针对从未参加过测试的应试人，在培训中应注重让应试人了解普通话水平测试的目的、性质、要求、内容、范围等，在此基础上指导应试人把握测试的重点、难点；针对参加过测前培训但考试仍不合格的人员，培训中应结合应试人的语音难点，注重难点语音的强化训练；针对不同达标要求的应试人，应该根据不同的达标障碍，确定不同的训练重点，进行强化训练；针对达标要求相同但普通话基础不同的应试人，在训练的内容、训练的手段和方式上，又应该体现不同的特点。

2. 有效性原则。

有效性，是指选择的培训内容和材料、采用的培训方法、设计的培训形式，能够有效帮助应试人达到预期目标。例如，平翘舌音是方言区的人学习普通话的常见语音难点，尤其是平翘舌音的分辨上，通常困难较大。对此，可以利用国家语委公布的“常用字字频表”，将字频在90%以上的平翘舌音字编成专题训练材料，同时，又可以采用以形声字的规律编写的声旁类推表，通过强化密集培训，让学员快速掌握并分辨平翘舌音字。又如，对语音水平不高、等级要求较低的培训班，宜采用抓大放小、抓易放难、突出重点、由点及面的培训策略，因为某些数量多、易纠正的语音难点的突破，就能明显改善应试人的普通话语音面貌；而对语音程度较好、等级要求较高的高级班，则应采用全面关注、深抠细抓、字字计较、反复操练巩固的培训策略，因为在高分段，每一个细节问题都可能影响应试人的成败。再如在培训形式上，基础班人数可稍多，一般采用集中讲课、集中训练的形式即可，因为教学中面临的通常是带有普遍性的语音问题；而高级班，则应控制人数，而且应采用个别辅导和集中讲课相结合的组织形式，因为教学中要解决的总是带有特殊性的语音问题。

语言能力的提高有一个过程，应试人的普通话语音问题不可能在培训班上全部得以解决，因此，还应教给应试人最有效的学习方法，让训练渗透到日常生活中和社会活动中，方可更有效地达到提高普通话水平的最终目的。

3. 科学性原则。

科学性，是指培训内容的设置、训练材料的选编、培训手段的运用等，应该符合语音学、教育学、心理学等同语言学习相关的学科理论，符合应试人的认知规律和实践规律。比如学习声母时，尤应注重发音部位和发音方法的正确把握，这就不可一味盲目地练习，而是要深入浅出地讲清声母发音的相关知识，在此基础上再进行操练，才能有效克服发音偏误，避免进入误区，越练越糟。又比如面对应试人的诸多语音偏误，切忌就事论事，讲到哪儿是哪儿，而应注意分析梳理，综合概括，让应试人认清问题类型，把握发音规律，学会举一反三，才能取得事半功倍的学习效果。

（四）常用培训方法和形式探讨。

普通话水平测前培训的效果在很大程度上取决于培训方法和形式的选择。根据多年来的培训实践，下述培训方法和组织形式是切实可行的。

1. 常用的培训方法。

通过对长期从事普通话语音培训且具有丰富教学经验的教师的调查访谈，我们总结出了几个常用的教学方法：讲练式教学、循序渐进式教学、测评式教学。在这些教学方法中渗透了教师示范、个别纠错、难点专攻、循序渐进、强化训练、答疑解难、学生互动、个性跟踪、心理疏导等教学手段。这些教学方法和手段的相互补充、相互交融，使枯燥的语言培训变得生动活泼、效果显著，因此深受应试人欢迎。

（1）讲练式教学。

讲练式教学是一种极为普遍常用的教学方法。讲，就是讲解测试的形式、要求、范围，以及相关的语音基本理论和偏误纠正方法；练，就是结合讲解，针对应试人语音偏误现状，利用相关材料，组织应试人进行反复操练。教学中，教师要处理好讲和练的关系，力争做到精讲多练、切实有效。比如，针对如何掌握难点音，需详细讲解发音要领、分辨记忆的方法、应试中出现的问题、不同等级达标人员应注意的重点等；练习难点音时，教师以示范演示、图像展示和动作演示等方式，指导应试人作强化训练，并进行个别纠错。这种讲解与练习相结合的方法，是常见又有效的。

（2）循序渐进式教学。

普通话语音训练属于技能训练，难度较高。教师要根据受训人接受程度，循序渐进地实施教学。从整体上讲，应由字词的单项训练到句子、段落的综合训练；由有文字凭借的朗读到无文字凭借的单向说话，由浅入深地逐步提高应试人的普通话水平。从小的方面讲，每一个难点，都应先分析问题，再了解方法，然后由点及面全面破解。以前后鼻音 en–eng、in–ing 为例，教学中要在讲清发音原理的基础上，先指导应试人掌握单音节前后鼻音的发音，再学会双音节前后鼻音的发音，继而掌握句子中、短文中的前后鼻音的处理，最后掌握无文字凭借的说话语流中的前后鼻音的发音。

（3）测评式教学。

问卷调查显示，应试人对自己的语音状况显得认识不足，由此会误导应试人的测前准备，并直接影响应试人的达标成绩。

测评式教学，就是使用模拟试题，甚至营造虚拟测试环境，让应试人“真枪实弹”地操练，借此发现问题，然后有针对性地进行教学和指导，提高应试人的应试能力。美国心理学家布鲁姆认为，整个教学过程就是不断地反馈——矫正——再反馈——再矫正，直到通过目标，完成实现目标教学的过程。测评式教学有助于帮助受训人清楚地了解自己的语音状态，增强应试时的心理承受力，也可让教师了解每个培训对象的普通话基础、应试心理和应试技巧，从而有针对性地通过评价反馈信息，及时进行个别的语音辅导和心理疏导。

2. 常用的培训形式。

为了满足应试人的不同需求，除了要选择不同的培训内容、培训方法以外，还要组织各自不同的培训形式。培训形式有多种，从本市的培训组织实践看，按照人数多少分，有大课培训、小课培训、大小课结合、个别辅导等；按照培训时间分，有半天讲座、两整天培训、4 天强化训练、阶段性强化训练等；按照应试人的语音基础分，有基础班、提高班（不强调达到某一等级）、达标班（二甲、二乙为达标目标）、高级班（以一甲、一乙为达标目标）等。

总结长期的教学经验，拟推荐五种较为有效的培训形式：大课培训、基础班、强化班、高级班、追踪辅导班等（见表三）：

表三　五种常用培训形式介绍

培训形式	培训对象	培训内容	培训课时	参训人数
大课培训	初次参测，语音基础尚可	了解普通话测试的性质、内容、形式及应试要领	5 课时	100 人
基础培训班	初次参测，有一定基础，但存有困难者	了解普通话测试的性质、内容、形式及应试要领；针对普通话水平测试中常见的问题及难点进行分析、讲解和练习	16 课时	40 人

续表

培训形式	培训对象	培训内容	培训课时	参训人数
强化培训班	多次参考未达标，有较大困难者	对学员的语音难点和缺陷进行有针对性的强化训练；重点指导应试人克服测试难点等	32 课时	20 人
高级培训班	基础较好，以一甲、一乙为目标者	针对学员存在问题，作具体细化指导，视其语音现状设计个性化教学	32 课时	5 人
追踪辅导班	达标差距大，需分层渐进者	根据各人实际情况，订立每人个案，设计有针对性的个人培训方案，有计划、分层、分步地循序渐进地帮助他们提高普通话水平	视情况而定	视情况而定

不同培训模式示例见附件。

结束语：普通话水平测前培训，应试是具体目标，而最终目标是提高全民使用普通话的意识和水平。培训中，要注重从提高应试人普通话水平入手，加强宣传，转变观念，调整心态，强化规范应用语言文字的意识，让应试者感受到学习普通话的必要性，由被动学习转化为主动学习，增强学习的有效性，以达到提高应试人普通话水平并能自觉运用的最终目标。

参考文献：

[1] 国家语言文字工作委员会普通话培训测试中心，《语言文字应用》编辑部．普通话水平测试的理论与实践［M］．北京：商务印书馆，1998.
[2] 宋欣桥．普通话水平测试员实用手册［M］．北京：商务印书馆，2000.
[3] 上海市普通话测试中心 2004-2005 论文集．普通话水平测试理论与实践［C］．上海：百家出版社，2006.
[4] 上海市普通话水平测试中心编写．普通话水平测试指导用书［K］．北京：商务印书馆，2006.
[5] 徐世荣．普通话语音知识［M］．北京：文字改革出版社，1980.
[6] 颜逸明，朱 川，毛世桢等．普通话水平测试指要［M］．上海：华东师范大学出版社，1995.
[7] 田 皓．高校学生普通话培训模式构建［J］．丽水学院学报，2005.
[8] 于洪涛，田宗会，孟 晨．浅谈普通话水平培训策略［M］．内蒙古民族大学，2006.

附件：

普通话水平测试不同培训模式示例

示例一：

普通话水平测试基础培训班项目方案

项目		具体内容
培训对象	基本情况	第一次参加普通话水平测试的各类人员（主要是上海地区的应试者）
	水平分析	第一次参测的人员有各种水平、各类应试目标，所含对象层次面较广、存在语音问题也较复杂
培训目标		普通话水平达到既定的目标或有所提高
培训规模		50 人左右
培训形式		大课为主，间以个别辅导和练习
课时设置		16 课时
培训重点		1. 普通话水平测试简介，明确普通话测试的性质、内容、形式及应试要领； 2. 对普通话水平测试中一般常见的基础问题及难点进行分析、讲解和练习，如：平翘舌音、前后鼻音、声调、音变等发音要领和辨正练习；朗读、说话中的难点辅导及练习。
培训材料	基本材料	上海版《普通话水平测试指导用书》
	特定材料	《声韵母类推表》《容易看错的形近词》《容易读错的字词》《常用平翘舌音和前后鼻音字》《“r”声母字表》《普通话水平测试模拟练习卷》
培训手段建议		大课讲授、教师示范、学员练习、个别纠错等
师资		熟悉普通话水平测试工作、熟悉语音理论，有一定的普通话教学经验

基础培训班教学安排表

培训时间	培训形式	授课内容	训练材料
1–4 课时	大课	1. 普通水平话测试简介 普通话水平测试应试要领讲解 2. 字词难点辅导① 声母：平翘舌音、r 声母等	《普通话水平测试指导用书》
5–8 课时	大课	1. 字词难点辅导及练习② 韵母：前后鼻音、复韵母等 2. 字词难点辅导及练习③ 声调、音变等	难点声韵母练习与辨音材料、模拟试卷等
9–12 课时	大课	朗读难点辅导及练习	朗读作品 5 篇
13–16 课时	大课	说话难点辅导及练习	命题说话话题

示例二：

普通话水平测试强化培训班（二级甲等）项目方案

项目		具体内容
培训对象	基本情况	具有二级乙等或相当于二级乙等水平要求考二级甲等者
	水平分析	能说比较标准的普通话，但有较多声母（平翘舌音、r—l、n—l 等）、韵母（前后鼻音、ou—e、an—ang 等）、声调（上声、阳平等）失误和朗读、说话的轻重、儿化、变调和语调等问题
培训目标		普通话水平达到二级甲等
培训规模		20—25 人，不超过 25 人
培训形式		以集体授课为主、安排适量个别辅导，体现个性化教学
课时设置		32 课时
培训重点		1. 声、韵、调难点的规范发音； 2. 方音辨证：平翘舌音、r 声母、前后鼻韵母、声调的阴平和阳平； 3. 读词语的轻声、儿化、变调； 4. 朗读的语调和自然流畅； 5. 说话的选材、切题和词汇语法。
培训材料	基本材料	上海版《普通话水平测试指导用书》
	特定材料	《声韵母类推表》《常用平翘舌音和前后鼻音字》《“r”声母字表》《容易读错的字词》《形近字和音近字》《普通话水平测试模拟练习卷》其他常见语音难点练习材料
培训手段建议		大课讲授，教师示范，重视个别辅导，集体练读和个别练读结合，注意点评
师资		普通话测试工作经验丰富，熟悉语音理论，有丰富的普通话教学经验

强化培训班（二级甲等）教学安排表

培训时间	培训形式	授 课 内 容	训 练 材 料
1—4 课时	大课	1. 学员情况摸底 2. 字词测试项和应试要领 3. 语音难点辅导和训练① （声母：平翘、r 、n–l 等）	《普通话水平测试指导用书》；平翘舌音、“r”声母练习与辨音材料、模拟试卷 1 份等
5—8 课时	大课	1. 语音难点辅导和训练② （韵母：前后鼻音、复韵母等） 2. 语音难点辅导和训练③ （声调、音变等）	前后鼻音练习与辨音材料；容易读错的字词、模拟试卷 1 份等
9—12 课时	大课	朗读难点辅导和训练（一）	朗读作品 2 篇、模拟试卷 1 份等
13—16 课时	大课	朗读难点辅导和训练（二）	朗读作品若干篇、模拟试卷 1 份等
17—20 课时	大课	说话难点辅导和训练（一）	朗读作品若干篇；说话题若干个；模拟试卷 1 份

续表

培训时间	培训形式	授课内容	训练材料
21—24 课时	大课	说话难点辅导和训练（二）	朗读作品若干篇；说话题若干个；模拟试卷 1 份
25—28 课时	大课 个别	综合训练	朗读作品若干篇；说话题若干个；模拟试卷 1 份
29—32 课时	大课 个别	综合训练	朗读作品若干篇；说话题若干个；模拟试卷 1 份
	大课 个别	咨询与答疑	模拟试卷 2 份

示例三：

普通话水平测试高级培训班（一级甲等）项目方案

项目		具体内容
培训对象	基本情况	具有二级甲等高分或相当于二级甲等高分的水平要求考一级乙等者；具有一级乙等或相当于一级乙等水平要求考一级甲等者
	水平分析	普通话语音标准程度比较高，没有明显的语音错误，语感较好，语流顺畅，但有前后鼻音或其他声母韵母声调甚至语调等方面的明显缺陷
培训目标		普通话二级水平的进入一级，一级乙等水平的进入一级甲等
培训规模		5-8 人，不超过 8 人
培训形式		集体授课、个别辅导相结合，注重一对一辅导
课时设置		32 课时
培训重点		1. 前后鼻音强化训练； 2. 复韵母、声调、音变强化训练； 3. 生僻字词强化训练； 4. 朗读语调强化训练； 5. 说话语流强化训练。
培训材料	基本材料	上海版《普通话水平测试指导用书》
	特定材料	《普通话水平测试模拟练习卷》《现代汉语》《容易读错的字词》《形近音近的字词》《绕口令》《广播电视播音中容易误读的词语》《汉字音训练—普通话异读词的审音问题》
培训手段建议		理论指导，矫正发音，进行方音辨正，练习朗读说话相结合，加强点评
师资		普通话测试工作经验丰富，语音理论功底扎实，有丰富的专职语言教学经验

示例四：

高级培训班（一级甲等）教学安排表

培训时间	培训形式	授课内容	训练材料
1—4 课时	集中	1. 学员情况摸底 2. 字词测试项和应试要领 语音难点辅导和训练①声母 zh、ch、sh 的发音部位 j、q、x 的发音部位 语音难点辅导和训练	《普通话水平测试指导用书》；难点声母练习和辨音材料、绕口令若干首、模拟练习卷 1 份等
5—8 课时	集中	1. 语音难点辅导和训练②韵母 单韵母舌位示意图 复韵母和鼻韵母发音时舌位移动过程 en、in—eng、ing 过程和归音部位 2. 语音难点辅导和训练③声调、音变 四声调值—调值到位 轻声、儿化、变调、语气词“啊”的音变 语音难点辅导和训练④ 容易读错的字词	难点复韵母练习材料、前后鼻音练习和辨音材料；容易读错练习材料、绕口令若干首、模拟试卷 1 份等
9—12 课时	集中	朗读难点辅导和训练；吐字归音、停连、轻重、顺畅、语调	朗读作品 2 篇、模拟试卷 1 份等
13—16 课时	集中	说话难点辅导和训练；归音到位、词汇语法、自然流畅	朗读作品若干篇、说话 2 题、试卷 1 份等
17—20 课时	个别	模拟测试，针对存在问题逐个辅导	朗读作品若干篇、说话题若干个、模拟试卷若干份
21—24 课时	个别	模拟测试，针对存在问题逐个辅导	朗读作品若干份、说话题若干个、模拟试卷若干套
25—28 课时	个别	模拟测试，针对存在问题逐个辅导	朗读作品若干篇、说话题若干个、模拟试卷若干份
29—32 课时	个别	模拟测试，针对存在问题逐个辅导	朗读作品若干篇、说话题若干个、模拟试卷若干份
	集中	咨询与答疑	

高师院校公共普通话课教学亟需突破的几个瓶颈

吴振兴
（西华师范大学　四川南充　637002）

［摘　要］　本文立足于高师院校公共普通话课的教学现状与测试结果，认为现有的普通话教学体制、教学方法与教学手段已经不能满足当前普通话教学与测试的需求，从而使普通话教学到了一个瓶颈阶段，难以取得较好的教学效果。普通话课的教学必须结合当前语言生活的现状，从教学体制、教学模式以及教学方法等方面进行改革，特别是要重视教学反馈机制的建立。

［关键词］　公共普通话课；教学现状；教学改革；反馈机制

“公共普通话课”这一概念的提出是基于这样一种事实：对部分师范类院校的本科教学计划的调查显示，一般只有新闻传播学院、文学院的师范专业才把普通话设置为一门专业课，其他院系的各专业几乎都把普通话课设置为公共必修课。我们把这类开设在文学院、新闻传播学院以外的普通话课称为“公共普通话课”。在多年的公共普通话课教学的基础上，结合对普通话水平测试结果的综合分析，笔者认为普通话教学目前正处于瓶颈状态，难以取得新的突破，学生的普通话整体水平在近几年没有较明显的提高。

一、宏观教学亟需改革

我们首先关注一下高师院校公共普通话课教学现状：

（一）教学课时严重不足。

在我所看到的各高校教学计划里，公共普通话课一般开设在第一学年，有少数专业开设在第二学年。其中，教学课时最高的为34课时，最低的为18课时，以18—24课时居多。同时，这些课时中都包含了考试所占用的时间（一般为1周，2课时），大约一半专业因开课时间包含了国庆节等长假，其实际教学课时可能还要减少。综合起来看，各专业平均课时大约为20课时。

对普通话教学稍有了解的人都知道，普通话课的内容大致上包括声母发音及辨正、韵母发音及辨正、声调发音及辨正、普通话的音变、词汇和语法的规范问题等五个部分。平均来看，每个部分的教学就只有4个课时。这种状况，不仅令学生对怎么学深感困惑，更令老师对怎么教倍感困难。在这种情况下，许多学校的普通话课教师普遍采取的办法是砍掉“词汇和语法规范”这部分教学内容，殊不知词汇和语法教学不仅是说好普通话的重要前提，也是普通话水平测试的重要测试内容之一。普通话水平等级测试从组织到实施都十分严格。对于很多学生来说，如果普通话水平测试员不

"放水"，他们要想在大学毕业之前拿到符合要求的普通话等级证书，几乎是一个"不可能完成的任务"，以至于很多学生都是谈"普"色变。

作为一名从事了9年普通话课教学的教师，我认为这个问题的原因首先不在学生身上，而在于教育机构是否为他们提供合理、科学的课内外教学。而要想解决这些问题，教学课时这个问题就必须首先得到解决。

（二）师资力量总体薄弱。

我们都知道，学生要在短时间内有较快的提高，除了自身的努力之外，离不开良好的外部条件的配合。就普通话教学而言，首先要有专业合格的老师来指导学生的学习。国家规定：从事普通话教学的教师必须持有国家语委颁发的普通话一级乙等及以上的等级证书。只有有了过硬的专业技能，老师才能真正指导学生，并在学生中产生一种强大的人格力量，给学生起到良好的示范作用。要获得一个一级乙等的证书并不难，难就难在能说普通话和能教普通话在很大程度上是两码事。就我所知，四川高校里的有一些普通话课教师（包括某些普通话测试员）根本就没有接受过专门的普通话语音学习与训练，更有甚者连发音器官结构、音位理论、发音错误与发音缺陷等等到底是怎么回事都不是十分清楚，仅仅凭借自己的发音感觉去教学生。毫无疑问，在这种情况下，学生只有一条路可以走——尽量地模仿教师的发音。还有一种情况是：在一所师范类院校里，为数不多的几个"科班"出身的普通话教师首先得满足文学院、新闻传播学院的教学需要，其他专业就只有"凑合"一下了。所以说，四川高校目前从事公共普通话教学的教师队伍整体素质不容乐观，引进普通话专业教师或选拔教师接受专门培训已是刻不容缓的一件事情。

（三）严重超标的合班教学。

对方言区的学生来说，唇形圆展、开口度大小这些发音要领他们可以直观地从老师的发音中观察到，但发音的具体部位、舌位的变化、气流强弱、儿化音的形成等，他们却无法直观地观察到，所以一对一的个别辅导是他们学好普通话的一个不可或缺的教学环节。在师资力量比较缺乏的情况下，各师范院校普遍采取的做法是合班教学。到目前为止，笔者还没有看到或者听说哪个师范类院校里的公共普通话课是按自然班开展教学的。笔者曾经任教过的最大的班约300人，最小的班也是120人左右。结合前边谈到课时分配的问题，我们可以简单地计算一下：一个课时是40分钟，20个课时是800分钟，姑且不论普通话的理论知识老师怎么去教，单说个别辅导，我们对计算标准打些折扣，就算每个班为100个人，每堂课老师用一半的时间（实际上不太可能）进行个别辅导，结果是每个学生可以有4分钟时间接受个别辅导。4分钟，学生的某一个发音问题可能被解决了，但绝不可能令他的语音面貌有整体的改观。300人左右的班就更不用说了。普通话课是一门理论和实践并重的课程，但并非记住了理论，就能顺利完成发音的实践。尤其是对普通话基础薄弱的学生，一对一的发音辅导必不可少，否则学生永远只能停留在模仿发音的水平上。

（四）作为一门公共课，部分高校的普通话课教师没有机会使用多媒体教学设备。

各高校逐年扩招，学生数量也在迅猛增加，但学校的建设经费往往多投入在基础设施上（尤其是建设新区），很多学校甚至是负债累累。作为可有可无的教学辅助设备，部分高校的多媒体设备的建设没有跟上。据我的了解，各高校教务部门一般是先满足理科教学的需要，其次要优先照顾专家学者，普通话公共课则是"看情况，能安排就安排"。我和我的同事们在学校基本上都是享受这种"待遇"的。事实上，讲授普通话的发音部位、舌位变化等时，抽象性太强，直观性太弱，因此，利用多媒体进行动画演示是绝对必要的。利用多媒体进行普通话学习和训练，是汉语学习的一次革命。比如，普通话发音教学（语音讲解、发音方法、发音部位、发音方法与技巧）中，如能利用多媒体技术，插入相应的口型图、发音器官运动示意图或 flash 动画演示，等等。值得一提的是，普通话多媒体教学在技术层面已经比较成熟了，可以利用的教学资源也比较多。多媒体教学会大大提高学生学习的兴趣和练习的有效性，使学生能够尽量准确地掌握发音方法，从而以理论指导自己平时的普通话实践。当然，多媒体教学系统在普通话课上的作用远不止这一点。

另一方面，语音实验室是学生听音、辨音必不可少的一个工具。在课堂上，由于各种因素的干扰，学生很多时候是无法准确听辨教师的发音的。外语课是全校性公共课，它有专门的听力课。就目前而言，因为种种原因，外语课远比普通话课更受各方面的重视，于是普通话课又成了“候补”。

（五）“一刀切”的教学模式已经不适应现在的普通话教学。

自从高校扩招之后，各高校生源地发生较大变化，不再局限于单一地域招生；因此，同一教学班中，方音混杂，普通话基础参差不齐；同时，就某一位普通话教师而言，他往往也只对某一地域的方言有较深入的了解，并在课堂教学中将之与普通话进行对比，提出一些该方言与普通话的对应规律，在一定程度上提高该方言区学生的学习效率。其他方言区的学生在这些方面则缺乏有效指导，因此课堂气氛往往较为沉闷，教学互动性在整体上较差，教学效果不佳。

二、微观教学有待完善

在如何搞好普通话课堂教学和营造良好的使用普通话的氛围等方面，很多专家学者都提出了很好的见解。我只是想补充两点个人的看法。

（一）教师——重发音，轻识字、词汇和语法。

普通话是一门语言，它包含了语音、文字、词汇和语法这四个最重要的方面。由于种种因素的影响，各高校公共普通话课程几乎只有语音教学这一个部分（有些非师范院校则根本不开这门课，只是在普通话水平测试之前组织一次考前辅导），文字、词汇和语法的教学都没有开展。

在教学和普通话水平等级测试中，我们发现部分学生的认字能力很差，特别是艺体生和理科生。如把“涮”读作“shuā”、“髓”读作“suí”、“癣”读作“xiǎn”、“嗑”读作“kē”，等等。笔者以 3500 常用字在本校 2005 级各专业的学生中进行了一次识字率抽样调查，结果如下：

专业	中文	历史	管理	音乐	美术	体育	生物	化学
调查人数	15	10	8	10	7	6	8	10
平均识字率%	94.7	91.5	88.3	83.7	84.6	80.4	87.4	86.8
专业	物理	教育	数学	计算机	政治	经济	法学	国土
调查人数	10	12	8	7	10	8	10	8
平均识字率%	86.7	92.2	86.3	87.2	88.9	88.5	90.2	87.4

（注：在统计时，声、韵、调的缺陷不视为读错字。）

根据权威统计，对 300 万字语料的检测结果是：3500 常用字的覆盖率为 99.48%。从上表我们可以看出，中文、教育、法学、历史四个专业的平均识字率在 90% 以上，其他专业的平均识字率基本在 85% 左右。体育专业的平均识字率更是低到了近 80%，按照这个比例来计算，3500 常用字中，约有 680 个是体育专业的学生不认识的。这是一个十分惊人的数字！所以说，识字教学对推广普通话、提高学生普通话水平等级测试的成绩都有至关重要的作用。

值得一提的是，我们对本市的20名中学、大学化学老师所做的调查显示：18名老师将“氯”在课堂上读作“lù”。这一点，也许能说明对已过识字教学阶段的学生重新进行识字教学的必要性。

同时，词汇和语法也是普通话等级测试中的重要评分指标，四川省的普通话水平测试根据国家语委的有关规定，没有测试“词汇语法”这个专项，因此词汇和语法的测试主要体现在分值比例最重的“说话”这个部分。由于缺乏有效的指导，加上平时没有讲普通话的习惯，大约只有1/3的学生没被扣分，而这1/3的学生多数是中文专业的学生，因为他们在学习普通话的同时还要学习现代汉语，对词汇和语法有相对较为系统的了解。

（二）学生——片面强调发音练习，忽视听觉感受的培养。

我曾经碰到这样一个学生，连续几次普通话测试成绩都很差，我问她：“平时练习普通话了吗?”她回答说：“练了。每天都练。”我问她是怎么练习的。她就给我讲了她平时的练习情况。令人哭笑不得的是，她每天都在辛辛苦苦地强化很多个错误的发音。

究其根本，就是因为这个学生对自己所发的音是否正确缺乏最起码的判断能力，实际上就是没有重视正确的听觉感受的培养。这在学生中是一个很普遍的问题。根据一般能正确发音就能正确辨音的实践经验，强化听音训练将有效地促进正确的发音能力。听觉感受的培养实际上是普通话教学中比较容易实现的一个目标。培养正准的听觉感受的途径不外乎这么几条：一是任课教师认真做好发音示范。二是学生多听标准语，比如新闻联播。三是边听边练，随时对比，反复强化，发现问题及时纠正。但是最被学生忽略的可能恰好就是这个环节。

在后来的普通话教学中，我第一堂课都会给学生讲这个故事，收到的效果也很明显。

综上所述，由于以上问题没有得到有效的解决，有相当一部分学生（尤其是方音重、基础差的学生）在普通话学习中表现出厌学、怕学、无所谓等不良情绪，在普通话水平等级测试中一再失利，甚至严重影响到他们的就业，学生自然而然地会产生抵触情绪。随着他们的就业，这种不良情绪会在非常大的范围内阻碍普通话的宣传、推广和普及。

三、改革普通话教学的几点思考

（一）科学、合理地增加教学课时。

这个问题一解决，像“重发音，轻文字、词汇和语法”等问题在很大程度上也就解决了。

（二）探索有效的课内外教学模式。

授课时间少，师资力量不足，学习氛围不浓，教学手段单一，教学对象数量庞大………种种因素令普通话教师很难做到因材施教，也很难找到一种行之有效的教学模式。

有的专家学者提出“建立与完善分层分级教学体系”。一种较为简单的思路是：如同对新生进行心理健康测试一样，新生入学后，由学校统一组织，进行一次普通话水平摸底调查，根据调查结果进行分级教学。另一种较为复杂的思路是：教师要对学生进行语音摸底，调查语音难点的分布情况，引导学生根据方音共性寻求自己语音中存在的问题，并在共性中比照自己方音的个性，从而由对方音的感性认识过渡到进行有针对性的训练。分层次目标教学是针对学生中的不同方音难点而进行的有针对性的正音训练，是为了提高其发音能力和正音水平；而分阶段目标训练则是针对学生测试中“朗读”“说话”不流畅而设计的目标训练，是在正音的基础上提高其普通话运用水平。目标训练分四个阶段进行：①训练普通话思维能力，纠正方言习惯；②训练听话能力，感知普通话语调；③训练朗读能力，提高语感；④训练说话能力，提高运用水平。

虽然说这两种方法都是对提高普通话教学效果的有益尝试，但这两种方法均不太具备可操作性，在教学课时和师资力量没有充分保障的情况下，它们是很难实施的。所以，我们还必须不停地探索有效的普通话教学新模式。

（三）重视语感的培养。

普通话训练的中心环节是语感训练。对语言的感知能力是学习语言应该具备的先决条件。虽然学生的语言形成期是在方言区，但青年人的语言可塑性仍然没有减弱，而他们对语言的理解能力和接受大众传媒影响的程度反而比少年时期增强了，因此，在第三阶段主要是借助朗读指导进行语感培养。在普通话教学中，我们发现仅仅是语音训练不能解决语言表达的问题，因为学习者在进行口语表达时仍然是“土腔土调”。成人学习普通话更多地要给他们输入普通话语式，增强语感，建立普通话“语言库”。当他们在语言交际时就会迅速检索数据库，用普通话语音语调进行表达。因此，围绕语感训练，要抓住两个重点：一是使语音学习过程变成语言习得过程；二是感知语调，建立普通话思维“格式塔”，从而获得普通话语调习得的效应。

传统诵读法主张整篇诵读，反复诵读，直至自然上口，经久不忘，其功效就是能把一篇又一篇范文内化成一个又一个的记忆“格式塔”，这种记忆实际上就是遣词、谋篇、意境等一系列组织化了的语言规律。从学习普通话的角度来看，通过反复朗读多篇作品，会在学习者的大脑中形成语感记忆，最终具体化为对文章的整体感知，而且这种感知比语言材料（词汇、语法）本身丰富得多，丰富出来的就是语音所表达的东西——语气语调、语势语感、抑扬顿挫、轻重缓急。反复听、读朗读作品所达到的学习普通话目的就是感知文章语音所要表达的东西，模仿语调所蕴涵的东西，揣摩文章是如何表达的，采用什么语感形式？如，朗读中的语调是文章语音各方面的总和，揣摩语调中的声调、轻重格式、高低强弱快慢、停连、重音等综合变化就是这篇文章的语感形式，文章的基调不同，语调表现的整体感也有所变化。否则，只把握其中的某部分，所显现的仍是一种方言语调。

朗读作品的目的是积累语感，模仿语调，感知语势，最终目标还是为了能够用普通话进行语言交际。语言交际主要运用口语体，用口语方式进行表达。所以学习普通话还要考虑音义结合的可接受性，要用与口头表达相适应的普通口语词、口语句法，接近日常生活。要避免模仿书面语体的语调语气和语言形式，避免用方言词语来说普通话。

（四）建立有效的反馈机制。

正如我在“片面强调发音练习，忽视听觉感受的培养”讲到的那个故事一样，很多学生每天都在很卖力地练习普通话，结果却是在反复强化一个错误的读音。实践证明，短短 20 来节课对大多数方言区学生而言是远远不够的。这期间，普通话教师对每一个学生的有效辅导则更是少得可怜。学生从了解普通话到建立正确的听觉感受，这中间还需要一定的时间，他们在平时的练习中最需要的就是正确的信息反馈——我发音对了吗？我的问题是出在哪里？我应该怎样做？这个时候，只有专业的普通话教师才能帮助他们分析问题的症结，并找到解决的办法。

我曾在不同专业、不同年级的学生中做了一次调查。结果显示，65% 以上的学生对自己的发音是否正确缺乏起码的判断能力。也就是说，由于缺乏有效的练习反馈，很多学生的练习都是“跟着感觉走”，反复的练习不但没有使普通话水平有所提高，甚至反而令其下降。有学生就是这样告诉我的：老师，我原来觉得自己的普通话还行，上了课之后反而不敢讲普通话了。

建立有效的反馈机制很有必要，但又是一件复杂难行的事情。以师资为例，我校有普通话测试员16人，在校生三万余人，假设其中1/4的学生需要做信息反馈，那么，每一位测试员每年就会增加450学时的工作量，这同样是一个十分惊人的数字！希望有识之士能探索出行之有效的解决办法。

普通话分组合作学习法的研究
——以贵阳幼师普通话口语教学为例

肖　健
（贵阳幼儿师范学校　贵州贵阳　550001）

［摘　要］　《国家通用语言文字法》和《贵州语言文字条例》，都强调了普通话的重要性，确定了普通话在教学中的法定地位，对师范院校的普通话教学提出了更高的要求。从近几年的普通话水平测试成绩和学生实际运用语言的能力看，我校普通话教学还存在一定的问题，本文针对这些问题积极探讨符合幼师特点普通话分组学习的教学方法，努力提高教师普通话教学水平，促进学生普通话水平的全面提高。

［关键词］　普通话；分组合作学习法；贵阳幼师；普通话口语教学

一、开展普通话教学的重要性

（一）从国家和地方政策法规来看。

《中华人民共和国国家通用语言文字法》第一章《总则》的第三条："国家推广普通话，推行规范汉字。"第四条："公民有学习和使用国家通用语言文字的权利。"《贵州省国家通用语言文字条例》第一条规定，1954 年 1 月 1 日以后出生的下列人员，应当参加普通话水平等级测试，普通话水平应当分别达到以下等级标准：学校、幼儿园和其他教育机构中的教师、管理人员应当达到二级乙等以上水平；师范院校的学生、非师范院校中与口语表达密切相关专业的学生应当达到二级乙等以上水平；对尚未达到前款规定等级标准的人员，由县级以上人民政府语言文字工作部门会同有关部门制订计划，组织培训，定期达标。从以上资料看出，作为国家通用语言的普通话得到国家和地方政府的立法保障，国家和地方政府大力推行、积极普及普通话并逐步提高全民说普通话的水平。

（二）从口语教学的相关要求来看。

幼师普通话的教材《听话和说话》对教学有以下要求：通过传授知识和进行听、说的技能训练，培养学生的普通话能力、口语交际能力和幼儿教师职业口语能力，使学生具有适应幼儿园教育需要的良好语言素质。具体地说是要让学生养成说普通话的习惯，正确熟练地掌握常用汉字的正确读音，能够说标准或比较标准的普通话，不低于国家普通话水平测试二级乙等水平。能够熟练地掌握汉语拼音，用普通话流畅地朗读各种常用文体。掌握口语表达的基本形式，具有指导幼儿园教育活动的职业口语能力。从以上资料可以看出，作为幼儿教师职业语言的普通话是具有专业特点的应用语言学科，教学的目标是培养学生有适应幼儿园教育需要的良好语言素质。

（三）从学生自身发展来看。

普通话有利于学生增强民族凝聚力，增强学生的民族自豪感；有利于学生适应信息社会发展的需求；有利于学生语文听、说、读、写协调发展，促进学生语文能力的提高；有利于学生审美趣味、智力水平的增强，促使学生个人整体素质的提升。从以上阐述可以看出，作为社会交际工具的普通话对于学生个体发展非常重要，它可以促进个体整体素质的提高。

二、普通话教学的现状与问题

（一）课程设置现状和问题。

就目前我校普通话课开设的情况来看，普通话教学时数少（每周只有一节课），教材中理论的内容比较多，学生实际训练的时间比较少。普通话作为一门技能性比较强的学科，需要大量的实践性学习，学生的学习不但要利用好宝贵的几十分钟，更需要课堂外大量的训练，教师如何指导学生课外进行有效的学习值得探讨。

（二）教师教学的现状与问题。

语言是交流的工具，语言是人类表达思想、进行交际的工具。语言的发展是建立在交流基础之上的，而由于时间的限制，教师的教学还仅仅满足于师生互动，我们的观念还没有从传统的师生互动的禁锢中走出来，忽略了生生互动作用，如何利用学生群体合作学习来促进学生普通话水平的整体提高值得教师深思。

（三）学生学习现状与问题。

我们学校的学生在普通话等级测试中反映出来的普遍情况是：认字能力差、方音重、语调不自然、语气不连贯等，测试的成绩不理想。造成这种情况的原因是学生普遍缺少持续的学习动机、缺乏良好的学习习惯，缺欠正确的学习方法，普通话知识基础薄弱。面对这种状况，如何以改变传统普通话学习方式为突破，创新我们的学习模式，通过喜闻乐见的活动，激发学生学习的兴趣，提高学生的语言素质，这值得教师反思。

三、分组合作学习法的相关内涵

（一）分组合作学习法的概念。

合作学习是20世纪70年代初兴起于美国，并在70年代中期至80年代中期取得实质性进展的一种富有创意和实效的教学理论与策略。合作学习是指促进学生在异质小组中彼此互助，共同完成学习任务，并以小组总体表现为奖励依据的教学理论与策略体系。

（二）分组合作学习法的理论基础。

1. 群体动力理论。

群体动力理论由德国心理学家勒温创立。这一理论认为，群体本质上是其成员之间的相互依赖性不断变化的动力群体。其后，勒温的弟子道奇又从目标结构角度提出了合作与竞争的理论，他把目标结构划分为三个类型：合作型、竞争型、个体化型。道奇的弟子约翰逊兄弟将道奇的理论进一步拓展为“社会互赖理论”，他们假定社会互赖的结构方式决定个体互动方式，依次也决定着活动的结构，积极的互赖会产生个体积极的互动，团体成员之间彼此鼓励和促进学习上的努力，最终达到共同目标；而消极的互赖，会使个体之间相互阻碍对方成功的努力，不能顺利实现各自的目标；在缺失互赖的情况下，个体之间彼此便不会有互动，个体都是独立工作而互不干扰。由此可见，积极的相互依赖是合作学习的首要关键因素。

2. 社会凝聚力理论。

同社会互赖理论、动机理论有着紧密联系的社会凝聚力理论认为，合作学习的效果很大程度上由社会凝聚力来决定。人们由于相互的需要而形成了一定的社会群体，社会群体由此产生强大的凝聚力，这种具有强大群体意识和共同价值体系的社会凝聚力使得群体成员合作共事，为了共同目标而努力贡献自己的智慧和才能。社会凝聚力贯穿于合作学习小组的组建活动，以及小组活动和自加工活动或小组的自评活动之中。因此在实施合作学习活动的过程中，要通过不同的活动方式、途径等来鼓励全体学生，使他们尽量做到人人尽责，个个尽力。

3. 建构主义理论。

建构主义理论是当代国外兴起的一种理论，十分重视学生在学习活动中的地位和作用。在建构主义教学中，教师和学生以及学生与学生之间都是一种合作关系，教师不仅要组织和引导学生进行讨论和交流，同时还要为学生创设相应的情景，促使学生与同伴共同参与活动，从而使学生更具合作性，在这样一个学习者共同体中，通过批判地考察理论、观点和假设后，先进行内部协商，再进行相互协商，学习者共同体共同完成了对知识的建构。

4. 认知发展理论。

认知发展理论从认知的角度出发，重视合作学习对完成任务效果的影响，苏联教育心理学家维果茨基的“最近发展区”的概念的实质表明，儿童在其发展的阶段还不能独立解决的问题，却能借成人或具有相关知识的同龄人的指导和合作而学会解决。“最近发展区”体现在同伴群体的交流中，通过小组内部争论，磋商、讨论、协调等方式，小组对某个问题达成意见和解决方法。所以合作学习可以让学生相互帮助、彼此促进、共同提高。

5. 需要层次理论。

美国心理学家马斯洛、奥尔德弗都强调社会人际关系与社会交往的需要对个人的重要性，合作学习作为一种个人与群体之间的活动，对于学生的发展十分重要，它不仅可以满足学生交往、表现等方面的需要，而且通过交往等途径形成了社会人际关系，满足他们成长和自我实现的需要。

（三）分组合作学习教学法的特点。

1. 正向的相互依赖。

小组成员之间彼此相互需要，同舟共济，帮助别人，也就是帮助自己，整个小组之间的关系是积极正向、互惠互利的。

2. 个人表现及责任。

个人的表现不但关系到自己，还会影响到整个小组的表现，所以每人都需要努力，共同提高整个小组的成绩。

3. 人际沟通技能。

小组成员相互交流、交往，以达到情感相融。

4. 面对面的互动。

小组成员必须面对面地共同思考，讨论所收集的资料及学习的内容，互相支持与鼓励，而非传统教学中单向或被动的学习。

（四）合作学习几种方式。

1. 美国的斯莱文教授的“小组活动比赛法”和“小组分层设计法”认为，合作学习是让学生在小组或小团队中展开学习，互相帮助，学习某些材料，并根据他们整个小组的成绩获取奖励或认可的课堂技术。

2. 美国约翰逊兄弟的“共同学习式”认为，合作学习是在教学中采用小组合作，使学生共同开展学习活动，最大限度地促进他们自己以及他人的学习的一种学习方式。

3. 以色列的沙兰的“小组调查法”认为，合作学习是组织和促进课堂教学的一系列方法的总称。在课堂上同伴之间的合作是通过组织学生在小组活动中实现的，小组通常3—6人，小组充当社会组织单位，学生们在这里通过同伴间的相互作用和交谈开展学习，同样也通过个人研究进行学习。

4. 苏联“合作教育学流派”重视的是师生之间的互动，他们认为合作教育的核心思想是强调把教学、教育过程建立在师生合作的新型关系上，教师与学生在教育教学中保持无条件的平等，师生互相享有尊重、信任、相互要求的权利。

5. 我国的“合作教学论”则是全员合作，认为整个教学系统中的动态因素都是教学活动中不可缺少的人力资源，因此强调动态因素之间的互相合作，即师生、生生之间的互动合作。

四、具体做法

在广泛地学习了相关的分组合作学习的理论后，我在普通话教学中针对本班学生的实际情况，进行了相关研究，探索出分组合作的学习方法，以下是我的具体措施。

（一）营造分组合作学习的氛围。

进行分组合作学习，学生在学习上拥有了更多的自主性，是不是就意味着教师就作壁上观。其实不然，教师身上的任务更重了，教师必须为分组合作学习的顺利进行营造一个平等、民主、和谐、关系融洽的学习氛围，在学习活动中教师要尊重、关爱、欣赏学生，鼓励学生有不同意见，不采取教师权威主义，打击、压抑学生，要逐步减少教学的强制性和划一性，虽然我们班的学生由于审美水平有限，在小组展示中表现了一些趣味低下的内容，但我没有简单地批评了事，而是让小组的所有成员学会反思，学会自律，引导学生朝正确方向前进；课堂教学中要给学生创造成功的机会，让学生体验成功后的喜悦，从而调动其内在的积极因素，挖掘其内在的潜能，产生自信和自尊，看到自我价值，由于我们班的学生基础较差，有些学生连小学阶段就应该掌握的汉语拼音拼读法都没有很好掌握，对于这种情况，我没有过高地要求他们，而是把拼读作为小组活动任务布置下去，在学生的互帮互助下，当所有学生都能够正确拼读时，每个学生都为自己取得的成绩而欢呼雀跃，学生就愈发喜欢普通话了；发展学生合作能力，在分组合作学习中竞争和合作是对立统一的，我们不能片面强调合作而忽视竞争，也不能片面强调竞争而忽视合作。作为教师有必要一方面发展学生的竞争能力和承受竞争的韧性，另一方面还要发展学生与人共事、共同生活的能力和协作的精神。因此我关注学生在活动中表现出来的种种情绪和态度，及时进行疏导，教学生在合作学习中正确处理人际关系，促进学生身心健康。

（二）确定分组类型。

在营造了良好的学习氛围后，我是从四个方面分组的：

1. 任务型分组。

合作是指学生们为实现共同任务同心协力的行为。对于要完成什么样的任务？达到什么样的目标？教师和学生一定要知晓，只有这样行动才会有方向性。合作学习初期，应选择较为具体的、易完成的任务，随着合作学习的深入、合作能力的增强，布置的任务应不断增强发散性和多元性。普通话学习中我们一直遵循循序渐进的原则，小组从最简单的完成普通话的拼读任务到最后能自编自导自演一台话剧，学生的普通话水平逐渐提高。作为教师，对于任务在实际操作中要达到什么目标、符合什么标准、采用什么形式、需要哪些帮助等，都要有一个预见性，不然这样的任务就会流于形式，轰轰烈烈开始，冷冷清清收场。当然学生才是分组合作学习的主体，每个学生在小组中都有各自任务，任务分配合理与否，直接影响到任务完成的质量和效率。因此教师要密切关注小组成员任务分配的情况，必要时一定要进行相应的指导。如我们班以小组为单位制作一张有关宣传普通话的手抄报，学生接到任务以后觉得很棘手，这时我就提醒他们，可以把小组的人分为四队人马，一队人马负责排版；一队人马负责收集材料；一队人马负责书写；一队人马负责配插图。这样把任务层层分解，让每个小组成员都有自己的用武之地，在完成任务的同时，培养了小组成员之间相互联系、相互沟通、相互合作、共同负责的合作精神。

2. 互助型分组。

一个小组就是一个集体，每个小组成员都是集体中不可或缺的一员，需要其他成员的合作与支持，同时也有义务为小组作贡献。在合作学习中，学生之间互相帮助、互相鼓励，互相学习。互助型学生由于个体差异，学生小组成员在学习成绩、认知水平、语言表达、行为习惯、个性特点等具有差异性，便于小组成员间互帮互学。重点发挥品学兼优的学生帮、扶、带的作用，帮助成绩差的同学克服学习障碍，提高学习成绩。根据学生在普通话学习方面水平不一的情况，我在班上采用了“一帮一”的小组学习形式，普通话成绩好的学生帮扶成绩差的学生，使班上学生普通话学习齐头并进，迅速提高了学生的普通话成绩。

3. 兴趣型分组。

按照学生的兴趣、爱好组成学习小组。教师在平时要多观察学生的个性，把兴趣相近的学生组成一个小组。这种分组方法特别适合建立各种课外兴趣小组时使用，因为小组成员志趣相同，更容易凝聚成一个充满合作精神的团体。普通话的学习很有特点，学生喜好是不同的，有的学生喜欢演讲，有的学生喜欢诗歌朗诵，有的学生喜欢话剧、小品表演，根据学生不同的兴趣爱好，我们把学生分为了不同的兴趣小团体，鼓励学生参加学校的普通话课外活动，因此学生有参加学校话剧社的，有参加学校普通话兴趣小组的，通过参加课外活动，学生找到了自己的兴趣点，学生学习的积极性大大增加了，这也证明了那句名言，“学问必须合乎自己的兴趣，方可得益”。

4. 情感型分组。

“人非草木孰能无情”，友情是学生的基本需要之一，幼师的学生更渴望能得到真诚相待、互相帮助的友情。如果能让互为好友的同学在一起学习，会使他们的学习氛围变得轻松自在，在互相帮助、互相鼓励中，思维也更加活跃，情感更加深厚，最终知识共同获取，技能一并进步。我把住校生按照寝室进行分组，这些学生课外相处的时间较多，共同学习普通话有很多便利，我们班的两个寝室因为坚持普通话训练，普通话学习蔚然成风，被学校评定为文明寝室，这充分证明了学生之间有了情感的纽带，普通话学习就会齐头并进。

（三）设定评价的方法。

《新课程改革实施纲要》对于成绩评价有这样一种趋向：评价的目的在于有效地促进学生的发

展，评价的手段趋向多样和灵活，评价主体追求多元化。这实际上给分组合作学习的评价指明了方向，那就是评价一定要从单一性走向多元化。因此在对小组活动的成绩进行评价时，我们采用组内和组间互评、学生自评相结合，个人成绩和小组成绩相结合的方法，关注学生在互助合作学习中的共同进步。

五、取得的成绩

采用了分组合作学习法以后，大部分学生学会了学习，勇于探索；学会了合作，共同提高；自信心增强，培养了团队意识；积极主动参与学习过程，真正成为学习的主人。我所教的班级共 45 人，普通话等级测试中获得一级乙等的有 2 名；二级甲等的有 24 名；其余学生全部获得了二级乙等的成绩，圆满完成了学校普通话的教学任务。

分组合作学习不是放之四海皆准的学习方式，它也有选择性、局限性，需要我们今后不断地探索更有效合作学习的途径和方法，以实现学习方式的转变，促进学生全面发展。

参考文献：

[1] 詹姆斯·H·麦克米伦．学生学习的社会心理学［M］．北京：人民教育出版社，1989.
[2] 王　坦．合作教学的基本理念［N］．北京：中国教育报，1995.
[3] 王　坦，高　艳．合作教学理念的科学创意初探［J］．教育探索，1996.
[4] 盛群力．个体优化教育的探索［M］．北京：人民教育出版社，1996.
[5] 扈中平．教育目的论［M］．武汉：湖北教育出版社，1997.
[6] 叶　澜．新世纪教师专业素养初探［J］武昌：教育研究与实验，1998.
[7] 吴康宁．课堂教学社会学［M］．南京：南京师范大学出版社，1999.
[8] 王　坦．合作学习——原理与策略［M］．北京：北京学苑出版社，2001.
[9] D. W·约翰逊等，刘春红等编译．合作学习的原理与技巧［M］．北京：北京机械工业出版社，2002.
[10] 车文博．人本主义心理学［M］．杭州：浙江教育出版社，2003.
[11] 沈　权．现代合作学习的理论基础探索［J］．北京：中国教育学刊，2003，(7)．
[12] 郑金洲，程　胜．合作学习/新课程教师必读丛书［M］．福州：福建教育出版社，2005.
[13] 靳玉乐．合作学习［M］．成都：四川教育出版社，2005.
[14] 马兰编．合作学习［M］．北京：高等教育出版社，2005.
[15] 人民教育出版社中学语文室．听话和说话［Z］．北京：人民教育出版社，2004，(6)．
[16]《贵州省国家通用语言文字条例》，2007 年 7 月 1 日施行．
[17]《中华人民共和国国家通用语言文字法》［S］，2001 年 1 月 1 日施行．

省级普通话水平测试员培训班课程设置及教学内容的探索实践与思考

韩述梅（山东语委办　山东济南　250011）
李文灿　何　娇（山东经济学院　山东济南　250014）

［摘　要］ 认真严谨与富有科学精神的测试员队伍的打造，是普通话水平测试质量的保证。本文着重介绍山东省普通话水平测试员培训班课程设置、教学内容的探索、实践与思考。

山东省于1994年初就按国家语委推普司的要求，制订PSC大纲，培养3期百名测试员，对泰安、潍坊、蓬莱三所中师应届毕业生576人试测。待11月国家教委、广电部等三部委《关于开展普通话水平测试的决定》下发后，省教委、省广电局等即予转发。遂于1995年春调测试员培训后分四组对全省中师、高师应届毕业生测试，1996年加上高师理科生和播音员主持人，1997年测试进入普通高等学校和机关。截至2008年年底，已测试250余万人。我们既是组织者又是测试员，专业背景、实践第一的观点与使命感使我们对测试这一新事物充满了好奇、热情和责任感。多年的实践使我们认识到：热情、认真、严谨与富有科学精神的测试员队伍的打造，是普通话水平测试质量的保证。这些年来我们不断探索测试员培训班的培养模式，课程设置及教学内容与时俱进，日臻完善。测试员反映学到了新知识、真本领，收获大，开眼界；求实的作风，科研的启迪，为自己的工作与发展打下了学术基础。不少测试员考上研究生，走上了科研之路，还有非汉语言文学专业毕业的教师成为了对外汉语教师。骨干测试员队伍的发展壮大为测试质量提供了保障，受到社会的欢迎和好评。

一、遵循《普通话水平测试管理规定》的要求设置课程

1997年国家语委《关于普通话管理工作的若干规定（试行）》（国语［1997］32号）和2003年教育部《普通话水平测试管理规定》（教育部16号令）规定，申请省级测试员证书者，应具有大专以上学历，“熟悉推广普通话工作的方针政策和普通话语音理论，熟悉方言与普通话的一般对应规律，熟练掌握《汉语拼音方案》和常用国际音标，有较强的听音辨音能力，普通话水平达到一级”。根据这一要求，我们除对参加测试员班的学员提出热爱普通话推广工作，有较强的听辨音能力和责任心等外，开设课程规定为：《语言文字政策法规》《国际音标与普通话语音系统》《国际音标与方音辨证》《普通话水平测试等级标准及在山东方言区测试中的运用》《普通话水平测试大纲及山东省评分细则》《普通话水平测试实作》。设置的考试科目有：汉语拼音、国际音标、测试能力

考核、普通话水平测试，四门考试均合格者，方能颁发省级普通话水平测试员资格证书。

2001 年起，我们还举办了测试员考核验证班，对 3 年以上测龄的测试员进行再培训与再考核。到 2003 年新大纲颁布后，规定开设课程为：《语言文字政策法规》《国际音标复习》《普通话水平测试等级标准及在山东方言区测试中的运用》《普通话水平测试中的学术问题》《新测试大纲学习及实作》。考核科目有：测试能力考核、普通话水平测试。这种充电、加油式的培训很受测试员及所在单位的欢迎，效果极佳。

二、了解测试员底子，按测试岗位需求设置课程与教学内容

1. 摸清测试员学术基础，加强语言理论教学。

由于测试量激增，参加测试员培训班的人越来越多，以至于不少人为非汉语言文学背景。即便是大学中文系、外文系毕业，学过现代汉语的学员，原以为他们烂熟于心，但调查结果却令人不乐观：大部分人对文学感兴趣，《现代汉语》也就是临时背了个及格或高分。汉语拼音生疏了，语音理论知识少。笔者曾经几次在课堂上提问“同化”“异化”，问了 3 遍，均摇头说不知道。由此可见，加强语言理论教学迫在眉睫。我们把国际音标、把与测试有关的语音知识列入课程，加强了语音理论教学。

2. 摸清学员普通话水平，有针对性地加强学员普通话教学。

从 1994 年 4 月第一期测试员培训班始，钱学怡教授就建议开班第一天每人自我介绍半分钟，从中了解学员的语音错误、缺陷及其方言区，以便纠正方音。学员的语音面貌不尽如人意，大约 30% 左右达不到一乙水平。我们课程列入了国际音标与普通话语音系统、国际音标与方言辨证。要求讲课教师用国际音标标注汉语拼音、标注方言读音，使学员会用国际音标分析语音。

3. 科学安排教学时间，构筑完整的测试知识体系。

我们在不断改革的追求下，经过比较、筛选、实证，培训班科学安排了课程。一是语言文字政策法规 0.5 天；二是国际音标课及考试 4 天；三是测试大纲及评分细则和普通话水平测试等级标准及在山东方言区的应用 2.5 天；四是测试评分实作 3 天；五是复习及测试能力考试、普通话水平测试 1 天。总计 11 天。每天晚上还有 1.5 学时的自习及辅导，播放《普通话水平测试实施纲要》词语及朗读文章录音光盘。

三、科学安排教学内容，着力提高学员质量

1. 教好国际音标，教好语音知识。提高学员的音理分析水平。

国际音标是进行语音分析的工具。教育部要求测试员要“熟练掌握《汉语拼音方案》和常用国际音标”。山东坚持这一原则，顶住压力，每期班必先开国际音标课，与普通话语音系统、山东方言辨正共 4 天，每个学员均须参加发音、听音记音的考试，合格者方能参加下一段学习。

国际音标的开设对学员是一个挑战，因为绝大多数学员在大学阶段未学过国际音标。但在钱曾怡教授、张传曾教授的精心讲授下，大家起早贪黑地苦练、巧练，初步掌握了几十个常用国际音标，学会了音素分析法，进入了语音分析的理论层面。山东电视新闻播音员等 10 人参加了 44 期测试员培训班，感觉耳目一新。几位主播说，学过几年播音专业，也到高一级院校进修过，却从未学过国际音标，音标这么有用，怎么不早教呢？山东卫视播音组长说，以前，有些有疑问的语音搞不清，现在能找着语音理据了。

语音理论知识也为学员打开了眼界。如声调语音与非声调语音的对比，使学员知道了为什么普

通话具有音乐美。语流音变如同化、异化、弱化、脱落、减音等，使学员对平时不明白的语音现象有恍然大悟之感。如元音弱化：回来［lɛ］、笑话［xuə］、脑袋［tɛ］、张家［ʨiə］庄等。如减音：济南话“四个”连读为［sə］，失去了［ɿ］和［k］。

再如同化，张传增教授讲授面貌［miɛm maʊ］之后，笔者琢磨着下列词汇的同化：面板［miɛm pan］、门面［məm miɛm］、面片［miɛm piɛn］、面庞［miɛm pɑŋ］、棉布［miɛm pu］等，从而总结出：凡 an　ian　en 与 b p m 开头的音节连读时，［-n］韵尾会逆同化为［-m］。在语音知识及评分细则课中加以讲授，说明这种情况系语流音变，测试不扣分。还选择“喷薄、尘满面、流传千年、半部”等练习。

2. 运用国际音标及语音知识指导实践，有效提高学员纠正方音的能力。

打铁需得自身硬。纠正了学员的方音才能提高其辨音的能力。

①山东人说普通话的难点之一是纠正前鼻韵母的鼻化和韵尾-n 的丢失。普通话前鼻韵母 an ian uan üan en in uen ün 在山东方言区除烟台、威海外，大部分地区鼻化，较难纠正。教师选择了后一个音节中声母为 n 的词，练习-n 的归音。

如：扁担、前年、千般难、万般难、偏难、艰难、犯难、困难、盼暖、烦恼、勘探、村村、孙孙、深深、滚滚、捆捆、范本、顿顿

还选了“慢吞吞、蠢蠢欲动、昏昏欲睡、谆谆教导、尊尊塑像”等词语。同时还练习了双音节“中、重”，三音节“中、轻、重”，四音节“中、轻、中、重”的轻重格式读法。

由于采用了音素分析法，学员在教师的指导下纠正主要元音的鼻化，不丢失-n 韵尾，取得了显著成效。

②纠正 u 的合口不足和 ü 的撮口不足。选择让大家练读《普通话水平实施纲要》的合口呼音节（114 个）和撮口呼音节（24 个）。除讲清音理外，让大家比较方言与普通话的合口度和撮口度，琢磨着练习；选择“屋里屋外、合口呼、圆圆的、涓涓细流、真悬呐”练习；选择李清照的《如梦令·常记溪亭日暮》练习合口呼。

③山东人说普通话极易犯复韵母单音化的语音错误，指导学员强化复韵母“动程意识”和“动速意识”。

山东大部分方言里，ao iao 读成［ɔ］［iɔ］，如“敖”“高”“要”“好”；ai［aɪ］读成［æ］或［ɛ］，与此相关把 uai 读成［uæ］或［uɛ］，如“代、盖”“快、怀”。潍坊话把复韵母 ou［əʊ］读成［ɤɯ］，把 iou［iəʊ］读成［iɤɯ］。教师选取相关词语和《沁园春·雪》等进行动程和动速的课堂练习。

④山东人说普通话要达到较标准水平，就要弄清发好 a 音位的前、央、后。不少人包括媒体的播音员，把安 an 的 a 发成央［A］，潍坊、五莲、临沂等地把央［A］发成后［ɑ］，而后 a 则趋央，如张、江等带 ang iang 韵母的音节，造成了不少语音缺陷。国际音标教师领学员搞清前 央 后 a 的区别，学员仔细揣摩；讲《评分细则》的教师又给大家区分、示范，并指出要发好“张”，还必须解决声母问题，如 zh ch sh 翘舌度要达到，为 ang 的后 a 打下基础，就容易发声了。

由于以国际音标为工具和指引，上述现象就容易认清，并经反复练习加以解决。

3. 在实践中探索、研究，抓住“动速不够”难点，着力攻克。

多年的推普教学实践，笔者发现，山东人“动程不足”的语音毛病之所以难纠正，原因有二：一是由于原本方言中的复韵母单音化，唇舌口腔发音省力无动程。发音部位从不动到动，要克服多年的发音惯性和发音器官的惰性，不会一蹴而就，一下到位，往往造成动程不足；二是同样由于多

年的复韵母单音化，口舌不动，乍动速度就不会那么快。就像一个平常不跑步的人，刚让他跑步，肯定不像经常跑步的人符合速度要求，所以“动速不够”。因此，除注意克服“动程不足”外，还要提高“动速”，“动速”加快了，在单位时间里才能达到“动程足”。故将纠正“动速不够”纳入课堂教学概念，作为测试员班教学内容。

纠正“动速不够”，采取了以下几项措施：

①厘清“动速不够”概念，分析动速不够原因，增强“动速”意识。

要求大家发前一个音素后，舌位接着向后一个音素快速运动、归音。

②做口部操，增强发音器官的灵活度。

教给学员简易口部操，如打哈欠，弹舌、转舌，打牙，“龇牙咧嘴”等。每天上课先练习口部操，再讲课。并要求学员把口部操作为今后每日清晨洗漱饮水之后的必修课。

③注意口腔的开合度。

同样的速度，距离远近决定时间长短。在普通话语流中，每个音节的时长一般都是有规律的。因此，必须注意动的距离。

山东方言中有些音开口度过大，如“an”往往读成央A。开口度大，会造成发音时值长，必须发前a而使开口度小，从而保证动程快而足。这类韵母还有en、in 、eng、ing等。

四、将相关语言文字规范标准纳入培训内容，在与方言对比中教学

在早期的测试员培训班中，将国家标准《普通话异读词审音表》《汉语拼音正词法》放入语言文字政策法规课。后随着讲课人的改变，又纳入了后续课程。2001年12月19日语言文字规范《第一批异形词整理表》发布后，又将其列入教学内容。

学习国家标准规范，采取了与方言对比学习法。如上述标准规范中一些字的读音，与方言相同的，尽量列出，让大家记忆。如“杉”树的“杉”，表“木头”意时，读shā，方言也如此。“脖颈”方言也读gěng。“溃”脓的“溃”huì，方音也读作huì。“红彤彤”方言也变调，读作tōng。“登跐了”了的“跐cī”，方言读音与普通话同。此外还有日常使用的以为是方言词而实际是普通话词汇，加以说明，如表喧哗的“呶呶”、表痛悔的“懊侬（náo）”等。表临时的“旋（xuàn）吃旋做”，表蒸热或烤热的“熥（tēng）馒头”，表赶快走的“趱”（zǎn）。表折回的“踅”（xué）。“背晦”“缞（cuī）服”“瞌睆chòng”“坌（bèn）身”“鐾（bèi）刀布”“褙（bèi）鞋帮”“备细”“背剪”等，方言常用，但写出汉字，大家就觉得陌生。教师强调语文教学要生活化，多对言语中的词语查字典，让学生辨认记清。

另如，表因羞惭而脸红的“赧（nǎn）然”“赧颜”，年长些的人是讲的，但现在讲的人不多了，应当去学习，不然会很可惜。所以，把学习研究方言，也作为测试员的一项任务提出。

参考文献：

［1］国家语言文字工作委员会普通话培训测试中心编．普通话水平测试实施纲要［S］．北京：商务印书馆，2005.

［2］山东省语委．山东省普通话水平测试评分细则［S］.2007，12，26.

［3］韩述梅．普通话水平测试等级标准在山东方言区测试中的运用［J］．鲁东大学学报，2008（6）.

关于普通话水平测试员资格有效性问题的思考

孟　晖
教育部语言文字应用研究所（国家语委普通话培训测试中心　北京　100010）

［摘　要］　普通话水平测试员资格是国家对测试员的基本要求。测试员资格制度是国家对普通话水平测试工作实行的一种准入制度，是国家以部门规章形式确立的一种资格认证标准。测试员资格有效性是测试员资格制度中的核心因素，它包括测试员资格的时效性、融通性、有效使用范围、认证标准的内在一致性。它的相关规定是否明确将直接影响测试员资格制度的实施效果。本文针对测试员资格制度中有关资格有效性的若干规定以及实际工作中的相关问题做出分析，并就如何提高资格有效性规定的明确性和完善测试员资格制度提出建议。

［关键词］　测试员资格；有效性；问题；完善；建议

普通话水平测试员（以下简称“测试员”）是伴随普通话水平测试（以下简称“测试”）工作的开展而出现的专业群体。测试员资格是国家对测试员的基本要求。测试员资格制度是国家对测试工作实行的一种准入制度，是国家以部门规章形式确立的一种资格认证标准。1994年以来，国家主管部门先后颁发了《普通话水平测试实施办法（试行）》（1994）（以下简称《实施办法》）、《国家语言文字工作委员会关于普通话水平测试管理工作的若干规定（试行）》（1997）（以下简称《若干规定》）和《普通话水平测试管理规定》（2003）（以下简称《管理规定》）。这些规章是测试员资格制度的主要组成部分，是测试员资格认证、测试员队伍建设的政策依据和实施测试员资格制度的有力保障。测试员资格制度的确立为有效地培养和管理我国语言文字工作战线中推广普通话的骨干力量——测试员队伍提供了政策保证。测试员资格有效性是保证测试员资格制度有效实施的核心因素，它包括：第一，测试员资格的时效性；第二，测试员资格的融通性；第三，测试员资格认证的有效使用范围；第四，测试员资格认证标准的内在一致性。它的规定是否明确对测试员资格制度的实施效果有直接影响。本文针对测试员资格制度中有关资格有效性的规定及其在实际工作中出现的问题做出分析，并就如何提高测试员资格有效性规定的明确性和完善测试员资格制度提出建议。

一、测试员资格的时效性

测试员资格的时效性是指测试员资格的有效期限。测试员资格既可以是一经取得终身有效，也可以是经过一段时间后自动失效，经重新申请得到认定再次生效。现行测试员管理规定没有对测试员资格的时效性做出明确要求。《管理规定》第二十四条规定“……违反测试规定的，视情节予以批评教育、暂停测试工作，解除聘任或宣布测试员证书作废等处理……”，也就是说，只要不违反这一条，一旦获得资格，该资格可以解释为“终身有效”。测试员资格“终身制”无论对测试员还是对测试工作都既有利又有弊。从有利的方面看：1. 它是一个公民具有较高的语言素质的标志，同时，它还标志该公民在普通话测试方面具有一定或较高的专业技能。2. 它为测试员在任何时期从事测试工作、应聘普通话教学或其他语言文字工作提供了便利和参考。3. 保持了测试员队伍的稳定性，保证了测试工作的顺利开展。从不利的方面看：1. 降低了测试员资格的实效性。在一些省市，少部分测试员拿到资格证书后没有从事过测试工作，一部分国家级测试员（以下简称“国测员”）曾经承担过测试工作，出于某些原因已不再从事测试工作；这些测试员由于没有违反测试规定，仍然持有资格证书。计算机辅助测试（以下简称“机辅测试”）试点工作开展后，在测试员聘用工作中出现了“供大于求”的新情况，某些省市只让少部分“常用（或优秀）的”测试员参加测试工作，因此，对于那些“未聘的”和“在聘而不常用的”测试员来说，资格证更像一个光荣证，资格制度对他们没有特别的约束。2. 不利于在测试员队伍建设中形成激励机制。由于部分国测员不愿意从事繁重的、兼职性的测试工作，或者由于测试时间、地点的限制，一些国测员不好调遣，省级测试机构只能选用常用（或优秀）的省级测试员（以下简称“省测员”）承担某些通常由国测员承担的测试工作。这些省测员由于名额等原因尚未有机会参加国测员资格培训并获得资格证书，其资格和测试能力尚未得到充分认可，工作积极性不能得到充分的发挥。3. 不利于有效地监督和引导测试员随着测试工作的发展不断提高业务水平。由于现行政策没有明确规定“定期考查”和“有限期聘任”的实施办法，也没有说明“定期考查”“有限期聘任”与测试员资格之间的关系，各地对测试员的管理方式各不相同。有的省对测试员实行全员定期考查、注册及聘任，但即使这样，考查不合格，不予聘任，也不能取消已获得的测试员资格；有的省根据工作需要只对“常用的（优秀的）”测试员进行再培训，而那些“未聘的”和“在聘而不常用的”测试员却无人问津，致使这些测试员的测试能力或将随着时间的流逝逐渐降低，测试经验也逐渐陈旧，甚至他们的普通话水平也由于种种原因有所降低，从而导致他们所具备的测试员基本要求逐渐缺失。比较测试员资格“终身制”给测试员和测试工作带来的利与弊，可以看出测试员资格“终身制”虽然有利于保持测试队伍的稳定，但是对于测试员业务水平的不断提高和测试员队伍的整体发展没有起到足够的促进作用。只有保持测试员队伍的可持续发展，才能实现测试工作的可持续发展。因此，从有利于测试工作发展的角度来看，测试员资格“终身制”弊大于利。

要去除测试员资格“终身制”给实际工作带来的弊端，可以根据各省级测试机构有关“定期考查”和“有限期聘任”的规定，结合目前各地实施注册管理的实际情况，借鉴国内其他行业，如会计、律师资格制度，建立测试员资格定期检验注册制度。实行这个制度，可每三年进行一次测试员资格检验。对于取得测试员资格证书者，应在规定期限内到指定机构办理注册登记手续，否则，资格证书自动失效；对于一定时间内没有从业或者未进行继续教育和已不适宜继续从事测试工作的资格持有者，应再审核其基本条件并重新认定。注册机构应通过建立完整的测试员资格信息档案和年检制度来规范资格证书管理。建议测试员资格信息档案包括注册者的测试岗位经历、年度工作考核、测试员继续培训学时和测试研究成果等具体内容。注册机构有责任监督资格证书持有者接受继续培训的情况，并在测试员资格证书中增加年度签名、验章等内容。

要想使测试员资格的时效性更加明确，今后还可考虑用测试员资格分期制取代测试员资格“终身制”。明确地划分测试员资格的有效期需要根据测试员业务成长的动态发展规律。目前尚未看到关于测试员业务成长的研究报告，但根据各地测试员测试实践的经验总结，可以看出测试员业务成长是一个从不成熟走向成熟的渐进过程；不同测试员之间在理论知识水平、测试实践经验和测试能力等方面存在很大的差异。借鉴教师专业发展阶段性理论，可以把测试员业务成长过程大体分为三个阶段：业务适应和发展期、业务稳定期、业务成熟期，并相应地改革测试员证书管理，将测试员资格证书分为有限期证书和终身证书。有限期证书是指把资格证书分为初级、中级和高级。初级资格是指处于初始阶段的测试员资格，中级资格是指处于成熟阶段的测试员资格，高级资格是指处于专家阶段的测试员资格；对于极少数在教学和科研方面成绩突出且有志于终身从事测试工作的专家型测试员，可颁发非阶段性的终身测试员资格证书。通过实行测试员资格证书的有效期制，可以从制度层面促使测试员在业务上不断进步，从而提高测试员队伍的整体素质。

二、测试员资格的融通性

测试员资格的融通性是指测试员资格在不同级别、不同类型之间是否可以相互替换使用；它包括纵向的级别上的融通和横向的类别上的融通。现行测试员资格实行两级制：处于高级别的国测员资格和处于低级别的省测员资格；同时，它具有向下融通性，即国测员可以承担省测员所从事的测试工作。这种自上而下的融通是自然而合理的，因为国测员是从省测员中选拔培养出来的，其资格条件既涵盖又高于省测员的资格条件，可以胜任省测员承担的测试工作。不仅如此，这种融通还起到了测试员合理流动、资源共享的作用，解决了某些地区测试员不足的问题。然而，在实际工作中，还存在一种自下而上的资格融通。例如：有的省由于国测员不好调配，让少数省测员承担全省机辅测试的复审工作。也就是说，省测员承担了通常由国测员承担的省里测试的复审工作。这种资格向上的融通是否有利于保证测试的质量，是否有利于测试员队伍的建设是值得思考的。

测试员资格的自下而上的融通之所以令人置疑，是因为首先从国测员与省测员资格条件的差别上看，省测员资格不能简单地替代国测员资格。《管理规定》要求国测员除了具有省测员的资格条件以外，还应具有“两年以上省级测试员资历，具有一定的测试科研能力和较强的普通话教学能力”。由此可以看出：国家主管部门对国测员在测试实践经验、测试科研能力和普通话教学能力等方面的要求都高于省测员。因此，国测员是省里测试工作的骨干力量，一般的省测员不能等同于国测员在测试工作中发挥作用，否则会将两种资格条件混淆。其次，从复审工作的性质和特点来看，国测员比省测员更适宜承担这项工作。复审是测试工作中一个非常重要的环节，是对测试质量的一种检查验收；它通常包括两个内容，一个是对应试人普通话水平等级的最后评定，另一个是对测试员测试能力的检验考核。因此，从事复审的测试员应该具有丰富的测试经验和相当强的测试能力，业务水平要高于一般的测试员。按照《管理规定》，国测员具有这样的条件。虽然一些优秀的省测员也有丰富的测试经验和较强的测试能力，但是他们毕竟缺少一段在国测员资格培训班学习和提高的经历。国测员资格培训班可以使各地省测员深入理解统一的评分标准，并通过让省测员熟悉不同方言区的测试样本来丰富他们的测评经验，帮助他们克服受母语影响对一些语音偏误不够敏感或者对某些方言区的应试人方音问题分辨不清的弱点，进一步提高他们的测试能力。因此，由一般的省测员承担省内复审工作对于保证测试质量会有一定影响。此外，由于《管理规定》没有关于省测员承担国测员的工作所必备的条件，自下而上的融通做法还容易导致测试机构在测试员聘用和测试工作安排中的主观随意性。造成这种测试员资格向上融通的原因有三个：第一，现行的资格制度对于不同级别的测试员之间是否可以融通以及如何融通没有明确规定；第二，现行的测试员管理规定没有明确国测员和省测员在测试工作中的岗位职责；第三，测试员管理工作实行属地管理，各省级测试机构聘用测试员具有自主权。

要使测试员资格制度更有效地保证测试的质量、有利于测试员队伍的建设，有必要对测试员资格融通性问题做出全面、明确的规定。具体地说，在纵向级别的融通性上，一方面明确国测员可以承担省测员的测试工作，同时规定一般的省测员不能承担通常由国测员承担的工作，另一方面还要指出在特殊情况下，如人员调配困难、地区限制等原因，可以允许部分优秀省测员（国测员的后备）承担国测员的工作，即资格制度可规定测试员资格“有条件”的向上融通，使测试员资格的融通性规定在遵循现行资格制度的基础上体现出灵活性，以适应各地开展测试工作所具有的流动性和分散性的特点。此外，要使测试员资格在融通性方面进一步完善，还应考虑测试员资格在横向的类别上的融通。根据《管理规定》，国测员具有“较强的普通话教学能力”，而且，在实际工作中，不少省级测试机构都是由国测员担任普通话教学和测试培训课程的主讲教师，香港地区的测试员又都是参加了国测员资格培训与考核的普通话教师，因此，资格制度应认可国测员资格向普通话教师资格的单向融通，即国测员可以承担普通话教学工作。但是，“具有较高的普通话教学能力”不能等同于“具有丰富的测试经验和较高的测评能力”，为此，资格制度还应规定：普通话教师资格不具有向国测员资格的反向融通，即普通话教师不能承担国测员的测试工作。由于不少省测员来自各地师范院校的中文系，具有一定的普通话或现代汉语教学经验，资格制度还应承认具有这类专业背景的省测员其资格也可以向普通话教师资格单向融通，即省测员也可以承担普通话教学工作。总之，在普通话教师资格没有相关机构认证，但普通话培训教学工作又确实需要专业人员的情况下，测试员资格制度的相关规定应该明确：国测员资格具有向普通话教师资格的单向融通性；具有相关专业背景的省测员，其资格也可以向普通话教师资格单向融通。

三、测试员资格的有效使用范围

测试员资格有效使用范围是指测试员资格在什么范围（本文主要指地域范围）内得到承认、具有效力。例如，发达地区和不发达地区之间以及不同方言区之间的测试员资格是否相互承认效力等。现行测试员资格制度没有明确规定测试员资格的有效使用范围，根据《管理规定》中有关各级测试员培训考核以及“测试工作原则上实行属地管理”的规定，国测员资格的考核与认定由国家测试机构负责，省测员资格的考核与认定由各省级测试机构负责，同时，各省级测试机构承担对本省国测员和省测员的管理，并根据工作需要对测试员进行调配。这些规定与做法不仅使国测员资格的认定范围与其资格真正发挥效力的范围不一致，还使国测员资格的认定权和管理权发生分离，致使国家测试机构不能对国测员进行有效的管理，从而在一定程度上影响了国测员资格的有效实施。从测试员方面看，一个省测员获得国家测试机构统一颁发的国测员资格证书，意味着这个省测员接受了国测员的资格培训，通过了统一的资格考核，达到了国家主管部门规定的准入标准，因此，国测员资格应该在全国范围得到承认。由于测试工作实行属地管理，一个省测员拿到国测员资格证书后，要回到选派他（她）参加资格培训考核的所在地，在当地测试机构的领导下进行测试工作，也就是说，通常情况下国测员只在当地发挥作用。如果一个国测员因工作原因调到了其他地方，该地测试机构由于没有这个测试员的备案资料，并且《管理规定》中又没有关于如何使用调动工作后的国测员的条例，决定不聘用其从事测试工作，那么不仅造成了人才的流失和浪费，而且还使国测员资格不能发挥效力。从国家测试机构方面看，由于国家测试机构只具有对国测员的认定权，而不具有管理权，只保留了各地国测员参加资格培训的报名资料和考核成绩，并且对于这些国测员回到当地参加测试工作的情况所知甚少；这种状况说明国家测试机构在测试员队伍的建设和发展方面尚未充分发挥指导作用。然而，国测员在测试业务方面的继续提高亟待解决。近几年，各地相继开展机辅测试试点工作以后，测试员对第四项说话评分的把握存在不少问题，急需国家测试机构出台新的操作规范，并对国测员进行再培训，使他们更好地适应机辅测试的变化和需要。目前，对国测员的再培训主要由各省级测试机构自行安排，这使各地测试员在机辅测试中难以准确把握全国统一的标准。此外，随着测试工作向深度和广度的发展，地区间在测试工作中的联系与合作将逐渐加强。为了开展跨地区的合作性测试科研工作，国家测试机构需要充分发挥其指导作用，合理有效地组织和调用各地国测员，使他们在测试工作中发挥更大的作用。由于现行《管理规定》中既没有关于国测员如何在本省以外发挥作用的条例，也没有关于如何对国测员进行再培训的规定，国家测试机构要在国测员的调用和再培训工作中发挥指导作用缺少相关的政策支持。

建议在今后的测试员资格管理办法中能够明确"国测员资格证书全国范围内适用"，同时，国家测试机构应将历届国测员参加培训考核合格的名单通报各省级测试机构，供各省备案，为国测员的合理流动、省与省之间在测试工作中的交流与合作提供便利。另外，测试相关管理规定应明确国家测试机构具有对各地国测员的部分管理权，即国家测试机构应和各省级测试机构共同承担国测员队伍的建设。国家测试机构应根据国测员在各地从事测试工作的实际情况，制订制度化的国测员再培训条例，使测试员队伍能够随着测试工作的发展不断提高业务水平；不仅如此，国家测试机构还应和各省级测试机构积极配合，有效地调用各地国测员开展全国性的测试合作项目，使国测员能够在全国范围内发挥效力，更好地推动测试工作的发展。

四、测试员资格认证标准的内在一致性

测试员资格认证标准的内在一致性在这里是指测试员资格制度中国家对测试员的各个基本要求之间的相互协调。1994 年、1997 年和 2003 年的相关管理规定相继明确规定了省测员和国测员的基本要求，但是，如果从历时角度和共时角度分别比较历年管理规定中国测员和省测员的部分基本要求，就会看到这些基本要求之间存在不够协调的地方，有待于进一步完善。（见下表）

	《实施办法》（1994）	《若干规定》（1997）	《管理规定》（2003）
国测员	大专毕业文化程度和三年以上工作实践，最低上岗年龄为 25 岁	具有大专以上学历、中级以上专业技术职称的教师、播音员或专职从事语言文字工作 5 年以上的干部	具有大专以上学历，一般应具有中级以上专业技术职务和两年以上省级测试员资历
	测试员应熟悉和拥护国家语言文字工作方针、政策，热心语言文字工作，熟练掌握汉语拼音，并有较高的语音分辨能力	熟悉推广普通话工作方针政策和普通话语音理论，熟练掌握《汉语拼音方案》和常用国际音标，熟悉方言同普通话的一般对应规律，有较强的普通话水平测试能力和较丰富的测试工作经验	具有一定的测试科研能力和较强的普通话教学能力
省测员	大专文化程度，三年以上工作实践	具有大专以上学历、3 年以上工龄的教师、播音员和语言文字工作干部	应具有大专以上学历
	测试员应熟悉和拥护国家语言文字工作方针、政策，热心语言文字工作，熟练掌握汉语拼音，并有较高的语音分辨能力	熟悉推广普通话工作方针政策和普通话语音理论，熟悉掌握《汉语拼音方案》和常用国际音标，熟悉本地方言同普通话的对应规律，有较强的普通话水平测试能力和一定的测试工作经验	熟悉推广普通话工作方针政策和普通语言学理论，熟悉方言与普通话的一般对应规律，熟练掌握《汉语拼音方案》和常用国际音标，有较强的听辨音能力

从历时角度看，随着测试工作的发展，测试员资格制度中对省测员和国测员的基本要求，特别是专业理论知识和业务能力方面逐步提高。以省测员为例，1994 年《实施办法》规定："测试员应熟悉和拥护国家语言文字工作方针、政策，热心语言文字工作，熟练掌握汉语拼音，有较高的语音分辨能力"；1997 年《若干规定》增加了"熟悉普通话语音理论，……熟练掌握常用国际音标，熟悉本地方言同普通话的对应规律，有较强的普通话水平测试能力和一定的测试工作经验"；2003 年《管理规定》又进一步提高了对省测员的专业理论知识的要求，将 1997 年提出的熟悉"普通话语音理论"和"本地方言同普通话的对应规律"分别改为熟悉"普通语言学理论"和"方言同普通话的一般对应规律"。以国测员为例，1994 年《实施办法》规定："熟练掌握汉语拼音，……并有较高的语音分辨能力"；1997 年《若干规定》增加了"熟悉普通话语音理论，熟悉掌握常用国际音标，熟悉方言同普通话的一般对应规律，有较强的普通话水平测试能力和较丰富的测试工作经验"；2003 年《管理规定》要求："具有一定的测试科研能力和较强的普通话教学能力"。通过以上列举的历年测试员基本要求，可以看出普通话水平测试工作对测试员在专业知识和综合素质等方面的要求逐渐提高，这也反映了普通话水平测试向专业化发展的趋向。然而，值得注意的是，无论是《实施办法》《若干规定》，还是《管理规定》，省测员和国测员的学历标准都一直维持在"大专以上学历"，这与历年规定所体现出的测试员专业知识和综合素质逐步提高的总趋势不一致。同时，这与目前国测员队伍的实际状况不相符合。有学者通过对 2004 年至 2006 年第 37 期 ~ 第 43 期国测班学员的调查，发现国测员队伍的学历水平已超出《管理规定》中"大专以上学历"的要求，其中，学历为大学本科（含本科）以上的学员占总数 91. 16%，达到硕士或博士学历水平的学员占 20%。从共时角度看，《管理规定》对国测员在工作经验、测试科研能力和普通话教学能力方面的要求高于对省测员的要求，但在理论知识结构和学历方面对国测员的要求却没有高于省测员，而是与对省测员的要求相同，即"熟悉……普通语言学理论，熟悉方言与普通话的一般对应规律，熟练掌握《汉语拼音方案》和常用国际音标，有较强的听辨音能力"及"具有大专以上学历"。这种从历时角度和共时角度分别反映出的测试员基本要求内部不一致，都说明有关测试员基本要求的设置在一定程度上忽视了理论知识、学历水平与测试科研能力之间存在的较为密切的联系，从而使国测员资格和省测员资格之间的区别有些模糊。

学历代表一个人掌握了一定的专业知识、技能后所达到的文化水平。通常情况下，只有当一个人掌握了较多的专业知识和技能，达到较高的学历，才能较好地运用专业的眼光去发现问题，用专业知识、技能去分析问题和解决问题。因此，专业知识、技能与学历水平有较为密切的关系，同时，专业知识、技能、学历水平又与科研能力有较为密切的联系。建议今后测试员基本要求的设置在提高对测试员的专业知识和综合素质的要求的同时，适当提高测试员的学历条件，建议将国测员的学历条件提升为大学本科；此外，今后的测试员资格条例在要求国测员"具有一定的测试科研能力"的同时，还应提出：国测员在具有与省测员相同的专业知识、技能的基础上，应掌握与"一定的测试科研能力"相符合的语言应用和语言测试的理论和研究方法，使测试员基本要求内部的一致性更为突出，同时，也使希望成为国测员的省测员明确需要努力的方向，使已经拿到国测员资格的测试员能够在原有的专业知识基础上不断拓展与语言测试相关的知识结构，更好地在测试工作中发挥作用。

综上所述，测试员资格有效性的核心问题是如何在测试员资格时效性、融通性、有效使用范围及认证标准的内在一致性等方面合理地制定测试员相关条例，以确保测试员资格制度的有效实施。随着普通话水平测试工作向深度和广度的发展，测试员队伍建设的相关问题日益突出，测试员资格制度逐渐显现出一些不适应测试工作新形势和测试员队伍建设新情况的地方；因此，重新审视测试员资格有效性的相关规定，分析其现状及问题并提出建议，将有利于进一步完善测试员资格制度，使之成为测试员队伍建设走上科学化、规范化道路，普通话水平测试向科学化、规范化、现代化发展的重要保障。

参考文献：

［1］国家语言文字工作委员会、国家教育委员会、广播电影电视部．关于开展普通话水平测试工作的决定［Z］．1994.

［2］国家语言文字工作委员会．关于普通话水平测试管理工作的若干规定（试行）［S］．1997.

［3］中华人民共和国教育部．普通话水平测试管理规定［S］．2003.

［4］吕忠民．职业资格制度的研究及对策［J］．中国考试，2008（3）．

［5］赵国利．关于加强普通话水平测试员队伍管理的思考［A］．普通话水平测试研究［C］．上海：上海教育出版社，2002.

［6］曹艳丽．建立和完善普通话水平测试质量保证体系的初步实践［A］．首届全国普通话水平测试学术研讨会［C］．北京：语文出版社，2003.

［7］陈　茜．国家级普通话水平测试员队伍的培训与发展——第 37 期～43 期国家级普通话水平测试员资格考核培训班学员情况分析与思考［J］．语言文字应用，2007，（4）．

［8］管培俊．面向未来：中国教师资格制度现状与展望［A］．中国首届教师资格制度国际学术研讨会论文集［C］．北京：中国教育部教师资格认定指导中心，2005.

［9］张纪洪，宋晓曦．关于我国现行教师资格制度的思考［A］．中国首届教师资格制度国际学术研讨会论文集［C］．北京：中国教育部教师资格认定指导中心，2005.

［10］余　艳，张学华．“中国教师资格制度研究”阶段性研究成果综述［A］．中国首届教师资格制度国际学术研讨会论文集［C］．北京：中国教育部教师资格认定指导中心，2005.

［11］鲁素凤，杨建华，沈惠君．我国教师资格有效性存在的问题及其对策［A］．中国首届教师资格制度国际学术研讨会论文集［C］．北京：中国教育部教师资格认定指导中心，2005.

［12］蔡维薇．教师资格认证与教师教育的发展方向［A］．中国首届教师资格制度国际学术研讨会论文集［C］．北京：中国教育部教师资格认定指导中心，2005.

从 PSC 专题研修班看骨干测试员的测试能力

于 谦
教育部语言文字应用研究所（国家语委普通话培训测试中心 北京 100010）

[摘 要] 普通话水平测试员的测试能力关系着普通话水平测试的信度。本文通过对2009 年普通话水平测试专题研修班训练情况的总结，对全国骨干测试员的测试能力状况进行了分析。

[关键词] 普通话水平测试员；测试能力

普通话水平测试（PSC）是一项大规模的主观性测试。主观性测试的信度取决于三方面：1. 试题的保证；2. 实施的保证；3. 评分的保证（李筱菊，1997）。在评分的环节中，统一的评分标准和测试员对评分标准的理解与执行是十分重要的。《普通话水平测试管理规定》对申请省级测试员证书者，要求“有较强的听辨音能力”；对申请国家级测试员证书者，要求“两年以上省测员资历，具有一定的测试科研能力”。在省级和国家级测试员资格考核培训班中，测试能力始终是培训的重要内容之一。因为只有提高测试员的测试能力，保证评分的可靠性与稳定性，才能保证测试的信度。

2009 年 4 月中旬，为提高测试质量，促进测试的科学发展，国家语委普通话培训测试中心（以下简称“国家中心”）在北京举办了 PSC 专题研修班。研修班的学员选送条件是“长期在一线从事具体测试，有丰富实践经验的特别优秀的国家级测试员。有较高的业务能力和水平，能够担负本地区开展计算机辅助普通话水平测试的业务指导和测试员培训任务”。研修班除了对计算机辅助 PSC 评分办法进行讲解外，还对测试实例进行了讲解、训练与探讨。本文希望通过对训练结果的描述与分析，勾画出全国骨干测试员的测试能力状况。

一、研修班训练的总体成绩

（一）训练内容。

测试员需对 10 个样本进行评测。样本的等级覆盖三级六等，具体分布如下：

表 1

	等级	参考分数
样本 1	二甲	88.0
样本 2	一乙	94.5

续表

	等级	参考分数
样本 3	二乙	81. 5
样本 4	三甲	73. 0
样本 5	一甲	97. 0
样本 6	一乙	96. 1
样本 7	三甲	74. 0
样本 8	一甲	97. 0
样本 9	三乙	61. 9
样本 10	二乙	80. 4

所有样本由国家中心全体业务人员集体备课选出，等级认定均无异议，所评分数差异极小，参考分数取国家中心所评分数的均值。

（二）成绩认定方法。

每个样本所评等级正确，即得 1 分。满分为 10 分。

有效训练卷回收共 80 份。

（三）训练成绩。

表 2

	成绩	人数	百分比	累加百分比
Valid	10	9	11. 3	11. 3
	9	19	23. 8	35. 0
	8	24	30. 0	65. 0
	7	18	22. 5	87. 5
	6	8	10. 0	97. 5
	5	1	1. 3	98. 8
	4	1	1. 3	100. 0
	总计	80	100. 0	

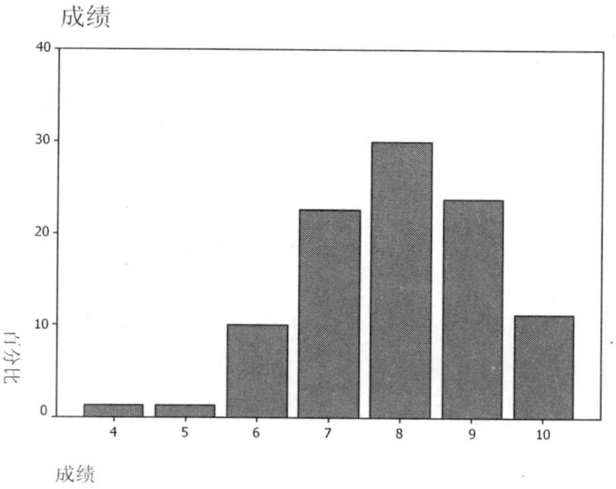

图 1

由表2可知：10个样本等级全部判断正确的有9人，占总人数的11.3%。判断准确8个样本以上的共52人，占65%。另有两人样本判断准确的数量低于6个。80人的平均成绩为7.95。应该说骨干测试员对应试人等级的判断能力还是比较高的。

表3为每个样本等级判断正确的比例：

表3

样本	等级	正确率（%）
1	二甲	75
2	一乙	78.8
3	二乙	80.0
4	三甲	80.0
5	一甲	91.3
6	一乙	73.8
7	三甲	81.3
8	一甲	86.3
9	三乙	98.8
10	二乙	33.8

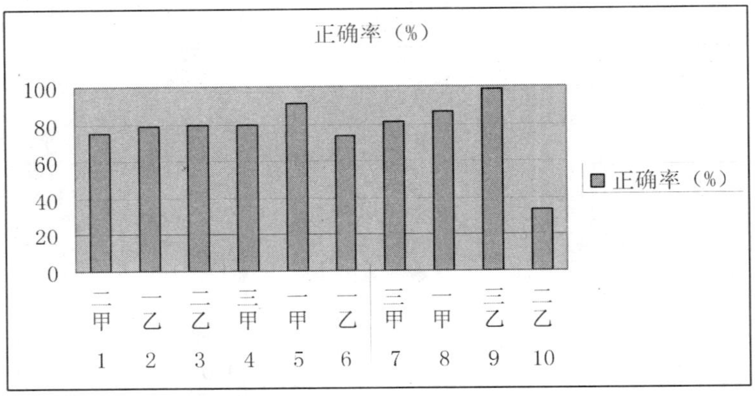

图2

可以看出，判断正确率最高的是样本9（三乙，参考分数61.9）；正确率最低的是样本10（二乙，参考分数80.4）。其余样本等级判断正确率均在70%以上。

二、对各分数段的把握

（一）对一级甲等的评判。

训练样本中，样本5、6、8涉及对一级甲等的评判。样本5和8均为一级甲等，评判正确率为91.3%和86.3%；样本6的参考分数为96.1分，属于一级乙等的高分段，等级评判正确率是73.8%。三个样本全部评判正确的有46人，只占总人数的57.5%。

表 4

3	样本得分	人数	百分比
Valid	1	5	6.3
	2	29	36.3
	3	46	57.5
	Total	80	100.0

《普通话水平测试规程》要求测试的一级甲等成绩由国家测试机构复审。2005 年至 2008 年，全国范围内的一级甲等复审通过率始终在 50% 至 60% 之间徘徊，总体情况并不乐观（见表 5）。实际上，在专题研修班训练之前的测试实例讲解中，已经对一级甲等样本和一级乙等高分段样本进行了分析。在最后的训练部分，虽然成绩略有提高，但提升空间依然很大。

表 5

年度	一甲复审通过率
2005	60.6%
2006	57.3%
2007	58.5%
2008	53.0%

（二）对临界分数的评判。

样本 10 的参考分数为 80.4，属于二级乙等的低分段。只有 33.8% 的测试员等级判断正确。另有 25% 的测试员所评分数在 78 至 80 分之间，其中 15% 测试员分数介于 79 至 80 分之间。样本 10 的发音人是一名香港考生。香港考生的语音面貌与内地考生存在较大差异，很多测试员反映实际测试中未曾遇到此类考生，评分时把握不准。经过观察，等级判断为三甲的测试员，说话项的扣分情况与等级判断为二乙的测试员存在较大差异。此位考生的说话项语音错误不超过 20 个，参照大纲的评分标准，语音标准程度应评为 5 档扣 9 分或 4 档扣 8 分。词汇语法错误只有 2 处，应评为二档扣 1 分。语言自然流畅，可以归为一档扣 0 分。等级判定错误的测试员在语音方面扣分偏严厉，导致最后在定性方面出现差错。

表 6

样本 10	语音平均扣分	词汇语法平均扣分	自然流畅平均扣分	平均总扣
等级判定为二乙	8.2	0.7	0.3	9.2
等级判定为三甲	10.2	1.1	0.7	12.0

三、各等级的评分差异

宋欣桥先生在《普通话水平测试中的评分差异》一文中作了如下阐述："测试实践证明：不同测试员对同一应试者测试评分数值完全相同应是较为偶然的，有细微或较小差异则是正常的。测试评分中的这种差异不影响对普通话等级的正确评定时，属于正常的范围。""为了量化评分有所依凭"，宋欣桥先生将"等级中正常的非临界评分差异"描述如下：

一级　差异在 0.9 分以内

甲等　差异在 0.5 分以内

乙等　　差异在0.9分以内

二级　　差异在1.5分以内

三级　　差异在2分以内

以上描述是一种“理想化”的状态。在实际的训练过程中，骨干测试员的评分差异要比宋欣桥先生的描述大许多。例如，样本5是一级甲等，等级评判正确的有73人，评分差异达到了2分（最低97分，最高99分）。即使取中间50%成绩，分数差距也达到了0.8分，远高于0.5分的理想状态。

表7

样本5

N	Valid	73
	Missing	0
Mean		97.9705
Median		98.0000
Range		2.00
Percentiles	25	97.6000
	50	98.0000
	75	98.4000

以下是各测试样本的评分差异（已将等级判断错误的评分排除，只按照等级判断正确的评分计算）：

表8

等级	样本	“理想差异”	最大差异	50%差异	最大值	最小值	均值
一级甲等	5	0.5	2.0	0.8	99.0	97.0	98.0
	8	0.5	1.75	1.0	98.75	97.0	97.7
一级乙等	2	0.9	4.8	1.8	96.9	92.1	95.3
	6	0.9	4.85	1.7	96.85	92.0	95.4
二级甲等	1	1.5	4.45	2.9	91.75	87.3	89.6
二级乙等	3	1.5	6.9	2.9	86.9	80.0	83.4
三级甲等	4	2	8.8	3.5	79.1	70.3	76.1
	7	2	9.75	2.9	79.75	70.0	76.6
三级乙等	9	2	9.1	3.7	69.1	60.0	63.8

根据表8可知，骨干测试员群体的评分确实存在很大差异，等级为三级的样本评分差异竟然达到8分以上。即使只取中间50%的分数，其差异也近乎“理想评分差异”的2倍。“理想评分差异”与现实测试状况相距甚远。

四、讨　论

（一）评分差异的来源。

评分差异的产生原因是多方面的：1. 培训方面，这80名测试员来自34期不同的国测员培训班，受训年代跨度达 15 年。15 年间，培训内容不断丰富，培训手段不断改进，测试大纲也有新旧交替。2. 各地制定了本省的评分细则。新《大纲》颁布后，各地因地制宜，依据新《大纲》制定了地方细则。这些细则“是适应测试实际的现实选择……但客观地讲，有的细则并不完全适应测试的实践要求，甚至有偏离《大纲》原则之处，亟须规范和完善”（王晖，2007）。因此，评分标准不一致，评分差异自然在所难免。3. 训练样本中的应试者来自不同方言区，有的测试员因此受到困扰。这其实是受测试员自身听辨能力的限制。

（二）如何缩小评分差异。

应重视测试员的后续培训工作。目前国测员的再培训还未走上制度化、规范化的轨道，除此次专题研修班外，由国家中心举办的再培训项目屈指可数。测试员一般都有自己的本职工作，经过长时间的测试实践之后，对评分标准的把握难免会出现偏差。因此再培训的工作一定要重视。目前，测试员的远程培训项目已经列入国家中心的工作计划，全国一致的培训必然对统一认识、统一评分标准有所促进。

（三）如何衡量测试员的测试能力。

目前国测班对测试能力的考核要求为：“评定 5 位应试人（录音样本）的测试成绩，其中 3 人与标准答案一致，视为合格。”这里“与标准答案一致”仅指等级判断正确，对测试员具体评判的分数未作要求。《普通话水平测试管理规程》（2003）规定“同组测试员对同一应试人的评定成绩出现等差时由该测试组复议，出现级差时由考场负责任主持再议”，同样也只对等级的判定提出了要求。在实际测试中，假如等级判断一致，再大的评分差异也会被掩盖。在 PSC 开展 15 年的今天，“等级判断正确”依然是衡量测试能力的唯一标准，这不能不说是一个很大的遗憾。随着测试员远程培训项目的开展，测试员的考核标准、测试能力的衡量应该成为我们思考的课题。

参考文献：

[1] 李筱菊．语言测试科学与艺术［M］．湖南：湖南教育出版社，2001.

[2] 宋欣桥．普通话水平测试员实用手册［M］．北京：商务印书馆，2004.

[3] 国家语言文字工作委员会普通话培训测试中心编．普通话水平测试实施纲要［S］．北京：商务印书馆，2004.

[4] 王　晖．普通话水平测试评分细则分析［A］．第三届全国普通话水平测试研讨会论文集［C］．北京：语文出版社，2007.

普通话水平测试员工作心理探析与心理调适研究*

乔丽华（上海市语言文字水平测试中心　上海　200041）
谭和平（华东师范大学特殊教育学系　上海　200062）

［摘　要］　采用自编普通话水平测试员工作心理状况问卷对上海市 108 名普通话水平测试员进行调查，旨在探讨测试员工作心理与评分效率的影响因素及心理健康状况，为测试员工作心理调适提供依据。调查显示：环境条件是影响测试员工作心理的首要因素，其次是专家复审、组织管理及测试员自身状态等对工作心理有较大影响；专家复审是影响测试员评分效率的首要因素，其次是环境条件、测试员自身、测试题型等对评分效率有很大影响；女性测试员受组织管理的影响程度比男性测试员更大；文化程度越低的测试员受环境条件的影响越大；国家级测试员受专家复审的影响程度比省市级测试员更大。研究指出，普通话水平测试管理部门应加强对测试员的心理培训活动，测试员本人应自觉运用有效的自我心理调适方法，以增进心理健康。

［关键词］　普通话水平测试员；工作心理；评分效率；心理健康；心理调适

一、前　言

（一）问题提出。

众所周知，普通话水平测试对于测试员和应试者来说，都是对其语言能力、测试技能和心理素质的考验，这已引起研究者们的重视。过去研究者更多地关注测试员和应试者的语言能力和考试技能。近年来，关于测试员身心素质的研究以及应试者的应试心理与心理调适的研究已倍受关注。而今普通话水平测试员队伍在不断扩大，对测试员的要求更高，测试工作的高标准和各影响因素均可能产生不良的工作心理情绪，对相关工作产生消极态度，降低 PSC 工作绩效。普通话水平测试员在测试工作中有着特殊而突出的作用，是等级标准的直接执行者，其工作表现是否优秀、公正，要看测试员的评分效率和工作心理的水平。因此，只有普通话水平测试员队伍拥有良好的评分效率和稳定、积极的工作心理状态，才能真正保证推广普通话工作走向制度化、规范化、科学化。虽然已有关于普通话水平测试员心理健康教育的研究，但相对而言，专门针对测试员的工作心理、评分效率和心理健康及工作心理调适的研究还不多见。在普通话测试工作实践中，测试员的心理健康问题不仅影响到普通话测试的高效性和准确性，而且还影响到普通话水平测试工作整体水平的提高，因此，关于测试员心理健康问题及心理调适的研究显得非常重要。目前，普通话水平测试的各级管理部门强调要加强对测试员的心

* 本研究为上海市语言文字水平测试中心科研规划重点项目——普通话水平测试研究的子课题（ZX006-03）

理疏导，改善测试员工作心理状态，提高测试员评分效率，增进测试员自我心理调适能力和心理健康水平等，但在这些方面可选用的研究成果还不多，因而迫切需要进行更深入的调查与应用研究。

（二）研究方法。

1. 调查对象。

本研究从上海市200余名普通话水平测试员中抽取了120名进行调查，共获得有效问卷108份。其中，男性测试员人数为18名，女性测试员为90名。年龄范围从26岁到69岁，108名被试中有15名测试员是首次参与普通话水平测试工作。

2. 调查工具。

研究对多位测试员进行个别访谈之后，自编了“普通话水平测试员工作心理状况调查问卷”，主要调查测试员的心理健康状况、评分效率和工作心理的影响因素及其影响程度。它包括四个部分：第一部分调查测试员的基本信息；第二部分调查工作心理和评分效率的影响因素，其中，工作心理影响因素分为环境条件、专家复审、测试员自身、测试过程、PSC管理部门的组织管理等五个子因素；评分效率影响因素分为环境条件、测试题型、应试者、专家复审、测试员自身等五个子因素，每个因素分别有若干个项目（题目）；第三部分调查心理健康状况，采用“SCL—90症状自评量表”的题目。第四部分为开放式问题调查，目的是让测试员说出关于参加普通话水平测试工作的心里话，以了解他们的内心愿望和想法。

3. 调查过程。

本问卷采用不记名的方式，通过统一的指导语，由测试员独立完成书面回答，每份问卷所用时间约为15—20分钟。实施调查的途径有两种，主要的途径是在周末测试考点，利用测试员的午休时间进行团体调查，其次是通过邮寄的途径对少数测试员进行了问卷调查。问卷回收后，对有明显回答偏向或无效的问卷予以剔除，以求得到更为符合实际的、更周详的数据结果。另外，对个别测试员进行了访谈，借以对调查结果进行验证和补充，以保证测试结果的有效性。最后，实得有效问卷共108份。

4. 记分与统计。

本调查问卷的第二部分采用五级评分，要求测试员根据主观感受，选出自己的认可程度，分别为“不同意”“少许同意”“基本同意”“比较同意”“完全同意”，记分为1—5分。同时为计算每个项目的同意率，将“不同意”“少许同意”，即1-2分作为否定（或不同意）的回答，并记分为0；将“基本同意”“比较同意”“完全同意”作为肯定（或同意）的回答，记分为1。另外，对问卷中的14个反向陈述问题进行记分时，作了反向记分的转换。第三部分也采用五级评分，即“从无”“轻度”“中度”“偏重”“严重”，作1—5记分。除了统计每个项目的同意率以外，还按照问卷构成计算的各子因素的得分，并按影响测试员的程度，对各影响因素进行排序。所有的数据统计都采用SPSS12. 0. 1统计软件进行。

二、普通话水平测试员工作心理及心理健康的调查结果

（一）测试员工作心理及评分效率的影响因素及影响程度。

在这里，评分效率是指在规定的时间范围内评分的准确率，换句话说，评分效率是指测试员在规定的时间里所评出的分数等级与应试者的实际普通话水平的符合程度。评分效率的指标有评分准确性、评分速度、评分误差与评分偏向等。工作心理是指在测试评分过程中所保持的心理活动状态，分为良好的积极的工作心理状态和不良的消极的工作心理状态。本研究首先对“在普通话水平

测试管理方面，您认为哪些情况有待PSC管理部门进一步改进?”这项调查进行了描述性统计，结果表明，在108名测试员中有69.4%的测试员认为“PSC管理部门组织的福利活动”有待进一步改进；有68.5%的测试员认为“测试员的工作报酬”也有待进一步改进；其他需要改进的依次是：“每次应试者的数量（39.8%）”“培训考核的内容与方式（37.0%）”“测试工作时间的长短（27.8%）”“测试休息时间的长短（22.2%）”“对测试员的奖惩方式（21.3.5%）”“考场设备条件（20.4%）”“测试员参加课题研究（19.4%）”“测试员团队氛围（19.4%）”。可见，这些因素对测试员的工作心理和评分效率都有一定程度的影响。

1. 测试员工作心理的影响因素及影响程度。

为了解影响工作心理的五个子因素对测试员的影响程度（在1-5之间），本研究进行了描述性统计，结果表明（如表1所示）：环境条件因素对测试员工作心理造成影响程度最大，均值约为3.00，而PSC管理部门的组织管理和专家复审也容易对测试员工作心理造成影响，均值分别为2.67和2.59，但相对而言，测试过程与测试员自身这两个因素对测试员工作心理的影响较小。

表1　测试员工作心理的影响因素及影响程度（N=108）

工作心理的影响因素	影响程度（M±SD）	影响程度排序
环境条件因素	2.99±0.70	1
组织管理因素	2.67±0.63	2
专家复审因素	2.59±0.69	3
测试过程因素	2.37±0.40	4
测试员自身因素	2.15±0.38	5

对测试员工作心理项目（题目）同意率的统计发现：在环境因素上，87.0%的测试员认为，测试场所的环境过于喧闹而产生消极情绪，会影响工作心理；在组织管理上，92.6%的测试员认为，PSC管理部门的福利及人性化的管理会影响测试员工作心理；在专家复审方面，72.2%的测试员认为，专家复审的结果会让自己感到非常沮丧和焦虑。

2. 测试员评分效率的影响因素及影响程度。

为了解影响评分效率的五个子因素对测试员的影响程度（在1-5之间），本研究进行了描述性统计，结果表明（如表2所示）：专家复审因素对测试员评分效率的影响程度最大，其均值达3.07；环境因素也容易影响评分效率，均值达2.90。而测试员自身、测试题型与应试者等对测试评分工作的影响程度相对较小。

表2　对测试员评分效率的影响因素及影响程度（N=108）

评分效率影响因素	影响程度（M±SD）	影响程度排序
专家复审因素	3.07±0.82	1
环境条件因素	2.90±0.82	2
测试员自身因素	2.39±0.60	3
测试题型因素	2.37±0.81	4
应试者的因素	1.51±0.40	5

对测试员评分效率项目（题目）同意率的统计发现：在专家复审上，77.8%的测试员认为，影响评分效率最大的是专家复审和审听反馈制度的监督作用；在外在环境条件上，“测试场地周围嘈杂声”和“测试场地的回音效果”对评分效率的影响程度最大，同意率分别是86.1%和81.5%；

此外，有 86. 1% 的测试员同意“经验不足很容易造成测试员的评分误差”；有 72. 2% 的测试员认为“读单音节字和词语的评分操作比其他部分简单，测试评分效率较高”；有 73. 1% 认为“每天测试的人数超过 28 人，会严重影响测试员的评分效率”。

（二）对不同测试员群体工作心理和评分效率的影响差异。

1. 对不同测试员群体工作心理的影响差异。

本研究考察了环境条件、测试员自身、测试过程、专家复审及 PSC 管理部门的组织管理等对测试员工作心理的影响程度在性别、年龄、文化程度等上的差异情况，结果表明：外在环境条件对测试员工作心理的影响程度在不同年龄阶段上有接近显著性的差异（F = 2. 439，p = 0. 069）；环境条件和组织管理对 46 到 55 岁的测试员的心理影响最低；专家复审、测试员自身和测试过程对 56 到 70 岁的测试员的心理影响最低；而对 26 到 45 岁的测试员工作心理的影响普遍较高。组织管理对测试员工作心理的影响程度存在显著的性别差异（t = 2. 163，p = 0. 033），男性测试员的平均值普遍低于女性测试员。专家复审对测试员的影响程度在不同文化程度被试间存在接近显著性的差异（F = 2. 410，p = 0. 071），对文化程度较低测试员的影响程度反而较小。专家复审因素对国家级测试员与省市级测试员工作心理的影响程度存在极其显著的差异（t = 2. 889，p = 0. 005），国家级测试员受专家复审因素的影响程度要比省市级测试员更大一些。

2. 对不同测试员群体评分效率的影响差异。

本研究考察了环境条件、测试题型、应试者、专家复审、测试员自身因素等对测试员评分效率的影响程度在性别、年龄、文化程度等上的差异情况，结果表明：测试员自身因素对测试员评分效率的影响程度有显著的性别差异（t = 2. 396，p = 0. 018），女性测试员的评分效率受其自身因素的影响程度比男性测试员要高。外在环境条件对不同文化程度测试员评分效率的影响程度存在显著差异（F = 2. 951，p = 0. 036），文化程度越高的测试员受外在环境条件的影响越小。测试题型对常用语是否为普通话的测试员的影响程度存在显著差异（F = 3. 405，p = 0. 037），日常用语为普通话的测试员受各维度因素影响的均值普遍较低，而日常用语为方言的测试员受各个因素影响的均值普遍较高，可见，测试题型对日常用语为方言的测试员的影响程度更大。

（三）测试员的工作意愿与工作态度的情况。

1. 测试员对测试工作的意愿情况。

对“您选择 PSC 测试员这份工作的理由是什么？”项目的描述性统计结果表明，在 108 名测试员中有 75. 9% 的测试员是为了“提高自己的普通话水平”；有 74. 1% 的测试员是因为“热爱语言学专业”；另外的理由依次是：“推广普通话（61. 1%）”“结交更多的朋友（57. 4%）”“对 PSC 测试有感情（52. 8%）”“促进自己的本职工作（47. 2%）”“获得成就感（40. 7. 5%）”“增加经济收入（39. 8%）”。对“哪些情况会让您放弃参加某次 PSC 测试的机会？”调查的描述性统计结果表明，在 108 名测试员中有 76. 9% 的测试员会因为“与本职工作相冲突”而放弃；有 67. 6% 的测试员会因为“自己或家人生病”而放弃；另外的可能原因依次是：“身体疲惫（37. 0%）”“路程较远（18. 5%）”“天气糟糕（11. 1%）”“酷暑或严冬季节（10. 2%）”。我们也可从这些放弃参加测试的原因中了解到影响测试员工作心理情绪的客观原因。

2. 测试员对测试工作的态度情况。

对“测试员面对应试者应具有哪些工作态度？”项目的描述性统计结果表明，在 108 名测试员中有 88. 9% 的测试员认为要“与应试者有目光交流”；有 80. 6% 的测试员认为应“大多数时间保持微笑"；另外的态度和看法依次是："适当地调整身体姿势（52.8%）""与应试者有言语交流（49.1%）""可以喝水（38.9%）""抬头看应试者而仅记录错误处（32.4%）"。只有极其个别的测试员认为可以"始终保持沉默""保持严肃的表情""双手可以任意活动"等。从这里可以看出，上海市普通话测试员的整体素质良好。

在本次调查中，有63位测试员就"对于参加普通话水平测试（PSC）工作，您最想说的话是什么?"这项开放题作了自由阐述，统计表明，有21位测试员（占33%）表示"对测试工作满意和满足"；有13位测试员（占21%）表达"对自己现有的语言学能力和普通话水平不满，希望有进一步的深造"；有12位测试员（占19%）提到"PSC部门的管理仍有改进之处，希望测试工作能越办越好，推广普通话能更加顺利"；有8位测试员（占13%）希望"能有更多与其他测试员交流、相互学习、共同促进发展的机会"；也有8位测试员（占13%）表示"对现有工作报酬不满"。测试员们的这些心声体现了他们的心情、愿望和困惑，这些也是要进行工作心理调适的内容。从某种意义上讲，回答此题就是在做某种心理宣泄，借以让测试员们宣泄内心的冲突（心理不平衡）、冲动想法或不满情绪等。

（四）测试员的心理健康状况。

1. 测试员心理健康水平的总体现状。

对SCL—90症状自评量表的九个因子的得分和总得分，以及每个因子的均分超过2分的（异常）人数以及总得分超过160分的（异常）人数进行了统计，结果如表3所示。被调查的108名测试员在SCL—90症状自评量表上的测试分数均值都低于中国成人常模，这说明上海市普通话水平测试员的心理健康水平在总体上表现良好。但是，仍有少数测试员的心理健康状况不佳。在108名测试员中有7名测试员（占6.5%）被检测出存在总体心理健康状况异常。异常检出率（即异常人数占本次调查总人数的百分比）最高的是强迫因子，有15名测试员（占13.9%）被检测出有异常；其次是在躯体化因子上，有10名测试员（占9.3 %）被检测出有异常；然后是敏感、敌对、偏执因子，分别都有6名测试员（占5.6 %）被检测出有异常。

表3　测试员（N=108）的心理健康水平以及问题检出率

问题因子	中国成人常模（M±SD）	普通话测试员（M）	异常的人数	异常检出率（%）	问题严重情况排序
强迫	1.62±0.58	1.45	15	13.9	1
躯体化	1.37±0.48	1.36	10	9.3	2
敏感	1.65±0.51	1.30	6	5.6	3
偏执	1.43±0.57	1.21	6	5.6	3
敌对	1.48±0.56	1.24	6	5.6	3
抑郁	1.50±0.59	1.26	5	4.6	4
精神病	1.29±0.42	1.21	5	4.6	4
恐怖	1.23±0.41	1.16	4	3.7	5
焦虑	1.39±0.43	1.26	3	2.8	6
总得分	129.96±38.76	116.42	7	6.5	—

2. 测试员心理健康问题的具体表现。

对测试员在SCL—90症状自评量表上的项目（题目）分析表明，问题最严重的是强迫因子，有

65 名测试员（60.2%）主述“忘记性大”，有 54 名测试员（50.0%）主诉“做事必须反复检查”。其次是躯体化因子，表现为“三痛”，在 108 名测试员中，有 65 名测试员（60.2%）主诉“腰痛”，有 61 名测试员（54.6%）主诉“头痛”，有 58 名测试员（53.7%）主诉“肌肉酸痛”。在焦虑因子上，有 51 名测试员（47.2%）主诉“感到要很快把事情做完”。在抑郁因子上，有 45 名测试员（41.7%）主诉“感到自己的精力下降，活动减慢”。在敌对因子上，有 44 名测试员（40.7%）主诉“容易烦恼和激动”。在“其他”因子上，主要表现为吃、睡问题，有 58 名测试员（53.7%）主诉“睡不好”，有近三成测试员主诉“吃得太多”，这也是焦虑的行为表现。

三、普通话水平测试员工作心理调适的研究结果

（一）针对测试员的心理调适理论与策略。

1. 认知疗法的心理调适理论与策略。

在认知疗法中最实用的是 ABC 理论，它是埃利斯（Albert Ellis）的理性情绪疗法（Rational-Emotional Therapy）的核心部分。该理论认为，非理性的观念（如绝对化、概括化、糟糕化的观念）导致非理性的情绪和行为。ABC 理论的要义是，诱发事件（A = Activating events）不直接导致情绪与行为（C = emotional and behavioral Consequences），而是因诱发事件而产生的观念、信念（B = Beliefs）直接导致情绪与行为。因此，解决心理问题的关键不是处理外在的诱发事件，而是矫正内在的非理性观念。测试员在工作中常常会遇到各种诱发事件，产生不良情绪与行为。如本次调查显示，有 40.7% 的测试员报告“容易烦恼和激动”。他们往往是一遇到诱发事件就产生了不良的情绪反应，那是他们因诱发事件产生的不良观念所致。例如，测试员因为迟到而歉疚，因为评分与专家复审不一致而恐惧等，这是因为在他们的信念里，迟到或专家复审不一致是绝对严重的很糟糕的事情，而这正是导致内疚和恐惧的非理性观念。在此建议测试员要主动掌握 ABC 理论去解决自己在 PSC 工作中遇到的心理烦恼。

2. 人本疗法的心理调适理论与策略。

在人本疗法中最常用的是支持性心理疗法（Supportive Psychotherapy），它强调应激、支持、尊重这三个关键概念。个体对应激的反应与适应取决于个体对应激和挫折的严重程度的感受以及应付困难的潜在能力，而对付应激事件的关键是获得心理支持，特别是获得尊重。测试员的需要是多元的，他们的工作目的与需求不仅仅是为了获取报酬。如本次调查显示，测试员选择此工作的原因不是单一的，有 75.9% 的测试员是为了提高自己的普通话水平，有 74.1% 的测试员是因为热爱语言学专业，而只有 39.8% 的测试员是为了增加经济收入。因此，PSC 管理部门应该坚持以人为本，并根据人本疗法的基本要求，更多地组织测试员的心理培训活动和福利活动，以增加他们之间的沟通交流，满足他们的心理需要。对于遇到突发事件（如评分差错、应试者申诉等）的测试员，要积极为他们提供心理支持，并尊重他们的想法、选择等。测试员本人应该积极参与测试员团体活动，一旦遇到心理危机事件，要积极寻找心理资源，获得心理支持。

（二）针对测试员的实用心理调适方法与技巧。

1. 心理宣泄。

心理宣泄是指让个体尽情倾诉、任意行动，以宣泄其多余心理能量的方法。心理宣泄追求心理能量释放后的满足和快感。一般的人会在日常活动（如做梦、努力工作等方式）中自然释放多余的潜意识能量；而有心理障碍的个体很难做到，可以通过适当的手段，促使其宣泄其潜意识中多余的

能量。可以采用“尽情诉苦”“痛哭一场”“长跑运动”“摔打东西”等方式进行心理宣泄。测试员可通过心理宣泄，消除常见的压抑、气愤、偏执、心理不平衡等不良心理情绪。

2. 放松训练。

放松训练的方法有很多，最常见有深呼吸法、音乐法、催眠法、肌肉紧张-放松交替法等。其中，肌肉紧张-放松交替法是指个体采用系统的肌肉紧张-放松交替进行方式进行放松，以减轻或消除其紧张、焦虑等心理状态的方法。它所依据的交互抑制原理是指个体的行为方式在同一时间及同一空间只能有一种神经活动倾向，即要么兴奋，要么平静，兴奋和平静是相互抵制的。我们可以用“松懈肌肉的行为”作为“不相容行为”来抵制神经性焦虑与恐惧行为。调查显示，测试员尤其会在躯体化因子、强迫因子和焦虑因子上出现具体问题。测试员的强迫症状大多是由于在测试工作过程中神经系统长久、紧张、单调地工作所致，而放松训练中“肌肉松懈行为”正好可以抵制这种“神经紧张行为”。放松训练对于测试员的紧张焦虑、躯体化的腰酸背痛以及对于表现为睡眠不好的神经衰弱症状的解除有较好的功效。

3. 系统脱敏。

系统脱敏是指以一种以渐进方式克服一些神经症，如焦虑、恐惧等心理障碍的行为治疗。系统脱敏要求当事人在充分放松的心境下，逐渐地接近所敏感的事物，或者是逐渐地提高刺激物的敏感强度，使当事人的敏感障碍逐渐减轻，甚至完全消失。调查显示，普通话水平测试员在人际敏感因子上的问题也比较突出。普通话水平测试员的具体工作是与人打交道的，但那是一种没有实质交流的交往。普通话水平测试员在测试过程中可以与应试者目光交流或微笑面对，但那是机械重复的、呆板的、僵硬的、表情严肃的交流，这种长久的无实质意义的交流甚至污染了他们原先的实质意义的交流，这也许是导致普通话水平测试员人际敏感的主要原因。人际敏感与恐惧是联系在一起的，是一种对人际交往的担忧和焦虑。对于人际敏感的测试员，要鼓励他们多进行日常的人际交往，做到渐进脱敏。

4. 直接觉察。

直接觉察是一种格式塔心理疗法。主要是通过提出一些简单、直接的问题，让个体来感知事物的本来。如“你感觉到你手里拿的是什么”“你的手正在干什么”“你在对什么生气”。回答这些问题，不需要深奥的思考，都是可以信手拈来的、能直接感知到的内容。很多心理问题是很难找到原因或理由，或者说是由于找不到心理支撑的原因或理由而导致心理障碍。调查发现，普通话水平测试员在焦虑、抑郁、精神病性等因子上存在问题，而这些心理问题往往是莫名其妙而来的，解决的关键就是要为它的由来找到切实（存在）的根据。直接觉察法可以帮助平时比较焦虑、抑郁的测试员满足这种（存在的）心理需要。

5. 角色反演。

角色反演也是一种格式塔心理疗法。个体通过扮演与其平时典型行为完全相反的角色来矫正其不良的个性与情绪体验，如一个温顺谦逊的“小绵羊”去扮演一个富有攻击性的“大嗓门”。测试员平时习惯了做 PSC 主考官，对应试者的应试状态反而感到陌生了，为解决这个问题，测试员可以去做一次应试者，亲身体验一下当应试者的心态。对专家复审的结果感到恐惧的普通话水平测试员，可以对其他的测试员所做的评分进行几次复审，去体验一下做复审专家角色的感觉，以消除自己莫名其妙的恐惧感。

四、讨 论

（一）测试员工作心理及评分效率的影响因素。

普通话水平测试是理论性和技术性要求很高的工作，而对测试质量的保证和测试员评分准确度的监督与测量，目前主要靠专家复审的管理督促。每次审听反馈均以排名次的方式公开展示审听结果，一方面有利于测试员及时地、公开公正地了解自己的评分效率情况，但另一方面必然会造成测试员一定程度的心理压力，使测试员在评分标准的把握上有所顾忌，评分工作受制于专家复审。如调查显示，专家复审对测试员评分效率的影响程度最显著，几乎所有的测试员都认同专家复审对测试评分效率有影响。因此，PSC 管理部门应规范测试的程序，为每位测试员提供周期性的测试培训与测试演练，让测试员能在平时的训练中不断提升判断能力和评分效率，能以积极的工作态度来面对专家复审带来的压力，保持良好的工作心态[9]。虽然，专家复审是以资历深经验丰富的专家对测试评分进行抽查检验，但也会存在人为误差。因此，针对实际情况，PSC 管理部门也可以大规模地利用计算机作为辅助工具，对测试员评分效率进行检验，以有效地保证专家复审的公正性与客观性，有利于以后测试工作的公正与严谨。

本调查显示，测试场地周围嘈杂声、回音效果、采光度、室内温度和气候情况均对测试员评分工作产生影响，造成了评分误差。测试工作是脑力劳动与体力劳动高度集中的一项工作，外界（考场）环境容易影响测试员的工作（评分）效率和引发测试员的倦怠心理。目前，在上海地区每位测试员一天平均要测试 28 名应试者，工作中每分每秒都不能懈怠，除了单调辛苦的工作程序，测试员还要克服恶劣的天气或硬件设施的不足。因此，PSC 主管部门应采取措施，通过工作环境的设计与布置，最大可能地降低测试员工作的疲劳程度和倦怠心理。

（二）对不同测试员群体工作心理及评分效率的影响。

在对工作心理的影响上，PSC 管理部门的组织管理因素对测试员工作心理的影响程度存在显著的性别差异，女性测试员也更容易受到组织管理因素的影响。这可能与女性固有的敏感素质有关，她们比较在乎外界的变化，内心感受比较敏感。调查表明，26 到 45 岁的测试员受专家复审、测试员自身和测试过程因素的影响最大，而 56 到 69 岁的测试员受的影响较小。这可能是因为年龄大的测试员的心理稳定性更好。调查还显示：国家级测试员的工作心理受专家复审的影响程度要比省市级测试员更大；而专家复审对文化程度较低的测试员工作心理的影响程度反而较小，这也是符合实际情况的。理论上讲，国家级测试员要比省市级测试员更不怕专家复审，但事实是，国家级测试员对自己的要求更高，与高学历测试员一样，他们更在乎高水准的面子，更容不得出现与专家复审的评分有差距，从内心里更在乎专家复审的结果与评价，因此受到专家复审的影响也就更大。

在对评分效率的影响上，测试员自身因素对评分效率的影响程度存在显著的性别差异，对女性测试员的影响更大。由于受社会角色需要与生理的影响，女性往往表现得较为敏感，更有情绪波动，易受外界因素的影响，男性则相对较为冷静，情绪较平稳。对此，女性测试员更应该注意调整自身消极心理，做到适时调节，以乐观积极向上的工作态度来担当普通话推广与测试工作的重任。调查还显示，处于中老年阶段的测试员更能客观地进行测试评分，受外界与自身因素的影响程度更小。虽然中老年龄段测试员的文化程度和普通话口语等级不如年轻的测试员，但他们一般都已有相当长的测试经历，有高度的责任感和丰富的测试经验，而且自身事业与家庭也处于平稳阶段，相对更能沉着冷静地投入测试工作之中。调查还表明，日常用语为普通话的测试员在评分工作中表现得更加有把握，有信心，评分效率更高。在普通话推广过程中，测试员不仅承担辅导和测试的重任，同时起到榜样的作用，以身作则，时刻讲标准的普通话，这也是促进自身言语水平的手段，对测试工作也有积极作用。

（三）测试员的工作愿望与态度。

关注测试员的心理健康，不能仅关注他们存在的身心问题，还要关心他们的工作愿望、态度等。PSC 工作并非是一项单纯的事务性工作，多数测试员都有高度的责任感和使命感，对测试员工作十分热爱，对测试工作十分执著，有吃苦耐劳的精神，他们并不会因为工作条件的辛苦或其他事物而影响测试工作的进程和忽视推广普通话的使命[10]。根据本调查，目前上海市测试员队伍的思想政治素质与职业道德素质已达到相当高的水平，已充分认识普通话水平测试工作的重大意义，能认真学习国家语言文字工作的有关政策和方针，热心语言文字工作，对推普工作有高度的责任感和使命感，同时能以身作则，严于律己，不断要求提高语言知识与实践能力。普通话水平测试工作相对来说是一项十分有意义但又很枯燥的工作，也是一项需要高度注意力、需要高水准的言语能力和良好体能的工作。虽然，测试题型内容从原先的五大部分精简为四个部分，但每天的工作量并没有减少，因为应试者的人数也相应有所增加，测试员所付出的劳动力也有增无减，工作量的增加和自身责任压力加重可能会引发一些测试员的心理失衡与工作效率下降，因此适当组织一些福利活动或提高测试员的工作报酬，也是满足测试员的工作愿望的有效措施。

（四）测试员的心理健康状况。

调查显示，上海市普通话水平测试员的总体心理健康状况良好，但仍有少数测试员的心理健康状况不佳，在 108 名测试员中有 7 名测试员（占 6.5%）被检测出存在总体心理健康状况异常。有少数测试员在 SCL—90 症状自评量表的总体和各因子上被检测出心理健康异常，首先在躯体化方面，如“三痛”（“腰痛”“头痛”“肌肉酸痛”）；其次是强迫症状，如“做事必须反复检查”“头脑中有不必要的想法或字句盘旋”等。针对这些被检测出异常的测试员，需要做进一步的心理评估，但本次属于无记名调查，不知道具体是哪些测试员被检测出有异常情况。PSC 管理部门可以通过其他方式（如交流谈心、同行提供信息等），从侧面探知个别测试员的心理困惑或遇到的危机事件等，如发现有心理健康问题的测试员，应即时采取措施，给予心理支持。

调查表明，35 岁以下的年轻测试员存在着较多的心理健康问题，而 36—45 岁测试员的内心焦虑程度最高。可能的解释是，36—45 岁的测试员正处于成年向中老年过渡的阶段，相对其他年龄阶段的测试员必定会承受更多来自各个方面的压力或重任，家庭、工作所要处理的事务相对也较为繁琐、复杂。因此，在此年龄阶段的测试员应加强调整自我的生活节奏和合理安排工作，适当地进行放松活动，合理地调适心情来面对每日的工作与生活。调查还表明，女性测试员的心理健康状况比男性测试员要略差一些，而省市级测试员心理健康状况比国家级测试员要略差一些，女性测试员，尤其女性的省市级测试员更需要心理关怀。PSC 管理部门在提供良好的测试环境，避免测试过程的各种干扰因素，保证提供一个相对简便、顺畅的测试流程的同时，更要关注女性测试员的心理调适。

（五）测试员工作心理状态的调适。

目前，绝大多数的普通话水平测试员是兼职测试员，而普通话水平测试工作不仅要求测试员要有高效的听觉辨别能力和评判打分技能，而且还要以良好的心态和面貌为应试者提供高质量的服务，既要对国家推广普及普通话的工作负责，又要对应试者个人负责。这种服务和责任不能全靠管理或激励来驱动，最重要的是要靠觉悟和道义来驱使。因此，普通话水平测试员是值得敬重的。他们所肩负的身心压力也是很重的，他们需要理解，需要尊重，需要精神支持。

在对待测试员的工作心理调适方面，PSC 管理部门应开展丰富的心理培训活动和福利活动。如可以邀请心理学专家开设心理咨询讲座，对测试员进行面上的、预防性的心理疏导。个体要达到良好的心理调适效果，仅靠别人的心理帮助和团体心理活动是不够的，重要的是要靠个体的自我心理调节。因此，测试员也应该正确地掌握工作心理调适的策略与技巧，主动积极地进行自我心理调适，以增进身心健康。

五、结论与建议

（一）结论。

1. 环境条件是影响普通话水平测试员工作心理的首要因素，其次是组织管理、专家复审和测试员自身状态等；组织管理对不同性别测试员的影响存在显著差异，女性测试员更容易受组织管理的影响；专家复审对不同级别和文化程度的测试员的心理影响存在显著差异，国家级测试员比省市级测试员受专家复审的影响更大，文化程度越高的测试员受专家复审的影响越大。

2. 专家复审是影响测试员评分效率的首要因素，其次是环境条件、测试题型和测试员自身状态等；女性测试员受其自身状态的影响程度要比男性测试员更大；环境条件对不同文化程度测试员产生的影响存在显著差异，文化程度越高的测试员受环境条件的影响越小；测试题型对日常用语是否为普通话的测试员的影响也存在显著差异，对日常用语为方言的测试员的影响程度更大。

3. 绝大多数测试员是为了提高自己的普通话水平或热爱语言学专业而选择 PSC 工作，而绝大多数测试员会因与本职工作相冲突或因自己或家人生病放弃参加某次测试的机会；绝大多数测试员有良好的工作心态，并对测试工作感到满意和满足。

4. 上海市普通话水平测试员的心理健康水平在总体上表现良好，同时也存在比较突出的和具体的心理健康问题，主要表现在躯体化、强迫症状、人际敏感、焦虑等方面；中年测试员的内心焦虑程度最高；女性测试员（尤其女性省市级测试员）的心理健康状况比男性测试员要差，她们更需要心理关怀。

（二）建议。

1. PSC 管理部门应积极改善测试的外在环境条件和考场心理氛围。只有创建出一种和谐融洽、以人为本的考场氛围，测试员才能自然轻松，心情平稳地专注于测试工作。

2. PSC 管理部门要积极改进组织管理制度和专家复审制度。要全面、客观、公正地评价每位测试员的工作，不应过分强调专家复审的结果。

3. PSC 测试员应进一步提高自己的身心素质。测试员应加强工作心理状态的自我调节，尤其是要提高对专家复审带来的紧张与焦虑情绪的心理调节能力。同时，测试员应积极参加 PSC 管理部门组织的测试培训、心理培训以及福利活动，主动运用一些心理调适的策略和技巧。

参考文献：

[1] 武文茹．论普通话测试员的综合素质［J］．福州师专学报，2002.

[2] 周秋原．加强测试员自身修养，提高普通话测试水平［J］．高等函授学报（哲学社会科学版），2003.

[3] 胡佑章．普通话水平测试中的心理调适问题［J］．达县师范高等专科学校学报（社会科学版），2004.
[4] 谭和平，马红英．PSC过程中引起应试者产生焦虑的因素研究［A］．上海市普通话测试中心编．普通话水平测试理论与实践［M］．上海：百家出版社，2006.
[5] 吕洪燕．浅析测试员对普通话水平测试结果的影响［J］．江汉大学学报（人文社会科学版），2002，(21)：18-20
[6] 李　贞．测试员角色形象分析［J］．广西社会科学，2002.
[7] 申向阳．试论普通话测试中心理因素的负效应及调控策略［J］．阿坝师范高等专科学校学报，2005.
[8] 程相伟．普通话测试员评分误差原因及对策初探［J］．洛阳师范学院学报，2002.
[9] 戴梅芳．浅谈普通话水平测试工作的管理［J］．语言文字应用，1997.
[10] 宋欣桥．测试员实用手册［M］．北京：商务印书馆，2000.

普通话水平测试员队伍管理的新视角
——“心理契约”管理

蒋冰冰（华东师范大学　上海　200062）
王颐嘉（上海市语言文字水平测试中心　上海　200041）

［摘　要］　普通话水平测试员队伍是一支由知识员工组成的外聘队伍，在普通话水平测试事业的发展中起着重要作用。随着普通话水平测试事业的深入推进，如何培训、管理并建立一支思想品德良好、业务技术出色的高质量、高水平的测试员队伍成为普通话水平测试员队伍管理中的一个重要问题。本文引入西方人力资源管理领域新兴的“心理契约”理论，在实证调查研究的基础上，分析普通话水平测试员队伍的管理特点，以期对提高普通话水平测试员队伍的管理水平有所助益。

［关键词］　普通话水平测试员；心理契约；管理

一、问题的提出

自1994年10月30日国家语委、国家教委、广播电影电视部联合颁发《关于开展普通话水平测试工作的决定》（国语〔1994〕43号）之后，各省、自治区、直辖市相继成立了普通话测试机构，专门负责相应地区的普通话培训、测试工作。为了适应普通话水平测试工作的需要，各省市普通话测试机构培训并建立了一支普通话水平测试员队伍。这支队伍是开展普通话水平测试的必要条件，促进了普通话水平测试事业的繁荣与发展。普通话水平测试工作开展十余年来，各地测试机构有关测试员队伍管理的各项工作都已逐步走上制度化、规范化、科学化的管理轨道，所培养的测试员队伍也已成长为确保完成普通话水平测试任务的中坚力量。

新时期，随着普通话推广工作的深入开展，普通话水平测试工作需要向更广泛的行业领域延伸；同时，计算机辅助测试工作正逐步推开，测试工作对测试员队伍的管理水平以及测试员的综合素质都提出了更高的要求。新形势下，测试员队伍管理中的一些问题逐渐凸显，其中一个难题涉及测试员队伍人力资源管理方面的问题，进一步说，就是测试员的流失现象比较明显的问题。流失的原因各种各样，比如有工作忙、对测试工作没有兴趣、年龄大了、身体不好、出国，等等。与此同时，即便是已注册人员①，有的也只能勉强、甚至不能参加测试工作。这些情况无疑给开展日常的普通话水平测试工作带来了困难，给测试员队伍的管理工作提出了挑战。这一挑战在当前的时代背景下具有一定的普遍性，那就是外聘员工队伍的管理问题。该问题也是管理业界及理论界的一大难题。针对测试员队伍管理而言，测试机构与外聘的测试员之间没有直接的隶属关系，因此测试工作的协调、管理难度较大。当前，如何建设并管理好一支由外聘的知识员工组成的测试员队伍，增强测试机构的凝聚力，高效有序、保质保量地开展普通话水平测试工作，成为测试机构管理工作中一个亟待解决的重要问题。

为了更好地探讨这一问题，本文一方面对上海市普通话水平测试员队伍的现状及管理情况进行调查研究；另一方面也对西方在当代知识经济时代的大背景下针对知识型员工的管理模式——心理契约管理理论加以学习与借鉴。总之，本文将运用心理契约管理理论，在实证调查研究的基础上，分析普通话水平测试员队伍及其管理特点，以期对提高普通话水平测试员队伍的管理水平有所助益。

二、普通话水平测试员队伍的性质和特点

为了具体了解普通话水平测试员队伍的现状及存在的问题，并为测试机构的测试员队伍管理工作提供有效建议，我们课题组于2007年8、9月间在上海市普通话水平测试员中举行了测试员座谈会，开展了问卷调查工作，并走访了上海市语言文字水平测试中心的管理工作者。此次问卷调查对象是2007年8月底参加培训与注册的212名测试员。发放问卷212份，回收有效问卷212份，回收率百分之百。现将有关情况分析如下：

（一）测试员队伍的性质。

测试员队伍是一支以教师为主体、老中青结合、外聘知识员工组成的队伍，整体上具有较高的政治素质和文化素质。具体数据如下：

1. 测试员属于知识型员工。

最少有两个指标能够说明这一点。

其一，从文化程度上看，测试员队伍整体文化程度较高。本科的比例达68.3%，研究生（包括博士、硕士）的比例达15.1%，其他②占16.6%。

其二，从职业分布情况看，212名测试员的职业分布比例由高到低依次是中学（32.13%）、小学幼儿园（20.29%）、大学（17.39%）、中专职校（13.04%）、播音员（10.63%），其他（6.52%）。可见，教师是测试员队伍的主体，合计达82.85%。

2. 测试员队伍具有较高的政治素质，是一支老中青结合的队伍。

在政治面貌方面，中共党员占50.8%，民主党派成员占15.2%，团员占3%，合计69%；其他情况占31%。可见，测试员队伍具有较强的政治意识，政治素质较高。

在各年龄段的比例方面，30岁年龄段的人数最多，占46.6%，其次是40岁年龄段（17.6%），然后依次是50岁年龄段（12.4%）、60岁年龄段（11.4%）、30岁以下年龄段（不含30岁，11.0%），还有70岁以上的占1.0%。可见，测试员队伍老中青结合，并以中青年人为主。

（二）测试员队伍的特点。

世界著名管理大师彼得·德鲁克提出了知识员工的概念，并指出知识员工是属于那种“掌握和运用符号和概念，利用知识或信息工作的人”。跟非知识员工相比，知识员工主要从事脑力劳动，拥有知识资本，具有实现自我价值的强烈愿望，重视成就激励和精神激励等。本次调查发现，测试员具有知识型员工的典型特征。具体情况如下：

1. 测试员重视自我价值的实现，具有强烈的职业意识。

身为测试员，其价值的实现主要通过参加普通话水平测试工作体现出来。当问及“您被安排参加测试工作”的感受时，79.3%的人直接表明测试工作可以实现自我价值，即可以“发挥自己的特长”；56.6%的人有职业荣誉意识，这也间接表明了对实现自我价值的欣悦之情，即“有荣誉感”；

56.1%的人感到能有机会实现自我价值，即“受到重视”；48.6%的人对测试工作安排的感受比较积极，即“能以测会友”。这些数据说明了大多数测试员都很重视自我价值的实现。

一般情况下，重视自我价值的实现，势必会重视职业的发展，看重职业身份；看重职业身份，又会强化职业意识。由调查可见，91.5%的人“看重”测试员称号；身为测试员，97.6%的人“有责任感”，78.8%的人“有荣誉感”。可见，测试员具有强烈的职业意识，这将对测试工作带来十分积极的影响。

2. 测试员重视成就激励和精神激励，具有强烈的荣誉意识。

在给测试员颁发荣誉证书方面，93.8%的人认为“有必要”，97.2%的人认为有必要给参加测试工作十年以上的测试员颁发荣誉证书。在颁发荣誉证书所能产生的影响方面，主要有“能增强荣誉感”（81.6%）、“能调动工作积极性”（76.4%）、“增强对测试工作的认同感”（68.9%）、“对其他测试员带来积极影响”（61.8%）等。可见，测试员很重视精神激励，十分看重测试机构授予的测试工作方面的荣誉。

3. 测试员重视知识资本的拥有，具有主动的学习意识。

对知识资本的拥有是个不断学习、不断积累的过程。对于从业人员来说，培训是一个非常重要的方式。测试员就十分重视培训，有90.1%的人认为有必要举办测试员后续培训。

在后续培训中，希望加强的培训内容涉及了“有关普通话测试评分能力”（81.1%）、“有关测试员自身语言能力”（69.3%）、“有关普通话理论知识”（49.1%）、“有关测试员的品德修养”（21.2%）等重要的业务能力及素养。此外，还有一些个性化需求，包括业务能力（比如“审听反馈再提高”“朗读能力”“沪方言理论”）、测试工作程序（比如“规范的工作程序”）、科研能力（比如“课题研究水平”“论文撰写”）、人际交往能力（比如“人际沟通能力”）、凝聚力建设（比如利用培训加强“联谊交流”）等几个方面。可见，测试员对于自身的业务素质、语言能力及语言知识乃至道德修养、团队建设都是很重视的。

三、“心理契约”理论与测试员队伍的管理

普通话水平测试是一项要求高、程序复杂的国家级考试，对测试员队伍的政治素质和职业道德素质都有较高的要求。目前，这支队伍能够基本适应测试事业发展的需要。但从普通话水平测试员队伍建设及管理的长效机制来看，如何使这支队伍人力资源最大化，并发挥出更大的社会效益，“心理契约”理论将为管理者提供一个独特的视角，丰富管理手段，提高管理水平。

（一）心理契约管理的性质特点。

过去认为，组织中雇佣双方的关系是通过正式的雇佣契约所规定的内容，即双方的权利与义务关系已经由正式的雇佣契约确定下来了。但现在的研究表明，除了上述雇佣契约——一般是纸质的书面形式——确定下来的内容之外，雇佣双方之间还存在着一种隐性契约关系——一种非正式的、不具书面形式的“真实”存在的关系。这种关系影响到每一个员工对组织的忠诚与投入。如果这种关系比较融洽，则能极大地促使员工高质量地履行自己对组织的义务；反之，便将削弱、恶化乃至中断雇佣双方所形成的默契，打击员工士气，降低员工的积极性与认同感。这种雇佣双方之间微妙的关系就是“心理契约”讨论的范畴。

“心理契约”的概念源自于社会心理学，后被吸收到管理领域，用于描述组织中雇佣双方之间的人际互动状态。该概念有广义与狭义之分。广义的概念认为，心理契约是组织与员工双方之间对

于相互之间责任和义务的期望，这包括两个方面——个体水平（即员工个体）对于相互责任的期望、组织水平（即组织或雇主）对于相互责任的期望。狭义的概念只建立在个体水平之上，强调员工对于组织责任和自己责任的认知，由此“心理契约”是指在组织与员工互动关系的情境中，员工个体对于相互之间责任与义务的信念系统[③]。狭义的概念因界定清晰、便于操作而得到了较为广泛的运用，也是本文立论的基础。本文所谈测试员的心理契约是指在测试机构与测试员之间的工作关系中所形成的测试员对于测试机构的责任与义务的理念。对于测试员这一知识员工群体而言，他们与测试机构之间责任与义务关系理念的形成又与心理契约的构成密切相关。

从构成方面说，“心理契约”包括两种主要成分，即交易型成分和关系型成分。两种成分的多寡会直接影响到雇佣双方实践层面的互动关系。交易型成分的特点是具体的经济条件（比如工资水平）是工作的主要诱因，这时员工主要运用已有技能，在工作中的个人投入水平有限，不开发新技能，同时情感投资也低。这种类型更多关注具体的、短期的和经济型的交互关系，契约内容清楚明确。关系型成分的特点是工作中组织和员工之间在经济方面交互作用的同时还有情感投入，这种情况下的关系对个人的影响（比如个人的成长和开发）是全方位的。这种类型更多关注广泛的、长期的、社会情感型的交互关系，比如奉献、信任等，这种情况下的契约内容是动态的、灵活的，更多的是隐含的和主观上的理解[④]。从实际调查情况看，测试员心理契约的构成成分含有更多的关系型成分。

（二）测试员队伍管理中“心理契约”理论的应用。

1. 积极发展关系型取向的心理契约。

交易型取向的心理契约更加看重经济利益，劳动的投入也主要以经济待遇为杠杆。这种短期的行为不利于需要付出责任更多的长期事业的发展。普通话水平测试工作是一个长期发展的事业，需要一支具有强烈责任感的稳定的测试员队伍，关系型取向的心理契约将有利于测试机构与测试员之间建立良好的管理关系。关系型取向的心理契约的形成，将有助于测试员对测试机构有更高的信任度、忠诚度。由本次调查可见，测试员队伍整体政治素质较高，具有形成这种心理契约的心理基础。之所以这样看，主要是因为一个具有一定政治素质的人一般都会具有比较坚定的立场和信念，具有在社会发展中发挥自身作用的积极性，同样会具有较好的组织性、纪律性，表现出较好的职业道德素质。

当然较高的政治素质只是有利于形成关系型取向的心理契约的一个重要条件，但不是唯一条件。也就是说，关系型取向的心理契约尽管不以经济待遇为唯一的价值取向，但是同样重视经济待遇问题。普通话水平测试作为一种事业，不能不兼顾到经济待遇。不过经济待遇有多种不同的实现形式，其中之一便是培训。海尔集团董事长张瑞敏曾经说过：培训是最大的福利。培训促使员工拥有更多的知识资本，是一种非常实际的惠及员工的“福利待遇”。

由调查可见，绝大多数测试员都赞同并希望加强后续培训。之所以赞同后续培训，主要是自己在后续培训中受益良多；之所以希望加强后续培训，主要是对自我还有更高的要求。对于前者，认为以往比较成功的培训有“有关普通话测试评分能力”（85.9%）、“有关普通话理论知识”（48.6%）、“有关测试员的自身语言能力”（32.6%）、“有关测试员的品德修养”（23.1%）。对于后者，由上文有关加强培训的内容可见。这些对测试机构加强以后的培训工作具有重要的参考价值。因此，测试机构不妨以培训为抓手，在满足测试员对知识资本积累欲求的过程中，既能提高测试质量，又能有利于关系型取向的心理契约的形成。

2. 积极采取激励措施。

知识型员工重视成就激励和精神激励，由上文可见，测试员也是这样，因此颁发荣誉证书之类的精神激励就是一个非常有效的管理措施。由于测试工作涉及测试、培训、科研等三大方面，再加上测试员各有所长，因此荣誉证书的颁发最好也能具有较为广泛的涵盖面，以促使测试员更好地发挥各自的特长。由调查可见，荣誉证书颁发的范围主要涉及“综合表现”（74.5%）、“业务水平”（70.3%）和“测试科研工作”（61.8%）。鉴于此，建议设立“综合表现奖”“业务水平优秀奖”“测试科研优秀奖”“测试工作量突出奖”“测试十年荣誉证书”等。不过荣誉的颁发不能过度，不能流于形式，因而测试工作荣誉项目的开发建设是个系统工程，应当有一个合理的分类、合理的比例等。

成就激励和精神激励是对员工价值的肯定。事实证明，重视成就激励和精神激励的员工重视自我价值实现的愿望都很强烈，都很希望参加有关的社会工作。由调查可见，在参与语言文字工作的态度方面，97.1%的人愿意参加自己单位里有关语言文字方面的工作；“希望参加”（70%）以及“可以参加”（30%）各级语言文字工作机构组织的有关活动的比例，合计100%。精神激励有助于调动测试员的工作积极性。因此，测试机构可以进一步细化精神激励措施，并提高覆盖面，在满足测试员们精神需求的过程中，既能激发测试员们的工作热情，又能促进关系型取向的心理契约的形成。

3. 积极加强凝聚力建设。

测试员队伍是由外聘人员组成的，测试员们都有自己的本职工作，利用闲暇时间参与普通话水平测试工作。他们与测试机构之间只有测试业务的关系，没有其他任何人事关系。测试员队伍具有临时性、松散性的特点，给管理工作带来较多困难。这显然与单位内部人员管理之间有很大的不同。相对于单位内部员工队伍的建设与管理而言，对于外聘员工队伍，管理者如果不能增强凝聚力建设，则很难维系一个高素质、高效率的团队。

凝聚力工程建设需要一个具体有力的抓手，进一步说就是管理者要善于发现并挖掘测试员之间的共性。比如表面上看，测试员来自四面八方，似乎是一盘散沙，但是应当看到这支外聘队伍还是具有实施凝聚力建设的共同基础的，那就是共同的兴趣——每位测试员都有着对语言文字水平测试工作的共同兴趣，因此，管理者若能适时提供相关的培训则有利于增进测试机构的感召力。与此同时，在当前开放交流的社会环境下，人际互动频繁，所以，管理者若能为增进联谊活动提供方便，则有利于提高测试机构的亲民性。以上两个方面的抓手是从管理者——测试机构角度讨论的。

从测试员的角度来看，也有加强凝聚力建设的愿望。调查显示，94.8% 的测试员“在乎”测试员队伍的氛围，78.7%的人认为目前测试员队伍的氛围是“融洽”的，正因如此，91.0 %的人觉得有必要采取措施使测试员队伍更有凝聚力。本次调查显示，测试员们对凝聚力建设的建议主要体现在开展提升业务水平的培训以及开展联谊活动两大方面。具体情况是建议采取“经常开展联谊活动”“适当提高报酬”“提供相关业务培训机会”的比例分别为81.6%、75.0%、73.6%，建议“提供更多测试机会”和“组织课题组开展科研活动”的比例分别为40.6%、38.7%。在增强凝聚力的管理模式上，超过一半的测试员希望按测试员所在的地理片区开展小组活动。

此外，开展凝聚力建设，有利于提高测试员队伍中“新上海人”的自我认同感。自我认同是个体依据个人的经历所反思性地理解到的自我，这将影响到事业和人际关系的发展。本次调查显示，测试员队伍中的“新上海人”在对上海的地域认同、自我身份认同方面都具有较高的认同感。

凝聚力建设关乎一个团队的整体精神面貌。凝聚力具有润滑剂的作用，凝聚力建设措施的制定与实施有利于促进测试机构与测试员之间关系型取向的心理契约的形成。

四、结　语

隐含的、非正式的、未公开说明的"心理契约"作为决定员工行为的重要因素，当其与期望之间达成默契时，将会促进事业的发展；反之，则会成为一种强烈的消极情感反应，会导致个体重新评价自己和组织的关系，并对组织承诺、工作绩效、工作满意度和员工离职率等形成不利影响。"心理契约"理论作为一个独特的视角，在本次对上海市普通话水平测试员队伍及管理现状的调查基础上，分析了测试员队伍的性质特点，揭示了知识型员工队伍的管理特点。21 世纪社会经济的发展主要依靠知识，作为知识的创造者与知识的载体的人将取代企业所拥有的其他资源（如土地、原材料、房屋、机器等）成为最重要的战略性资源，可见有效的人力资源管理已经成为组织发展和成功的关键所在。因此，管理者若能以"心理契约"理论为借鉴，掌握知识型员工群体管理的特殊规律，因势利导，进一步制定相应的管理措施，则必将取得良好的管理效果。

注释：

①上海市语言文字水平测试中心在测试员队伍管理中采取测试员注册制度。

②其他人员指上海市语言文字水平测试中心管理人员、干部、公司职员、演员、报业人员、宾馆工作人员、法院工作人员等 14 类零星职业的工作人员。

③④郭志娇．知识型员工管理的新动力——心理契约［J］．辽宁财专学报，2004（4）。

参考文献：

［1］李佑颐，赵曙明，刘　洪．人力资源管理研究述评［J］．南京大学学报，2001（4）．

［2］郭志娇．知识型员工管理的新动力——心理契约［J］．辽宁财专学报，2004（4）．

［3］彭正龙，沈建华，朱晨海．心理契约：概念、理论模型以及最新发展研究［J］．心理科学，2004（2）．

［4］赵曙明．人力资源管理理论研究现状分析［J］．外国经济与管理，2005（1）．

上海市普通话水平测试员队伍管理情况调查报告*

蒋冰冰（华东师范大学　上海　200062）
赵国利（上海市食品药品监督管理局静安分局　上海　200041）

[摘　要]　建设并管理好普通话水平测试员队伍是测试机构最基本也是最重要的工作之一。为了深入了解上海市语言文字水平测试中心十多年来建设并管理普通话水平测试员队伍的有关工作，本课题组通过问卷调查、实地调研，以期能够总结上海市语言文字水平测试中心的有关成功经验，分析当前存在的主要问题及其成因，并对如何加强测试员队伍管理工作提出四点对策建议。

[关键词]　普通话水平测试员；管理；对策建议

一、调查背景和目的

普通话水平测试员队伍的建设与管理是各地测试机构的一项重要工作。上海市语言文字水平测试中心（原为“上海市普通话水平测试中心”，以下简称“市语测中心”）自1995年开展测试工作以来，共培养了414位省级普通话水平测试员（以下简称“测试员”），完成了407520人次的测试任务，为上海的普通话水平测试工作作出了重要贡献。

随着我国语言文字工作法制化、规范化进程的加快，普通话测试工作正在向更广泛的行业领域延伸，再加上计算机辅助测试等现代化手段的运用，普通话测试工作又进入到一个新的发展时期。这对普通话水平测试员队伍的建设与管理工作都提出了更高的要求。当面对更多行业、更广泛人群开展普通话水平测试这项要求高、程序复杂的国家级考试时，测试员的思想素质和业务能力不仅会直接影响到普通话水平测试的质量，而且还会影响到测试工作的社会信誉，影响到测试机构的公信力。因此，如何建设并管理好普通话水平测试员队伍，增强普通话测试机构的凝聚力，高效有序、保质保量地开展普通话水平测试工作已成为测试机构一个亟待解决的重要问题。为此，课题组从上海的实际出发，开展了深入的调查研究工作。

二、调查方法及过程

为了解测试员队伍的现状及存在的问题，并对测试员队伍管理工作提出有价值的意见和建议，本课题组开展了两个层面的调查研究工作：一是查阅市语测中心的档案资料并走访了市语测中心的

* 本调查报告是上海市普通话水平测试中心2007年重点研究课题——“上海市普通话水平测试员队伍现状调查及长效管理机制研究”的成果之一。其中，课题的问卷调查工作及测试员座谈会工作得到了上海市语言文字水平测试中心及测试员的大力支持，在此一并表示感谢。调查报告执笔：蒋冰冰、赵国利；课题组其他成员：王颐嘉、乔丽华、韩真。

管理人员；二是在测试员中普遍开展了问卷调查工作并召开部分测试员座谈会。

在第一个层面的调查中，课题组较为深入地了解了13年来测试员队伍建设和管理的具体情况，主要有两项工作内容：一是对测试员的基本信息进行统计分析，内容包括测试员个人基本情况、获得资格和注册聘用的情况、测试能力水平和参加测试工作表现的情况等；二是对市语测中心管理工作的文件资料进行查阅分析，内容涉及测试员的选拔、培训、注册、考核、奖惩等方面。

在第二个层面的调查中，课题组于2007年8月、9月召开了部分测试员座谈会，并对测试员普遍进行了问卷调查。

座谈会主要内容是听取测试员对市语测中心如何完善测试员队伍管理机制方面的建议、加强测试员后续培训工作的建议、增强测试员社会地位、荣誉感和责任心的建议、增强市语测中心凝聚力建设的建议等。

调查问卷的内容涉及面较广，以期对测试员队伍有比较全面而深入的了解。问卷内容具体包括以下几大方面：

一是测试员个人基本情况方面，比如性别、职业、受教育程度等。

二是测试员对测试工作的认知方面，主要有对测试工作量、测试员后续培训的看法，对测试员称号、测试员荣誉证书、测试员考核和奖惩机制的看法，对测试员队伍凝聚力建设的建议，对测试员管理相关规定的了解，对参加相关语言文字工作的想法等。

三是测试员业务素质方面，主要是对国家及上海市语言文字工作法规政策的了解程度、对有关测试员管理规章制度的熟悉程度、对现代汉语语音知识的掌握程度等。

此外，调查问卷还涉及了语言行为、语言态度和语言归属感方面的内容，以作为对测试员基本语言素养的参考。

此次问卷调查对象是2007年8月底参加培训与注册的212名测试员。发放问卷212份，回收有效问卷212份，回收率百分之百。

三、调查结果与分析

（一）测试员队伍的现状。

自1995年至2007年，市语测中心共举办测试员资格培训班14期，培养省市级普通话水平测试员401名（其中兼具国家级测试员资格的有87名），另有纯国家级测试员13名，合计414名测试员。从2007年注册情况看，注册测试员234人，占总人数的56.5%；未注册测试员180人，占43.5%。

1. 测试员队伍的基本构成。

（1）测试员队伍以教师为主体。

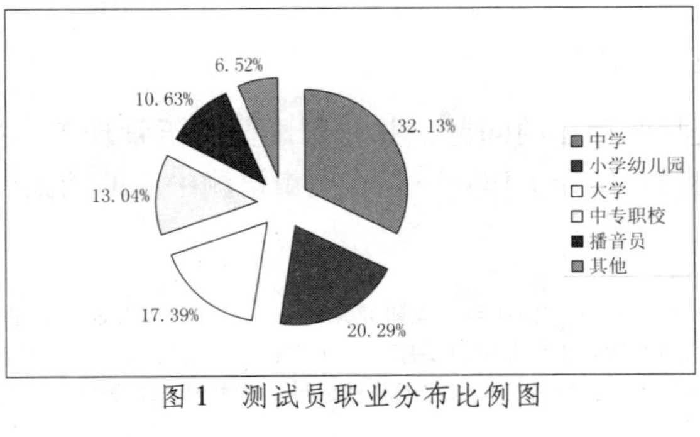

图1　测试员职业分布比例图

414 名测试员的职业分布比例由高到低依次是中学 32.13%、小学幼儿园 20.29%、大学 17.39%、中专职校 13.04%、播音员 10.63%，其他①6.52%。其中所占比例最大的是各类教师，合计占总人数的 82.85%。如图 1。

（2）测试员队伍以女性为大多数。

在测试员的性别比例中，男性占 13.9%，女性占 86.1%。

（3）测试员队伍是一支老中青结合的队伍。

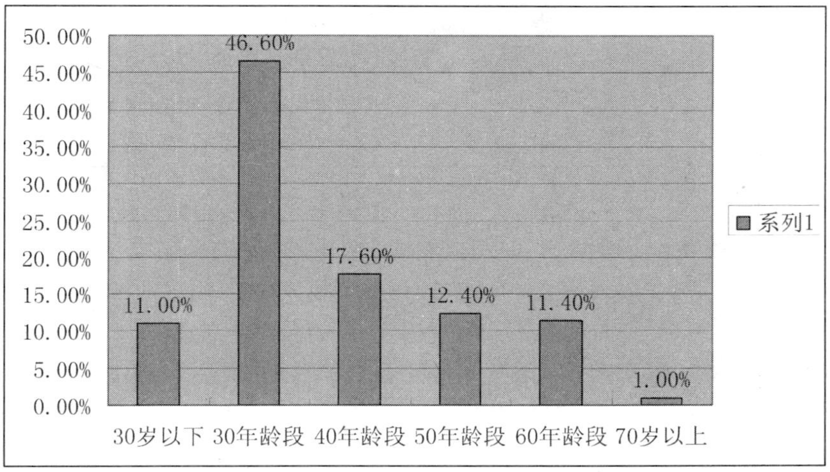

图 2　测试员各年龄段人数比例图

测试员中 30 年龄段的人数最多，占 46.6%，其次是 40 年龄段（17.6%），然后依次是 50 年龄段（12.4%）、60 年龄段（11.4%）、30 岁以下年龄段（不含 30 岁，11.0%），还有 70 岁以上的占 1.0%。如图 2。

2. 测试员队伍的基本素质。

（1）测试员队伍的政治面貌。

中共党员占 50.8%，民主党派成员占 15.2%，团员占 3.0%，合计 69%；其他情况占 31%。如图 3。

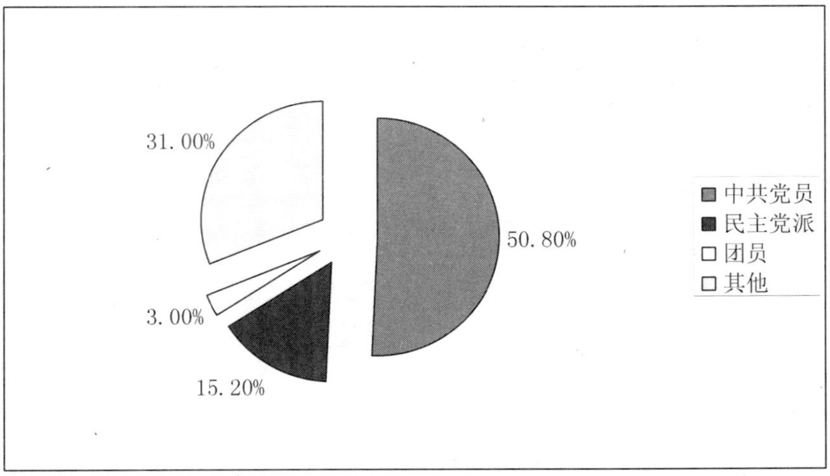

图 3　测试员政治面貌比例图

（2）测试员队伍的文化程度。

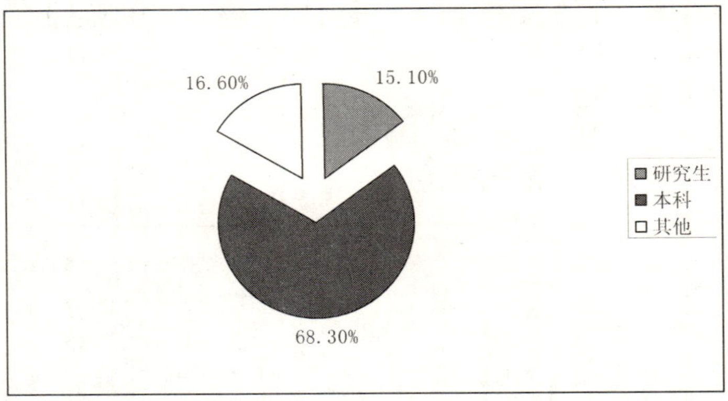

图4　测试员文化程度比例图

大学本科的比例达68.3%，研究生（包括博士、硕士）的比例达15.1%，其他占16.6%。如图4。

3. 测试员的相关政策理论素质。

（1）对语言文字法规政策及测试员管理规章制度的知晓率。

在《普通话水平测试管理规定》（图中称“管理规定”）、《上海市普通话水平测试员资格申请和认定办法》（图中称“资格申请”）、《上海市普通话水平测试员注册规定》（图中称“注册规定”）、《上海市普通话水平测试员岗位职责与工作规范》（图中称“工作规范”）、《中华人民共和国国家通用语言文字法》（图中称“文字法”）、《上海市实施〈中华人民共和国国家通用语言文字法〉办法》（图中称“上海办法”）、每年全国推广普通话宣传周（图中称“推普周”）的月份等七方面内容的了解程度如图5。

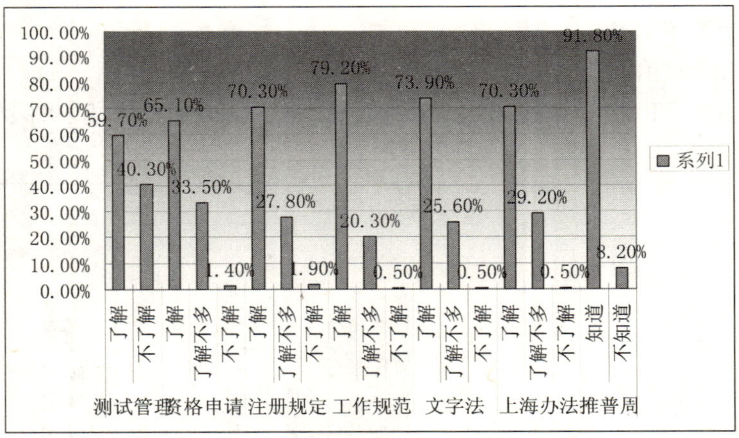

图5　对语言文字法规及测试员管理规章制度了解程度比例图

由图5可见，一是在上述7类情况中，没有一项是百分之百被了解的；二是每类情况中都是“了解”项所占比例高，最高的是“推普周”（91.8%），最低的是“测试管理”（59.7%）；三是每类情况中，“不了解”比例最高的是“测试管理”，比例是40.3%。

（2）对普通话语音基础知识的掌握度。

在普通话语音基本知识方面，“能熟练掌握”的占1.4%，“了解”的占70.0%。

在《汉语拼音方案》方面，“能熟练掌握”的占3.3%，“了解”的占77.6%。

在汉语音节的拼写规则方面，“能熟练掌握”的占3.3%，“了解”的占84.4%。

在元音和辅音的有关知识方面，“了解”的占87.3%。

在普通话中的语流音变现象方面，“了解”的占68.7%。如图6。

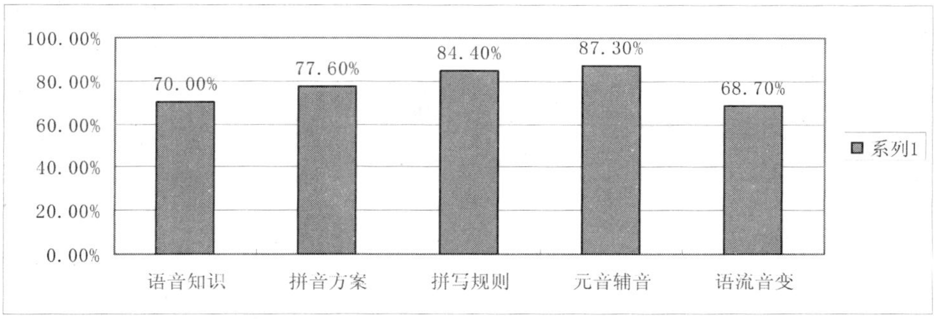

图6　对语音知识的掌握程度比例图

（二）测试员队伍的使用和管理。

以下主要从测试员的工作业绩以及测试中心的管理措施两大方面进行分析。

1. 测试员的工作业绩。

（1）测试工作量。13年来，上海市有407520人次参加了测试，其中学生118792人次，广电系统1003人次，公务员67443人次，教师169792人次，其他行业50490人次。

（2）测试前期培训。由测试员组成的讲师团，参与了普通话测试前的培训工作，覆盖了几乎所有的参测单位和参测人群。同时，测试员也是各区县、各单位推普工作的骨干力量。

（3）科研工作。测试员积极参与，共递交论文300多篇，发表文章60多篇。就第一至第三届全国普通话水平测试学术研讨会评奖情况看，共有18篇论文获奖。同时，测试员主持参与了网络普通话水平测试辅导教程、普通话水平测试制卷系统、普通话水平测试管理系统、计算机辅助普通话水平测试论证与推广研究、少儿口语交际教材与课程建设、市民迎世博普通话100句考核系统等重大科研项目，测试员参与人数达数十人。

2. 市语测中心的管理措施。

（1）建立了较完善的规章制度。

由于测试员队伍是一支特殊的队伍，即全部以聘请方式组成（编制与使用相分离）的队伍，因此制度化的管理具有十分重要的意义。为此，市语测中心已制定了十多个关于测试员管理的规范性文件并形成系列。内容涵盖了测试员资格认定、注册规定、岗位职责、工作规范、审听工作（质量监控）、科研管理、年度考核、奖惩规定等各个方面。

（2）健全了后续培训机制。

这里所说的后续培训是指对测试员取得资格被聘用后所进行的各种培训，或称职后培养。由于普通话水平测试的业务性和实践性都很强，为了保证这一国家级考试的严肃性、准确性、公正性和可信度，需要适时对测试员队伍加以培训。上海市测试员队伍建立以来，市语测中心坚持每年举办培训班对全体测试员进行培训。内容包括：评分标准解读与实践、听辨能力训练、政策法规培训、语音理论培训、语言艺术素养培训、行为素质培训、科研论文撰写培训、普通话语音培训技能训练、计算机测试与网络评分操作培训等。在培训班上，除定期对业务能力加以考核外，还结合培训内容安排相关考核。

（3）形成了测试员队伍的分类建设与管理模式。

测试员都有着对语言文字测试工作的共同兴趣，但由于每个人专业素养不同，每个人在普通话水平测试事业中所能发挥的长处也会有所不同。管理就是要承认差异，区别对待，最终把各方面的力量整合起来，从而形成实现事业目标的合力。有鉴于此，市语测中心在测试员队伍的建设和管理上能够以人为本，构建和谐团队，即结合工作需要，并针对测试员的个性差异，把测试员分为以下四类加以培养和管理：②

一是实践操作型测试员。这类测试员能熟练掌握测试评分标准和操作技能，较好完成市语测中心布置的普通话水平测试工作任务，积极参加市语测中心组织的各项活动。上海的注册测试员一般都属于此种类型。

二是骨干型测试员。这类测试员具备扎实的语音理论基础、丰富的测试工作经验、较好的个人修养和敬业精神。他们要完成审听、复核等工作，对测试质量起到监控和把关的作用。上海测试员中的审听员队伍主要由这一类测试员组成。

三是培训型测试员。这类测试员除完成基本测试任务外，必须熟知普通话语音理论，了解普通话与当地方言的差异，有较强的审音、辨音与正音能力，具有一定的教学经验，能完成对应试人员的各类培训工作。上海测试员中的讲师团队伍主要由这一类测试员组成。

四是研究型测试员。这类测试员不仅能够熟练掌握有关语言学、普通话以及相关的理论知识，而且具有一定的学术研究能力。他们属于从事普通话水平测试研究的比较专业化的人员。上海测试员中的科研组成员主要由这一类测试员组成。

除了实践操作型测试员之外，其余三类都是复合型测试员。市语测中心根据上海市测试员队伍的特点，采取相应的管理措施和激励机制，充分调动各类测试员的工作兴趣与积极性；同时，努力将测试员向复合型测试员的目标进行引导与培养。

（三）测试员队伍流失情况分析。

从有关测试员的录用、注册及流失的数据看，相对于市语测中心在选拔、培训、注册、考核等几个方面所付出的大量劳动而言，接近一半的流失比例是一个不小的数字。通过调查，我们对测试员队伍流失的情况作如下分析：

1. 测试员流失态势分析

由调查研究可见，测试员队伍在流失态势上呈现“三多”倾向，具体如下：

（1）录用越早的测试员，流失越多。

根据对414名测试员的注册统计可见，历年各期测试员培训班的不注册人员呈录用越早、流失越多的态势，如图7。

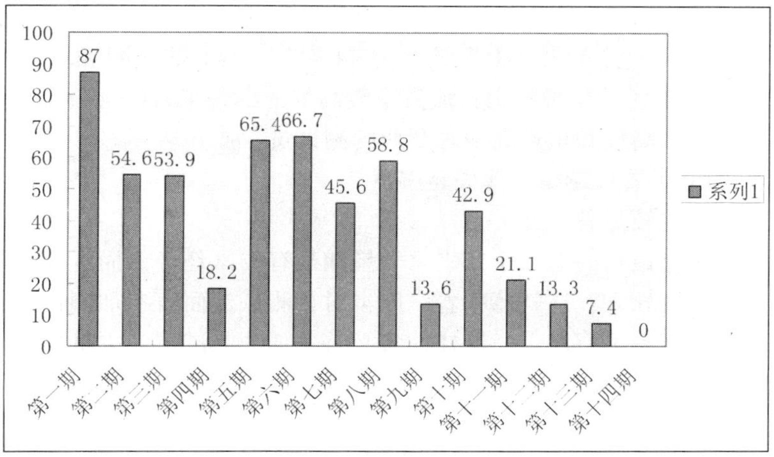

图7　各期测试员培训班中不注册测试员的比例图（%）

以2000年为界，可把测试员培训班分为前后两个阶段。前一阶段自1995年至1999年共8期，其中第四期流失率最低（18.2%），其次是第七期（45.6%）。后一阶段自2000年至2007年共6期，除了第十期有42.9%未注册之外，其他几期的注册情况都比较好。

由于实际流失情况比较复杂，图7也只能说明一种流失态势，因此有必要结合测试员实际参与测试工作的情况，对此表补充说明两点。一是前一阶段的第二、三、四期相对流失较少，这是因为参加这几期培训并取得资格的大多数测试员为师范院校的口语教师、区县的语委业务干部及热心于语言文字工作的人士，他们现在仍是测试工作的骨干力量。二是后一阶段，特别是近些年的流失率尚得不到充分反映，也就是说，后期录用的测试员因测试工作量较少且注册累计年限较短而实际流失较为明显的情况在上表中还得不到充分的反应。比如刚被录用的第十四期测试员，还不存在未注册的情况，故图中流失率为0，而实际上已有相当比例的人明确表示今后不参加测试工作。

（2）职业地位越高的测试员，流失越多。

根据调查，测试员中各主要职业的流失率从高到低依次是广电影视从业人员（75.0%）、其他（见图1中关于“其他”的说明，59.3%）、高校教师（48.6%）、中职校（44.4%）、小学幼儿园（34.5%）、中学（32.3%）。如图8。

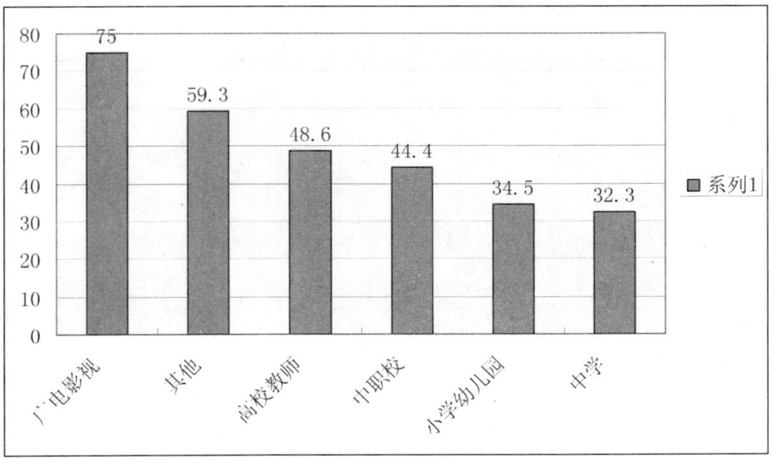

图8　各主要职业的流失率（%）

由上图可见，流失率最高的是广电影视这一大众传媒行业，达75%；其次是其他零星职业，近60%；再次是高校，近50%；接下来是中职校，为44.4%；小学幼儿园和中学的流失率较低，均为30%多一点。结合实际走访，不难看出，流失率较高的人群是来自社会公众认可的社会职业地位较高且收入也较高的广电、高校和重点高中等行业的测试员。

（3）测试量（人均工作量）越少，流失越多。

这一特点在近些年来比较显著。

据调查，开展测试工作最初的七八年几乎每个星期都有测试任务，而近些年随着机测量人数的增加，人工测试量减少幅度较大。这就意味着，原本对于测试员而言参加测试工作可以获取的一个比较稳定的收入，现在越来越不稳定了。这样，势必有一部分测试员会去从事更加稳定的业余工作以获取稳定的收入。这种因“闲置”而流失的测试员不在少数，而且其中有一批原本是骨干力量。

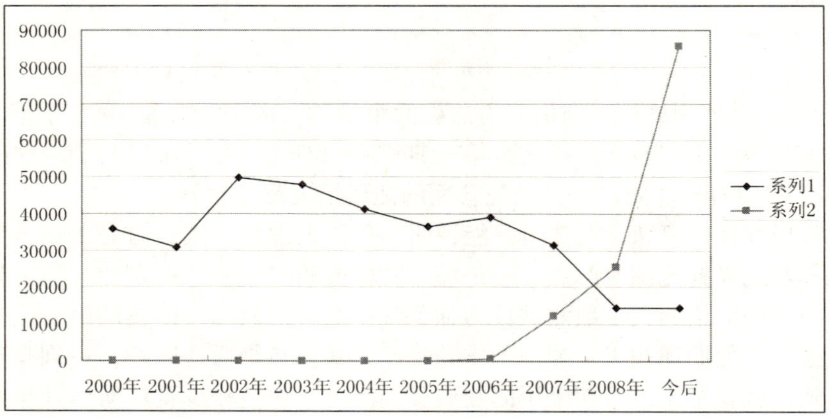

图9　2000年以来测试量走势图

注：图中系列1表示人工测试量，系列2表示计算机辅助测试量。

由图9可见，2000年以来人工测试量从最高的每年5万下降至2007年的3万人次，而2008年预计仅为1.4万人次，以后每年也基本是这个量。另一方面计算机辅助测试量逐年都有较大幅度的提高。计算机辅助测试始于2006年，当年是678人次；2007年是12415人次，是2006年的18倍多；预计2008年达4万人次，今后每年都将超过10万人次。

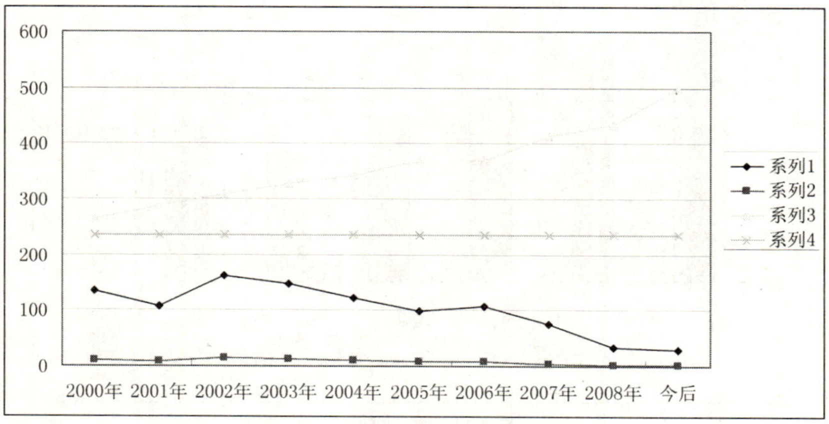

图10　2000年以来测试员数量及人工测试量走势图

注：图中系列1表示人均测试量，系列2表示人均测试场次，系列3表示测试员数量，系列4表示注册测试员数量。

图10显示，人均测试量，2002年是最高年份，为162人次，2007年是76人次，相差2倍多；预计2008年为33人次，今后为29人次。人均测试场次，2000至2004年11场次，2005至2006年8场次，2007年5场次，2008年预计约2场次。人均测试量及人均测试场次逐年递减的幅度十分明显。而与此同时，取得资格证书测试员新增数量却逐年扩大。2000年有265人，到2007年达到414人，翻了1.6倍。目前注册测试员的数量即便只有234人，也已达到饱和甚至超额状态了。

2. 未注册的原因分析。

测试员不注册的原因比较复杂，概括起来主要有六种，如图11。

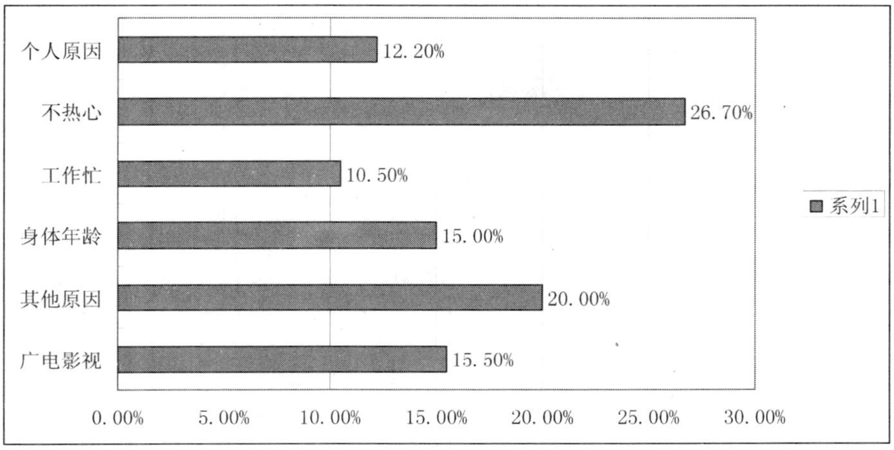

图11　未注册原因比例图

（1）“不热心”。其所占比例最高，达26.70%，是测试员不注册的主要原因之一。所谓“不热心”，是从加入测试员队伍后对待测试任务的态度上来判断的，具体表现在基本不参加或参加极少几次测试后再也不参加测试工作了。这里也不排除工作忙等原因。

（2）本职工作的性质比较特殊。该原因占15.50%。总体上说，来自大众传媒领域（包括广播电视、报刊、影视圈）的测试员除了个别的从普通话水平测试一线退休的人员之外，其余基本不参加测试工作，也不注册。究其原因，固然有工作性质比较特殊一说，也不排除一些人对测试工作不热心的情况。

（3）身体年龄。该原因占15.00%。未注册人员中，有因身体不好或年纪大了，或不曾、较少参加测试工作，或从普通话水平测试一线退休了。

（4）个人情况。该原因占12.20%，其中有出国、赴港、到外地、生孩子、去世、主动退出、特殊情况等。

（5）工作忙。该原因占10.50%。

（6）“其他原因”位居第二位，达20.00%。“其他原因”指未说明不注册的具体原因，这其中实际上有一个潜在的隐性原因，即参加测试工作的报酬问题。据对212份调查问卷的统计显示，有66.8%的测试员认为因“测试报酬低”而不注册。这值得测试中心关注。

（四）测试员对管理工作的评价分析。

212 份问卷调查数据显示，66.4% 的测试员对目前市语测中心的有关管理体制是“肯定的”，其余 33.6% 的人认为“还可以”。这是对市语测中心工作的总体评价，下面具体分析测试员对各项有关管理工作的看法：

1. 测试员对测试工作量的意见。

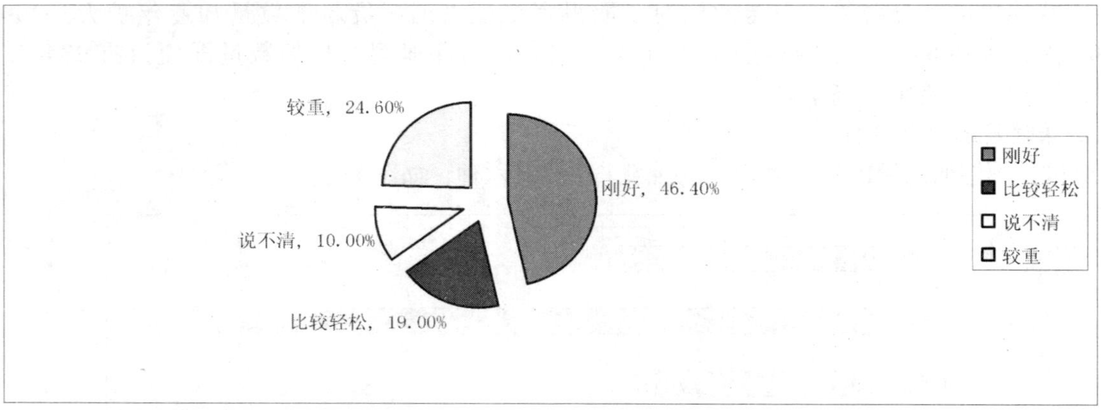

图 12　对测试工作量的看法比例图

由图 12 可见，认为测试工作量的安排“刚好”“比较轻松”的比例分别为 46.4%、19.0%，共计 65.4%；认为“较重”的占 24.6%。可见，约三分之二的人基本认同测试工作量的安排。

从个人能够在多大程度上满足当前测试工作量的需求方面，“9 次-12 次”和“基本随时都能参加”的情况合计达 72.8%。如图 13。

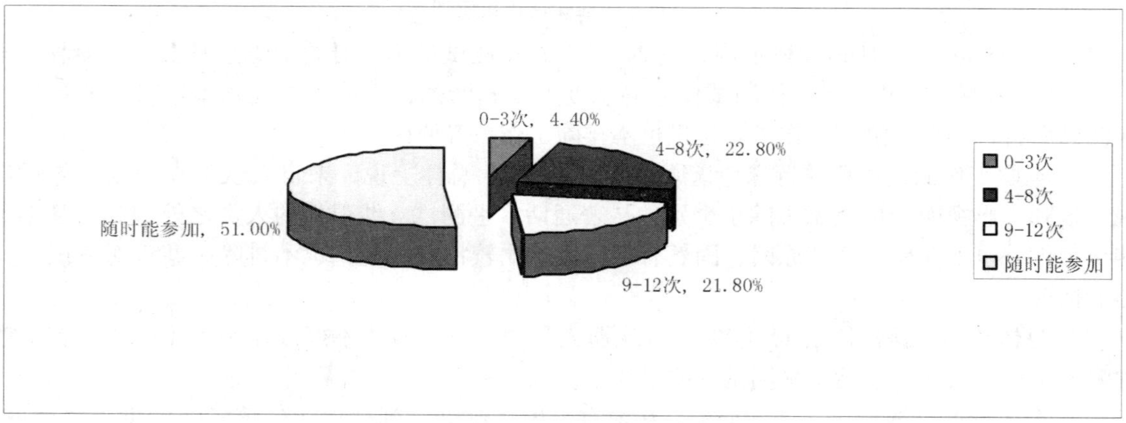

图 13　参加测试次数比例图

2. 测试员对后续培训工作的意见。

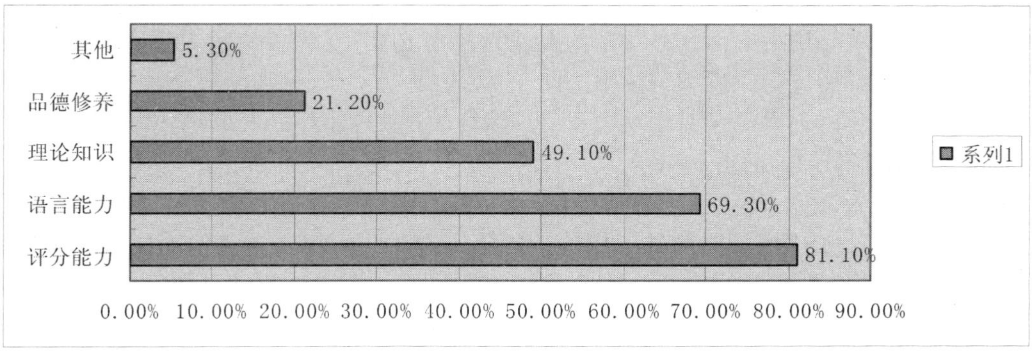

图 14　培训内容需求数据图

对于后续培训，90.1%的人认为“有必要”。在新、老测试员的后续培训是否有必要分开举行的问题上，40.0%的人认为有必要分开举办，而46.7%的人则认为没有必要分开。

希望加强的后续培训内容见图14。这也是被认为后续培训比较成功的方面。此外，还有一些个性化需求，包括业务能力（比如“审听反馈再提高”“朗读能力”“沪方言理论”）、测试工作程序（比如“规范的工作程序”）、科研能力（比如“课题研究水平”“论文撰写”）、人际交往能力（比如“人际沟通能力”）、凝聚力建设（比如培训加强“联谊交流”）等方面的问题。可见，测试员对于自身的业务素质、语言能力及语言知识乃至道德修养都是很重视的。

3. 测试员对考核工作的意见。

对于年终考评项目的重视程度如图15。选择“参加测试工作的态度”的人次最高，达91.00%；其后依次是“测试业务能力”“遵守测试纪律的情况”“参加测试工作的次数”“个人道德品行”“参加测试中心科研工作情况”等。此外，其他方面的零星意见有“各项所占比例要合理，不一定一致”“科研作为单项评比”“在自己岗位上作出贡献”等。

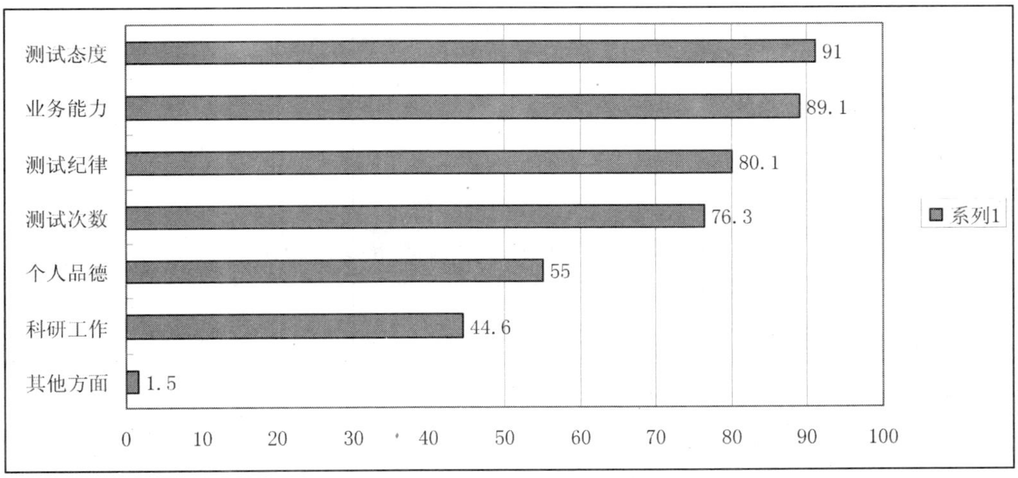

图 15　测试员年终考评项目重视程度数据图（%）

在给每位测试员建立工作档案以便考核、根据考评情况采取奖惩措施这两个方面，认为“有必要”的比例都超过了60%。认为每年把当年注册的测试员名单在网络或报刊上进行公告“能”增强测试员荣誉感的比例为67.0%。认为“有必要”对违反测试纪律的人员给予相应处罚的比例为73.9%。

在给测试员颁发荣誉证书方面，93.8%的人认为“有必要”，97.2%的人认为“有必要”给参加测试工作十年以上的测试员颁发荣誉证书。

在给测试员颁发哪些方面的荣誉证书方面，“综合表现”方面占74.5%，“业务水平”方面占70.3%，“测试科研工作”方面占61.8%。

在给测试员颁发荣誉证书所能产生的影响方面，表示在“能增强荣誉感”（81.6%）、“能调动工作积极性”（76.4%）、“增强对测试工作的认同感”（68.9%）、“对其他测试员带来积极影响”（61.8%）这四个方面产生影响的比例均超过了60%。可见，大多数测试员都很看重市语测中心给予的荣誉。

4. 测试员对加强凝聚力建设的意见。

测试员们十分“在乎”测试员队伍的氛围，比例高达94.8%。在对目前测试员队伍氛围的看法上，认为“融洽”的比例接近80%。

在测试员队伍凝聚力建设问题上，91.0 %的人认为“有必要”。在可采取的凝聚力建设措施中，建议“经常开展联谊活动”“适当提高报酬”“提供相关业务培训机会”的分别为81.6%、75.0%、73.6%，建议“提供更多测试机会”和“组织课题组开展科研活动”的比例分别为40.6%、38.7%。如图16。在增强凝聚力的管理模式上，超过一半的测试员希望按测试员们所在的地理片区开展小组活动，内容涉及加强联谊、促进业务交流两大方面。

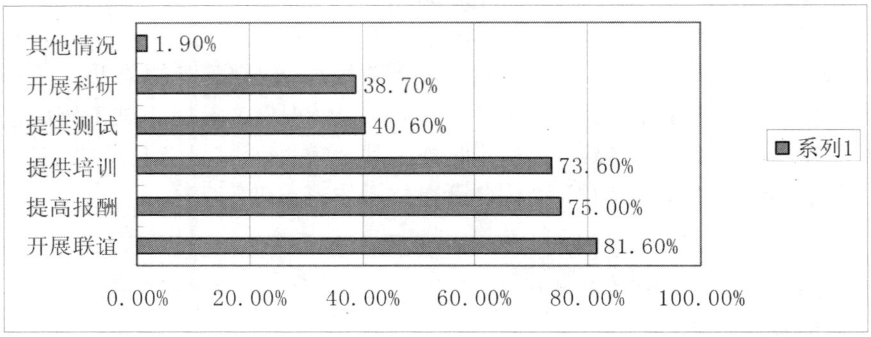

四、调查结论

调查结果分析显示，测试员队伍建立13年来，市语测中心在测试员队伍的建设与管理上已形成了较完善的工作机制，对测试员队伍的管理是严谨而有效的。

（一）测试员队伍建设与管理具有三个明显特点。

1. 队伍建设结构特点鲜明，整体素质较好。

上海的测试员队伍以教师为主体、老中青结合，具有较高的政治文化素质与相关业务素养。

2. 队伍管理规范化制度化程度较高。

测试员在市语测中心的组织领导下，完成了大量各类人员的测试任务，在测试前的培训辅导工作中发挥了骨干作用，积极参与市语测中心的科研工作并取得了累累硕果，从而使普通话水平测试的各项法规政策和行政规定在上海得到全面的贯彻落实，为上海市的语言文字测试工作作出了重要的贡献。这支有热情、有干劲、有能力、有水平的测试员队伍正是对市语测中心较高的规范化制度化管理水平的写照。

3. 队伍管理科学发展理念及创新实践手段比较突出。

市语测中心多年来树立“以加强科学管理保证测试工作质量”的理念，认真致力于测试员队伍的管理工作，并在队伍建设规章制度与后续培训机制的完善、队伍的分类建设与复合管理模式等方面进行创新性的探索与实践，形成了具有上海特色和比较完善的管理体系。

（二）测试员队伍管理仍存两方面的问题。

1. 测试员队伍的稳定性亟待提高。

近几年测试员队伍的不稳定状态有逐渐加剧的趋势。414 名测试员中，将近一半已经流失。人均工作量大幅度下降，以致较多测试员“闲置”；测试员参加测试机会过少致使测试能力下降；测试员兼职收入较低且不稳定直接导致人员流失；测试员交流过少而影响队伍的凝聚力建设等情况，造成人力物力资源的浪费，加大了市语测中心的管理成本，不利于上海语言文字水平测试事业的发展。因此，稳定测试员队伍，合理控制测试员人数，提高测试员的利用率和工作的积极性，是当前测试员队伍管理工作中应注意解决的问题。

2. 测试员的相关业务能力有待提升。

测试员队伍整体上具有较高的政治文化素质，但在业务能力的某些方面尚有待提高。主要问题反映在以下几个方面：

（1）对测试管理工作的认知度不够高。对有关规章制度“了解”的比例一般在 60% 左右。

（2）对测试工作方式的了解度不够高。对审听工作“了解”的人不到 50%，对测试视导员工作“了解”的人仅为 23.1%。

（3）对语言专业知识的掌握度不够高。没有哪一项调查内容是所有测试员都能掌握的，达到“能熟练掌握”程度的比例最高只有 3.3%，“了解”的比例一般为 70% 左右。

五、对策建议

为提高对测试员队伍的管理水平，稳步推进测试工作，保证测试质量，提高工作效率，课题组根据本次调查结果，针对存在问题，提出以下建议：

（一）提高测试员队伍建设规划的科学性，避免人力资源的浪费和流失。

从调查情况看，随着计算机辅助测试量的大幅度提高，测试员队伍仅按已注册的 234 人计算，就已处于饱和甚至超额状态，合理控制测试员队伍的规模将是一个现实的问题。因此，测试员队伍建设要强化科学规划的意识，做到与测试任务量相适应，保持测试员队伍总量的动态平衡。

针对上海市测试员队伍流失率较高的问题，建议市语测中心选拔测试员时在职业上要有所限定，即尽量回避流失率较高的职业圈，选拔政策要向较稳定的职业群体倾斜（比如教师进修学院类学校、幼儿园、小学、中学、中专职校等）。

测试员注册制度的实施，有利于市语测中心在注册年度内全面掌握测试员队伍的变化情况，有利于对经过注册正式聘用的测试员进行集中有效的管理，避免在管理中出现混乱无序的状态，从而促进测试员队伍管理的制度化、规范化。注册制度要继续坚持并不断完善。

综上所述，测试员队伍的建设和管理要做到规划在前、把好源头、强化注册，从而在制度层面上避免日后人力资源的浪费流失现象。

（二）加强测试员队伍的凝聚力工程建设，避免人力资源的涣散现象。

测试员属于知识型员工，具有实现自我价值的强烈愿望、重视成就和精神激励等典型特点。凝聚力建设应当以此为切入点，深化以下三项工作：

1. 进一步完善奖惩制度，促进测试员队伍的职业道德建设。

当前市语测中心有关普通话水平测试员考核的规章制度已经比较成熟，主要包括工作态度、测试能力、测试工作量、遵守工作纪律等几个方面，同时根据考核的结果实行评聘分开、奖惩结合的方式。有关调查数据表明，大多数测试员都认为有必要建立测试员档案以便年终考评，有必要把“遵守测试纪律的情况”和“个人道德品行”等列入考评范围，有必要根据考评情况采取奖惩措施，有必要对违反测试纪律的人员给予相应的处罚。奖惩制度的完善，不仅是管理工作的需要，而且是测试员的自觉要求，这对于促进测试员队伍的职业道德建设具有重要意义。

2. 进一步完善激励机制，调动最大多数测试员的积极性。

测试员队伍全部以聘请方式形成，测试员参加测试工作是一项社会兼职，语言文字测试事业的长远和可持续发展需要特殊政策和激励机制的支撑。市语测中心应采取积极对策逐步解决测试报酬偏低和测试收入不稳定的问题。

测试员队伍的分类管理模式体现了以人为本的原则。与此相适应，在测试员年终考评中也要根据实践操作型、骨干型、培训型、研究型测试员的不同特点实施分类考评，并逐步形成考评体系。这样不仅有利于增强市语测中心管理的针对性和有效性，而且有利于最大限度地调动各类测试员的工作兴趣与积极性。

3. 进一步调整荣誉奖项，最大限度激发测试员的工作热情。

根据不同类型测试员的年终考评结果，扩大荣誉证书的涵盖面，促使各类测试员发挥特长。建议设立“综合表现奖”“业务水平优秀奖”“测试科研优秀奖”“测试工作量突出奖”“测试十年荣誉证书”等。由于测试员队伍具有强烈的职业意识、荣誉意识，因此颁发荣誉证书之类的精神激励是一个非常有效的管理措施。不过荣誉证书的颁发不能过度，不能流于形式，要有合理的分类以及适当的比例等。

（三）加强测试员队伍的培训力度，避免人力资源的后劲不足现象。

由于普通话水平测试的业务性和实践性都很强，为了保证国家级考试的严肃性、准确性、公正性和可信性，需要适时对测试员队伍加以培训。培训工作原本就是测试员队伍建设与管理的一个基本环节，是提高测试员业务水平、确保测试质量的一个重要手段。而且，此次调查结果也表明，测试员的业务水平还有所欠缺，必须通过后续培训加以弥补。此外，测试员作为知识型员工群体，本身也很重视知识资本的积累，而培训就是一个很好的积累过程。

根据调查，建议重点加强的培训项目是有关普通话测试评分能力、有关测试员自身语言能力、有关语言文字政策法规和理论知识等。这几项不仅是需求度较高的培训项目，而且是测试员通过以往的培训受益较大的项目。与此同时，在培训中还应当加强测试员对审听工作和测试视导员工作的了解，在促进测试员业务水平提高的同时更好地发挥这两项工作在测试工作中的作用。

（四）采用科技手段和多种形式，提高测试员队伍管理的工作效能。

新形势下上海市语言文字水平测试工作的社会需求量大，涉及面广，市语测中心若要适应时代发展的需要，则必须提高工作效能。为此，市语测中心应当注重管理手段的现代化和管理形式的多样化，加强以下四个方面的工作：

1. 搞好市语测中心网站建设工作。测试员分布在上海市各区县的诸多行业领域，呈分散状态，给市语测中心的日常管理工作带来极大的不便，因此借助远程网络功能加强对测试员队伍的管理势在必行。比如，可以利用市语测中心网站与测试系统网站，加强两个网站之间的互动联系，使之成为市语测中心与测试员联系沟通的重要渠道和方式。比如，及时刷新市语测中心与测试员的信息，注意发挥短信群发平台的作用，提高网站的利用率与吸引力。

2. 制作智能型测试员工作证（卡）。该卡内存储测试员的基本信息以及参加测试、培训、注册等方面的情况，从而降低市语测中心的管理成本，提高工作效率。

3. 充分利用媒体扩大测试工作、市语测中心及测试员的社会影响。每年注册工作结束后，市语测中心若能在上海市主流媒体上公布注册测试员名单，则既能提高测试员的荣誉感和责任心，又能加强对测试工作和测试员的社会监督力度。

4. 加强测试员队伍的基层组织建设工作。测试员队伍人数较多，又比较分散；再加上测试员之间的联系将随着计算机辅助测试的广泛开展而趋于减少，因此建议按片区建立各区县和高校系统测试员队伍的基层组织，统一在市语测中心的领导与指导下开展相关活动。该举措将在提高市语测中心管理效率的过程中，增强测试员队伍的凝聚力，培养测试工作的骨干力量。

综上所述，现有的234名注册测试员是开展普通话水平测试的依靠力量。普通话水平测试工作的性质决定了测试员队伍的特殊性，决定了测试员队伍管理的特殊性。建设一支思想品德好、业务技术精的高质量、高水平的测试员队伍将是一项长期而复杂艰巨的任务。市语测中心应适应测试工作新的发展形势，大胆探索，改革创新，积极采取有效措施，加强测试员选拔、培训、考核、奖惩等工作，使测试员队伍的管理更加规范、有序、高效，为上海的语言文字水平测试事业作出更大的贡献。

注释：

①其他人员指上海市语言文字水平测试中心管理人员、机关公务员、公司职员、演员、报社从业人员、宾馆工作人员等14类职业的零星工作人员。

②屠国平．普通话水平测试员培养规格与培养模式思考［J］．绍兴文理学院学报，2003（4）．

国家普通话水平网络评测管理系统开发与应用*

杨春亭　程志刚　马伟锋　柳　杨
（浙江科技学院　浙江杭州　310023）

[摘　要]　针对传统普通话水平测试过程中遇到的诸多问题，开发了“国家普通话网络评测管理系统”。本文介绍了系统的设计方案、系统特点及应用现状。本系统的开发应用旨在实现一套可行而有效的信息化、网络化的新型普通话培训、测试管理系统，努力开创一种普通话培训测试的新模式。

[关键词]　普通话水平测试；网络评测；应用

一、引　言

由于社会经济的快速发展，使用普通话交流在现实生活中得到愈来愈多人的接受与关注，已经成为人们工作生活中一种不可缺少的能力，很多行业和岗位也将普通话水平作为工作的必备条件，社会急需一大批普通话水平达到一定等级的劳动者，且呈现出多样化需求。

传统面对面的普通话水平测试模式，组织成本高、难度大，人为因素较多，难以有效管理，对于大规模的测试尤其是面向学生的测试更是如此。由于近几年应试人群扩大、人数剧增（以非师范类的大学生为主），在浙江省每年都要完成一万五千左右学生的普通话水平测试工作，而测试条件的不平衡（测试工作都是在双休日进行，测试员也都是兼职的，测试收费标准和工作报酬又特别低，组织测试工作相对困难，无法保证所有应试人的测试需求），造成了地区之间测试的发展不平衡，如浙江省的衢州、丽水、舟山等偏远山区、海岛等因测试资源不足，阻碍了当地普通话水平测试工作的开展和共同语普及的推进，偏离了公平性的原则。

因此，只有改进普通话水平测试的方法和手段，在模式上不断创新，才能有效应对快速增长的、多样化的测试需求，同时为在更深层次上推进普通话普及工作提供有效的解决办法。

现代信息技术，尤其是网络技术及应用的发展，为现代管理技术的发展提供了有力的技术支撑和有效的手段保证，是现代管理模式的必然发展趋势，普通话水平测试工作也必将顺应这一发展趋势。针对传统普通话水平测试过程中遇到的诸多问题，我们开发了“国家普通话网络评测管理系统”，旨在实现一套可行而有效的信息化、网络化的新型普通话培训、测试管理系统，努力开创一种普通话培训测试的新模式。

---

* 基金资助：浙江省普通话培训测试中心科研项目：国家普通话水平测试信息系统中关键技术的研究（项目编号 2006001）

二、系统设计

在充分调研当前存在的各种普通话水平测试模式的基础上，多层面广泛调查和征集系统潜在用户对于系统的需求，包括应试人、测试员以及测试中心管理人员等，深入分析、反复论证，最终确定将系统按照功能和实际工作流程分成三个子系统予以实现，即现场抽签及测试子系统、网络评测子系统、网络管理子系统。基于这三个子系统而重构的测试工作流程如图1所示。

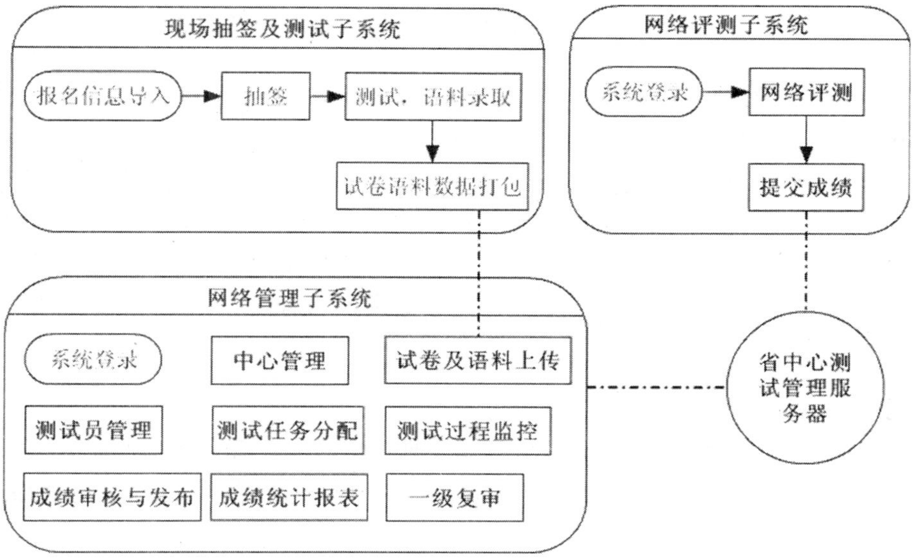

图1　测试及评测管理流程图

（一）现场抽签及测试子系统。

根据应试人报名情况，在测试现场经电脑拍照并随机抽签，应试人按照抽签结果凭抽签条到指定的测试终端完成语料的录制，按测试批次完成考试信息及语料的打包。根据我省普通话测试的实际情况，系统可以提供三种语料采集方式。

1. 多功能测试室模式。

这是一种集测试、培训及教学与科研于一体的多功能测试室，测试室配备数十台学生机和一台教师机。项目组采用DELPHI+SQL Server基于局域网技术为该测试模式设计了专门的抽签及测试软件，可以通过网络控制和监控每个应试人在测试过程中的状况，试题直接显示在应试人的考试机屏幕上，整个抽签及测试过程基本实现无纸操作，完全自动化，并且可对若干个应试人同时测试。这种测试模式特别适合于测试量较大且比较集中的情况，其优点是组织方便，管理简单，测试规范，效果明显。测试数据可以直接自动打包成需要的格式，与其他子系统实现无缝连接，同时可用于普通话培训、教学及科研。该模式一次性投入成本略高，在经济欠发达地区推广有一定难度。

2. 固定录音测试模式。

这种测试模式需要建立专门的录音测试室，每位应试人配置一个话筒，通过录音系统完成语料的采集。测试完成后将语料刻录到光盘上或通过网络上传分发给测试员听测，需要相应的录音硬件和软件系统。这种测试模式适合于测试量较大、较集中的情况，一次性投入成本适中。

3. 便携式测试模式。

与多功能测试室模式、固定录音测试模式相比，这是一种可移动、便于携带的单机系统，使用方便，成本低，适合于小批量、地点分散或偏远山区、海岛使用。

（二）网络评测子系统。

系统的设计过程本着测试员独立评测语料的原则，实现测试手段的网络化。该子系统基于 VB 开发，采用 xmlhttp 技术与 SQLServer 数据库服务器进行交互。测试员任何时间、任何地点，通过任何一台与网络连接的电脑，进入该子系统登录浙江省测试中心专用管理服务器，获取中心分配的测试任务进行评测。每一个测试任务是一个应试人的测试情况，包括试卷和语料，测试员在评测过程中根据操作说明和提示直接在电脑上完成评测，并将成绩和评测记录提交到省中心测试管理服务器。整个评测过程完全符合国家普通话水平测试标准的要求，界面直观清晰，操作方便。测试员可以灵活安排自己的测试时间和测试地点（测试员无须每个双休日都起早摸黑，异地测试了），大大发挥了测试员的能动性，提高了测试员的独立评测能力，抑制了个别测试员滥竽充数、随意评测的现象，杜绝了测试现场非正常的干扰，确保了国家普通话水平测试工作的公平公正。同时，本系统为各测试中心对测试员的业务考评提供了直接的量化数据，从而加强了各级测试中心对普通话水平测试工作的管理。

（三）网络管理子系统。

该子系统为基于 JSP+SQLServer 技术开发的动态管理网站，符合工业界普遍采用的 J2EE 标准。作为评测过程的集中综合管理平台，为各测试中心对本中心负责的测试提供了全面的信息与控制策略。

该子系统提供了：中心信息管理及测试站点信息管理及维护；测试员的管理（导入及分组等）；现场测试信息及语料的上传和测试任务分配；语料上传过程及评测过程的实时监控。系统可以对已完成评测的语料发布成绩、编制证书号；测试工作量及应试错误率、缺陷率等测试信息统计。对一级乙等及以上成绩将自动转发上级中心进行网络复审。同时对于测试员不足的中心可以委托其他中心组织测试员协助评测。

以上子系统均采用业界成熟的技术构建，安全性、稳定性良好，改善了测试手段，提高了测试效率，提升了管理质量。

三、系统特点

1. 实现管理过程的现代化。

①“中心站管理模块”和“测试员管理模块”综合了各培训测试中心及测试员信息，实现了网络化信息管理，以及培训、测试工作管理规范化标准的执行。

②通过“网络评测管理系统模块”对测试员评测的实时监控，可以了解测试的实际进程，实现对测试员业务水平的能力考核和测试量化考核。

③“一级复审模块”已实现一级复审网络化，及时复查各测试中心的评测，从而完善指导监督功能。

2. 实现测试手段的多样化。

①采取“机助人测”模式，由计算机承担数字化录音，并完成简单而繁琐的统计工作，既能有效保证评测结果的公正准确性，又降低了测试员的劳动强度，可以充分调动测试员的工作积极性。

②采用网络评测，测试员可以根据自己的实际情况，随时随地完成测试评判工作；测试中心也可以整合各地区测试员资源，实现资源共享，平衡测试员的业务量，大大降低了跨地区测试的成本。

③由测试员完成的评测过程数码化记录，可以准确地统计错误、缺陷语音所对应的字、词，便于及时反馈教学，为普通话的教学与培训进一步提供有针对性的指导。

3. 实现培训形式的综合化。

①独立评分方式，可以提高测试员的工作责任心，强化测试员独立评判能力，达到评测能力培训的目的。

②测试员可以通过“继续教育网络化培训软件”，进行定期网络模拟测试和考核分析，实现对测试员业务的远程后续培训，整体提升测试员的业务水平。

③网络技术有利于自主协作式的学习，形成师生互动的开放式大课堂，可以为面向全社会的普通话网络化培训奠定扎实的基础。

四、系统应用

2006 年 9 月 25 日，浙江省测试中心直属测试站采用便携式测试模式，在浙江师范大学、杭州幼儿师范学院完成了 26 位教师的测试试验，验证了便携式测试模式在非常规测试时间（非双休日）和测试组应试人不足的情况下能够有效节省成本，提高服务质量。

2006 年 5 月 28 日，绍兴文理学院采用固定录音测试模式，运用普通话测试录音采集系统进行测试语料采集试验，9 个录音测试室一天内完成了 600 多人的批量语料采集。试验结果显示固定录音测试模式在大批量密集测试的情况下，在测试管理、节约成本等方面效果很好，且方法简单易行，语料清晰，采集速度快，为有效解决大批量密集测试积累了经验。

2007 年 10 月 13 日，杭州师范大学采用多功能测试室模式，两个小时内完成了 300 多人的测试试验，并全程通过网络完成评测，整个评测过程使用网络管理子系统全程监控。评测过程以及成绩分析表明，整个评测过程符合国家规范，测试成绩正常。进一步检验了“机助人测”模式的可行性。

自 2006 年至 2008 年，本系统已在浙江省普通话培训测试中心、杭州市普通话培训测试中心、义乌市普通话培训测试中心、杭州师范大学测试站、绍兴文理学院测试站等试运行，累计完成 7140 人次的测试量。

试验和实践的结果表明：利用现代信息技术和网络技术，由数字化信息采集，计算机辅助网络评测，评测过程网络监控三个环节组成的“机助人测”模式是一种切实可行的国家普通话水平测试的新模式，符合国家有关普通话水平测试的规范。这种“机助人测”模式在提升普通话水平测试管理、服务的质量与水平，降低测试成本，提高评测质量和效率等方面与传统的测试管理相比有着明显的优势。特别是可以有效解决当前普通话水平测试工作面临的两大突出问题：①边远山区与海岛地区开展测试工作的实际困难；②大批量非师范类学生测试需求与测试费收不抵支的矛盾（同比测算，运用本系统，每千人可降低测试成本万元以上）。本系统具有很大应用与推广价值，能够产生良好的经济和社会效益。

五、结束语

本系统于 2009 年 2 月 28 日通过了国家语委和教育部的鉴定。以国家语委原副主任傅永和研究员为主任委员的项目专家鉴定委员会认为，该系统应用了现代信息技术成果，各项设计均符合国家关于普通话水平测试的管理规定和操作规范，技术指标达到预期要求；该系统以“机助人测”为特色，丰富了计算机辅助普通话水平测试模式及测试信息化管理系统，实现了测试过程中语音采集与成绩评定的分离，拓展了评测的工作时间和空间，有效降低了测试与管理的成本。在测试及测试组织模式与信息化管理方面都有创新，达到了国内先进水平，具有广泛的应用和推广价值。

参考文献：

［1］王玲玲．高校普通话测试培训中几个相关环节的把握［J］．江苏高教，2008（2）：155.
［2］张继娅．推普工作任重道远—从普通话测试说起［J］．现代语文（语言研究版），2006（4）：56-57.
［3］刘照雄．再论普通话水平测试的性质与特点［J］．语言文字应用，2008（1）：91-97.
［4］单　虹．王颐嘉，乔丽华，普通话水平测试评分细则研究［J］．语言文字应用，2008（1）：104-112.
［5］彭　颖．浅谈多媒体技术在普通话水平测试教学中的优势［J］．新西部，2008（4）：203-204.
［6］《普通话水平测试（新大纲）指导》编写组．普通话水平测试指导（新大纲）［M］．广州：暨南大学出版社，2008.
［7］国家语言文字工作委员会普通话培训测试中心．普通话水平测试实施纲要［S］．北京：商务印书馆，2004.

PSC 数字录音档案管理若干问题的探讨*

陶昱霖
教育部语言文字应用研究所（国家语委普通话培训测试中心　北京　100001）

［摘　要］　测试录音档案是普通话水平测试档案的重要内容之一。如何科学、有效地对测试录音档案进行管理是测试管理人员需要思考的问题。本文试图借助内容管理的理论，分析 PSC 数字测试录音档案管理的采集、存储、使用（访问）方面出现的问题，对如何提高数字测试录音档案管理的质量与效率提出思考意见。

［关键词］　测试录音；管理；内容管理

一、引　言

普通话水平测试已开展 15 年，随着测试范围的扩大，测试人数不断增加。据不完全统计，2004 年至 2008 年，每年全国约有 280 余万人次参加普通话水平测试，预计截止 2009 年底，全国参加测试人数约为 3000 余万人次[1]。测试人数的增加带来测试档案的增加，面对大量的测试档案，如何有效地管理测试档案，成为广大测试管理人员面临的问题之一。

普通话水平测试档案包括测试申请表、试题、测试录音、测试员评分记录、复审记录、成绩单等[2]，以及近几年开展的计算机辅助普通话水平测试（以下简称“机辅测试”）的测试档案，包括文书档案和电子档案。文书档案包括报名表、第三项“选择判断”和第五项“说话”评分记录表、复审记录表、应试人成绩单、证书签收单等。电子档案包括完整的应试人个人信息、测试录音和试卷[3]。

无论是人工测试还是机辅测试，普通话水平测试录音档案都是测试档案管理的重要内容。这些档案不仅是普通话水平测试质量监督工作的重要依据，也是普通话培训测试科研和普通话相关研究的宝贵资源。

目前，测试录音的采集主要是磁带、录音笔和电脑这几种方式。磁带作为传统的采集方式，使用范围正在不断缩小，越来越多的测试都采用录音笔或电脑进行测试录音的采集，即采集的是数字测试录音档案。本文试图借助内容管理的理论，从数字测试录音档案的采集、存储、使用（访问）三方面，分析测试录音档案管理中出现的一些问题，对如何提高测试录音的管理质量与效率提出我们的思考意见。

---

* 本文承蒙陈章太先生拨冗审阅指正，谨致谢忱！

二、内容管理与数字测试录音档案管理

（一）内容管理。

按 Bob Boike 的定义，内容管理体现在内容和管理两个方面。内容是任何类型的数字信息的集合，可以是文本、图形图像、Web 页面、业务文档、数据库表单、视频、声音文件等，是一个比数据、文档和信息更广的概念，是对各种结构化数据、非结构化文档、信息的聚合。管理是施加在“内容”对象上的一系列处理过程，包括收集、确认、批准、整理、定位、转换、分发、更新、存档等，目的是为了使“内容”能够在正确的时间、以正确的形式传递到正确的地点和人。

（二）数字测试录音档案管理。

普通话水平测试数字测试录音档案的管理，是一种典型的内容管理。

数字测试录音档案管理包括采集、存储和使用（访问）三个环节，是相互支持、相互制约的。采集录音档案的质量要求决定了存储的策略和介质，录音档案的文件名及其关键数据决定了查找访问和使用（访问）的效率；存储策略要考虑使用（访问）策略，存储容量越多越好，存储成本越廉价越好，而使用（访问）则强调根据关键数据定位快、查找速度快，使用（访问）的速度要求制约了存储量的增加。

数字测试录音档案包括结构化数据和非结构化数据，如“应试人”的信息，包括姓名、性别、出生日期、单位、测试时间等字段，这些数据有明确的数据类型、长度限制等，可以用结构化数据来表达，放在数据库中管理。应试人信息中包含的照片、测试录音等内容，属于非结构化数据，那么就不适用于普通的数据库，需要用数据库结合内容管理软件来实现。把非结构化数据的要素（文件名、存放目录、时间等等）提取出来，成为结构化数据，连同原有的一些结构化信息存放在数据库中，然后把非结构化数据以文件的方式存放在磁盘上。当需要的时候从数据库中取出存放目录（甚至可能是包含 IP 地址的完整路径）和文件名，然后就可以访问到以文件方式存放在其他地方的非结构化数据。

数字测试录音档案实施内容管理的关键是结构化数据和非结构化数据的标准化。采集、存储和使用（访问）都离不开数据的标准化。录音档案采集中，录音档案自身的标准包括录音文件格式、音质要求、命名规范等，其他数据关键要素包括文件名、存放服务器的 IP 地址、存放目录、录音时间、录音地点、考场编号、考生姓名、考生编号、测试员姓名、测试员编号、测试等级、复审时间、复审人、评定等级、存放期限、访问权限控制、备注，等等。

三、数字测试录音档案管理的现状

2003 年 5 月颁布的《普通话水平测试规程》对测试录音的采集、存储作出以下规定：

第 13 条：测试全程录音。完整的测试录音包括：姓名、考号、单位以及全部测试内容。录音应声音清晰，音量适中，以利复查。

第 14 条：测试录音标签应写明考场、测试组别、应试人姓名、测试日期、录音人签名等项内容；录音内容应与标签相符。

随着普通话管理软件的使用、数字录音技术的成熟和录音设备的普及，普通话水平测试录音档

案管理中数字化信息越来越多，如何发挥数字化档案管理的优势，各地测试管理机构已进行许多探索。我们尝试使用内容管理的要求审视现有的管理，发现了一些问题：

问题一：数字测试录音档案的格式

目前，数字测试录音档案的格式有很多种，常见的有 CD、WAV、MP3、RA、WMA、MID、AAC、VQF 等等。同一应试人测试录音档案以不同格式存储，音质的保真度和存储容量都有较大的差别，不同格式的录音文件需要用不同的音频播放软件支撑，有些录音笔录制的录音文件则需要专用的播放软件。

录音档案格式不一致给我们带来这样几个问题，一是给质量监督（复审）带来不便；二是在非现场测试的情况下，录音格式不同造成的音质差异给测试员评分带来影响；三是录音档案存储需求和使用（访问）需求之间的矛盾，从录音档案的存储要求看，为了降低存储成本，每个录音文件所占存储空间自然是越小越好，而从录音档案的使用（访问）来看，测试评分和普通话相关研究需要音质清晰的录音文件，通常情况下，音质越好的录音文件所占存储空间越大。

采集录音的质量直接关系到普通话水平测试质量、管理的效率和成本。现在全国尚未对采集录音文件格式作出推荐或建议，我们认为在作出选择时应考虑这样几个因素：

1. 数字录音的保真度与存储空间之间的平衡。从维护录音档案原真性出发，采集过程中应遵循“最小失真原则”，即尽可能提高采集录音文件的保真度。录音文件格式总体上分为两类：无损压缩格式和有损压缩格式。WAV、CD、DVD 是无损压缩，其余均为有损压缩。就追求保真度而言，当然选择无损压缩格式，然而，无损压缩占用空间数比有损压缩大十倍，面对全国大批量的测试录音档案，存储空间的限制是客观存在的。我们认为，在追求最小失真时必须结合考虑存储空间问题，在数字录音的保真度与存储空间之间取得平衡，将录音失真度控制在允许的范围内。

2. 区分录音档案存储的不同目的。测试录音档案采集的是测试全过程，主要用于评分、存储和后期使用（访问），我们应该根据保存录音档案的不同目的来选择不同的录音文件格式：单纯以存储为目的的，可以选择有损压缩格式，如 MP3 等，在保真度得到保证的前提下，测试录音档案所占存储空间较小。以后期使用（访问）为目的（包括录音档案的研究、开发），可以选择无损压缩格式，如 WAV 等。是否所有的测试录音档案都要以无损压缩格式存储，需要测试管理部门根据工作需要作出决定。

3. 所选格式的通行、标准化程度和是否有较强的软件支撑。是否主流格式，是否通行标准，是一个必须考虑的重要因素，这关系到所选格式在未来被用户环境接纳的程度，关系到利用的效率和文件格式本身的生命持久性。强有力的软件支撑和技术支持，是选择数字化档案音频格式的重要决定因素[4]。

问题二：数字测试录音档案的文件名

这里所说的文件名是含有应试人个人信息的录音文件名，这是存储和使用（访问）测试录音档案的关键数据之一。普通话水平测试数字录音档案的存储策略要考虑到今后如何使用（访问），而采集时文件名的命名规范又是存储策略里重要的因素。

普通话水平测试中，采集录音的硬件、软件的不同，测试录音档案的文件名也各不相同。同样使用电脑录音，由于所使用的录音软件或程序的命名规范不同，最终生成的文件名是不同的，不同品牌录音笔的文件名就更不同了。实行“机辅测试”的各省之间的文件名的命名规范不是完全相同的，这给录音档案的存储和后期使用（访问）带来了很大的不便。

问题三：数字测试录音档案的存储

另一个需要解决的问题是，每年300余万人次的测试录音档案如何存储。我们认为存储不仅仅是将测试录音档案刻成光盘后放在档案架上，测试录音档案的使用（访问）也是我们在设计存储方案时需要考虑的。

测试录音档案是集中存放还是按地域分开存储。如采取集中管理，各省级管理机构可通过机器地址跨地区管理和访问；为了避免系统压力，也可采取按地域分开存储。

存储目录的路径设计是为了便于管理，国家层面可根据省级行政区域、测试时间实施分路径管理，同一地区内可根据测试时间、测试人群、测试等级等实施分路径管理。

测试录音档案的备份是必不可少的，各省级测试管理机构都采用了不同的备份方法，有单份单介质备份的，也有双份双介质备份的。测试录音档案的数据是我们进行培训测试研究和语言相关研究工作的宝贵资源，PSC数字测试档案需要以多备份、异介质、异地方的方式安全存储[5]。

在我们享受数字测试录音档案给我们带来诸多便利的时候，随着数字测试录音档案的不断增长，数字测试录音档案长期存储的成本问题也出现在我们面前。

数字测试录音档案存储的成本比我们想象的要高得多。很多人都认为长期存储的成本主要是存储介质的成本。以全国每年测试300万人次、每个测试录音5M计算，全国一年测试录音档案约为14.3T，目前市场1T的硬盘价格约为800元左右，每年全国用于数字测试录音档案存储的存储介质投入是12000元左右，由此可以看出，存储介质成本已经不再是数字测试录音档案管理的主要成本。存储的真正成本在于管理的人工成本，管理包括备份、恢复、存档、重组、增长和容量管理。随着普通话水平测试的不断发展，数字测试录音档案数据的不断增长，所需人员、机器会不断增多，所需场地会增大，费用也会不断地增长。

目前，数字测试录音档案的存储技术有很多种，但还没有一个确定的、通用的技术和方法的组合显示足够的优势。我们需要通过科学的评价，选择相应的技术或技术组合对数字测试录音档案进行存储，根据数字测试录音档案的特点，综合考虑费用、存储要求等选择数字录音技术，制定相应的标准，因为这将直接影响以后测试录音档案的存储和使用（访问）。我们还应该看到，目前的技术更新非常快，现有的的数字测试录音档案如果处理不当，将会给我们今后的工作带来很大的损失。

问题四：查找、访问和使用（访问）

语言作为资源需要保护，需要开发[6]。PSC数字测试录音档案是语言资源之一，是开展普通话水平测试质量监督工作的重要依据，也是进行普通话培训测试科研工作的宝贵资源，我们还可以通过PSC数字测试录音档案看到普通话和方言关系的发展和变化。

无论是普通话水平测试质量监督、普通话培训测试科研工作，还是与普通话本体相关的研究，都需要通过查找和访问PSC数字测试录音档案来完成。便捷、准确的检索功能将为我们节省大量的时间和精力。

查找是通过单个或多个关键数据在数据库中查找，需要注意的是，内容管理的关键是非结构化数据和存放在数据库中的关键要素数据的紧密结合，进行数据整理查找工作需要根据数据库中的关键数据来定位。如通过身份证号、地区、测试员、复审人、测试等级等关键数据进行单项或多项的定位查找。

访问一般来说是指通过设计好的程序，可以方便地通过在数据库中查找到的关键信息来获取实际存放的文件。也就是访问前面查找的数字测试录音档案，以进行相应的研究和开发。

PSC数字测试录音档案使用（访问）最多的是普通话水平测试质量监督工作。各省级测试机构对本省各测试站点测试情况的复审，一级乙等的复审，一级甲等的复审，都需要通过访问已有的测试录音档案来完成。一级乙等和一级甲等的复审通常的做法是通过应试人的姓名或准考证号等关键数据，查找到该应试人测试录音档案，然后进行复审。这类查找是比较容易做到的，对管理程序的要求也相对简单。各省级测试机构对本省各测试站点测试情况的复审往往需要查找的是一批应试人的测试录音档案，这项工作就显得比较繁琐了，需要把录音一个个地挑选出来，再进行复审（开展机辅测试的省份可以通过系统完成临界、错档和分差大的测试样本的归类工作）。

在进行普通话培训测试科研工作、普通话本体相关研究的时候，我们需要的是更多、更复杂的查找和访问功能，如对某地区某等级的语音特征的研究，对某个年龄段普通话水平的研究与对比，对测试员评测水平变化的研究等等，都需要查找大量符合条件的录音档案开展研究工作。

除了通过最基础的查找和访问开展研究工作外，今后我们还可以在技术许可的情况下，对这些资源进行行政开发和学术开发，通过网站、开放实验室、语言博物馆等方式，实现数据共享，最大限度地让这些数据造福国家、人类与学界[7]。

实现这些查找、访问、使用（访问）、开发，必须建立在科学可行的操作规范和标准之上，才能对数字测试录音档案进行有效的管理。

四、余　论

值得一提的是近几年在十五个省市开展了机辅测试，机辅测试系统已经在数字测试录音档案管理方面为我们做出了许多尝试，如测试录音格式、测试录音档案的存储与备份、测试数据的查询等等方面，许多经验都是值得我们借鉴的。目前，全国有二十多个省市实行人工测试，在人工测试和机辅测试并存的情况，如何在机辅测试经验的基础上研究制订适合全国使用（访问）的操作规范和标准，是需要我们一起共同完成的。

以上是借助内容管理理论审视 PSC 数字测试录音档案管理中发现的一些问题。我们知道，科学高效的管理工作需要解决的问题绝不仅仅是这些，例如采集时测试录音档案的加密、上传录音档案的权限、查找访问的多级权限管理、录音档案的生命周期的管理以及对数据的分析管理等等。PSC 数字测试录音档案管理涉及了计算机技术、管理科学等多个领域，我们应以科学的态度对待普通话水平测试管理工作，不断提高普通话水平测试的管理质量与效率。

注释：

［1］韩其洲，国家普通话水平测试回顾与展望——纪念开展普通话水平测试 15 周年［EB/OL］中国语言文字网，2009（10）.

［2］教育部语言文字应用管理司．普通话水平测试规程［S］. 2003.

［3］教育部语言文字应用管理司．计算机辅助普通话水平测试操作规程（试行）［S］. 2008.

［4］张照余．音频档案数字化研究［J］．档案学研究，2003（1）.

［5］［6］［7］李宇明．当今三大语言话题——在 2008 年度语言文字工作会议上的专题报告［R］．中国语言文字网，2008.

卫生系统普通话测试的可行性研究调查报告*

吴　慧
（上海市浦东新区语委办　上海　200120）

［摘　要］　随着改革开放步伐的加快，海纳百川的上海外来人口的增长迅速，给医疗卫生系统提出了要有一种共同语作为服务用语的问题。本文通过问卷调查、访谈和试点测试等方法了解到，广大就医者、医务工作者、医疗管理人员一致认为医疗卫生系统应该用普通话作为服务用语。说普通话，可以架起沟通桥梁，密切医患关系。普通话水平的高低会对服务质量产生直接影响，所以提高普通话水平也是当务之急，进行普通话水平培训测试是提高医疗卫生系统从业人员普通话水平的重要举措，卫生系统普通话测试应稳步有序地推进。

［关键词］　普通话；卫生系统；培训；测试

一、问题的提出

近年来，随着我国经济文化交流的扩大与活跃，全国各大城市外来人口都呈现增速加快的趋势。在卫生、公交、银行等公共服务行业，要求使用“通用语”——普通话的社会呼声日渐高涨。

为此，2000 年第九届全国人民代表大会常务委员会通过了《中华人民共和国国家通用语言文字法》，其中提倡公共服务行业以普通话为服务用语，上海市也发布了实施《中华人民共和国国家通用语言文字法》办法，提出了“本市应当采取措施，推动公共服务行业以普通话为服务用语”和“直接面向公众服务的工作人员的普通话水平达到三级甲等以上”的要求。

目前上海医疗卫生系统不少单位尚未把普通话作为唯一工作用语摆上议事日程，普通话测试还在刚刚起步阶段，所以，我们开展卫生系统推进普通话测试的可行性实践研究，为卫生系统有关管理部门提供一定的决策参考。

二、方法和过程

（一）方法。

1. 问卷调查：

（1）通过对浦东新区和宝山区 224 位医务人员的问卷调查，了解医务人员使用普通话的现状及

* 本课题为 2007 年度上海市语言文字水平测试中心重点课题。课题组成员：吴慧、焦文燕、严敏沁、朱青春、杨金凤、廖静瑜、高峰。执笔：吴慧。

对医务工作者进行普通话测试的看法；

（2）通过对100位来医院就诊病人的问卷调查，了解各类就医者对医务人员服务用语的要求；

（3）通过对30所医疗机构管理层问卷调查，了解医疗系统对普通话测试的看法；

（4）通过对31位已经参测的医务人员的问卷调查，了解培训工作对普通话测试的作用。

2. 访谈法：

通过对几个医疗管理层的走访、对一些医务人员的跟踪访谈和一些就医者的随机采访，了解医疗卫生系统实施普通话测试的必要性和可行性。

3. 试点法：

通过对一些医疗单位的一部分医务人员的试点培训测试，了解医疗系统普通话水平的现状，探讨今后医疗系统推广普通话测试的策略。

（二）过程。

1. 宣传准备阶段：

（1）向医疗单位发送关于普通话测试的通知和宣传资料；

（2）下医院进行宣传培训活动；

（3）成立课题小组，召开课题组会议，设计课题方案和讨论实施计划；

（4）拟定各种调查问卷和各类访谈计划；

2. 组织试点测试阶段：

为了更好地推动医疗系统的普通话测试，2006年下半年到2007年年底，我们分别在浦东、宝山、南汇、长宁四个地区进行了试点测试。试点的选定我们考虑要有代表性，所以有市区、有近郊、也有远郊；有三级大医院、有社区医疗服务中心、也有农村医疗服务中心；参测的人员有第一线的医生、有挂号收费、配药等窗口服务人员、也有管理领导人员，四区合计共有2086人参加了测试，效果较好。

3. 问卷调查阶段：

为了了解医疗系统普通话现状，我们在2007年5月、6月、7月进行了多人次，多方面，多角度的调查问卷。参加问卷调查的医务人员共有224人；参加问卷调查的就医人员共100人；参加问卷调查的医疗机构管理层共30个；参加问卷调查的已测医务人员130人。调查也考虑从年龄、文化、地域等多角度进行，深入细致的问卷调查工作为我们的研究打下了较好的基础。

4. 深入访谈阶段：

在问卷调查的基础上，我们在2007年8月、12月重点走访了第一人民医院宝山分院、宝山罗店医院、浦东新区人民医院，分别与医院领导、医务人员和来医院就医的病人进行了交流和访谈，获取了不少第一手资料。

5. 分析研讨阶段：

通过宣传、试点、问卷、访谈等一系列调研活动，在逐步获取资料之后，课题组先后召开三次研讨会，通过分析研讨，我们深感在医疗系统进行普通话测试是必需的，在医疗系统进行普通话测试是完全可行的。

三、统计与分析

（一）卫生系统迫切需要将普通话作为服务用语。

1. 外来就医人口的增长，决定了必须将普通话作为服务用语。

根据公安局统计，上海市外来人口增长迅速。下表为近几年外来人口增长情况：

表一　上海市外来人口增长情况表（单位：万）

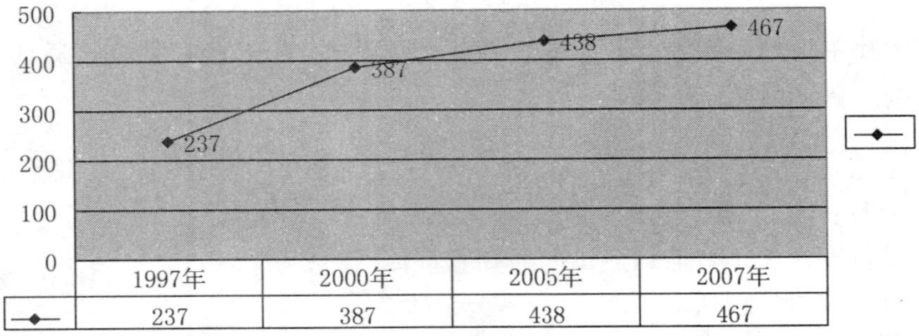

外来人口的增长，势必会导致去医院就医的外来人数的增长。根据宝山卫生局统计，2000 年全区诊疗总计 5557588 人次，2007 年增加至 6799240 人次，其中外来自费人员占 39.21% 。在浦东新区人民医院访谈时了解到因地处浦东开发区，又在城乡交界地，所以外来人口更多，据不完全统计，其外来人员就诊已经超过本地人员，约占就诊总数的 60% 以上。可见，医疗卫生系统没有一个通用的共同语是不行的。

2. 就医者需要医务人员使用普通话作为服务用语。

我们走访了浦东新区人民医院、第一人民医院宝山分院、宝山区罗店医院，对 100 名来就医的群众进行问卷调查或个别访谈，这些人中有上海本地人，也有较多的外来人员。许多外来就医者说："我们从外地来，话听不懂是没办法看病的。"也有些上海就医者说："对我们来说，看病讲上海话是方便的，但现在医院里外地来的医生也挺多，话听不清楚误诊了可是性命攸关的事！"所以无论是外地人还是上海人，绝大多数人来医院就医时都希望医务人员能用普通话和病人进行交流。

表二　来医院就诊的 100 名病人对医务人员服务用语的要求情况

内容 数据	普通话		上海话		其他方言		什么话都行	
	人数	百分比	人数	百分比	人数	百分比	人数	百分比
你使用的语言	80	80%	20	20%	0	0%		
你希望医务人员使用的语言	83	83%	12	12%	0	0%	5	5%

从上表可见，接受我们问卷调查的 100 位就医者，无论是外来人员，还是上海本地人员，80% 的人就医时使用普通话，83% 的人要求医务人员用普通话作为工作语言。12% 的人认可医务人员工作时可以使用上海话，那是因为这些人中绝大多数是上海本地人，上海话能交流。但从调查表中我们也可看到，没有一个被问者认同可用其他方言，可见大家都希望医务工作者用普通话作为服务用语。

3. 医务人员认可以普通话作为工作用语的职业规范。

我们在浦东新区问卷调查了 121 人，宝山区 103 人，合计 224 人。

下表是对医务人员工作中讲普通话的问卷情况：

表三　医务人员对讲普通话必要性的调查数据表

数据＼项目		工作中讲普通话的必要性		
		很有必要	可有可无	没有必要
浦东新区 121 人	人数	99 人	22 人	0
	百 分 比	81.8%	18.2%	0%
宝山区 103 人	人数	95 人	8 人	0
	百 分 比	92.3%	7.7%	0%
总计 224 人	人数	194 人	30 人	0
	百分比	86.6%	13.4%	0%

从上表可见，在我们调查的两个区 224 位医务工作者中没有一个人认为把普通话作为医务工作服务用语是没有必要的，86.6% 的人认为是很有必要，13.4% 的人认为是可有可无的，我们进行了访谈，他们说有时工作中会遇到上了年纪的不会说普通话或听不懂普通话的病人无法交流，所以应该允许特殊情况下说方言。总之，我们很高兴地看到，绝大多数的医务工作者都认为必须把普通话作为医务人员的服务用语。

4. 卫生系统提高服务质量必须推行以普通话作为服务用语。

（1）以普通话作为服务用语可以避免医患矛盾。

在走访中了解到，有 70% 的医患矛盾是因为沟通不良引起的，其中有不少是语言不沟通障碍造成的。如有的病人到医院看牙齿，在挂号时用上海话说挂“牙科”，听上去与上海话的“外科”发音是一样的，工作人员常会搞错，又如在付款时“十元五毛”用上海话说就是“四块五角”，如果说不标准的普通话“十”和“四”也是容易混淆的。在访谈中得知，有时这矛盾还会激化，例如浦东新区人民医院领导在接受访谈时说了一件事：一次一位外地病人脚肿来就诊，到了预检处，用方言哇啦哇啦讲了半天，预检人员听不懂，只见他用手指着脚，就给他挂了骨科，等了一个多小时，医生一看，是高血压中风早期症状，叫他去看神经内科，医生普通话不标准，他听成急诊，东走西找的，到处不顺，差点误了他的病，家属吵到领导处，其实都没有错，就是语言不通引起的。医疗管理层人员常要处理医患矛盾，他们反映，如果都用普通话来交流，这些不必要的矛盾就可减少，同时，他们提出还得提高普通话水平，才能提高工作效率。否则说不标准的普通话，还是会产生矛盾的。

（2）以普通话作为服务用语能有效提升卫生系统的整体服务形象。

我们在医疗系统管理层问卷调查共采样 30 个单位，有 92.7% 认为普通话服务有利于精神文明建设；96% 认为普通话有利于服务质量；93.6% 认为普通话有利于提高自身素养；86.9% 认为普通话有利于提高国际性大都市形象。总之，普通话有利于医疗单位整体形象，用普通话作为工作用语势在必行。

5. 管理制度和医疗服务规范对说普通话有明文规定：

（1）市卫生系统文明单位创建要求中，将“服务用语普通话”“会议主持、发言使用普通话”作为文明单位的考核指标；

（2）在预检、挂号、收费、药房、检验、门急诊等“十大”窗口部门的医务人员，把在岗期间必须“首句使用普通话”作为服务规范，并列入个人年终业务考核指标之一。

综上而言，客观上有需要，主观上也认可，制度上已明确，医疗服务系统将普通话作为工作用语已经势在必行。

（二）卫生系统从业人员使用普通话的现状：

1. 开始使用普通话作为服务用语，但尚缺乏主动性。

在目前外来就医人口增多的情况下，较多的医务工作者已经开始用普通话作为服务用语。

表四　参加调查问卷的医务人员使用普通话为病人服务情况

数据 \ 内容		不受干扰始终说普通话	首句先说普通话再就随着病人说	病人先说普通话我才说普通话	任何情况都不说普通话
宝山 103 人	人数	38 人	48 人	17 人	0 人
	百分比	36.9%	46.6%	16.5%	0%
浦东 121 人	人数	49 人	65 人	7 人	0 人
	百分比	40.5%	53.7%	5.8%	0%
总计 224 人	人数	87	113	24	0
	百分比	38.8%	50.4%	10.7%	0%

从此表可见，虽不少医务人员已开始用普通话作为服务用语，但尚有 61.1% 的人，要视病人而定，还没有形成主动意识，要使普通话成为自觉的工作用语，还需努力。

2. 使用普通话的能力尚需提高。

有些医务人员积极性很高，自觉地用普通话为病人服务，但能力参差不齐，相当一部分人用的是夹杂着各种方言的普通话，常会影响交流，产生医患矛盾，降低工作质量，在宝山医院访谈时，有的医生说“我们这里看病的患者外地人多，本地人也乡音重，不说普通话是不行的，说得不标准也是不行的。”他们举了个例子：一次有一位医生给病人拍胸片，用不标准的普通话叫病人“抱住胸片架”，可病人听不明白，以为医生对她不尊重，医生也很委屈，双方吵得不可开交。后来经别人用标准普通话说了，才解除了误会。这位医生觉得在自己国家给病人治病还需要翻译，实在不可思议。有不少医务人员觉得在现今的形势下工作中不说普通话是不行的，可说得不好人家听不懂更累。当前医务人员普通话水平现状如何呢？我们做了一个调查，下面是参加调查问卷的 224 名医务人员对自己普通话能力作出的自我评价。

表五　医务人员普通话能力的自我评估表

数据 \ 内容		普通话能力的自我评估			
		说得很好	说得比较好	会说一点	不会说
宝山 103 人	人数	8 人	67 人	28 人	0
	百分比	7.7%	65.1%	27.2%	0%
浦东 121 人	人数	5 人	74 人	41 人	1 人
	百分比	4.1%	61.2%	33.9%	0.8%
总计 224	人数	13	141	69	1
	百分比	5.8%	62.9%	30.8%	0.4%

从上表可见，说得很好的人不多，只占 5.8%，只会说一点的有 30.8%，比例也不算小，还有不会说的，可见医务人员的普通话水平急需进一步提高。

此外，从宏观来看，医务人员的文化程度情况、医院分布地域情况、不同岗位的特点等，都会对他们的使用普通话能力有所影响。从整个医疗系统现状分析，提高医务人员的普通话水平是当务之急。

（三）医务系统进行普通话水平测试是必要的和可行的。

1. 进行普通话水平测试是提高普通话能力的重要举措：

要提高医务人员普通话水平，进行测试是个很好的举措，而要测出好成绩，必须重视测前培训，所以“以测促训、以训保测”是提高医务人员普通话应用能力的有效保障。

表六　对 31 位参测人员两次测评的成绩分析

提高情况		提高分值情况		提高 10 分以上		提高 5 分以上		提高 2 分以上		提高 1 分以上		分数下降人数	
提高人数	下降人数	最高分	最低分	人数	百分比	人数	百分比	人数	百分比	人数	百分比	人数	百分比
26	5	12.1	–	4	12.9%	4	12.9%	13	41.9%	5	16.1%	5	16.1%

这次有 31 位医务人员，在考前先进行一次摸底性的模拟测，然后对他们进行培训，再去参加正式测试，结果 83.4% 的人都有了提高，最高的提高了 12.1 分，可见培训对他们的帮助是不可小觑的。我们也对少数成绩下降的人进行了跟踪访谈，了解到有的是因为心理因素，有的是因为准备不充分，也有个别的是因为思想不重视，如果在培训方式上作一些调整，问题是可以解决的。

2. 医务人员对普通话水平测试有正确的认识。

表七　224 名医务人员关于普通话水平测试必要性的调查问卷分析

数据＼内容	很有必要	可有可无	没有必要
人数	163 人	32 人	29 人
百分比	72.8%	14.3%	12.9%

表八　224 名医务人员关于普通话水平测试可行性的调查问卷分析

数据＼内容	普通话测试的可行性		
	完全可行	坚持就行	不可行
人数	119 人	98 人	7 人
百分比	53.1%	43.8%	3.1%

3. 医务人员有一定的普通话基础。

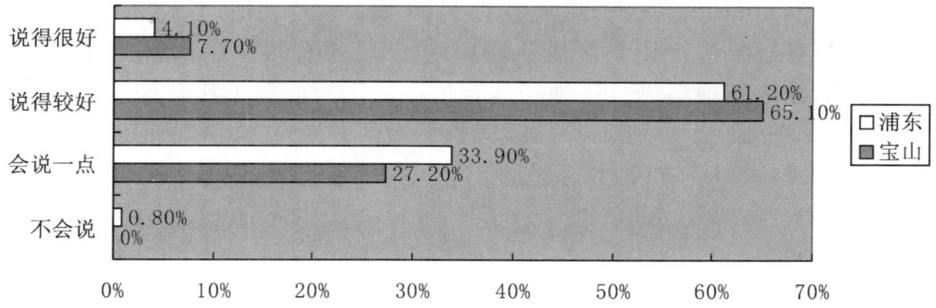

从上表可见，医务人员中不会说普通话的几乎没有，99%的人都会说，近70%的人讲得比较好，可见在医务系统中进行普通话测试是完全可行的。

4. 医务人员文化层次较高，对测试合格率有一定帮助。

表九　参加调查问卷医务人员学历分布

区县＼学历		研究生	本科	大专	中专	高中	初中
宝山区	人数	3	42	35	20	2	3
	所占百分比	2.8%	40%	33.3%	19%	1.9%	2.8%
浦东新区	人数		19	57	24	3	18
	所占百分比		15.7%	47.1%	19.8%	2.5%	14.8%
两区所占百分比		1.3%	26.99%	40.7%	19.5%	2.2%	9.3%

普通话测试中，不仅仅只是语音因素，还有语法词汇的运用、组织语言、口头表达等方面的因素，所以文化层次较高对测试成绩也会有一定的帮助。宝山试点参测的医务人员中医生较多，故高学历的人较多，大专以上人员占76.1%，高中以上人员占97.2%，浦东新区只组织窗口岗位，即二线服务人员，故学历高的人员少了些，大专以上的占62.8%，高中以上占85.2%，即使这样还是能说明他们的学历对普通话测试合格有一定的帮助。

5. 试点测试合格率较高：

表十　浦东、宝山、南汇、长宁四区试点测试合格率较高

单位	测试人数	合格人数	不合格人数	合格率	平均分	87分以上	80分以上	70分以上	60分以上	不入级
浦东	398	370	28	92.96%	78.8	48	175	150	21	7
宝山	1517	1455	62	95.9%	79.6	220	680	555	53	9
南汇	130	119	11	91.54%	78.9	19	59	41	8	3
长宁	41	35	6	85.37%	79.3	12	14	9	4	2
合计	2086	1979	107	94.87%	79.2	296	928	755	86	21

四、思考与建议

（一）卫生系统需进一步加大推普宣传力度，扩大参测范围。

根据卫生系统不完全统计，到2006年全上海共有卫生机构2519所，卫生技术人员10.90万，而现在参测人数仅2086人，只占总人数的2.08%。另外，根据统计，还是有一些人认为只要能说就行了，没有必要进行什么普通话培训测试，还有些单位没有普及到全部岗位，所以我们在医疗系统的任务还很艰巨，还须加强宣传，让广大医务工作者都投入到普通话水平测试中去。

（二）卫生系统应强化测前培训，提高普通话应试质量。

表十一　参测医务人员对测前培训的态度

内容 数据	很有必要		可有可无		没有必要	
	人数	百分比	人数	百分比	人数	百分比
宝山 103 人	82 人	79.6%	19 人	18.5%	2 人	1.9%
浦东 121 人	105 人	86.8%	13 人	10.7%	3 人	2.5%

从上表可见，接受调查的 224 人中，80% 的人希望参加测前培训，不想参加测前培训的只是极少数，占 2.2%。

无论从被测者的主观要求，还是客观成绩看，测前培训都是必不可少的，至于测前培训的形式则可根据实际情况而定。

（三）卫生系统普通话水平测试应稳步有序推进。

在医院里，有些岗位如挂号、收费、发药，现在已经用统一的录音与病人交流了，可是医生、护士与病人在问诊、检查、治疗等过程中是无法简单地用录音解决问题的，因为病情是各种各样的，病人也是各种各样的，所以必须直接交流。我们认为，在普通话水平测试推进过程中，应突出重点，把医生和护士的普通话培训测试工作列为工作重点，并以此在其他岗位逐步推进。不断增强医疗机构工作人员语言文字规范意识和人文素质，进一步构建和谐融洽的医患关系，更好地为广大患者服务，为构建和谐社会作出更大的贡献。

参考文献：

[1]《上海市实施<中华人民共和国国家通用语言文字法>办法》学习读本［K］．上海：上海教育出版社，2006.
[2] 普通话水平测试指导用书［M］．北京：商务印书馆，2006.
[3] 上海市卫生系统文明单位创建要求．
[4] 上海市文明单位考核指标．
[5]《语言文字》，2007（12）．

重庆市主城区市级医院推普工作现状调查与对策研究

余世琳（重庆市语委办　重庆　400020）
赵　嫦（重庆市渝中区高级职业中学　重庆　400010）

［摘　要］　为了促进医院行业的推普工作，提高推普质量，本研究采用问卷方式，针对病人和医务人员，对重庆市主城区市级医院推普工作现状进行了调查。69.0%的病人和50.0%的医务人员认为普通话在医疗活动中具有一定的功能作用；目前医务人员普通话水平，55.2%病人认为不好和一般，测试达到“三甲”水平的只占35.4%；72.1%的病人和82.3%的医务人员认为医务人员需要进行普通话培训；82.0%的医务人员认为医院推普工作的组织领导较好。医院行业的推普工作任重而道远，笔者就此对重庆市主城区市级医院推普工作提出建议和对策。

［关键词］　医务人员；普通话；调查；建议

重庆市委市政府在2000年就提出“医院等主要服务行业，从2001年1月1日起，应以普通话作为公务用语和工作用语”。医院是社会的主要服务行业之一，普通话作为其服务语言，在工作中有着不容忽视的作用。为促进我市医院的推普工作，不断改进推普工作方法，提高推普工作质量，我们选择主城区市级医院进行使用普通话有关调查，了解了重庆市主城区市级医院的推普工作现状，并提出相关对策及建议。

一、资料来源与调查方法

（一）资料来源。

重庆市主城区共有11所市级医院，本次调查涉及7所医院，即重庆市肿瘤医院、重庆市第一中医院、重庆市第一人民医院、重庆市第三人民医院、重庆市急救医疗中心、重庆市第八人民医院、重庆市中山医院。向医务人员发出问卷250份，有效问卷209份，向病人发出问卷200份，有效问卷175份。问卷采用无记名方式填写。

（二）问卷设计。

调查问卷设计为病人调查表和医务人员调查表两部分。

病人调查表设计4个方面，10个问题。一是病人的母语，即在生活中是否使用普通话。因为这直接影响了这一人群对使用普通话的感情和认识以及对医务人员普通话的评价。二是对普通话在医患关系中的功能作用的认识，从病人的角度对医务人员使用普通话的肯定或否定。三是对医务工作人员目前普通话水平的评价，这一评价可以使我们明确主城区市级医院推普工作的现状。四是对医务人员普通话提高的认识，这将有利于寻找提高普通话水平的对策。

医务人员调查表设计 5 个方面，11 个问题。一是医务人员的母语，即在生活中是否使用普通话。这直接影响着该人群对使用普通话的感情和认识及自身普通话的水平。二是对普通话在工作中的功能作用的认识，这关系到在医院推广普通话的意义，三是当前水平，这将使我们明确在医院使用普通话的现状及推普工作展开的基础。四是对普通话学习和提高的认识，这是推普工作能否取得成绩的关键，也为我们进行对策研究提供依据。五是行政领导对推普的认识及相关组织工作，这将使我们明确管理层对推普工作的实施态度。最后一个开放性题目，即“您对医务人员使用普通话有何看法及建议”，旨在为提出推普工作的对策提供参考。

二、调查结果

表 1　病人基本情况统计表

项目	性别		年龄				出生地		文化程度					
类别	男	女	30 以下	30 – 40	41 – 50	50 以上	重庆	非重庆	无文化	小学	初中	高中或中专	大学	硕士以上
人数	75	100	25	39	42	69	125	50	4	11	35	49	75	1
百分比	42. 9	57. 1	14. 3	22. 3	24	39. 4	71. 4	28. 6	2. 3	6. 3	20	28	43	0. 6

表 2　病人对医务人员使用普通话相关认识调查表

内　容	结　果（%）		
	是		否
1. 病人生活中使用普通话?	34. 5 %		65. 5%
2. 与使用普通话的医务人员更容易沟通?	63. 4 %		36. 6 %
3. 医务人员使用普通话可以使病人感到亲切?	75. 2%		24. 8%
4. 医务人员使用普通话利于对疾病知识的讲解?	67. 6 %		32. 4 %
5. 医务人员使用普通话可以改善服务质量?	65. 5%		34. 5%
6. 使用普通话的医务人员服务质量更好?	70. 3 %		29. 7%
7. 医务人员需要说普通话?	72. 4 %		28. 3 %
8. 医务人员的普通话需要提高?	75. 9 %		24. 1 %
9. 医务人员使用普通话需要专门培训?	68. 3 %		31. 7 %
10. 对目前医务人员使用普通话的评价	好	一般	不好
	44. 8	46. 2	9

表 3　医务人员基本情况统计表

项目	性别		年龄				出生地		文化程度			
类别	男	女	30 以下	30 – 40	41 – 50	50 以上	重庆	非 重庆	中专	大专	本科	硕士 以上
人数	55	154	60	65	63	21	187	22	27	87	87	8
百分比	26. 3	737	28. 7	31. 1	30. 1	10. 1	89. 5	10. 5	12. 9	41. 6	41. 6	3. 9

表 4　医务人员使用普通话相关情况调查表

内容	结果（%）		
	是	否	
1. 生活中使用普通话?	35. 9%	64. 1%	
2. 使用普通话可改善医患关系?	64. 1%	35. 9%	
3. 使用普通话可提高服务质量?	65. 1%	34. 9%	
4. 使用普通话有利说明疾病知识?	54. 1%	45. 9%	
5. 使用普通话更容易与病员沟通?	48. 9%	51. 1%	
6. 医院领导带头使用普通话?	78. 5%	21. 5%	
7. 医院领导重视使用普通话?	82. 3%	17. 7%	
8. 接受过医院组织的普通话培训?	84. 2%	15. 8%	
9. 使用普通话需要专门培训?	82. 3%	17. 7%	
10. 普通话水平测试等级	未测	三甲	二乙以上
	50. 7%	35. 4%	13. 9%

三、讨　论

（一）普通话在医务服务中具有特殊功能。

语言是人类最重要的交际工具，医务人员与病人的沟通和交流也有赖于语言，使用方言或普通话对医患关系和医务服务质量有什么样的影响呢？通过调查发现，病人认为“医务人员使用普通话利于对疾病知识的讲解”的有 67. 6%，而医务人员认为“使用普通话有利说明疾病知识”的有 54. 1%，这说明病人和医务人员共同认为使用普通话更利于医学知识的交流。调查同时表明，有 65. 5% 的病人认为“医务人员使用普通话可以改善服务质量”，有 65. 1% 的医务人员认为“使用普通话可提高服务质量”，有 70. 3% 的病人认为“使用普通话的医务人员服务质量更好”。可见，医务人员使用普通话对服务质量的提高有直接的作用。有资料表明，“医护面对患者脆弱的感情和心灰意冷的精神状态，语言和态度都应当是柔和的、悦耳的，让患者听得进而且能有温馨的感觉。与普通话相比，方言往往显得生硬。相同的语言，用普通话表达能产生更好的效果。标准的普通话能使人感到亲切、自然如沐春风”。

使用普通话不仅有利于医学知识的交流，改善医疗服务质量，还有利于建立良好的医患关系，但调查发现，病人认为“医务人员使用普通话可以使病人感到亲切”的有75.2%，医务人员认为“使用普通话可改善医患关系”的有64.1%；病人认为“与使用普通话的医务人员更容易沟通”的有63.4%，医务人员认为“使用普通话更容易与病人沟通”的有48.9%，这说明对普通话在医务服务中的功能，医务人员的认识不如病人，这是为什么呢？按理说有65.5%的病人平时生活中是不说普通话的，他们应该更习惯使用方言，然而他们却更主张医务人员使用普通话，因为“新中国成立以来的推普工作已经深入人心，人们普遍认识到普通话对我国社会政治、经济、文化发展以及个人工作、事业的积极意义与促进作用”，所以，这种看似矛盾的现象实际不矛盾。而64.1%的医务人员平时生活中都不说普通话，所以他们更愿意使用方言，显然，这与社会的期望不相适应。必须改变才行。并且在最后一道开放题目中不少医务人员认为“使用普通话，不能吵架，可以减少纠纷，提高人的素质和形象”。因此，提高医务人员的普通话水平是势在必行的。

（二）医务人员普通话水平有待提高。

调查显示，72.4%的病员肯定医务人员应该使用普通话，46.1%的病人对目前医务人员普通话水平的评价为“一般”，9%的认为医务人员的普通话“不好”。75.9%的病人认为医务人员的普通话需要提高，68.3%的病人认为医务人员的普通话需要专门培训。这说明医务人员使用的普通话与病人的要求存在差距，一定程度反映出目前医务人员使用普通话的现状和水平。

医务人员的普通话水平经过测试达三级甲等以上的占49.3%，另有50.7%的医务人员是没有经过测试的。“根据国家《一类城市语言文字工作评估标准》规定，医院等行业从业人员应达到普通话三级甲等以上水平”。显然，目前重庆市主城区市级医院的医务人员的普通话水平与这一要求还有很大差距。但值得注意的是，有82.3%的医务人员认为普通话需要专门的培训。

（三）医院管理者积极推普。

医院管理者的推普工作首先从自身做起，医院领导和领导班子带头使用普通话，78.5%的医务人员肯定了管理者带头使用普通话；其次，医院领导重视使用普通话，84.2%的医务人员表示“接受过医院组织的普通话培训”，说明医院举行过普通话培训，且覆盖面较高，82.3%的医务人员肯定医院领导对推普工作的重视。

鉴于医院领导的高度重视，病员群体的较高期望值，医院的推普策略和效果有待研究。

四、对策思考及建议

（一）树立在工作中使用普通话的意识。

医务人员由于医患关系、知识、文化等因素，采用方言时没有感觉到明显的沟通障碍，只有48.9%的医务人员认为使用普通话更容易与病员沟通，63.4%的病人认为与使用普通话的医务人员容易沟通，经过卡方检验（$P<0.05$），医务人员与病人的认识有显著差异，说明医务人员在工作行为中使用普通话的意识不够强烈或牢固。调查到的医务人员中非重庆出生的占10.5%，病人占28.6%，病人非重庆籍人员比例较大，要求医务人员使用普通话的愿望较为强烈，随着重庆都市化进程的加快，非重庆籍病人增多趋势将越来越明显。医疗活动中使用普通话是就医者的一种需求，医务人员应树立采用普通话与病人沟通的意识，以满足病人的需求。

（二）建立长效培训机制。

工作中，也有一些医务人员虽然使用普通话，但并不标准，这也容易使人产生不好的印象。几乎所有方言地区都有一些近乎恶毒的笑话和故事嘲笑那些普通话说得不标准的人，那种方言味浓厚的普通话给人的感觉就是不正规、不严肃的感觉，所以，每个医务人员尤其是医生和护士都应该在语言这一最重要的交际工具上下一番工夫，尽可能避免因普通话缺陷而造成的医患障碍。在问卷的开放题中也有医务人员建议："要说普通话，就应该说标准的，不标准不如不说。"可见，对医务人员进行普通话的专业培训是很重要的。

普通话语音的训练是需要大量的时间，长期训练的。使用标准的普通话又是工作的必需，所以医务人员应当把普通话视为自己应该掌握的一种专业工具，每天都在工作场所坚持训练，把它看成一种专业长期进行培训。

通过调查，医院领导是重视的，因为通过推广普通话，可以在潜移默化中提高语言修养，营造良好的医院语言环境，改善服务态度，提升医院的整体形象，获得良好的社会效益和经济效益。同时调查表明，医院是组织过普通话培训的，但主要是为了迎接上级的检查，多数是短期培训，形成一阵风，所以成绩并不理想，而且调查表明，有 84.2% 的人参加了培训，却有 50.7% 的人都没有参加普通话水平的测试。既然普通话学习应该成为一种专业的进修，长期进行，而且在开放题目中也有医务人员建议"定期培训，长期培训，达到标准，养成习惯"。因此建议，医院领导把普通话的培训看作是业务学习之一，进行专业化的培训，医院首先组成推普小组，聘请普通话老师，定时授课，重点培养。其次，推普小组成员带任务深入科室，带头使用，有意识地与其他医务人员对话并不断纠正他们的不标准音。第三，医院可以配合工作上的奖惩建立一个科学、合理的学习制度。正如一些医务人员建议的"应有负责人下到基层，监督和指导各部门使用普通话"。总之，积极营造一个使用普通话的语言环境是很有必要的，这样可以使所有的医务人员在长期学习中不断提高，直至达到一定的标准并成为一种工作习惯。

（三）加大检查督促力度。

心理学研究表明，学习结果不断得到良好的评价就会产生学习动力，学习者产生的"内驱力"可使学习动机由被动变为主动。如果医院领导像对待医务人员的业务考核一样坚持对员工的普通话进行考核评价，就可以使医务人员思想上重视，行动上积极，水平上提高。显然普通话只是一种工具，它并不能在实际工作中超越医务人员的医学理论知识和技术。因此建议，考核评价的方式可以灵活多样，如定期测试、举行普通话比赛、结合医德医风举行演讲比赛，以个人或科室为单位进行，评定优秀，给予奖励。既抓了医务人员的思想素质的培养，又促进了普通话水平的提高。总之，以调动医务人员使用普通话积极性为主，直至形成一种工作习惯和工作氛围。医院普通话水平的提高，会提升医院的整体形象，并带来更大的社会和经济效益。

参考文献：

［1］重庆市委、市人民政府．关于在我市国家机关及有关单位推广普通话的通知［Z］，2000.

［2］乔丽华，朱青春．普通话水平测试工作的社会评估调查与分析［A］．普通话水平测试理论与实践［C］．上海：百家出版社，2006.

［3］胡淑元，刘立美．在护士群体中推广普通话的体会［J］．当代护士，2004（4）：96—97.

［4］曾奇峰．在心理治疗中治疗师分别使用普通话与方言心理动力学分析［J］．德国医学，2000.17（4）：202—203.

潮州市小学生普通话现状调查

童效杰
（韩山师范学院中文系　广东潮州　521041）

［摘　要］　科学证明：5—12 岁是一个人学习语言的黄金时期，即小学阶段是学习的最佳阶段。在向潮州市两区两县 38 所小学发放 3122 份问卷的调查表明：学生普遍对普通话的重要性认识较高，态度积极，但是普通话水平一般，而且缺乏有效的学习方法和行动，学习普通话的环境也有待改善。

［关键词］　潮州；小学生；态度；普通话水平、环境；现状

一、学生对待普通话态度的调查

首先，我们很有必要了解小学生在日常生活中对普通话的真实看法，即普通话是否是他的话语“至爱”，因为一个人的态度往往能决定他做什么怎么做。在学生问卷中：

表一　“你喜欢讲普通话吗?”

	A. 喜欢（%）	B. 很喜欢（%）	C. 不喜欢（%）	D. 很不喜欢（%）
湘桥区	57. 98	35. 92	4. 69	1. 41
枫溪区	62. 77	34. 31	2. 92	0. 00
潮安县	52. 31	40. 14	6. 44	1. 11
饶平县	42. 16	55. 05	2. 44	0. 35

表二　“你是否用普通话阅读课文?（可多选）”

	A. 课余不用（%）	B. 课堂上用但不经常（%）	C. 课堂上从不用（%）	D. 课堂上一直用（%）	E. 课余也用（%）
湘桥区	3. 76	15. 02	0. 70	64. 08	65. 26
枫溪区	2. 19	13. 87	0. 73	75. 18	72. 99
潮安县	6. 60	26. 55	13. 99	47. 62	31. 64
饶平县	5. 57	24. 04	12. 89	57. 49	32. 06

调查结果显示，大部分小学生是喜欢讲普通话的，并用普通话阅读课文，普通话在这些小学生的心目中是得到认可的。但在对这一问题的认识上，两区与两县存有明显的差别：表一 A、B 选项和表二 D、E 选项，两区的比例都高于两县的，且在表二中，两区的 D、E 选项比例又大大高于全市的平均比例，两县却低于或只是接近而已。这恰好说明了两区的小学生要比两县的更重视讲普通话。但是，表一的 C、D 选项、表二的 A、B 选项仍占有不小的比例，这说明小学生对普通话的认

识还存在“死角”。这种“死角”的存在不能不说是对推普工作的挑战，一个人的认识在一定程度上决定着他的行为表现，小学生的认识“死角”，将可能影响到他普通话水平的提高，可见这个问题的严重性，应该引起推普工作者的高度重视。

表三　“你对自己的普通话水平满意吗?”

	A. 满意（%）	B. 很满意（%）	C. 不满意（%）	D. 不太满意（%）
湘桥区	51.41	26.29	3.05	19.25
枫溪区	45.26	14.60	5.11	35.03
潮安县	32.99	15.82	11.37	39.82
饶平县	40.77	25.78	4.88	28.57

表四　“你羡慕普通话讲得好的同学吗?”

	A. 羡慕（%）	B. 不羡慕（%）	C. 不太羡慕（%）	D. 无所谓（%）
湘桥区	59.15	11.03	9.62	20.20
枫溪区	82.48	3.65	5.11	8.76
潮安县	69.08	4.69	8.82	17.41
饶平县	65.51	9.41	8.01	17.07

表五　“你希望老师们都用普通话讲课或与你交谈吗?”

	A. 希望（%）	B. 不希望（%）	C. 无所谓（%）
湘桥区	71.83	2.35	25.82
枫溪区	73.72	1.46	24.82
潮安县	70.03	4.37	25.60
饶平县	69.34	3.48	27.18

调查结果显示：有约一半的学生不满意自己的普通话水平，而满意的占大部分。这里能看出两个问题：第一，问卷是小学生自主填写的，表明他们对自身的普通话水平的认识是不足的、盲目的，要求也不高。据了解，在潮汕地区最高学府——韩山师范学院中，大多数学生对自身的普通话水平都是很不满意的，这既体现他们的一种“学无止境”的谦虚，但更多的是他们对自身普通话水平的客观的深刻的认识。第二，从客观上看，也反映出推普工作和普通话还不普及，致使小学生对普通话的认识存有“死角”。有平均67.46%的小学生羡慕别人普通话讲得好；同时，也有16.46%的学生对普通话持不置可否的态度。在表五中，绝大多数小学生希望老师用普通话授课或与之交流，这表明：虽然有部分小学生对讲普通话抱无所谓的态度，但大部分是强烈希望通过平时与老师或同学的交流来提高自己的普通话水平的。在这一点上，相比较两区两县的学生，前者的愿望比后者更为强烈。

表六　“平时遇到不懂的字，在字典上查到后，你首先注意该字的什么?（可多选）”

	A. 读音（%）	B. 解释（%）	C. 字形（%）	D. 视需要而定（%）
湘桥区	57.28	48.12	36.38	18.08
枫溪区	59.85	57.66	44.53	17.52
潮安县	49.68	48.33	33.55	11.13
饶平县	51.57	51.92	39.37	16.03

表七　“你经常收看电视台有关普通话学习的节目吗?”

	A. 经常（%）	B. 不经常（%）	C. 从来没看（%）	D. 遇到就看（%）
湘桥区	40. 38	27. 00	3. 99	28. 63
枫溪区	36. 50	43. 80	1. 46	18. 24
潮安县	40. 54	30. 52	4. 69	24. 25
饶平县	42. 51	28. 92	2. 79	25. 78

在家长问卷中：

表八　“孩子在家里是否经常收看学习普通话的电视节目?”

	A. 经常看（%）	B. 偶尔看（%）	C. 从不看（%）	D. 不清楚（%）
湘桥区	56. 77	41. 29	0. 65	1. 29
枫溪区	54. 55	30. 91	12. 73	1. 81
潮安县	56. 25	30. 63	3. 75	9. 37
饶平县	55. 36	33. 93	1. 79	8. 92

调查结果显示：表六中 B、C 选项比例与 A 选项差不多，表明小学生对普通话的敏感性还很弱，还得依靠“字形”“解释”来识字。表七中 B、D 选项平均占一半以上，表八中 B 选项也有较大比重，这表明小学生学习普通话存在着较大的随机性，还没有形成提高自身普通话水平的自觉意识。

二、小学生普通话能力的调查

小学生普通话能力是推普工作因地制宜的前提，是推普工作者制定相关措施的依据，那么，小学生是怎样评价自己的普通话能力？家长、老师们又是怎样认识这一问题的呢?

在学生问卷中：

表九　“你能准确念出 26 个拼音字母吗?”

	A. 全部能（%）	B. 大部分能（%）	C. 小部分能（%）	D. 不清楚（%）
湘桥区	68. 08	25. 82	3. 05	3. 05
枫溪区	65. 69	28. 47	6. 57	0. 73
潮安县	48. 89	30. 84	16. 22	4. 05
饶平县	57. 84	33. 45	6. 27	2. 44

表十　“你现在能不能用普通话跟别人（如老师、同学等）交流?”

	A. 能且流利（%）	B. 能，但不太流利（%）	C. 不能（%）
湘桥区	50. 00	45. 54	4. 46
枫溪区	38. 69	61. 31	1. 46
潮安县	21. 62	72. 18	6. 20
饶平县	41. 46	58. 89	0. 35

调查结果显示：只有一半的学生“全部能”准确读出 26 个拼音字母，还有四成（选项 B、C）的小学生不能全部准确读出。这表明，大部分学生基本掌握了普通话的发音基础知识，两区中选项

A 的比例大大高于两县和全市的，两区的情况比两县的理想。由表还可看出，在这些地区中，湘桥区的相对比重虽较大，但绝对比重并不大，其他选项仍占很大比例，表明在小学生普通话基础知识掌握方面还有待加强；另一方面，全市超过一半的小学生不能流利地用普通话，甚至不能用普通话，这不仅说明潮州市的小学生普通话水平存在严重问题，而且说明学生的普通话语境是很糟糕的，语境对学语言的人来说是相当重要的。

学生的普通话能力，不仅有说的能力，还有听的能力（即对普通话的接受能力）。

表十一　“若现在老师们都用普通话授课，你能听得懂吗？”

	A. 老师普通话好就听得懂（%）	B. 即使老师普通话好也听不懂（%）	C. 老师普通话差也听得懂（%）	D. 老师普通话差就听不懂（%）
湘桥区	46.95	2.58	49.30	1.17
枫溪区	41.61	4.38	46.72	7.29
潮安县	56.12	5.64	36.33	1.91
饶平县	51.57	2.44	44.60	1.39

调查结果表明，小学生接受普通话的能力与老师的普通话水平有关，过半的小学生认为老师普通话好的就听得懂，也有平均40%多的学生认为老师普通话差的也听得懂，但是还有比重不小的小学生认为“即使老师普通话好也听不懂”。老人听不懂也就罢了，小学生听不懂说明了什么？说明：第一，小学生听普通话的能力差；第二，客观事实老师几乎都还在用方言授课，可以想象这是个多么严重的问题。在 C 项中，两区两县出现了不同的情况，两区的比例比两县的高出几个百分点。这又说明，两区的小学生听普通话的能力要优于两县。

在教师问卷中：

表十二　“您认为贵校学生的普通话整体水平怎样？”

	A. 好（%）	B. 非常好（%）	C. 一般（%）	D. 较差（%）	E. 很差（%）
湘桥区	43.59	23.08	33.33	0.00	0.00
枫溪区	83.33	0.00	16.67	0.00	0.00
潮安县	28.57	6.12	61.22	4.09	0.00
饶平县	50.00	2.63	28.95	18.44	0.00

表十三　“课堂上您讲哪一种话学生听得比较清楚？”

	A. 普通话（%）	B. 潮州话（%）	C. 客家话（%）	D. 其他（%）
湘桥区	89.74	10.26	0.00	0.00
枫溪区	66.67	25.00	0.00	8.33
潮安县	71.11	26.67	0.00	2.22
饶平县	68.42	31.58	0.00	0.00

调查结果显示：近九成的教师认为其学生普通话水平“好”或“一般”，且有约三分之一的学生只有当老师用方言授课时才听得比较清楚，这说明小学生的普通话水平确实存在很大问题。

三、影响小学生学习普通话因素的调查

小学阶段的学习生活基本上是学校、家庭两点一线，因此，影响小学生学习普通话的最大因素

也是学校和家庭这两大主体。为此，我们做了以下调查：

在学生问卷中：

表十四　“学校有推广普通话的标语（如请讲普通话之类）吗?”

	A. 没有（%）	B. 仅校园有（教师除外）（%）	C. 校园和教室都有（%）
湘桥区	11.97	48.83	39.20
枫溪区	5.11	48.91	45.99
潮安县	34.42	26.07	39.51
饶平县	36.93	21.95	41.12

表十五　“学校经常开展普通话演讲比赛吗?”

	A. 经常（%）	B. 很少开展（%）	C. 从来没有（%）
湘桥区	29.34	58.22	12.44
枫溪区	23.36	61.31	15.33
潮安县	22.81	54.29	22.90
饶平县	32.40	42.86	24.74

表十六　“学校开会时，学校领导是否用普通话讲话?”

	A. 是且一直坚持（%）	B. 是但不经常（%）	C. 从不用普通话（%）
湘桥区	73.24	24.65	2.11
枫溪区	62.77	21.90	15.33
潮安县	32.67	38.16	29.17
饶平县	33.80	45.99	20.21

在教师问卷中：

表十七　“学校有无硬性规定教师用普通话授课?”

	A. 有且严格要求实施（%）	B. 有但只是形式（%）
湘桥区	94.87	5.13
枫溪区	100.00	0.00
潮安县	75.51	24.49
饶平县	81.58	18.42

在领导问卷中：

表十八　“贵校招聘教师时是否考虑其普通话水平?”

	A. 是（%）	B. 否（%）
湘桥区	90.91	9.09
枫溪区	100.00	0.00
潮安县	87.10	12.90
饶平县	100.00	0.00

表十九　“贵校落实上级有关部门关于普通话推广的文件情况”

	A. 认真落实，效果不错（%）	B. 认真落实，效果一般（%）	C. 认真落实，效果不佳（%）	D. 一般性应付（%）	E. 无措施（%）
湘桥区	90.01	0.00	9.99	0.00	0.00
枫溪区	60.00	40.00	0.00	0.00	0.00
潮安县	32.26	61.29	6.45	0.00	0.00
饶平县	42.11	42.11	15.78	0.00	0.00

表二十　“贵校是否对校园用语做过规定?”

	A. 有（%）	B. 没有（%）
湘桥区	90.91	9.09
枫溪区	100.00	0.00
潮安县	80.65	19.35
饶平县	63.16	36.84

调查结果表明：表十四中A、B选项占六成，表十五中B、C选项占七成，表十六中B、C选项占55%以上，表十七中的B选项也占了近20%。这些高比例表明了相当部分学校没有认真贯彻落实推普政策，对推普工作的重要性认识不够，重视程度不高。但从表十八、十九、二十看，推普措施却是做得相当到位的，甚至有100%的情况，这与前面学生、老师调查的情况自相矛盾。由此，领导问卷调查的这些数据是很值得怀疑的，说明学校基层领导在贯彻推普政策工作中有不得力的现象。但是枫溪区的比例为什么高呢？据了解，枫溪区是近年发展起来的新工业区，外来人员大量涌入，这不但带动了该区经济的发展，也为其文化教育注入了新鲜血液，营造了较浓厚的说普通话的氛围，促进了普通话整体水平的提高。

教师与学生的接触最为密切，对学生的影响是直接的，也是最大的。在调查中，所有教师都认为小学阶段有必要开展推普工作，且绝大多数老师觉得学好普通话对学生的未来发展有很大影响。

在教师问卷中：

表二十一　“您认为在小学阶段有无必要开设关于普通话的口语训练课?”

	A. 没必要（%）	B. 有必要（%）
湘桥区	10.26	89.74
枫溪区	0.00	100.00
潮安县	6.67	93.33
饶平县	7.89	92.11

表二十二　“您是否想通过一定途径来提高自己的普通话水平?”

	A. 很想（%）	B. 想（%）	C. 没想过（%）	D. 不想（%）
湘桥区	35.90	58.97	5.13	0.00
枫溪区	33.33	58.33	8.34	0.00
潮安县	36.73	51.02	12.25	0.00
饶平县	44.74	52.63	2.63	0.00

在学生问卷中：

表二十三　“老师经常纠正你的普通话的读音吗?”

	A. 经常（%）	B. 有时会纠正（%）	C. 从来没纠正过（%）
湘桥区	21.83	43.66	34.51
枫溪区	29.93	44.53	25.54
潮安县	29.73	50.64	19.63
饶平县	29.27	45.99	24.74

表二十四　“老师鼓励你说普通话吗?”

	A. 没鼓励过（%）	B. 鼓励（%）	C. 没鼓励也没反对（%）
湘桥区	13.15	53.76	33.09
枫溪区	10.22	60.58	29.20
潮安县	14.86	51.19	33.95
饶平县	14.29	52.61	33.10

调查结果显示：表二十一中B选项平均为96.27%，表二十二中A、B选项为95%，表二十三中B、C选项为72.01%，表二十四中A、C选项占46.16%。这表明虽然大部分教师支持推普工作、鼓励学生讲普通话，但是却没有在行动上有意识地去帮助学生纠正读音，课下又缺少用普通话进行交流；另外，教师自身的普通话水平也是一个重要的影响因素，在学生问卷中，有73.67%的小学生认为语文老师的普通话讲得“很好”，认为讲得“一般”的为22.48%，而认为数学老师的普通话“很好”的只占46.48%，认为讲得“一般”的占41.83%，显然，语文科任老师的普通话优于其他。

以上显示的数据说明还必须加强对教师的普通话水平的培训，这一点非常重要，不仅仅是教师的角色与时代的要求，也是对学生普通话学习的要求。

在教师问卷中：

表二十五　“您在课堂上讲哪一种话?”

	A. 潮州话（%）	B. 客家话（%）	C. 普通话（%）	D. 普通话为主，方言为辅（%）	E. 方言为主，普通话为辅	F. 其他
湘桥区	2.56	0.00	71.79	15.38	10.27	0.00
枫溪区	0.00	0.00	50.00	41.67	8.33	0.00
潮安县	2.04	0.00	36.73	46.94	14.29	0.00
饶平县	2.63	0.00	55.26	42.11	0.00	0.00

表二十六　“您在课堂上讲普通话得心应手吗?”

	A. 得心应手（%）	B. 很困难（%）	C. 偶尔说，不流利有障碍（%）
湘桥区	84.62	0.00	15.38
枫溪区	83.33	0.00	16.67
潮安县	59.18	2.04	38.78
饶平县	81.58	0.00	18.42

调查结果显示，平均有36.23%的教师授课时以普通话为主，方言为辅，2.17%的教师授课时用潮州话，4.35%的教师上课以方言为主，普通话为辅，说明用普通话授课还没有在课堂上普及，学生学习普通话的氛围不浓厚，且有23.19%的教师在上课时说的普通话不流利、有障碍。

家庭是小学生的另一天地，对他们学习普通话也有重大影响。据统计结果，有95%以上的家长认为有“必要”在潮州市开展推普工作，81.40%的家长坚决支持孩子说普通话，也有61.10%的家长认为孩子的普通话水平会影响其以后的发展，这表明绝大部分家长态度上是非常支持孩子讲普通话的。那么，实际行动上又是怎样的呢？

表二十七　“在您孩子的语言启蒙期是否教他（她）说普通话？”

	A. 有且花了很大心血（%）	B. 有但花的时间精力不够（%）	C. 没有（%）
湘桥区	11.61	54.19	34.20
枫溪区	12.73	54.55	32.72
潮安县	19.38	56.88	23.74
饶平县	8.04	50.00	41.96

表二十八　“您对孩子说普通话吗？”

	A. 经常说（%）	B. 有时（%）	C. 从来不说（%）
湘桥区	5.81	85.81	8.38
枫溪区	16.36	61.82	21.82
潮安县	15.00	60.63	24.37
饶平县	7.14	67.86	25.00

调查结果显示：表二十七中B、C选项超过八成，表二十八中选B、C也超过八成。可见大多数家长在日常生活中没能为孩子学习普通话提供一个良好的软环境。

表二十九　“您对校园中学生与老师用普通话交谈反应如何？”

	A. 反感（%）	B. 觉得正常（%）	C. 无所谓（%）	D. 视情况而定（%）
湘桥区	0.00	90.32	1.94	7.74
枫溪区	0.00	76.36	3.46	20.00
潮安县	20.63	58.75	6.88	20.62
饶平县	1.79	73.21	6.25	18.75

表三十　“如果您给孩子找家教，是否有要求老师用普通话授课的倾向？”

	A. 有（%）	B. 没有%）	C. 无所谓（%）
湘桥区	66.45	8.39	25.16
枫溪区	65.45	10.91	23.64
潮安县	70.63	7.50	21.87
饶平县	70.54	4.46	25.00

调查结果显示：表二十九中A、C选项平均占10%以上，表三十中B、C选项占三分之一，这表明家长忽视外界环境对孩子学习普通话的影响，虽然支持孩子讲普通话，但是没有为其营造一个讲普通话的环境。

四、调查结果分析

（一）大多数小学生对普通话重要性认识较高，但缺乏实际行动去提高普通话水平。从调查结果中可以看出大部分小学生都是感性地去认识普通话，却没有从理性上去思考，更没能在行动上体现。

（二）潮州市小学生的普通话水平总体一般，两区优于两县。究其原因：

1. 两区、两县的地理位置和本身的经济情况的影响。湘桥区是潮州的政治文化中心；枫溪区毗邻湘桥区，近年来经济快速发展，两区对教育事业，特别是基础教育较为重视，投入较大，师资力量也比较雄厚，对学生普通话的要求也高。而潮安、饶平两县多山区、贫困区，经济状况不均衡，方言更浓厚一些，因而普通话的学习受到阻碍。

2. 外来人员的影响。随着经济的发展，大量外来人员（所说语言为非潮汕方言）进入两区工作，与本地居民在各个领域互动沟通，冲淡了方言的影响，普通话成为重要的桥梁；同时，在学校，外来人员的子女占了一定比例，这也为普通话的学习带来了环境的改变。与两区相比，两县外来人员较少，且当地人抵制外来文化的心理较强，这是造成两者普通话水平有差异的重要原因。

3. 在小学周围不能形成有利于学习普通话的环境。

1）从问卷中得知，有些学校在推普工作中，口号与行动脱节，宣传力度不够，且学校领导又不能以身作则起模范带头作用。在我们实地调查中，一些学校领导竟然用潮州话同我们交谈，甚至十几份问卷由一人“一手操办”，致使部分问卷作废（为避免调查失实），这种弄虚作假的态度源于推普工作在一部分领导心中毫无地位。

2）一些老师也没有认真对待推普工作，他们没有纠正学生的普通话的读音，仍用方言授课，这一方面是学校没有对教师所使用的课堂用语——普通话作明确的规定，同时也是教师自身普通话能力有限，不得不用方言授课。

3）从家长方面看，大部分家长对孩子学习普通话的指导不够，持任其发展的态度，这是因为：第一，家长本身普通话水平不高，甚至不会说，指导不了孩子，或是本身普通话水平还不错，但找不到正确的方法去教孩子；第二，不少家长认为教孩子学普通话是学校、老师的责任，与自己无关或关系不大，从而放松了对孩子的要求，错失了提高孩子普通话水平的良机。

提升港人普通话水平刍议

林建平　方姣婷
（香港中文大学普通话教育研究及发展中心）

［摘　要］　在香港普及普通话，今后的重点工作应该抓提高。港人通过有针对性训练的专业普通话培训课程，纠正语音语调，逐步能说“比较标准的普通话”，突破三级关口，朝二级迈进；社会媒体（尤其是电视台）以及特区政府也予以配合，营造较佳的听说普通话的语言环境。提升港人的普通话水平，应当是香港各个测试中心的任务之一，也是检定香港推普成效的一条重要指标。

［关键词］　普通话水平；PSC；中介语

一、问题的提出

最近，香港有调查机构做过一项调查，调查人员访问了500名雇员和34名管理阶层。调查结果显示，企业管理阶层给予雇员的普通话评分只得4.8分（满分10分），低于及格水平（5分）。有调查发现，在13，000人的测试中，香港人的普通话水平较多集中在三级水平，合计52%；约有三成的人考获二级成绩（林建平，2007）。至2009年8月，中大普通话教研中心一共测了16314人，“二乙”或以上的过级率约为35%；也就是说，大部分应试人的普通话水平还有待提高。

二、三级甲等和二级乙等的语言表征

以粤方言为家庭语言的港人参加普通话水平测试（PSC），他们的成绩多在三级水平（另有12.6%的应试人不入级）。据报道，广东省教师的普通话水平基本上处于“二乙”和“三甲”之间，且“三甲”居多（梁丽华，2003）。据广东省语委办的文件，2002年上半年，粤方言区教师参加PSC人数达66，000多人，考获“二乙”和“三甲”成绩的比例，约占总人数的25.9%和69.6%，与国家要求的教师要达到二级乙等标准还有相当大的距离（引方小燕，2003）。可见，进一步提升广东省内的粤方言区人和港人的普通话水平，很有现实意义。

三级甲等和二级乙等证书持有人的普通话有哪些特征？整体语言面貌如何？《实施纲要》中的“等级标准”（试行）有这样的描述：

三甲	二乙
朗读和自由交谈时，声韵调发音失误较多，难点音超出常见范围，声调调值多不准。方言语调较明显。词汇、语法有失误。	朗读和自由交谈时，个别调值不准，声韵母发音有不到位现象。难点音失误较多（平翘舌音……）。方言语调不明显。有使用方言词、方言语法的情况。

根据声韵调以及方言语调等等作为考察重点，“三甲”和“二乙”的特征界限表现在：

	三甲	二乙
声韵母	发音失误较多	发音有不到位现象
难点音	超出常见范围	难点音失误较多
调值	声调调值多不准	个别调值不准
方言语调	较明显	不明显
词汇语法	词汇、语法有失误	有使用方言词、方言语法的情况

香港地区的测试经验告诉我们，“三甲”与“二乙”存在着“质”的差异。一般来说，“三甲”应试人读错字音多一些，而“二乙”应试人字音失误少一些，但语音缺陷多一些。

在香港，“二乙”是香港普通话科（香港中小学核心学科之一）教师达标的等级，是一个基准性等级。最近几年，香港“语常会”积极推动普通话教中文（普教中）。香港中文科教师如果改变传统的授课语言（粤方言），即改用普通话作为中文科的授课语言，“语常会”规定，中文科教师的普通话水平也必须在“二乙”或以上。据教育局的统计数字，到2006年8月，香港5，000多名普通话科教师或者参加培训课程达标，或者直接参加评核达标。可以这么说，“二乙”是香港普通话科教师的生命线；“二乙”是众多普教中教师努力的目标；“二乙”是广大港人学话的指标、迈进的台阶。

有论者认为，就普通话的语音方面而言，二级乙等是一个质性的等级，进入了“比较标准”的层次。“三甲”应试人尚处于模仿性学习阶段，而“二乙”的应试人已进入自由表达的阶段，二者有质的不同（张本楠，2001）。三级水平仅属于“初级水平”，说“及格的普通话”；而二级水平属于“中级水平”，说“比较标准的普通话”。

我们拿最近八期考获“三甲”应试人的得分做过分析，在984人中（男147人，女837人），男女应试人的比例严重失衡，约为1：5.6。女性应试人最高分值为79.3；男性应试人最高分值为78.8。以平均分值算，女性应试人也高于男性应试人，74.7>74.2（再次说明：女性的语言能力明显优于男性）。这984人中，他们的平均分值为74.45。也就是说，在我们统计的样本中，香港地区“三甲”成绩的平均分值约在74到75之间，距离“二乙”还有5-6分之差。怎么帮助这些应试人从“三甲”跃升到“二乙”达标成绩，成为培训测试单位关注以及进行研究的一个课题。

为了进一步剖析“三甲”水平应试人的语言面貌，我们选取了4个典型样本（分值最接近74.45，男女各2人）作较深入的分析。根据这4个应试人的失误情况，或许给我们反馈了有用的信息，对提升他们的普通话水平，提供了方向和指标。我们拿前述的“三甲”语言特征一表，把4个应试人的失误情况细表如下：

	三甲	应试人失误情况
声韵母	发音失误较多	zh组声母发音部位偏前；z c s偶有齿间音色彩；j q x读成粤方言的舌叶音；受粤方言干扰，过度类推，读错字音，如：昧、讽、伤；单韵母e发音不到位；er韵没卷舌或卷舌动作不明显；儿化念成独立音节
难点音	超出常见范围	z c s与zh ch sh相混；n-l不分；h读作k；r偶读作l或零声母（e.g.：iao，iou，iong…）；-ng尾读作-n尾，ing读作in最为严重；丢失i和u介音

续表

	三甲	应试人失误情况
调值	声调调值多不准	四声相混；全上声念成半上声；上声连读变调变读错误；“一”的变调变读错误；轻声重读
方言语调	较明显	粤方言语调明显
词汇语法	词汇、语法有失误	词汇、语法偶有失误

总的来说，声母问题较为突出，其次是不认字（如郡、吮、蹭），然后是变调没完全把握，-n尾与-ng相混等等。

香港人努力学习普通话，业余时间参加进修课程，积极应考PSC，以不断提升等级为努力目标。但是，总的来说，港人的普通话水平多数属于初级水平，仍有很大进步空间；“三甲”水平应试人的语音面貌有待提高，说话时，带有较浓重的粤方言语调，说的还是“地方普通话”。

三、中介语理论对提升港人普通话水平的启示

有人指出，普通话学习者和PSC应试人的语言大多数是“地方普通话”（中介语），有必要运用中介语理论来研究普通话教学与测试（张建强、陈建华，2006）。

“中介语”（interlanguage）本来是指在第二语言学习过程中特定的语言系统，也有人称为“过渡语”。港人学习普通话，从粤方言到目的语普通话，过渡语是必经之道。这种“过渡语”，是“在方言和普通话之间，存在着一种既不是方言，又不是普通话”的语言（李如龙，1988），主张对过渡语进行深入研究，普通话教学就能够减少盲目性，提高自觉性和科学性（李如龙，1988）。

宗世海（2000）从二语习得理论出发，对粤方言区大学生（含香港地区的大学生，主要是东莞市的大专生）做了较大规模的调查，较全面归纳了粤方言地区大学生普通话习得中的母方言语音迁移现象。其中一条结论是，粤方言区人士学习普通话的最大难点是区分z c s，zh ch sh 和j q x三套声母，而普通话的部分j q x声母的字又是从粤方言的［k k^h h］声母字转来的，而且，并不是所有的粤方言［k k^h h］声母字都转为普通话的j q x声母。

为了帮助“三甲”应试人提升等级，向二级水平冲击，有关单位应当建立“粤方言地区‘三甲’语音语料数据库”，作为更深入的研究基础。总结出粤方言区人学话过程中正迁移以及负迁移的现象与规律，对症下药，对纠正语音失误，以及诊治“方言语调”等等“病症”，都具有“疗效”。朱月明（2004）创设“语音诊疗法”，建立语音档案，对提升说雷州话师生的普通话水平，效果显著。

四、提升港人普通话水平的策略与措施

詹伯慧（1997）认为，港澳地区推普效果不够理想，究其原因，障碍主要有两个：一是心理上的障碍；二是学习上的障碍。

要消除应试人心理上的障碍，必须抓好培训工作。我们认为，把培训工作做好了，教学到位了，应试人的信心足了，他们从“三甲”跳升到“二乙”，是指日可待的事情。测试单位应当抓准“三甲”应试人的语言特征、学习难弱点，在二语习得理论的指导下，提供专业培训，总结粤方言区人学话过程中正迁移以及负迁移的现象与规律，对症下药，进行适切治疗。

另外，让“三甲”应试人参加内地“沉浸”课程，效果良好。因为，学习者长时间浸濡在良

好的语言环境里，天天听说普通话，天天使用普通话，达到“真正使用语言”（real-use）的境地，从“学习普通话”到“使用普通话”，是观念上一大改变，也是个质的飞跃时期。以中文大学教育学士课程学生为例，今年7月，16个同学参加北京暑期沉浸课程（前后8周），然后参加PSC。3人考获“一乙”，7人考获“二甲”，4人考获“二乙”，2人考获“三甲”。只有2人不达标，“二乙”或以上的过级率高达87.5%。考获“一乙”的同学分值都不超过93分，但水平够得上“标准级”，其培训效果还是显著突出的。值得注意的是，“三甲”成绩的同学分别考获78.1和78.7，属于“三甲”高分段。他们再奔“二乙”，完全是有可能的。

“三甲”应试人除了改变学话观念外，即从学到用，还需要改变听说普通话的习惯，比如改变看电视的习惯，改变只看“惯性收视好”的电视台节目（粤方言节目），应该充分利用业余时间，收看中央电视台的节目，尤其是小品形式的电视剧。这些节目中，演员的语言生动、规范，口语表达形式丰富多彩，对积累普通话口语语料以及培养普通话语感、纠正方言语调等等，都很有好处。此外，选看卫视中文台的一些访谈节目（一般没有中文字幕），增强聆听能力，聆听促进说话。二语习得理论早就告诉人们：先听后说。但是，说话总得有个对象，受到时空的限制。因此，普通话教学策略中，与其强调“多说”，不如强调“多听”。因为，听是输入，说是输出。语言学习规律中，输入总是大于输出（胡明扬，1997）。

至于培训内容，要求学生掌握3500个常用字词的读音，必不可少。应试人借助汉语拼音这个学话工具，能给常用字词注音，认记非常用字词；加上熟读60篇短文，做到朗朗上口。从朗读过渡到说话，是粤方言区人学普通话的良方妙药！

五、结　语

从1998年9月起，普通话科成为香港中小学的核心课程。当年的小一学生，现在升上中六（相当于内地高中），明年，部分学生将进大学，再过几年，他们毕业，投身社会，部分学生北上打工，普通话成为工作技能之一。在香港，普及普通话已经有一些日子了，今后的重点工作，应该抓提高。我们热切期望，港人通过有针对性训练的专业普通话培训课程，纠正语音语调，逐步能说“比较标准的普通话”；社会媒体（尤其是电视台）以及特区政府也予以配合，营造较佳的听说普通话的语言环境。我们再次强调，提升港人的普通话水平，应当是香港各个测试中心的任务之一，也是检定香港推普成效的一条重要指标。

参考文献：

［1］程　华．“二乙”与“三甲”等级标准的特征界限［J］．连云港教育学院学报，1998（4）：15-17.

［2］董洁茹．普通话中介语研究初探［J］．新乡师范高等专科学校学报，2003（3）：42-44.

［3］方小燕．论加强粤方言区普通话教育的研究［J］．语言文字应用，2003（2）：39-42.

［4］高林波．对香港地区普通话教学的几点思考［J］．东疆学刊，2001（2）：95-97.

［5］胡明扬．语言学习散论［M］．北京：北京语言大学出版社，2002.

［6］李海英．结合PSC对普通话中介语的初步考察［J］．鲁东大学学报，2008（6）：57-62.

［7］李如龙．论方言和普通话之间的过渡语［J］．福建师范大学学报，1988（2）．

［8］李仲斐．实现普通话成为校园语言的探索［J］．佳木斯大学社会科学学报，1999（5）：58-60.

［9］梁丽华．谈普通话培训策略［J］．广东教育，2003（8）：36-37.

［10］刘启珍．中介语理论在普通话培训及水平测试中的运用［A］国家语委测试中心编．第二届全国普通话水平测试学术研讨会论文集［C］．北京：商务印书馆，2006：116-126.

[11] 鲁健骥．中介语研究中的几个问题［J］．语言文字应用，1993（2）：21–25.
[12] 吕必松．汉语和汉语作为第二语言教学［M］．北京：北京大学出版社，2007.
[13] 宋华玲．中国中介语研究 20 年述评［J］．成都教育学院学报，2006（2）：21–25.
[14] 田小琳．语音面貌—粤方言区普通话水平测试的核心［A］．现代汉语教学与研究文集（12）［C］：144–147. 香港：商务印书馆．2004：64–70.
[15] 肖劲松．普通话中介语研究述评［J］．郧阳师范高等专科学校学报，2007（2）：119–122.
[16] 谢旭慧，程肇基．分类教学 分层达标—构建方言复杂地区高师普通话教学新模式［A］国家语委测试中心编．第二届全国普通话水平测试学术研讨会论文集［C］．北京：商务印书馆，2006：387–400.
[17] 熊湘华．贵阳地区二乙普通话的语音特点及正音方法［J］．贵阳师范高等专科学校学报，2002（4）：71–74.
[18] 徐海铭．过渡语研究述评［J］．南京师大学报，1997（2）：133–135.
[19] 詹伯慧．试论粤方言地区的推广普通话工作［J］．语文建设，1997（1）：35–38.
[20] 张本楠．普通话水平二级乙等试探［A］．李学铭主编．语文测试的理论和实践［C］．香港：商务印书馆，2001：517–525.
[21] 张建强，陈建华．普通话水平测试的理论基础［J］．教学与管理，2006：70–71.
[22] 张建强．铺门地方普通话语言特征分析［J］．贺洲学院学报，2008（2）：74–76.
[23] 张励妍．从普通话诊断服务看粤方言区人的语音难点［A］．国家语委测试中心编．首届全国普通话水平测试学术研讨会论文集［C］．北京：语文出版社，2003：74–87.
[24] 朱月明．“语音诊疗法”—方言区普通话教学策略初探［J］．西南民族大学学报，2004（4）：436–439.
[25] 朱月明．三级推普法—方言区普通话教学策略探究［J］．西南民族大学学报，2005（8）：338–341.
[26] 宗世海．粤方言区大学生普通话习得中的方音负迁移现象调查报告［J］．东莞理工学院学报，2000（1）：86–97.

英国 EFL 课程对普通话培训课程的启示
——以威斯敏斯特大学为例

王　晖
教育部语言文字应用研究所（国家语委普通话培训测试中心　北京　100010）

［摘　要］　本文介绍和简单评析英国威斯敏斯特大学 EFL 课程的特色，并由此探讨其对普通话培训课程的启示。

［关键词］　EFL 课程；课程特色；普通话培训课程；启示

EFL（English as a Foreign Language）课程，是指英语母语国家专门针对外国人开设的作为外语的英语课程。笔者于 2008 年 9 月至 2009 年 8 月，赴英国威斯敏斯特大学（University of Westminster，以下简称“威大”）进行了为期一年的学术访问，参加了该校和中国教育部合作的 EFL 课程的学习。本文将对该课程的特色进行介绍和评析，并探讨其对我国普通话培训课程的启示。

一、威大 EFL 的课程特色

（一）课程理念——以教育产业市场为导向。

威大 EFL 课程最突出的特色，笔者认为是其以教育产业市场为导向，突出质量和服务的课程理念。为了更好地理解这个理念，有必要简单了解一下威大的历史和办学特色。威斯敏斯特大学的前身是创建于 1838 年的皇家理工学院，是英国第一家为劳工阶级提供成人教育的机构，后曾更名为伦敦理工学院，二战后发展成为中伦敦多科技术学院，1992 年整合升格为大学。作为一家新兴大学，威大为了与具有悠久历史和专业优势传统大学竞争，必须寻求不同于传统大学的办学特色。在英国，教育被看作一类特殊的服务产业，威大积极适应英国和国际教育产业市场的需求，致力于新兴技术和现代职业实践训练的课程开发领域，我们从威大的校训“Educating for professional life”不难看出其办学宗旨和理念。威大向学生和专业人员提供英语课程已有 60 多年的历史，英语培训课程已发展成为该校特色课程之一。作为英国国家英语教学协会（BASELT）的成员单位和英国文化委员会（BA）认证的教学机构，威大在世界范围内以语言教育的质量而著称，被视为“英语作为外语的培训基地及高级技术和高级专业语言培训基地”。威大有雄厚的国际合作背景和良好声誉，目前约有 3000 名来自 150 多个国家的国际学生在威大学习。EFL 课程是威大涉及面最广、影响最大的语言课程之一，该课程由社会科学人文及语言学院开发，是专门针对外国留学生开设的作为外语的英语课程，包括各级程度的通用英语课程以及为希望在某一专业深造的学生开设的专业英语课程。EFL 课程充分利用英语作为国际通用语的语言优势，结合威大地处伦敦市中心的区位优势，敏锐把握教育市场导向，向学生提供一流的语言培训服务，因此吸引了大量国际学生，自开办以来长盛不衰，在英国各高校中独树一帜。

（二）课程设计——围绕质量和服务。

课程设计是课程理念的实现途径和具体体现，威大 EFL 课程设计，处处围绕和体现出以质量和服务为中心的办学宗旨，具体体现在以下几个方面。

1. 课程类型。

威大 EFL 课程根据市场的需求，设计和开发了多样化的课程类型，根据不同的教学对象，概括起来有应试型、职业增值型、专业深造型、通用型四种。

应试型课程以拟参加某类英语考试的人群为教学对象。英国具有世界影响的英语考试名目繁多，“雅思考试”（IELTS）和“剑桥英语通用英语考试”（MSE）都是重要的国际性考试，有庞大的市场。威大开办的培训课程，由富有考辅经验的语言培训导师主持和授课，吸引了大量向往英国教育的国际学生。

职业增值型以进入某种行业，因工作而需要提高自身英语水平的人群为教学对象。中国教育部每年选派 15 名交换学生的 PCL 项目和日本一些跨国公司每年选派员工来威大学习进修项目，均属于此类。

专业深造型以计划在英国读书、在某专业领域深造的学生为主要对象。此类课程主要适用于学术目的，“学术英语”（Academic English）就是该模式主要课程的名称。此外，威大还为欲报考该校特色专业的学生开设了新闻英语（English for Journalism）、影视英语（English for Film and TV）、法律英语（English for Law）和商务英语（Business English）等课程。

通用型以适应各种非职业目的以一般语言需求为主要学习目标的人群为主要对象。此类课程的学习者学习动机多种多样，往往出于临时的目的，通常没有具体的学习目标。有些来自日本和欧洲国家的学生边学英语、边旅游，只是为了丰富自身的人生体验。

2. 教学安排。

（1）分级教学。

威大 EFL 课程实行全面、系统的分级教学。其做法是将该课程编排为六个固定的级别，参照学生始业水平考试（口试和笔试）成绩和每学期的考试以及过程评估成绩，将学生分派到相应的班级学习。在威大 EFL 课程中，无论入学新生的英语水平如何，均可在六个级别中找到适合自身始业起点的班级。与笔者一同前往威大的同学中，既有英语专业本科毕业生、硕士毕业生，也有非英语专业的同学，一个并不复杂的分班考试，把不同水平的学生比较准确的区分开来，其测试的可靠性、有效性和实用性令人印象深刻。分班教学有利于因材施教，而依学习进展动态调整班级的做法，对学生是一种很好的激励。

（2）师生双向选择。

EFL 课程还推行了师生双向选择制度作为分级考试的必要补充。作为一种测量工具，任何语言测试都有其局限性，特别是威大的学生来自全球，不同教育制度和培养模式培养出的学生具有很大差异性，分级考试也难免有与实际水平参差之处。实行师生双向不失为一种很好的补救措施。分班以后，学生可以根据自身需求提出变更班级的申请，但需经导师和课程负责人许可；教师也可根据学生实际情况，向学生提出转班的建议。这样做的好处是可以真正实现因材施教，确保教学质量。

（3）小班教学。

EFL 课程推崇小班制，每个班通常只有十几个学生，最多不超过 18 名学生，笔者在第一学期的班级只有 7 名学生。英国是交际法（也叫功能法）教学的起源地，这种近年来颇为流行的外语教学法，重视口语教学，主张创设实用的交际活动。EFL 课程主要是在桌、椅可移动的小教室上课，有利于通过分组讨论、协同活动等交际形式进行训练。

（4）学时灵活紧凑。

威大的 EFL 课程分秋季学期（9 月—12 月）、春季学期（1 月—4 月）、夏季学期（4 月—6 月）、暑假学期（6 月—8 月）四个学期。英国公众假期较多，这样的安排一方面配合了英国的国情，另一方面方便各国留学生随到随学。学期短，充分考虑到了英国学费和生活费用昂贵的因素，满足了绝大多数自费留学生的速成学习愿望，甚至不拒绝学生只参加半个学期的学习需求。EFL 课程虽然学期短，但提供的课时却相对较多。主干课程每天 9 点到 12 点，每周 5 天。每天中午和下午则有专题讲座、选修课和文化导航，有时教师甚至把课堂移至酒吧、咖啡厅或公园、博物馆。这样每周设置 30 个学时，每学期可以学满 300 个学时（以两个半月计），而且从语言知识到实际技能，再到文化体验，学生可以完全沉浸在英语的语言和文化氛围之中。

（三）课程实施——注重个性化。

威大 EFL 课程虽然是一个设计严谨、层次分明、内容丰富的教学体系，但在课程实施层面，又充分体现出尊重个性的人文主义精神，这种尊重学术自由的理念，集中体现在个性化的教材和课堂教学上。

1. 教材选用个性化。

英国出版业发达，各类英语教材品种繁多。威大 EFL 课程没有统一教材，各班所采用的教材都是市场上现成的教材，辅以教师提供的辅导材料。笔者第一学期使用的是由休·戴勒和安德鲁·沃克利编写的《创新国际英语教程》第一册，适用于中级前水平。第二学期换为另一种教材，而授课教师恰恰是休·戴勒本人，他并不认为自己编的《创新国际英语教程》第二册适合我们该学期的学习。第三学期我们又换回使用《创新国际英语教程》第三册，而这学期的教师却已不是休·戴勒本人了。EFL 课程各级别的教学团队由三名教师组成，教材也由这个团队协商决定，他们根据教学经验、学生的具体情况确定教材。因教学理念和个人偏好不同，结构教材和功能教材并存于 EFL 课程。另外，教师往往根据需要补充课外材料，教材内容的讲解也不是按部就班，可以自行处理教材中的内容。这些都是教材选用个性化的具体体现。

2. 课堂教学个性化。

威大 EFL 课程教师，普遍采用交际教学法进行课堂教学。休·戴勒是威大的语言教师培训师，他“教授真实有用的语言”的理念在威大教师中获得广泛认同。在教学环节中，他们重视教学过程的交际化，注重师生交流和学生小组活动，有时甚至采用游戏等方式增强互动。以言语交际的主要形式——话语为教学的基本单位，不重视语音、词汇、语法的单项训练，而是将其纳入情景综合教学。在学生交际过程，尽量保护其交际的流畅性，对于出现的语言错误，不立即纠正，而是在交际结束后撮要指正。这些方法给人以启迪。但是，理念的不同或对于传统教学法的偏爱，部分教师，特别是年纪偏大的教师仍采用比较传统的教学法，如语法翻译法，强调句式的操练。当然两种教学法也不是截然分开的，很多教师在教学中体现出包容并用的“折中”特点。威大对 EFL 课程教师的教学方法则采取“兼容并包”的态度，体现了尊重学术自由的可贵精神。

在具体教学手段上，EFL 课程教师也各具特点，有的教师惯于利用图片、照片等直观教具；有的教师长于创设解决问题的活动；有的教师引入话题后，让学生轮流充当“轮值主持”；有的教师不拘于教材以实时网络信息为鲜活素材。威大每间教室均设有视听设备和网络端口，但教师对其使用并不均衡。有的教师上课离不开网络，有的则从不使用，认为“完全式沉浸”远比任何技术手段更有意义。不同理念、教法，不同手段在 EFL 课程都得到尊重，但一切又都以好的教学效果为指归，因此教学评估便成为教学过程不可或缺的重要环节。

（四）重视课程评估和团队协作。

威大 EFL 课程非常重视课程评估，每学期由课程统筹召集两次课代表会议（课代表由学生推举产生，我们甚至在这个过程中体验了一次“英国式民主”），就课程教学征集意见。每位学生在学期末还会拿到一份学生反馈问卷，以调查课程的教学效果。这份问卷设计得较为详细，不仅会涉及课程本身，而且还会涉及教学设备、教材等。以笔者 2009 年 8 月的反馈问卷为例，整份问卷共分为 9 个部分，前 6 部分为客观项目，后 3 部分为主观项目，分别为课程组织和设计、课堂讲授方法、小组讨论和实践、教材、教学团队评价、教学设备和支援保障，你的观点、背景信息、附加问题。每一客观题均包含一个六级量表。

团队协作是威大 EFL 课程的一个特色。EFL 课程教学团队由课程统筹、课程经理（主管）和教师组成。课程统筹负责整个课程的开发、设置和组织，课程经理（主管）负责课程的具体实施和管理，教师负责完成教学任务。课程统筹、课程经理（主管）为教师服务，不干涉教学业务；教师以完成教学任务为职责，基本不承担教务职责，语言导师也没有论文与科研压力。整个教学团队分工明确，注重协同和沟通，共同为学生服务。

二、对普通话培训课程的几点启示

作为母语的普通话培训和作为外语的英语培训，无论在教学目的、教学对象还是教学方法上均有很多差异，但通过对威大 EFL 课程特色的分析，可以引发我们思考，进而得到一些启示。

（一）理念。

语言是一种资源，英语是世界范围的强势语言。威大 EFL 课程盯住国际教育市场的需求，充分利用和开发英语这种高产出的语言资源，开创出了自己的特色课程。推广普通话是我国的基本语言政策，在 1994 年国家实施普通话水平测试以后，普通话培训也取得了长足发展。但必须看到，普通话培训的推动力主要是“政策面”，而非“市场面”，这固然和我国的基本国情相关，但也与我们长久以来的观念有关。这导致了普通话培训课程在特色和质量方面，滞后于多样化的需求。目前，在商贸和公共服务行业出现对普通话培训的新需求；汉语国际推广也为我们普通话培训提供了新契机，我们应当从威大 EFL 课程得到启发，从需求分析入手，立足于服务，在课程设置和教学环节，如学时安排、班级设置、教师、教法等方面认真研究，设计开发出自己高质量的特色课程。

（二）评估。

威大 EFL 课程评估细致而周详，以评估促改进，以沟通促提高，以期实现教学最优化。评估环节在普通话培训课程中被不同程度地忽视或被简单化处理。教学本来就是个双向传播的过程。传播效果的好坏在一定程度上取决于反馈的情况。由于学生反馈意见的根据是自己接受教育的效果，而教学效果的影响因素不只是课堂教学，它还会受到教材、教学设备、试验室设备、图书馆资源等支援系统的影响。因此，将这些内容包括在学生反馈问卷中会更符合实际情况。全面详细的教学评估对教师、学生和教学管理者都十分重要，普通话培训课程对此应给以充分重视。

（三）教材。

教材在教学活动中占有重要地位，甚至说教材建设是课程建设的核心也不为过。综观普通话培训课程的教材，看似品种不少，但统编教材偏多，且多属经验型教材，较少创见。在教材使用上，不分教学对象，直接以《普通话水平测试实施纲要》充当教材的情况并不鲜见。甚至出现教育机构为了非教学和学术的目的，强行推销某种教材的现象，剥夺了教师和学生在教材使用上的选择权。威大 EFL 课程在教材建设方面，没有花过多气力，这与英国英语教材品种丰富不无关系；在教材使用上则充满个性化特点。其做法值得借鉴。

（四）测试。

一种好的语言测试，除了自身具有的服务功能以外（为考生和用人单位服务），往往还可以带动或推动一整条"语言产业链"——包括语言测试培训、语言学习用具开发、语言测试读物出版等等。美国的托福、GRE 和英国的雅思、剑桥通用英语考试莫不如此。威大不直接开发公开考试，但这并不妨碍它在"语言产业链"中占据一席之地，它所依靠的是提供优质的语言教育这一"高附加值"的"产品"。普通话水平测试是一种"强制性"考试，社会意义和文化意义是主要的，但在某种意义上，它也具有一定"服务型"考试的功能。普通话水平测试的考试规模，远远超过以上几种外语测试，但其拉动力明显滞后。开发普通话测试潜在服务功能，并拉动相关的"语言产业链"，应该是我们的发展途径之一。

参考文献：

[1] 诸　光，夏桃珍．西敏斯特大学 EFL 课程特色及启示［J］．国外外语教学（FLTA）．2003（1）．
[2] 盛　炎．语言教学原理［M］．重庆：重庆出版社．1990.
[3] 刘　珣．对外汉语教育学引论［M］北京：北京语言文化大学出版．2000.